*Regional Development
and International Cooperation Mechanism
in Central Asia*

国家社科基金
后期资助项目
guojia sheke jijin houqi zizhu xiangmu

中亚地区发展与
国际合作机制

吴宏伟 ◎ 主编

社会科学文献出版社
SOCIAL SCIENCES ACADEMIC PRESS (CHINA)

国家社科基金后期资助项目
出版说明

后期资助项目是国家社科基金设立的一类重要项目，旨在鼓励广大社科研究者潜心治学，扶持基础研究的优秀成果。它是经过严格评审，从接近完成的科研成果中遴选立项的。为扩大后期资助项目的影响，更好地推动学术发展，促进成果转化，全国哲学社会科学规划办公室按照"统一标识、统一版式、符合主题、封面各异"的总体要求，组织出版国家社科基金后期资助项目成果。

全国哲学社会科学规划办公室

目 录

前　言

一　本书作者

本书是 2006 年立项的中国社会科学院重点课题最终研究成果。课题由中国社会科学院俄罗斯东欧中亚研究所中亚研究室主任吴宏伟研究员负责，课题组成员包括孙壮志、张宁、包毅、马子亮、赵会荣、于树一、徐海燕、杨进、李昕桦、史谢虹。

作者分工如下：吴宏伟：前言，第一章第一节，第三章第二节、第三节、第四节，第六章第一节；徐海燕：第一章第二节、第三节；包毅：第二章第一节；李昕桦：第二章第二节；马子亮：第三章第一节；于树一：第三章第三节；张宁：第四章，第五章，第六章；赵会荣：第七章第二节、第三节；杨进：第七章第一节、第四节、第五节；孙壮志：第八章。

史谢虹在本书校对过程中做了不少工作。吴宏伟研究员除承担本人负责章节撰写工作外，对全书进行统稿并对其他部分章节进行一定程度修改和加工。

二　本书的价值与意义

"机制"一词在《现代汉语词典》中有三个含义：一是指机器的构造和工作原理；二是指有机体的构造、功能和相互关系；三是泛指一个复杂的工作系统和某些自然现象的物理、化学规律。而在英语中，"机制"一词为 Regime。

"国际合作机制"是指两个或两个以上国家之间建立起来的比较稳定的在政治、经济、文化等方面的双边或多边合作模式。最早在国际问题研究中提出"国际合作机制"概念的是约翰·鲁杰，他把国际合作机制定义为已经被一部分国家接受的一系列相互期望、规则和规定、计划、组织的能量和财政义务。本书对国际合作机制的理解包括两方面的含义。第一是比较宽泛的，指国际组织机制还没有发展成国际组织但已经有几个国家共同参与的共同性和制度性安排，如本书书名中"国际合作机制"所包含的内容，它们是两个不同层次的合作机制。第二是单指由几个国家参与的共同性和制度性安排，但合作层次远低于国际组织的合作机制，如本书第六章所包含的几个"机制"。

国际合作机制模式重点研究国际政治经济关系中的合作问题，特别是国际合作的组织形式、规则和规范以及国际合作的结构功能等问题。在当今世界，随着政治经济国际化趋势的不断增强，国际合作机制在国际事务和地区经济发展中发挥着越来越重要的作用。

对于亚洲和欧洲来说，中亚显然处于一个十分重要而特殊的位置，但是在苏联时期，中亚只是作为苏联资源和农牧业产品的输出地，属于边远不发达地区，其战略地位并没有显现出来。苏联解体以后，中亚国家独立，客观上为其他国家进入中亚提供了条件，中亚地区的地缘优势开始为世界各国所重视，中亚又重新成为东西方文化的交汇点和各种政治势力争夺和博弈的舞台。

因为苏联解体造成中亚地区与前苏联各加盟共和国经济联系中断，经济上同样遇到困难的俄罗斯也无暇顾及中亚各国的困难，中亚国家与其他地区的经济联系也都还没有建立，所以中亚国家独立初期的几年中在经济方面遇到很多的困难。经济发展严重倒退，生产急剧下降，民众生活十分困难。在这种困难条件下，中亚国家更加愿意与外界加强经济联系，得到经济强国特别是发达国家的支持与帮助。在相互需要的情况下，中亚地区或者很快就建立起各种各样的国际合作机制，或者参加了各种类型的国际组织或合作机制。可以说，这些国际机制的建立对促进中亚地区稳定和经济发展起到了积极的促进作用，同时，它对中亚地区带来的影响也是多方面的。

当代世界的重要特点之一是世界各国不论大小，不论强弱，不论是发达国家还是发展中国家，在政治、经济和文化等各方面的相互依存度都在日益加深。国际合作机制在解决国际政治问题、维护政治稳定和安全、促进经济发展等各方面都起着越来越重要的作用。

本课题所涉及的中亚地区主要包括中亚五国——哈萨克斯坦、乌兹别克斯坦、吉尔吉斯斯坦、塔吉克斯坦和土库曼斯坦。课题的提出是基于以下三点：

第一，中亚国家与中国在地缘政治、地缘经济和地缘文化上密切的联系。在地缘政治方面，中亚位于我国西北重要周边地区，是三股极端势力活动比较猖獗的地区，和我国西北地区安全和社会稳定关系密切。中亚五国中有四国都是上海合作组织成员国，是我国在国际舞台上可以依托的重要力量。在地缘经济方面，中亚不仅仅是中国周边重要的市场，而且中亚的自然资源很丰富，可以为中国未来能源的多元化提供保障。在地缘文化上，中亚地处古代"丝绸之路"的要冲，是连接东西方的重要通道。中国有一些民族在中亚都有分布，形成跨界民族，这些民族在文化和语言上都是相通的。

第二，中亚研究目前是我国国际问题研究的一个薄弱环节。由于中亚国家独立时间不长，我国中亚研究尚处于起步阶段，资料比较缺乏，研究的基础也非常薄弱，再加上中亚国家独立以后政治、经济情况变化无常，这些都为研究和了解中亚国家增加了难度。但是，正因为中亚地区对中国未来政治、经济发展非常重要，所以必须加强这方面的研究。

第三，世界政治出现集团化，经济出现一体化和区域化趋势。在这种国际大背景下，中亚国家与世界各主要国家建立了广泛的政治、经济和文化合作机制。作为中亚国家的重要邻国，中国在这里有重要的战略利益，不应置身其外，一定要积极参与中亚国家政治和经济合作发展进程。

本课题正是为适应中国与中亚国家政治、经济关系发展的需要而提出的。这项课题的设立和完成将有助于政府和有关部门及时了解中亚国家发展现状与发展趋势，掌握中亚国家与其它地区国家和国际组织合作现状、趋势和前景，为中国与中亚国家今后开展政治、经济和文化合作提供参考和帮助，具有重要的理论和应用价值。

三　国内外关于中亚地区形势与区域合作机制研究状况

中国中亚问题研究是从苏联解体以后开始的，随着中亚在我国对外战略中的地位逐渐增强，中亚问题研究也在不断深入和发展，已经形成了一支稳定的中亚研究队伍。在中亚问题研究方面也取得了可喜的成果，主要包括专著、论文和研究报告等，内容有介绍中亚五国基本情况的，如薛克翘、赵常庆主编的《简明南亚中亚百科全书》（中国社会科学出版社，2004）、赵常庆研究员主编的《中亚五国概论》（经济日报出版社，1999）、王沛主编的《中亚五国概况》（新疆人民出版社，1997）；有介绍独立以后中亚国家政治、经济发展历史的，如赵常庆主编的《十年巨变——中亚和外高加索卷》（东方出版社，2003）、马大正、冯锡时的《中亚五国史纲》（新疆人民出版社，2005）；还有研究中亚国家某一个领域的，如陈联璧、刘庚岑、吴宏伟的《中亚民族宗教问题》（中央民族大学出版社，2002）、潘志平主编的系列丛书《中亚政局走势微妙》（新疆人民出版社，2005）和《中南亚的民族宗教冲突》（新疆人民出版社，

2003）、吴宏伟的《中亚人口问题研究》（中央民族大学出版社，2004）、孙壮志的《中亚新格局与地区安全》（中国社会科学出版社，2001）等。已经出版的专著有数十种，其主要部分在本书后面的参考书目中都有所反映。有关中亚问题的论文也很多，内容十分广泛，主要发表在《俄罗斯中亚东欧研究》、《俄罗斯中亚东欧市场》、《新疆社会科学》、《国际贸易》、《新疆师范大学学报》等多种刊物上。最近几年随着中国与中亚国家区域经济合作逐渐展开，关于中亚地区经济区域合作已经成为热点问题。与中亚经济发展有密切关系的地区性国际组织，如独联体、欧亚经济共同体、上海合作组织等也日益成为人们关注的重点。特别是上海合作组织因为与中国的关系更加密切，所以特别受到中国学者和相关研究机构的重视。

目前中国研究上海合作组织的单位主要分布在北京、上海和乌鲁木齐几地，以"上海合作组织研究中心"为名称挂牌的研究机构有四家：一是中国社会科学院上海合作组织研究中心（2002 年 5 月成立，设在俄罗斯东欧中亚研究所）；二是中国上海合作组织研究中心（2006 年 3 月成立，设在北京中国国际问题研究所）；三是复旦大学上海合作组织研究中心（设在上海复旦大学）；四是上海社会科学院上海合作组织研究中心（这是中国最早的上海合作组织研究机构，2000 年 12 月成立，最初叫"上海五国"研究中心，2001 年 6 月以后改为现名）。此外，新疆大学也于近年成立了上海合作组织研究机构。北京的中国国际关系研究院、国务院发展中心欧亚社会发展研究所、中国人民大学、北京大学、兰州大学等研究机构和院校也都有学者从事上海合作组织问题研究。

到目前为止，中国对上海合作组织研究的专著还不是很多，但有逐渐增多的趋势。2002 年许涛、季志业主编出版了《上海合作组织——新安全观与新机制》一书。该书以安全合作这一上海合作组织得以产生和不断发展的主要动力为主线，梳理和分析了苏联解体后欧亚大陆地缘政治格局的演变过程，通过历史的笔触和大量的新鲜资料，全面描述了上海合作组织建立和发展的过程，并从安全理论角度分析了上海合作组织新机制和新安全观，是中国关于上海合作组织的第一本专著。第二部专著是由李纲担任主编，由中国海关出版社于 2004 年出版的《上海合作组织（加速推进的区域经济合作)》。第三部专著是 2006 年 6 月出版的《21 世纪的第一个新型区域合作组织——对上海合作组织的综合研究》（作者潘光、胡健，中共中央党校出版社）。第四部是张宁的《上海合作组织的经济职能》（吉林文史出版社，2006），第五部是李敏伦的《中国"新安全观"

与"上海合作组织"研究》（人民出版社，2007），第六部是邢广程和孙壮志担任主编2007年由长春出版社出版的《上海合作组织研究》一书。该书作者除中国社会科学院俄罗斯东欧中亚研究所的专家外，还包括了其他一些机构的学者。第七部是余建华等著述的《上海合作组织非传统安全研究》（上海社会科学院出版社，2009），内容包括非传统安全问题的理论认识、新安全观与上海合作组织、中亚与周边"三股势力"、毒品、中亚资源与环境等问题。最新关于上海合作组织研究的论著是由中国社会科学院俄罗斯东欧中亚研究所编写的年度《上海合作组织发展报告》（社会科学文献出版社）。该报告从2009年开始出版，至今已经出版两部。

对上海合作组织的研究还包括大量的学术论文，主要集中在《俄罗斯中亚东欧研究》、《俄罗斯中亚东欧市场》、《现代国际关系》、《俄罗斯研究》、《国际问题观察》、《国际展望》、《国际政治研究》和《战略与管理》等国际政治理论期刊上。

除上海合作组织以外，一些研究成果还涉及其他一些与中亚地区有关的合作机制，如由新疆完成的"中、俄、哈、蒙阿尔泰区域合作研究"，由赵常庆研究员牵头完成的国家发改委和亚洲开发银行委托课题"关于中国'十一五'期间参与中亚区域经济合作构想研究"①。关于独联体研究成果国内主要有郑羽主编的《独联体十年——现状、问题、前景》（世界知识出版社，2002）。

国外综合研究介绍中亚国家情况的专著和论文现在已经不少，区域合作也是重点议题。从互联网和外文报刊上可以看到近年来国际上对中亚政治和经济区域合作的关心在日益增加，也显示出中亚问题对世界政治经济局势的影响在逐步加大。这些文章和论著以俄罗斯、中亚国家、美国等国学者为主。如《独联体地区的贸易合作关系》［GE. 05 - 30487（R）290405］，《21世纪中亚：合作、伙伴关系和对话》（塔什干，2004年）、Р. М. 阿里莫夫和Ш. Р. 阿里夫汉诺夫的《中亚：地理经济学、地理政治学和安全》（《Шарк》，2002年）、美国学者玛莎·布瑞尔·奥卡特的《中亚的第二次机会》（汉译本，时事出版社，2007年）、美国学者胡曼·佩马尼的《虎视中亚》（汉译本，新华出版社，2002年），等等。

国外学术界对独联体和上海合作组织这两个国际组织的前途看法差异很大。除中国外，上海合作组织成员国都有不少学者在对该组织进行研

---

① 赵常庆、吴宏伟、包毅著《"十一五"期间中国参与中亚区域经济合作构想研究》，《新世纪、新战略》，中国计划出版社，2007。

究。在俄罗斯主要的上海合作组织研究机构有三家,即俄罗斯科学院远东研究所、俄罗斯外交部莫斯科国际关系学院和俄罗斯战略研究所。一些俄罗斯学者不仅把上海合作组织看做打击"三股势力"的工具,还是俄罗斯和中国"遏制"西方和回应在中亚地区出现的新威胁和新挑战的资源。中亚国家学者的观点和看法也是五花八门。有的人认为,不应该使上海合作组织政治化和为了地缘政治目标利用它限制某些国家的影响。但多数俄罗斯和中亚国家学者从积极的方面来探讨这些组织的发展,对这些组织未来的合作模式有不同的理解,但对独联体未来发展表示悲观态度的学者在增多。过去在上海合作组织成立之初,美国和西方国家的学者对其大多都不看好,对它的困难和自身建设的不足常常作出夸大其词的描述,但近来对上海合作组织的看法已经发生较大的变化。研究国外学者的观点,对我国开展与中亚国家的合作会有很大帮助。

从总体情况看,研究中亚国家历史与现状的著作在逐渐增多,主要以与中亚地区有关的区域性国际组织,如上海合作组织、独联体等为研究对象的研究也开始出现,但系统研究中亚地区各种合作机制、各机制之间相互关系以及国际合作机制与地区政治、经济和文化发展关系的著作目前在国内外基本还没有见到。

四 研究思路和研究方法

在中亚地区政治与安全形势与合作机制研究方面,我们将围绕以下思路和观点展开讨论:经过近20年发展,中亚国家大都已经建立起和本国实际情况相符合的政治体制;国家政权巩固和安全依然是中亚国家首要任务;与国际社会特别是大国建立相互协调与相互制约的合作机制是维护中亚地区稳定和国家安全的主要途径;中亚国家都希望中国积极参与中亚政治进程和在中亚发挥应有的影响,以平衡过分依赖美国或俄罗斯的状况;中国在中亚拥有重要的战略利益,应该通过积极参与中亚政治进程和合作机制建立过程来施加自己的影响,确保自己的政治与安全利益。

在中亚地区经济发展与经济合作机制研究方面,将围绕以下思路和观点展开探讨:中亚国家依然在探讨适合自己国情的经济发展道路;因为经济基础不同,地缘条件不同,自然资源拥有量不同,所以中亚国家经济发展逐渐拉开了距离。中国应该根据自己的利益与优势和中亚不同国家及国际组织建立不同层次的经济合作机制。由于历史的关系,中亚五国经济结构都不完善,和周边及世界许多国家都存在互补关系,也与这些国家建立了不同层次不同性质的合作机制,与中国的合作只是其中可以选择的一个方面，对此我们应该有清醒的认识；目前影响中国与中亚国家经贸合作的因素有不少，有对方的原因，也有我方的原因，只有消除这些不利因素，中国与中亚国家的经贸合作才能建成长效持久和不断发展的合作机制。

随着世界资源日趋短缺，世界各国对中亚丰富的资源争夺也日益激烈，我国资源供应缺口也日渐扩大，作为中亚的近邻，我们应该充分利用自己的地缘优势和已经建立起来的良好的政治关系，逐步健全和发展与中亚国家的能源合作机制，加强和提高影响中亚资源市场的能力，保障我国未来的能源安全。

本课题在研究方法上将主要借助国际地缘政治理论、经济结构与经济发展理论、区域经济理论、比较优势论、产业结构理论和可持续发展理论来研究中亚国家政治、经济发展与国际合作问题，也要运用宏观研究与微观研究相结合、静态研究与动态研究相结合、规范研究与实证研究相结合、局部均衡与一般均衡相结合、定性研究与定量研究相结合的综合研究方法，在搜集、利用大量国内外资料的同时，也要与职能部门和其他研究机构积极合作，认真听取职能部门的意见和建议，使研究成果更具综合性和权威性。我们将力争使研究成果既能满足国家领导人和有关部门决策的需要，又能为今后的进一步研究奠定扎实的基础。

第一章　苏联成立与解体时期的中亚

第一节　苏联成立前后的中亚

一　俄罗斯联邦和哈萨克苏维埃社会主义自治共和国的建立

1917 年十月革命取得了胜利，改变了俄罗斯各族人民的命运，也改变了中亚各族人民的命运。在十月武装起义进行的同时召开了全俄工兵苏维埃第二次代表大会，从立法上建立了苏维埃社会主义国家。1918 年 1 月 10 日召开了苏维埃第三次代表大会，正式确立了俄罗斯苏维埃共和国的联邦形式，宣布"苏维埃俄罗斯共和国是在自由民族自愿联盟基础上成立的，它是苏维埃民族共和国的联盟"[1]。在俄联邦内建立了各苏维埃自治共和国。这些自治共和国是在旧的行政区划单位，如捷列克河省、顿河军区、库班省、突厥斯坦边区等框架内成立的。到1922 年底，俄罗斯联邦已经包括 8 个自治共和国：突厥斯坦、吉尔吉斯、鞑靼、巴什基尔、戈尔、塔吉斯坦、雅库特和克里木，以及 11 个自治州。当时突厥斯坦共和国作为最大成员国第一批加入了俄罗斯苏维埃联邦社会主义共和国。

1917 年 11 月中旬召开的突厥斯坦[2]边区苏维埃第三次代表大会讨论了在突厥斯坦全境建立苏维埃政权问题，宣布成立突厥斯坦苏维埃政权和建立边区人民委员会[3]。1918 年 4 月 30 日突厥斯坦苏维埃第五次代表大会通过了"突厥斯坦苏维埃联邦共和国条例"，指出："突厥斯坦边区的

---

① 《俄罗斯联邦法令汇编》1917 年第 15 期，第 215 页。
② "突厥斯坦"一词在《苏联民族——国家建设史》（苏联科学院历史研究所编，赵常庆等译，商务印书馆，1997）一书中译成"土耳其斯坦"，为上下文一致，本文一律写作"突厥斯坦"。
③ 苏联科学院历史研究所编《苏联民族——国家建设史》（上册），赵常庆等译，商务印书馆，1997，第 69~70 页。

领土被宣布为俄罗斯苏维埃联邦突厥斯坦苏维埃共和国的领土","突厥斯坦苏维埃联邦共和国实行自治"。俄共（布）中央 1920 年 3 月 8 日规定了关于突厥斯坦共和国的自治条例，强调突厥斯坦共和国不是突厥族的自治共和国，而是居住在那里的各主要民族：土库曼人、乌兹别克人和吉尔吉斯人的自治共和国。它是根据现有的民族聚居、经济和生活方式按地区划分，并被称为"俄罗斯联邦突厥斯坦自治共和国"①。

这一时期和中亚有关的另一重要事件是吉尔吉斯自治共和国的建立。在十月社会主义革命之前和苏维埃政权的最初年代里，通常把哈萨克人称之为哥萨克人、吉尔吉斯－凯萨克人和吉尔吉斯人。"吉尔吉斯边疆区"、"吉尔吉斯共和国"由此而来。

1919 年成立了吉尔吉斯边疆区革命委员会。1920 年 1 月 3～11 日，在阿克纠宾斯克召开的第一次吉尔吉斯边区苏维埃代表会议赞成将所有吉尔吉斯各州合并成一个苏维埃共和国。1920 年 8 月 26 日俄共中央颁布全俄中央执行委员会和人民委员会关于在俄罗斯联邦内成立吉尔吉斯苏维埃社会主义自治共和国的法令。自治共和国是由乌拉尔州、图尔盖州、塞米巴拉金斯克州和阿斯特拉罕省的部分地区组成。初建的自治共和国面积约有 200 万平方公里，1920 年 9 月 22 日又将奥伦堡及相邻的一些地区划给了它。

1920 年 10 月 4～12 日在奥伦堡举行了吉尔吉斯苏维埃社会主义自治共和国苏维埃成立大会，宣布吉尔吉斯苏维埃社会主义自治共和国作为自治的成员国加入俄罗斯联邦的各苏维埃共和国自由联盟。1924 年 10 月 14 日，苏联中央执行委员会第二次会议决定将原突厥斯坦共和国吉尔吉斯族分布集中的地区划归吉尔吉斯自治共和国。这样，它的领土由原来的 200 万平方公里增加到 270 万平方公里。1925 年 4 月 19 日，吉尔吉斯苏维埃社会主义自治共和国第五次苏维埃代表大会决定恢复历史上该民族的规范名称——哈萨克族，并通过了将吉尔吉斯共和国改名为哈萨克苏维埃社会主义自治共和国的决定，仍属俄罗斯联邦②。1936 年 6 月，哈萨克社会主义自治共和国改为哈萨克社会主义加盟共和国，并于 1936 年 12 月 5 日加入苏联。

① 《突厥斯坦中央执行委员会通报》（塔什干）1920 年 3 月 24 日；《吉尔吉斯斯坦历史》第二卷，伏龙芝，1956，第 98 页。
② 马大正、冯锡时主编《中亚五国史纲》，新疆人民出版社，2000，第 217～218 页。

二 中亚民族国家划界和各加盟共和国成立

十月革命也给中亚地区带来了巨大而深刻的影响。一些地区的工人、革命者首先起来响应，推翻了当地的统治者，建立了苏维埃政权。

1917 年 10 月 28~30 日，突厥斯坦的俄籍铁路工人与士兵在塔什干举行武装起义，建立了边区临时执行委员会。到年底，苏维埃政权在各地先后建立①。11 月 30 日，在阿什哈巴德召开了第四届外里海州苏维埃代表大会。大会的主要议题是在全州各地建立地方苏维埃政权。在这次大会及各项决议的促进下，土库曼斯坦各地纷纷建立了苏维埃政权。

1918 年 4 月塔吉克斯坦北部费尔干纳地区属于新建立的突厥斯坦苏维埃社会主义自治共和国，南部地区则属于布哈拉埃米尔，1920 年 10 月后成为布哈拉苏维埃人民共和国的一部分。在十月革命的影响下，1918 年底塔吉克斯坦各地也先后建立苏维埃政权。

1919 年秋，希瓦人民举行起义。1920 年 2 月 2 日，起义者推翻了汗王统治。1920 年 4 月 27~30 日，在希瓦举行了第一次全花剌子模人民代表大会，宣布成立苏维埃共和国，称为花剌子模苏维埃人民共和国（取于国家的古老名称——花剌子模）。1922 年 7 月召开了第三次全花剌子模苏维埃代表大会。花剌子模的土库曼人、哈萨克人和卡拉卡尔帕克人聚居区被划分为自治行政州。1923 年 10 月，第四次全花剌子模代表大会宣布把花剌子模苏维埃人民共和国改组为社会主义共和国，并声明愿意加入苏维埃社会主义共和国联盟②。

在布哈拉，1920 年布哈拉共产党领导了布哈拉酋长国的斗争。1920 年 8 月中旬召开了第四次布哈拉共产党代表大会，决定举行起义。1920 年秋，革命在整个布哈拉地区取得了胜利。1920 年 10 月召开了全布哈拉人民代表大会，宣布布哈拉为苏维埃人民共和国。俄罗斯联邦政府承认布哈拉苏维埃人民共和国为主权国家。1924 年 9 月，布哈拉苏维埃人民共和国宣布加入苏联。

苏联建立之前，中亚各民族并没有按照民族来划分自己的行政区域。苏联的建立，为中亚各民族国家按照不同民族分布重新划分彼此的界线创造了条件。如何评价这次划界，现在有不同的看法和评价。不过，从当时

---

① 马大正、冯锡时主编《中亚五国史纲》，新疆人民出版社，2000，第 247 页。
② 苏联科学院历史研究所编《苏联民族——国家建设史》（上册），商务印书馆，1997，第 320~321 页。

情况看，中亚民族国家划界的思想，源于列宁有关民族自决权的理论以及俄共（布）党纲中有关民族问题的原则和苏联宪法中的有关规定。此外，发生在中亚各民族之间的矛盾也是提出民族划界的原因之一。比如，1920年9月，青年希瓦派枪杀了一批土库曼革命者，而后还派遣了讨伐队去惩治土库曼部族。而土库曼部族也组织了对乌兹别克地区的进攻。在布哈拉也是如此。当时某些政府官员不断挑起族际纠纷。他们对土库曼人和塔吉克人实行歧视政策，不允许他们进入最高权力机关。这种情况下民族问题和民族矛盾不断激化。

1924年3月10日，布哈拉共产党中央委员会执行局提出了组建乌兹别克和土库曼两个共和国的必要性问题。与此同时，突厥斯坦和花剌子模两个共和国领导层也就成立新的民族共和国问题展开了广泛的讨论。经过讨论，三国领导人都同意按民族特征重新划界，并提出了各自的方案。为了使民族划界工作顺利展开，俄共（布）中央委员会专门组建了乌兹别克、吉尔吉斯、土库曼三个分委会。关于卡拉－吉尔吉斯人（即现在的吉尔吉斯人）的自治问题是由哈萨克分委会负责的，那时卡拉－吉尔吉斯人主要分别居住在突厥斯坦苏维埃社会主义自治共和国的不同行政区内。4月5日，俄共（布）中央政治局审议了中亚共产党组织关于对突厥斯坦、布哈拉和花剌子模进行民族国家划界的建议①。

1924年6月12日，俄罗斯共产党中央委员会政治局通过了《关于中亚地区民族共和国划界》的决议。决定在中亚成立土库曼和乌兹别克两个独立的苏维埃社会主义共和国，并加入苏联；联合突厥斯坦的吉尔吉斯地区建立吉尔吉斯自治共和国，加入俄联邦（1936年12月更名后的哈萨克自治共和国退出俄罗斯联邦，升格为加盟共和国并加入苏联）；成立塔吉克自治州，加入乌兹别克共和国；成立卡拉－吉尔吉斯自治州，属俄联邦。经过1924年9月举行的突厥斯坦执行委员会第三届特别会议、第五届全花剌子模代表大会和第五届全布哈拉代表大会讨论之后，通过了关于在中亚地区进行民族共和国划界的决定。

1924年10月14日，全俄中央执行委员会第二次会议最终批准了以下变化：把塔吉克自治州改为自治共和国，仍归乌兹别克；卡拉卡尔帕克自治州划归吉尔吉斯自治共和国（1932年组建卡拉卡尔帕克苏维埃社会主义自治共和国，1938年划归乌兹别克共和国）。这样，在原中亚三个共

---

① 苏联科学院历史研究所编《苏联民族——国家建设史》（上册），商务印书馆，1997，第323页。

和国的基础上成立了乌兹别克、土库曼两个加盟共和国，以及塔吉克自治共和国和卡拉 – 吉尔吉斯自治州、卡拉卡尔帕克自治州。突厥斯坦的吉尔吉斯地区划归吉尔吉斯自治共和国。1924 年 10 月 27 日，苏联第二届特别执行委员会批准成立土库曼苏维埃社会主义共和国和乌兹别克苏维埃社会主义共和国。11 月，中亚突厥斯坦、花剌子模、布哈拉三个共和国中央执行委员会停止了自己的活动。在进行划界的同时还进行了经济上的划分。

　　1924 年 12 月 5 日，乌兹别克苏维埃社会主义共和国宣布成立。1925 年 2 月 13 ~ 17 日，共和国苏维埃第一次代表大会通过了《共和国成立宣言》，宣布乌兹别克共和国作为一个加盟共和国自愿加入苏联。1925 年 2 月 15 ~ 24 日，首届全土库曼苏维埃成立大会召开，通过了《关于成立土库曼苏维埃社会主义共和国的决定》，也决定加入苏联。1925 年召开的第三次苏联苏维埃代表大会上通过了接受乌兹别克共和国和土库曼共和国加入苏联的决议。

　　1924 年 10 月 14 日，全俄中央执行委员会宣布成立隶属于俄罗斯联邦的卡拉 – 吉尔吉斯自治州。1925 年 4 月哈萨克正式恢复历史名称之后，1925 年 5 月 25 日，全俄中央委员会决定把卡拉 – 吉尔吉斯自治州改为吉尔吉斯自治州。1926 年 2 月 1 日，全俄中央执行委员会主席团决定将吉尔吉斯自治州改为吉尔吉斯苏维埃社会主义自治共和国，仍属俄联邦。1936 年 12 月 5 日，吉尔吉斯苏维埃社会主义自治共和国升格为加盟共和国①。

　　1925 年 1 月 2 日，根据苏联中央执行委员会主席团的决议，帕米尔地区划归塔吉克苏维埃社会主义自治共和国。1926 年 12 月 1 日，塔吉克苏维埃社会主义自治共和国苏维埃成立大会在杜尚别举行。1929 年 6 月苏联政府将塔吉克苏维埃社会主义自治共和国升格为加盟共和国，同年 10 月脱离乌兹别克共和国建制。1931 年 3 月举行的第五次苏联苏维埃代表大会上，塔吉克苏维埃社会主义共和国加入苏维埃社会主义共和国联盟。塔吉克苏维埃社会主义自治共和国改组为加盟共和国时，主要是把塔吉克人居住的原来属于乌兹别克苏维埃社会主义共和国的苦盏区划入塔吉克共和国。至此，苏联时期一直延续的各加盟共和国架构基本形成，并成为苏联解体以后中亚各共和国区域划分的基础。

---

① 　马大正、冯锡时主编《中亚五国史纲》，新疆人民出版社，2000，第 288 ~ 289 页。

第二节 苏联时期的中亚

一 苏联时期中亚五国政治体制特征

(一) 政治体制一般情况

苏联时期，中亚五国作为苏联加盟共和国，遵循苏联宪法原则，实行与苏联相同的政治体制。1978 年通过的各国共和国宪法中规定，共产党是"苏维埃社会的领导力量和指导力量"，是"社会政治体制、国家机关和社会组织的核心"；共产党领导本共和国的社会、政治、经济和科学文化发展的总方针，制定国家对内对外政策。

最高苏维埃是议行合一的机构，实行一院制，是五个共和国最高国家权力机关，拥有通过、修改和补充共和国宪法，颁布共和国其他法律和法令，批准共和国社会经济发展计划，批准共和国预算和执行报告，设立对其进行报告工作的国家管理机构，决定举行全民公决等属于本共和国管辖的一切重要职能。

部长会议即共和国政府，对共和国最高苏维埃负责并报告工作，从事管理国家工作，即领导共和国的国民经济建设和社会文化发展工作，提高居民物质文化生活水平，发展科技、文教、卫生保健事业、保障国家安全和国防建设，领导共和国的外交工作。各州、市、区、村镇人民代表苏维埃执行委员会即各级地方政府，由主席、副主席、委员和秘书组成，负责本地区社会经济建设、文化教育、居民社会保障、卫生保健工作，对本地区人民代表苏维埃负责并报告工作，接受上级苏维埃执行委员会的领导和监督。

共和国司法权是由法院和检察院行使。法院系统是由共和国最高法院，各州、市、区法院组成。检察机关系统由共和国检察院和州、市、区检察院组成。共和国检察长、各州检察长、共和国首都市检察长都由苏联总检察长任命。

(二) 政治体制的特点

以现在的眼光去看苏联时期的政治体制，可以看到当时的体制确实存在一些缺点和不足，主要表现在以下几个方面：

1. 缺乏自主权

苏联宪法规定：苏联是联邦制国家，实行中央与地方政权分立，加盟共和国具有主权国家的地位。在权力划分上，联盟中央政府主要行使外交、国防、交通和邮电等方面的管理权，其他方面的国家管理权力归属各加盟共和国独立行使。同时，各加盟共和国享有自由退出联盟的权利。但实践表明，联邦制形同虚设。中亚五国作为加盟共和国缺少应有的自主权。中亚五国政体的基本特征是形式上的主权国家，实际上不具有国家的基本特征，仅是联盟中央集权制下的地方一级行政区。作为加盟共和国，中亚各国的政权建设完全是在联盟中央的领导下进行。

2. 党政不分，以党代政

在社会主义国家，共产党必须对国家实行领导，社会主义国家是通过共产党代表全体人民掌握政权来实现政治和社会管理的。但苏联并没有解决好党和政府之间的相互关系，忽视党政职能分开、各司其职的必然性与合理性。将党的组织混同于苏维埃政权组织，包办代替国家政权机关的工作，过多干预社会团体事务，直接管理国家和社会生活的具体事务，包揽国家和社会事务，使党陷入日常的管理工作，客观上削弱了党对国家和社会的总的政治领导。当时，苏共中央设立与联盟政府相应的对口部门，领导政府各部委，严重束缚了政权机关的积极性。

3. 缺乏监督，腐败严重

国家政权机关缺乏相互制约和社会监督的机制，从而导致腐败风盛行。在实际运行中，过于重视自上而下的监督制度而轻视自下而上的监督制度。强调党和行政机关的实际作用，而轻视国家权力机关的决策与监督作用。20 世纪 70 年代前后，苏共党内腐败蔓延，形成了官僚特权阶层和既得利益集团对党的肌体的深层次侵蚀：一是使党内思想僵化、保守主义盛行，不思进取；二是在干部制度上的任人唯亲，党和国家高级干部职务实际上的终身制难以改革，与人民群众渐行渐远。

4. 实行干部委任制

苏联在干部委任中，重视自上而下的干部委派制，而轻视自下而上的干部选举制，这种委派制使中亚五国在内的各加盟共和国无权自主建立本国的领导体系；中亚五国党政主要领导干部由苏共中央直接委任，甚至各州与各共和国首都市的党政主要领导干部的任免也要由苏共中央批准。干部委任制导致共和国领导人只对联盟中央负责，而地方各级领导只对共和国中央负责，从而使领导干部脱离人民群众，国家政权远离人民群众。

5. 干部当地民族化，容易滋生民族主义

苏联基本上实行各共和国干部当地民族化政策，致使中亚五国党中央第一书记、共和国最高苏维埃主席、共和国部长会议主席均由当地主体民族干部担任，中亚五国基本上实现了主要干部当地民族化。实践表明，干

部当地民族化虽有体现"民族自决"精神的一面，但同时也有容易促使民族自我意识增长，滋生民族主义，激发民族独立自主情绪的一面。

二 苏联时期中亚经济特点

中亚地区在十月革命前属于一个落后的农牧业地区。十月革命胜利后，中亚地区的经济发展较快。到了 20 世纪 30 年代，中亚五个共和国开始实行中央高度集中的指令性计划经济体制。这种计划经济体制的主要特点是：对整个经济和经济活动的全过程实行全面的和高度集中的指令性计划管理；在管理手段上主要采用行政管理方法，在管理的组织形式上实行自上而下的部门管理。在这种经济体制下，中亚五国的经济发展既有优势，又有劣势。

(一) 独立前夕的经济发展总体状况

在联盟中央统一协调下，中亚国家经济发展程度虽然存在不同程度的差别，但总体上都获得了长足的发展。由于经济基础和自然禀赋的不同，中亚国家的人均国内生产总值有所差异。1990 年哈萨克斯坦国民生产总值为 572.72 亿美元，占全苏的 5.3%。在苏联仅次于俄罗斯、乌克兰和白俄罗斯，居第四位，在中亚各加盟共和国中居首位。乌兹别克斯坦 1990 年国民生产总值占全苏生产总值的 4.0%，当时在中亚各加盟共和国中次于哈萨克斯坦，居第二位[①]。而土库曼斯坦、吉尔吉斯斯坦、塔吉克斯坦因自然禀赋差异，属于中亚五国经济发展中较为落后的加盟共和国。根据有关资料，1990 年土库曼斯坦国民生产总值仅占全苏联的 0.9%，居于末位；农业产值占 1.1%，在中亚五国中仅强于塔吉克斯坦的比重 1%；人均国民生产总值、人均国民财富、人均消费分别为全苏平均水平的 75%、67% 和 66%，均低于全苏平均水平。但从纵向上看，土库曼斯坦 1980 年工业产值较 1940 年增长了 11 倍，同时农业产值也有 3.9 倍的增长[②]。特别是因土库曼斯坦极其丰富的石油、天然气资源和苏联当时的援助政策，使得石油工业、天然气工业迅速发展，成为国家的支柱产业。

在联盟中央的大力支持下，城市化作为国家经济发展的一个重要的衡量指标，中亚地区的城市化也取得了重要成就。1989 年，城市人口已经占哈萨克斯坦总人口的 57%，在乌兹别克斯坦占 41%，在吉尔吉斯斯坦占 38%，在塔吉克斯坦占 33%，在土库曼斯坦占 45%。虽然这些数字要

---

① 赵乃斌、姜士林主编《东欧中亚国家私有化问题》，当代世界出版社，1995，第 136 页。
② 普罗霍罗夫主编《苏联百科手册》，山东人民出版社，1988，第 729 页。

低于全苏联城市化人口占66%的数字，但城市化的速度却是全苏联最快的地区①。这些都为中亚五国独立后的发展奠定了一定的基础。

（二）苏联时期经济发展取得的成绩

在联盟中央"劳动分工"的思路下，中亚五国的经济实现了跳跃式的发展。农业基本上实现了机械化，并进行了集体化生产。哈萨克斯坦成为主要的粮食供应基地，而乌兹别克斯坦和土库曼斯坦成为苏联的重要的产棉区。这些都为日后国家独立的经济恢复提供了有利条件。

中亚五国的工业基础是苏联在"冷战"时期，从军备竞赛的需要出发，大力发展重工业、开发矿产资源而形成的。到了苏联解体前夕，中亚国家已建立起了一个门类较多的工业体系，包括石油工业、天然气工业、化学工业、电力工业、轻工业和食品工业等。根据1989年的统计资料，在石油开采方面，哈萨克斯坦的产量占全苏产量的4.2%，乌兹别克斯坦占全苏产量的0.4%，土库曼斯坦占全苏产量的1%。在天然气生产方面，哈萨克斯坦的产量占全苏的0.81%，乌兹别克斯坦占全苏的5.2%，土库曼斯坦占全苏的11.3%。在煤炭生产领域，哈萨克斯坦占全苏的18.70%。在铁矿石领域，哈萨克斯坦的产量占全苏的9.80%②。可见，经过多年的发展，哈萨克斯坦已在石油、煤炭、有色金属生产方面占优势地位。乌兹别克斯坦和土库曼斯坦则成了苏联重要的天然气产地。由于得天独厚的自然条件，五国的电力工业都比较发达。苏联在中亚地区所建立的工业企业一般具有规模大、垄断性强和国有化程度高的特点。

（三）苏联时期经济发展的劣势

虽然苏联时期的中亚各国是计划经济的"受益者"，但由于没有独自发展经济的权力，导致经济结构单一且具有较大的依附性。由于联盟中央对经济发展的重心侧重点不同，中亚五国的轻工业和食品工业没有在苏联得到重视，发展较为缓慢。据有关资料统计，产棉的共和国所需要的粮食要靠其他共和国大量调入，所需的工业消费品一半以上靠其他共和国特别是俄罗斯的供应③。由于在苏联解体前，工农业产品都是在全苏范围内通过调拨来平衡供求的，因此掩盖了中亚各共和国经济结构的弊端，但这一矛盾在五国独立后进行经济体制的重新构建时，就凸现了出来。

中亚国家经济具有发展中国家的典型特征。在经济发展方面，中亚五

---

① 吴宏伟著《中亚人口问题研究》，中央民族大学出版社，2004，第34~35页。
② 丘远尧主编《走向新世纪的独联体国家》，中国统计出版社，2000，第219页。
③ 赵常庆主编《中亚五国概论》，经济日报出版社，1999，第100页。

国属于经济发展水平较低、市场基础设施落后、经济改革也较晚的地区。在"冷战"时期，国际社会普遍把苏联列入发达国家行列，但中亚作为苏联的边缘地区，中亚五国和苏联其他发达地区相比经济还是有较大差距，这些特征主要表现为：产业结构单一，以原材料为主的初级产品所占比重较大，人口增长速度较快，对农牧业的依赖程度较高，等等。中亚国家独立以后，中亚地区原本与其他地区的差距开始显现：民众生活水平大幅降低，劳动生产率低下，专业技术人员缺乏，失业人口增长迅速，农业生产在国民经济中的比重增加。

由此可见，经过苏联时期 70 年的发展，中亚各加盟共和国已经由落后的农牧业地区发展成为有一定经济基础的工业农业国。但同时，苏联的计划经济模式也为独立后中亚五国经济结构的协调发展造成了不同程度的困难和瓶颈。

三　苏联时期中亚社会政策及其特征

（一）苏联时期中亚五国的社会政策

1. 社会保障政策

苏联时期 70 年，中亚各共和国执行的是全苏统一的社会保障政策。苏联时期国家政策的鲜明特点是国家包揽一切。苏联建立的社会保障制度主旨在体现社会主义的优越性。其社会保障的思想最早可以追溯到列宁在 1912 年 1 月俄国社会民主工党第六次（布拉格）全国代表会议中对此作的充分表述："最好的工人保障形式是工人的国家保障，它是根据下列原则建立的：（一）在工人丧失劳动力的一切情况（伤残、疾病、年老、残废；女工还有怀孕和生育；养育者死后所遗寡妇和孤儿的抚恤）下，或在他们因失业而失去工资的情况下，国家保障都应该给工人以保障；（二）保障要包括一切雇佣劳动者及其家属；（三）对一切被保障人都要按照偿付全部工资的原则给予补助，同时一切保障费应由企业主和国家负担；（四）各种保障都由统一的保障组织办理；各种组织应按区域和按被保障者完全自行管理的原则建立。"①

苏联成立后，国家的社会保障被写入了宪法并加以完善。其中，在1977 年 10 月 7 日通过的《苏维埃社会主义共和国联盟宪法》中有了最为充分的规定："这个社会的生活准则是大家关心每人的福利和每个人关心大家的福利。"第 35 条规定："采取措施保护妇女的劳动和健康"，"对母

---

① 中央编译局：《列宁全集》第 21 卷，人民出版社，1990，第 155 页。

亲和儿童给予法律保护"。第 42 条规定苏联公民"有享受保健的权利",第 43 条规定苏联公民"在年老、患病、全部或部分丧失劳动能力以及失去赡养者的情况下,有享受物质保证的权利"① 等等。

在实践上,20 世纪 60 年代,苏联将社会保障范围扩展到了集体农庄。20 世纪 70 年代,城乡社会保障制度除了基金的形成、管理方式以及养老金支付方式上的差别外,实现了统一的享受待遇资格条件,从而将社会保障的范围覆盖到"全民"②。

苏联时期的社会保障制度是同高度集中的计划经济相适应并发展起来的,其主要特征可以用"低水平"、"全覆盖"和"国家化"来概括。"国家化"是指一切与社会领域有关的事务,如医疗、养老、就业、工伤、生育、受教育等皆由国家统管。"全覆盖"是指社会保障的水平在各共和国之间、各地区之间大致处于同等水平。即使在经济发展水平差距很大的加盟共和国之间,经费不足的问题可以通过国家一平二调政策加以解决,各共和国居民不仅均可享受苏联的社会保障,而且社会保障水平大致相似。但同时,由于国家把资金主要用于经济、国防等方面,在保证上述部门资金需求的前提下,将"剩余"的资金用于发展社会事业。因此,社会保障水平处于较低的发展层次。虽然在高度集中的计划经济体制下,由于费用匮乏,机构基础条件差,设备落后,社保人员的工作缺乏热情,普通百姓并未享受到优质的社会服务,但这种"低水平"的社会保障却在社会占绝大部分的公民特别是低收入阶层中产生了深远而积极的影响。同时,计划经济体制的社会保障体系铸造了人们这样的一种观念:社会事务由国家来管是自然的,社会主义制度下的社会保障人人有份,但是到了20 世纪 80 年代中后期,随着计划经济的弊端日益明显,苏联经济增长速度变慢,国家财政不堪重负,这就使原先的保障制度难以为继。

2. 教育政策

中亚五国独立前,各共和国根据苏共中央的要求,把"培养社会主义新人"、树立"共产主义理想"作为教育的根本任务。教育由国家经办,从幼儿教育到高等教育所有的费用都由国家一手包办。在整个苏联时期,中亚五国的文化在不同程度上具有与其他地区相同的特征,例如国家对毕业生实行统包统分的政策。由于建立了适应当代政治文化要求的社会基础,全民文化教育水平大幅度提高。1985 年哈萨克斯坦每万名居民中拥有大学

---

① 中国人民大学法律系编《中外宪法选编》,人民出版社,1982,第 239,248 ~ 250 页。
② 王怡:《社会保障概论》,山东人民出版社,2005,第 10 页

生 171 人，当时的法国、日本、意大利、英国每万名居民中拥有的大学生人数分别是 159 人、142 人、131 人和 112 人①，尽管在大俄罗斯主义影响下，中亚各民族文化教育的民族性受到抑制、阻碍，但整体水平得到提高和巩固，而民族意识的发展与教育及整个现代化进程是息息相关的。

3. 科技政策

苏联的科技政策为中亚五国的科技发展奠定了一定的基础。有的研究单位在世界上享有盛誉，如土库曼斯坦的沙漠研究所、哈萨克斯坦的煤炭和有色金属研究机构、乌兹别克斯坦的棉花研究机构等。科研资金主要来自中央。中亚各共和国科技事业取得的这些成就与苏联对科技的高度重视和巨大投入有直接的关系。

（二）苏联时期中亚五国的社会阶级结构

20 世纪 60 ~ 70 年代，根据苏联社会学家对社会结构的研究，始终是把阶级结构作为社会结构的核心结构来体现的。在此期间，"两阶一层"②（工人阶级、农民阶级和知识分子阶层）即是苏联社会阶级结构的主要特征。

中亚五国和整个苏联一样，阶级结构经历了很大变化。20 世纪 20 年代以前，中亚地区以农牧民为主，个体劳动者、工人和知识分子很少，还存在着些地主、富农和资本家。但到了 20 世纪 30 年代，地主、富农和资本家已全部消灭了。到了苏联解体前夕，中亚各共和国基本剩下了两个阶级和一个阶层，即工人阶级、农民阶级和知识分子阶层。阶级结构在中亚各共和国之间没有很大的区别，只是各阶级人数构成有些不同。有关资料显示，1979 年哈萨克苏维埃社会主义共和国的工人和知识分子占 93.5%，农民和合作手工业者只占 6.5%，土库曼等共和国的农民和合作手工业者占 33.4%③。

（三）苏联时期中亚五国的社会管理方式

苏联时期，中亚国家的社会管理是通过苏联式的社会主义社会管理体制进行的，其管理主体和管理方式具有自身的特点。共产党、苏维埃、工会、共青团等党政组织和群众团体是国家和社会管理的主体，他们既是社会政策的制定者、执行者，同时也是监督者。20 世纪 60 年代后苏联又采

---

① 苏联中央统计局编《1987 年苏联国民经济统计年鉴》（俄文版），莫斯科财政与统计出版社，1988，第 666 页。

② 贾春增：《当代苏联社会学》，时事出版社，1992，第 163 页。

③ 苏联中央统计局编《1922 - 1982 年苏联国民经济统计年鉴》（俄文版），莫斯科财政与统计出版社，1982，第 81 ~ 82 页。

取了吸收劳动人民群众参加社会事务管理的一些措施，如允许劳动集体参加讨论和解决一些社会事务，建立人民监督委员会对国家机关人员进行监督，还通过建立人民纠察队、同志审判会、社会治安站等组织参与维护社会治安、打击犯罪等活动。常用的社会管理手段有法律手段、行政手段、经济手段、舆论手段、道德手段等。

四　苏联时期中亚的民族宗教政策与民族问题

中亚地区既是一个多民族地区也是一个多宗教地区，早在十月革命前，中亚当地民族还处在氏族宗法和封建制度的发展阶段上，宗教的影响特别是伊斯兰教的影响很大。

（一）苏联对中亚地区的宗教政策和民族政策的演变

十月革命后，以列宁为首的布尔什维克党和苏维埃政府充分考虑到了穆斯林群众的宗教感情，采取了宗教信仰自由的政策。1917 年 11 月 20日颁布了列宁签署的《告东方全体穆斯林劳动人民书》，明确宣布苏维埃政府对穆斯林的态度和立场。他郑重宣布："今后，你们的信仰和习惯，你们的民族机关和文化机关都被宣布为自由的和不可侵犯的。自由地、无阻碍地来安排自己的民族生活吧！你们有权利这样做。"① 1918 年 1 月 23日又颁布了《关于教会同国家分离和同学校同教会分离的法令》，正式规定了苏维埃国家与宗教团体之间的关系。由于对宗教采取了一系列宽容措施，当地苏维埃政府与宗教界的矛盾大为缓解，因而争取到了中亚宗教界人士对土地改革及其他苏维埃建设事业的支持，也争取到了中亚广大穆斯林群众对苏维埃政权的拥护。

1925 年后，中亚地区掀起了全面的社会主义改造运动，同时也开始了伊斯兰教世俗化的过程。1941 年后，由于反法西斯战争的需要，苏联政府号召穆斯林群众积极投入卫国战争。中亚各国宗教团体配合政府鼓励青年参军上前线，清真寺为战争胜利捐钱、捐物、帮助军人家属，并集资组建坦克部队。中亚宗教界的爱国行动得到了苏联政府的肯定，1943 年10 月在联盟中央的支持下，中亚和哈萨克斯坦穆斯林宗教管理委员会成立了。从 1944 年起，穆斯林赴麦加和麦地那参加朝觐的活动也恢复了②。

1954 年苏共中央在斯大林逝世后通过《关于科学无神论宣传中重大

---

① 《苏联民族政策文件汇编——苏联的形成 1917 - 1924》），中央民族事务委员会参事室译，1954，第 21 ~ 22 页。

② 王沛：《苏联中亚地区的宗教现状》，《中亚研究》1984 年第 1 期。

缺点及其改进措施》的决议，掀起了战后无神论宣传的高潮。1959 年关闭清真寺和一些宗教设施，采取措施限制穆斯林的宗教活动等。为了培养"共产主义思想"，当局控制了包括伊斯兰教在内的宗教活动，还对违反宗教法律的人员进行惩处。

1985 年戈尔巴乔夫上台后，以改革和新思维为旗号，放松了延续几十年的宗教控制政策，提出"与这个国家五千万穆斯林实现和解"的口号，从而引发了中亚地区的伊斯兰回潮运动。这主要表现在信教人数陡增，信教人员广泛，修复和新建了大批清真寺，翻译并大量出版《古兰经》，恢复和新开了宗教学校。在哈萨克斯坦，仅 1990 年就开放了 87 座清真寺，1991 年增至 150 座。同时还成立了阿拉木图高级伊斯兰教经学院，招收两年制学生。在塔吉克斯坦，1989 年有清真寺 70 座，1990 年增至 90 座，1991 年又增至 124 座。此外，还有 3000 处礼拜堂。1990 年在首都杜尚别还建立了第一所伊斯兰教经学院，招收 140 名学生入学。在吉尔吉斯斯坦，1985 年全国有 30 余座清真寺，到 1990 年增至 60 多座①。去麦加朝觐者逐年增加、宗教活动与政治活动的结合日益明显等。

此外，苏共在十月革命胜利后为解决民族问题制订了许多政策，提出并践行以民族为特征的联邦制；承认各民族自决权，各加盟共和国享有主权国家地位和自由退出联盟的权利；用苏维埃爱国主义和无产阶级国际主义教育人民；在民族关系方面奉行族际平等原则，反对民族主义和沙文主义等。

（二）民族宗教政策理论与实践的失误与对中亚造成的影响

虽然，苏共在十月革命胜利后为解决民族问题制订了许多政策，但实际上许多政策或者没有得到认真执行，或者出现失误，或者用粗暴方式处理民族问题从而伤害了中亚五国的民族感情。这主要表现在以下几个方面：

1. 加盟共和国的民族自决权力有限

苏联制定的宪法，赋予加盟共和国自由退出苏联的权利。但从 1922 年至 20 世纪 80 年代末，没有一个加盟共和国可以自由退出苏联；宪法所赋予加盟共和国享有的独立行使经济、财政、内务、司法、文化教育、卫生和社会保障、检查监督和民族事务等方面的权利没有充分行使。

---

① 沈翼鹏：《中亚五国的宗教问题及其对政局的影响》，《中亚研究》1993 年合刊。

2. 俄罗斯族与中亚各主体民族之间以及各民族之间关系存在一些问题

苏联宪法虽明确规定了民族平等的原则，而实际上因各个大小民族的形成和发展的自然地理条件、历史和社会文化环境不一样，俄罗斯族处于联盟中央领导地位，由于民族不平等现象的长期存在，使中亚地区的民族对联盟中央和大俄罗斯民族主义存有不满情绪，非俄罗斯民族的民族主义也普遍存在。

3. 执行民族宗教政策出现失误

第一，表现在民族划界造成的失误。民族划界虽然是在列宁、斯大林的指导下进行的，然而存在的问题却很多。由于缺乏细致的考虑，苏联政府没有协调平衡好中亚各加盟共和国的社会利益，而任意变更各加盟共和国的领土。联盟中央曾把哈萨克斯坦的领土划分给乌兹别克斯坦，把乌兹别克斯坦的领土划分给塔吉克斯坦，同时又把乌兹别克斯坦不适宜种植棉花的土地划分给哈萨克斯坦。这不仅加深了当地少数民族之间的矛盾，同时也引发了中亚当地民族对联盟中央的不满情绪。

第二，表现在苏联民族理论上的失误。从 20 世纪 50 年代开始，苏联就标榜苏维埃国家制度已经成为全世界真正民族平等与合作的榜样和典范。在民族矛盾处于隐发的状态下，1961 年 10 月 18 日，赫鲁晓夫提出了苏联已经形成了"各民族新的历史性共同体——苏联人民"的观点。其核心内容认为"苏联各民族的共同性在日益加强，各民族越来越接近，各民族将要实现完全一致"①。这一观点忽视了各民族实际上存在的差异性和特殊性，掩盖苏联国内复杂的民族矛盾和民族问题。勃列日涅夫时期进一步把"共同体"说成是苏联民族问题的最重大的成果之一，并写进了代表大会的决议。由于这一理论超越苏联社会发展阶段，过早地宣布民族问题"已经解决"，导致民族关系中的消极现象日益增多。

第三，表现为用粗暴方式处理民族问题。特别是在大清洗期间，各少数民族地区的多数领导干部和知识分子因所谓"资产阶级民族主义"的罪名而遭到清洗和镇压，致使当地民族在宗教和民族感情上都受到了严重伤害。

总之，在苏联社会主义制度时期，弱小民族包括中亚各民族的确获得了繁荣昌盛，加盟共和国在社会主义的实践过程中也扩大和加深了民族凝聚力，民族宗教管理机构和管理国家的能力获得发展。但苏联当局缺乏解

① 赵常庆、陈联璧、刘庚岑、董晓阳：《苏联民族问题研究》，社会科学文献出版社，1996，第 121～127 页。

决民族问题的系统纲领。国家领导层在民族理论上的薄弱，造成民族关系的种种危机。

五 苏联时期中亚的对外联系

中亚五国独立前均为苏联的加盟共和国。乌兹别克斯坦和土库曼斯坦是 1924 年成为加盟共和国并加入苏联。塔吉克斯坦于 1929 年，哈萨克斯坦和吉尔吉斯斯坦于 1936 年成为加盟共和国并加入苏联。苏联的宪法均规定了中亚五国作为加盟共和国所具备的一定对外联系的权利。

（一）20 世纪 80 年代前，苏联时期中亚对外联系的权限与特点

根据苏联 1924 年、1936 年和 1977 年先后通过的三部宪法，全苏联包括加盟共和国的外交和外贸权皆由联盟中央控制。但 1936 年宪法和 1977 年宪法中同时又规定了加盟共和国有与外国建立直接联系的权利。如在 1936 年宪法第 18 条第 1 款规定："第一加盟共和国均有权与外国发生直接关系，与之签订协定，互换外交代表及领事。" 1977 年宪法第 80 条规定："加盟共和国有权与外国发生关系，同它们签订条约和互换外交代表和领事，参加国际组织的活动。" 这就是说，从理论上和法律上讲，加盟共和国在不违反苏联宪法总原则的前提下，有独立从事对外活动的权利。

然而，长期以来，中亚五国实际上并没有享受这种权利。它们既没有派驻外国的外交代表，也没有接纳外国的外交代表驻在本国。事实上，中亚五国的对外活动皆由莫斯科控制。这些国家虽然名义上也有"外交部"，但其作用只相当于外事办公室，主要负责办理联盟中央外交部交办的事情，没有独立从事外交的权利。乌兹别克斯坦独立前的"外交部"只有 7 个人，是该加盟共和国人员最少的部之一。

（二）20 世纪 80 年代后中亚五国对外联系的活跃

中亚各国在 20 世纪 80 年代末 90 年代初获得了对外交往上的较大自主权。在民族问题日趋尖锐的情况下，戈尔巴乔夫政权决定改革联邦制，下放权力。各加盟共和国趁机向联盟中央索要包括独立行使对外关系在内的各项权力。

1989 年 9 月 24 日，苏共中央全会通过的《党在当前条件下的民族政策》指出，在不违背全联盟利益选择下，加盟共和国有权独立开展对外政治活动和对外经济活动。各加盟共和国也根据苏共中央纲领精神陆续制定和通过了相应的扩大对外活动的决议或法规。例如，1989 年 9 月，哈萨克斯坦通过的《自治和自筹资金构想》中提到，共和国在经济主权范围内有权独立解决对外经济活动问题。1990 年 8 月 15 日，土库曼斯坦公布了共和

国经济主权构想，在对外经济活动方面提出了几点构想：（1）独立制定对外经济联系的长期纲要，培养有关干部和专家；（2）自主经营共和国的进出口等对外经济业务，参与海关管理；（3）独立使用外汇基金；（4）独立自主地决定对外经济组织与合资企业的组成、设立自由经济区等业务。

到 1990 年 6～12 月间，中亚五国先后通过共和国"主权宣言"后，重申了"共和国可与外国直接建立关系，签订经济、文化、科技协议，互派外交、领事和商务代表的权力"的原则。与此同时，从 1990 年起各国开始独立与西方和其他发展中国家交往。1990 年 7 月，纳扎尔巴耶夫首次以哈萨克斯坦总统身份对美国进行了正式访问。访问期间他会见了美国总统安全助理斯考克罗夫特、参议院共和党领袖多尔、美国财政部长布莱迪等人。1990 年 7 月，哈萨克斯坦部长会议主席卡拉曼诺夫率团访问了中国新疆维吾尔自治区。在苏联解体前的 1991 年，哈萨克斯坦的外交更加活跃，纳扎尔巴耶夫 7 月 9～16 日访问中国，9 月正式访问土耳其，10 月访问了英国。在阿拉木图他还以哈萨克斯坦总统身份接待了土耳其总统厄扎尔、美国国务卿贝克、新加坡资政李光耀、德国外交部长根舍等人。土库曼斯坦同样也很活跃。1991 年 6 月，土库曼斯坦代表团访问日本，同年 6 月 24 日，尼亚佐夫总统访问意大利，10 月，他又出访了伊朗。

中亚五国在 1988 以前主要在苏联各共和国之间发展关系，从 1988 年开始，中亚各国对外贸易交流也日趋频繁。在联盟中央默许下，各加盟共和国先后成立了隶属于本共和国的进出口贸易公司。这种公司的业务不同于原有的外贸活动。它直属于共和国，而不受联盟中央的控制。例如，哈萨克斯坦进出口公司 1988～1989 年即与 18 个国家签订了数十项经贸合同，总金额达到 7500 万外汇卢布。尽管这个数目只相当该国进出口总额的 1/20，但这是完全归共和国掌管的部分，其意义非同寻常。1987 年成立、1989 年在苏联对外贸易部注册的"塔吉克对外贸易公司"很快与世界上 60 多个国家建立了贸易关系。

中亚五国之间也十分重视经济交流。1989 年 2 月，在杜尚别举行了中亚五国政府首脑会晤，讨论在新形势下深化合作问题。1990 年 6 月，中亚五国领导人在塔什干会晤，会议就发展彼此经济、科技、文化合作发表了联合公报。1991 年 8 月，中亚五国领导人再次在塔什干会晤，准备建立中亚五国经济联盟。

尽管 20 世纪 80～90 年代初，中亚五国在对外交往方面呈明显活跃的态势，但当时毕竟是苏联的一个加盟共和国，其活动范围和内容还受到很大限制。对方在接待规格和会谈内容上还考虑中亚五国毕竟不是国际法主体，而往往把它们作为苏联的一部分来看待。因此，这种交往还是有限度的，其活跃程度也只是与 20 世纪 80 年代中期以前相比而言。

第三节 苏联解体与中亚五国独立

苏联的解体使中亚五国成为独立的主权国家。中亚五国在政治上根本改变了社会主义性质，相继颁布了自己的新宪法，规定国体、政体和经济制度，普遍实行西方的立法、行政、司法三权分立来构建国家体制。这一历程是与戈尔巴乔夫的改革以及苏联解体的历程息息相关的。

苏联自 1985 年戈尔巴乔夫当选为苏共中央总书记起，就进入了全面改革时期。1987 年 1 月苏共中央全会讨论了政治改革问题，决定把加强民主和实现政治生活的"公开性"作为改革的重点。同年 6 月召开的苏共中央全会讨论了经济改革问题，通过了《根本改革经济管理的基本原则》和《国营企业法》草案。由于苏联的计划经济体制根深蒂固，在理论上没有解决企业的独立商品生产者地位的具体情况，经济体制改革收效甚微。所以，经济改革的目标在实践中很难落实，面临着行政管理部门的重重阻力。在这种情况下，戈尔巴乔夫形成了政治改革优先、用政治改革带动经济改革的思路。

（一）苏共执政党地位的丧失与中亚五国宣告独立

1. 苏共领导地位的丧失

1988 年 6 月，以政治体制改革为主题的苏共第十九次代表会议召开，会议确定了政治改革优先的方针，开始了从根本上变革苏联原有政治体制的尝试。戈尔巴乔夫在报告中建议对国家最高权力机制进行改革，恢复和加强苏维埃的实际权力，党对国家的领导通过苏维埃机构加以实施。报告还提出"人道的民主的社会主义"概念，将其确定为政治改革的目标。会议还通过了关于政治体制改革和社会民主化等多项决议，决定进行人民代表大会代表的公开竞选，在民主选举的基础上建立拥有实际权力的最高苏维埃。

戈尔巴乔夫的政治改革取向及其步骤在苏共的核心领导层中引起了分歧和争论，并形成了以叶利钦为首的主张政治多元化的"激进派"同以利加乔夫为首的主张维护党的领导地位的"传统派"的尖锐对立。戈尔巴乔夫则持中间立场，他在改革的目标取向上倾向于"激进派"，而在改革的具体步骤上反对过分激进的做法。

1989 年 3 月，苏联历史上第一次公开竞选选出了首届人民代表大会代表，5 月 25 日至 6 月 9 日举行的人民代表大会选举产生了实际拥有国家最高权力的常设机构——最高苏维埃，戈尔巴乔夫当选为最高苏维埃主席。从这时起，苏共的领导地位逐渐弱化，权力中枢移向苏维埃。

1990 年是苏联政治体制发生根本性变化的转折时期。当年 2 月召开的苏共中央全会通过《走向人道的民主的社会主义》行动纲领草案，宣布苏共"放弃政治垄断地位"，从而为实行多党制开了绿灯。《走向人道的民主的社会主义》的行动纲领草案在 1990 年 7 月 11 日苏共"二十八大"会议苏共中央二月全会上获得通过。这一纲领性声明在回答"我们要走向什么样的社会"的问题时指出，"苏共改革政策的实质是从极权官僚制向人道的、民主的社会主义社会过渡；人道的、民主的社会主义坚持人是社会发展的目标；在多种所有制形式和经营形式的基础上，确保使劳动者变成生产的主人"；提出要"保证保护人的权利和自由、尊严与人格"等。

3 月 14 日，苏联第三次非常人民代表大会通过《关于设立苏联总统职位和苏联宪法修改补充法》决议，会议修改了原宪法中的第 6 条规定，放弃了苏共的领导地位。决议指出，苏联共产党、其他政党以及工会、共青团、其他社会团体和群众运动通过入选人民代表苏维埃，或以其他形式参加制定苏维埃国家的政策，管理国家和社会事务；一切政党应在宪法和苏联法律的范围内活动；在修改后的苏联宪法中增加了"苏联总统"一个章节，规定总统是国家的最高执行长官。新设立的总统职位与党派分离，总统不代表任何党派。3 月 15 日，戈尔巴乔夫出任首任苏联总统，开始以总统制模式对国家实施领导。

2. "8·19"事件与中亚五国的独立进程

戈尔巴乔夫的政治改革方案使苏联陷入了严重的政治、经济和国家体制危机。一些共和国的共产党或被其他组织取代，或自身已变成民族主义政党，一些地区甚至出现了民族主义组织和各种反政府组织，掀起了"主权战"风潮。"民主化"和"政治多元化"的口号迅速揭开了苏联各民族之间旧时积怨的伤疤，煽起了民族主义情绪，使民族矛盾和冲突迅速趋于尖锐和激化。民族分离主义势力乘机崛起。1990 年 3 月立陶宛宣布独立；1990 年包括中亚五国在内的 11 个共和国发表主权宣言；1991 年 4 月，格鲁吉亚宣布独立；联盟体制面临崩溃的危险。

为了挽回局势，1991 年 6 月 18 日，戈尔巴乔夫向最高苏维埃提交了《主权国家联盟条约》草案。草案提出，苏联是平等共和国联合组成的联邦制主权民主国家，缔结该条约的各共和国均为主权国家，各共和国有权同外国建立直接的外交、军事和贸易关系。这实际上使苏联成为一个松散的联盟。该草案将于 8 月 20 日由各共和国签署实行。但这个条约没有等到签署就发生了"8·19"事件。

8 月 19 日，由苏联副总统亚纳耶夫等 8 人组成"国家紧急状态委员会"，行使国家全部权力，宣布在苏联部分地区实施为期 6 个月的紧急状态。该委员会发布《告苏联人民书》，称戈尔巴乔夫倡导的改革政策已经走入死胡同，国家处于极其危险的严重时刻。委员会连续发布两道命令，要求各级政权和管理机关无条件地实施紧急状态。但"8·19"事件 3 天后就归于失败。此后，苏联形势急转直下。8 月 23 日，俄罗斯当选总统叶利钦下令"中止"俄罗斯共产党活动；次日，戈尔巴乔夫宣布辞去苏共中央总书记职务，并要求苏共中央自行解散。29 日，苏联最高苏维埃决定，暂停苏共在苏全境的活动，并对苏共领导机关进行审查。苏共处于分崩离析状态。

苏共领导权的丧失是苏联解体的前奏。"8·19"事件后，各共和国的共产党继俄罗斯之后有的也被中止活动，有的被宣布为非法，有的则宣布脱离苏共并更换党名。在 1990 年春夏举行的地方苏维埃选举中，原作为地方各级政权领导人的苏共推举的候选人纷纷落选，各反对派政党和组织以及苏共党内的激进派的势力则急剧上升，地方势力逐渐扩大，中央政府的权威则不断低落。伴随政治体制"根本改革"，无政府状态在全国迅速蔓延，社会日益动荡，政局失控状况日趋严重。在"公开性"、"民主化"和"政治多元化"的口号下，中亚各共和国的意识形态出现混乱。特别是苏联召开第三次非常人民代表大会后，中亚各加盟共和国也纷纷效仿联盟中央的做法，放弃了共产党在国家中的执政地位，按照三权分立的模式进行政权体制改革。

乌兹别克斯坦是中亚地区第一个走向独立道路的共和国。1991 年 2 月，乌兹别克共和国最高苏维埃颁布《结社法》，规定共和国公民可以建立政党及各种社会组织，使多党制合法化。祖国进步党、人民民主党等政党和一些社会政治组织相继出现。1990 年 3 月 24 日，乌兹别克斯坦率先在中亚地区颁布了实行总统制的决议，对共和国宪法作了相应修改，并在苏维埃最高会议上选举卡里莫夫为共和国首届总统。1990 年 6 月 20 日，乌兹别克斯坦共和国颁布了主权宣言，正式成为一个主权共和国。

1990 年在吉尔吉斯斯坦境内出现了吉尔吉斯斯坦民主运动、民主复兴党和"艾尔金"吉尔吉斯斯坦民主党等政治组织。1991 年 8 月 31 日，吉尔吉斯斯坦共产党停止活动。部分共产党员在原吉尔吉斯共产党的基础上重新成立了共产主义者党。1991 年"8·19"事件后，8 月 31 日，吉尔吉斯斯坦最高苏维埃非常会议通过独立宣言，宣布吉尔吉斯斯坦为独立的享有主权的民主国家，承认公认的国际法准则；遵守各国之间友好原则，呼吁国际社会承认吉尔吉斯斯坦独立。

塔吉克斯坦也出现了成立政党的风潮。这些政党和组织构成多党制度的雏形。1989 年在杜尚别成立了"拉斯托赫兹"人民运动，1991 年 6 月 21 日塔吉克斯坦民主党从中分立出来成为独立的政党。1990 年 10 月 6 日成立的伊斯兰复兴党主导的伊斯兰民主联盟，对塔吉克斯坦政治局势产生了重要影响，成为塔吉克斯坦最大的反对党。而塔吉克共产党则在 1991 年 9 月 21 日，在塔吉克共产党第 22 次非常代表大会上，宣布改名为社会党。1991 年 9 月 9 日，塔吉克斯坦最高苏维埃发布《塔吉克斯坦共和国独立声明》，宣布塔吉克斯坦共和国是独立自主的国家，9 月 9 日被定为国家独立日。

1991 年 10 月 27 日，土库曼斯坦最高苏维埃根据全民公决的结果颁布了土库曼斯坦独立国家制度原则法和关于土库曼斯坦国家独立标志的决议，宣布 10 月 27 日为土库曼斯坦国家独立日。

哈萨克斯坦 1991 年 6 月通过的《社会团体法》使多党制合法化。7月，哈萨克共产党正式宣布脱离苏共并自行解散。1991 年 12 月 1 日，哈萨克斯坦最高苏维埃宣布国家独立，12 月 10 日改国名为哈萨克斯坦共和国，12 月 16 日颁布《哈萨克斯坦共和国独立法》，并宣布哈萨克斯坦将建设成为独立、民主和法治国家。

在中亚五国颁布的新宪法中都有一些共同的特点。宪法首先确认了苏共领导地位的丧失和本共和国独立的事实。其主要表现是：从原国名中取消了"苏维埃"、"社会主义"两个定语，将国名改为"哈萨克斯坦共和国"、"乌兹别克斯坦共和国"、"吉尔吉斯共和国"、"土库曼斯坦共和国"、"塔吉克斯坦共和国"。

宪法取消了原宪法中包含的"列宁"、"十月革命"、"社会主义"等字眼，把本共和国的国家性质从原来的社会主义全民国家更改为主权的、民主的共和国。例如，哈萨克斯坦是"民主的世俗国家"，乌兹别克斯坦是"主权的、民主的共和国"；取消了苏共的执政党地位和马列主义的指导地位，确认了多党制、意识形态多元化。例如，吉尔吉斯斯坦宪法规定，禁止"国家活动服从党的纲领和决议"，乌兹别克斯坦宪法规定，"任何意识形态不得规定为国家意识形态"等。

宪法取消了生产资料公有制的主导地位，提出要建立各种所有制形式平等发展基础上的共和国经济，国家经济发展的前景是发展市场经济。例如，哈萨克斯坦宪法宣布，"本共和国公民和外国人的私人企业活动自由"，"关注所有制形式平等发展"，经济改革的目标是"建立市场经济"。乌兹别克斯坦宪法规定，"各种所有制是旨在发展市场关系的乌兹别克斯坦经济的基础"，"保障企业家活动和劳动自由"，"保证各种所有制形式平等并依法加以保护"。吉尔吉斯斯坦宪法规定，"保证所有制形式的多样化和各种所有制形式受平等的法律保护"等。

在政权组织形式方面，中亚五国均实行建立在三权分立基础上的总统制；在国家结构形式方面，与苏联联邦制不同，中亚五国均明文规定实行单一制。唯独乌兹别克斯坦规定："乌兹别克斯坦共和国由州、区、市、镇、基什拉克和卡拉卡尔帕克斯坦共和国组成。"在"卡拉卡尔帕克斯坦共和国"一章中规定，"卡拉卡尔帕克斯坦共和国的主权受乌兹别克斯坦共和国保护"、"卡拉卡尔帕克斯坦共和国有权根据卡拉卡尔帕克斯坦人民的全民公决退出乌兹别克斯坦共和国"。但是，退出乌兹别克斯坦共和国的决定，应当经乌兹别克斯坦共和国议会批准。乌兹别克斯坦和卡拉卡尔帕克斯坦二者之间的相互关系在乌兹别克斯坦宪法范围内，由两者签署的条约和协定加以规定①。

（二）明斯克协定与《阿拉木图宣言》

1. 明斯克协定的签订与新联盟方案的破产

面对联盟分崩离析的局势，作为苏联总统，戈尔巴乔夫为维持一个最低限度的联盟作了最后的努力，"8·19"事件后，他与各共和国领导人频频会谈，试图恢复被"8·19"事件中断的签署新联盟条约的进程。1991年12月7日，俄罗斯、乌克兰、白俄罗斯三国领导人叶利钦、克拉夫丘克和舒什克维奇在明斯克会晤，叶利钦提出成立"独立国家联合体"的构想，得到另两位领导人的赞同。12月8日，在布列斯特郊区别洛韦日森林的一个别墅里，三国领导人签署了《关于建立独立国家联合体的协议》，协议宣布，"苏联作为国际法主体和地缘政治现实正在停止其存在"，自协议签订之日起，"前苏联各机构在联合体成员国境内的活动予以停止"。协议规定，独联体是独立国家间的协调联合组织，不具有联盟国家性质，不设议会、中央政府和总统，也不建立统一的军队。协议还规定，独联体是一个开放的组织，前苏联的成员国和其他赞同其宗旨的国家均可参加。独联体的成立使戈尔巴乔夫的新联盟方案彻底破产，苏联的命运被三个斯拉夫国家的领导人决定了。

---

① 刘向文：《独联体中亚国家宪法比较研究》，《法学家》1996年第3期。

2.《阿拉木图宣言》的签署与苏联正式解体

明斯克协议签订后，1991 年 12 月 21 日，中亚五国与俄罗斯、白俄罗斯、乌克兰、阿塞拜疆、亚美尼亚、摩尔多瓦等 11 国首脑在哈萨克斯坦首都阿拉木图举行独立国家联合体首脑会议，共同签署了《阿拉木图宣言》等 6 项文件。实际上承认了由俄罗斯、乌克兰和白俄罗斯三国签署的独立国家联合体的宗旨和原则（主要为互相承认和尊重国家主权、主权平等、互不干涉内政的原则；不使用武力和武力威胁、和平解决争端的原则；互相承认并尊重领土完整及现有边界不可侵犯的原则等），并在相互尊重领土完整和主权平等的原则基础上，建立独立国家联合体。这正式宣告，11 个苏联共和国以创始国身份自愿结成独立国家联合体，与此同时，苏维埃社会主义共和国联盟停止存在。12 月 25 日晚，戈尔巴乔夫最后一次以苏联总统身份发表电视讲话，宣布自己辞去苏联总统和武装力量最高统帅职务，并把核按钮转交给叶利钦。7 时 32 分，克里姆林宫上空飘扬了 69 年的苏联国旗在寒风中降下，7 时 45 分，俄罗斯联邦的国旗升起，克里姆林宫换了主人，历史揭开了新的一页。

需要指出的是，在希望获得主权，成为国际社会中平等一员的同时，中亚五国的民众仍希望保留苏联，以在改革的大浪中获取大船的庇护。苏联中亚各加盟共和国不是首先提出从苏联分离出去，而是在波罗的海三国宣布独立后，俄、白、乌三国首先签署布列斯特条约，解体已成为大趋势后，才开始走向独立的。

即使新成立的中亚各共和国并没有打算脱离苏联完全独立，而是希望建立一个由拥有足够政治和经济主权的共和国组成的新联盟。当 1990 年 6 月戈尔巴乔夫曾提出建立"苏维埃社会主义主权国家联盟"的构想时，中亚国家均表示支持这一构想。在 1991 年就是否保留苏联进行全民公决中，苏联 1.8 亿人中有 80% 参加投票，投赞成保留票的占 76.4%，而中亚五国参加投票和投赞成票的比例是：哈萨克斯坦为 89% 和 94%，吉尔吉斯斯坦为 92.9% 和 94.5%，塔吉克斯坦为 94% 和 96%，乌兹别克斯坦为 95% 和 93.7%，土库曼斯坦为 97.7% 和 98%[1]。

可见，中亚各族人民对苏联社会主义时期民族经济、政治、文化的发展和保护作用是肯定的。但在联盟垮台、共产党政权解散的情况下，获得独立的民族国家是保护民族生存和发展的必然选择。

---

① 王沛：《中亚五国概况》，新疆人民出版社，1997，第 179 页。

第二章 中亚国家独立以后
政治的发展

第一节 独立以后中亚五国政治体制变化

独立以后的 17 年里中亚五国在政治制度与权力结构体制上发生了重大变化。政体由苏维埃体制转变为以总统为核心的三权分立的权力结构体制，除土库曼斯坦外，中亚其他国家基本上都实行了多党议会制。独立以后中亚国家政治体制发展大致可以分三个阶段：第一阶段为独立初期至 1995 年，是由苏联的加盟共和国成为主权国家，国家机器从无到有的建国与建制时期。此阶段各国国内政治力量之间以及权力体系内部的斗争尖锐，各国最终通过颁布新宪法，奠定了总统制权力体系。第二阶段为 1996～2001 年间，是中亚各国政局稳定发展的时期。各国总统通过修宪等措施，不断巩固和增强对国家的掌控能力，使政局保持较长时期的平稳发展，各国的注意力都转向了国内建设和发展经济。进入 21 世纪，中亚各国相继进入政权的更替期，这也是中亚政治进程的第三个发展阶段。由于大国地缘政治利益的影响以及西方加大了在中亚地区推行民主化进程的力度，使得中亚各国新一轮政治进程充满不确定性。同时，由于各国的国情及其社会政治、经济发展水平不同，各国政治发展进程日益出现了多元化趋势。

为探索自己发展道路和国家建制经历了较长的模式选择过程，有的国家选择西方发达国家的宪政模式，有的效法土耳其、韩国以及一些新兴工业化国家的发展模式，此外，一些国家还借鉴过第二次世界大战后西欧国家和日本复兴的经验，探索适合本国国情的宪政道路。

一 各国国体与政体的选择

中亚国家于 1991 年宣布独立后，对苏联时期的政治体制进行逐步改革，相继通过颁布宪法确立了本国的国体与政体。中亚五国虽然为穆斯林占多数的国家，但在政体上普遍选择建立"世俗的、民主的、法治的"单一制国家。在建制初期各国普遍效仿西方国家和新型工业化国家的政体模式，选择以三权分立原则为基础的总统制和多党议会民主制。实行立法、行政和司法三权分立与相互制衡的原则：议会行使立法权。政府行使行政权，宪法委员会（宪法法院）、法院与检察院行使司法权。总统由全民直接选举产生，行使执行权。而后，经过多年政治实践以及对宪法及相关法律的多次修改，逐步形成了符合本国国情的宪法制度基础和宪政体制。中亚各国实行总统制，并通过修宪和修改其他相关法律不断强化总统制。

（一）哈萨克斯坦

1993 年 1 月哈萨克斯坦颁布了独立以来的第一部宪法，宣布实行总统制，议会为一院制代议机构，并沿用苏联时期的最高苏维埃的称谓。1995 年 8 月 30 日通过第二部宪法，规定哈萨克斯坦是"民主、世俗、法治和社会的国家"。实行总统制，议会由一院制改为两院制，1998 年通过修改宪法将总统任期由 5 年延长到 7 年。同时，此次修宪还扩大了议会下院的席位，由 66 个增加到 77 个，上院通过选举和总统任命的方式产生，下院议员由政党的比例代表制和单名制选举产生。此外，依据本国政治形势和政治力量对比状况，保障未来政权的稳定性，2007 年哈萨克斯坦重新修宪，适度扩大了议会的权力，将议会上、下两院议员总席位数由 116 个扩大到 154 个。议会下院多数政党有权组阁政府，并加强政党在议会中的作用。自 2012 年起，总统任期由 7 年改为 5 年，总统连任不得超过两届。

（二）吉尔吉斯斯坦

吉尔吉斯斯坦于 1993 年 5 月 5 日通过独立后的第一部宪法，规定吉尔吉斯斯坦是建立在法治、世俗基础上"享有主权的单一制民主共和国"。国家实行总统制，总统是国家最高元首。议会实行两院制，通过政党比例代表制和单名制选举产生议会下院。此后，吉尔吉斯斯坦相继于1996 年和 1998 年修宪，分别就总统任期和扩大总统权力、提高政府地位、调整议会两院议席及限制议会权力等问题进行了修改和补充。2003年 2 月吉尔吉斯斯坦再度修宪，将两院制议会改为一院制，取消议会政党比例代表选举制，议会和政府的职能有所增强。2006 年底，吉尔吉斯斯坦出现宪法危机，并于 11 月和 12 月两度修宪，最终以适度扩大总统权力而暂时告终。新宪法规定，议会席位从 75 席扩大到 90 席，在 2010 年前的过渡期内，总统有权在征得议会同意后任命总理，并根据总理的建议任命内阁成员。此外，总统有权控制各强力机构，还可以任命地方政府领导人。

2007年9月，吉尔吉斯斯坦宪法法院裁定2006年底通过的两部宪法不合法，并于2007年10月通过全民公决通过新宪法草案。新宪法赋予总统控制和制衡议会的权限，使总统重新回归到国家权力的核心。2010年4月事件后，吉尔吉斯斯坦再次通过全民公决通过了新宪法草案，决定实行议会制。议会选举中占多数的政党有权组织内阁。

（三）塔吉克斯坦

独立后的塔吉克斯坦由于政局一直不稳定，该国政体也随之几经变化。1991年独立时，塔吉克斯坦宣布实行总统制。1992年，塔政府对苏联时期的宪法进行了修改，规定塔吉克斯坦为"享有主权的民主、法治及世俗国家"，并改行议会制政体，最高苏维埃为国家最高代议机关，最高苏维埃主席为国家元首。1994年11月颁布了独立以来的第一部宪法，规定将议会制改为总统制，总统任期为7年，并实行一院制议会。1999年再度修宪，将一院制议会改为两院制，并允许宗教性质政党参政。2003年6月再次就文教、司法、私有化等领域问题进行修宪。

（四）土库曼斯坦

1992年5月18日土库曼斯坦通过了独立以来的第一部宪法，明确规定土库曼斯坦为"民主、法治和世俗的国家，以总统制共和国的形式进行国家管理"。此后，多次就总统任期等问题进行修宪。1994年通过全民公决将总统尼亚佐夫的任期延长至2002年。1995年通过修宪，将土库曼斯坦的中立国地位写入宪法。1999年就有关议会职能问题对宪法进行了修改和补充，同时，还授予尼亚佐夫总统"无限期行使总统权力"。2002年和2003年修宪分别就有关犯有叛国罪罪犯的刑罚以及持有外国护照的公民的国籍等问题进行了明确的规定。2005年就"终身总统"期限问题进行了修宪，规定2010年举行总统选举。

2006年12月土库曼斯坦通过修宪完善了有关政权非正常更替的条款，在总统因故不能行使职权时，由总理代行总统权力。

（五）乌兹别克斯坦

乌兹别克斯坦于1992年12月8日通过首部宪法，规定乌兹别克斯坦是"人道的民主和法治国家"，实行单一制国体和总统制，议会为一院制。卡拉卡尔帕克斯坦自治共和国升格为主权共和国。该国宪法不得与乌兹别克斯坦共和国宪法相抵触。可独立解决其行政区域体制问题，有权根据该共和国全民公决退出乌兹别克斯坦共和国。2002 年 1 月通过修宪将总统任期由 5 年延长至 7 年，并将议会由一院制改为两院制，总统的部分权限将转归参议院。2008 年 11 月再次修宪，规定总统停止行使政府首脑之职。

二　立法权力机关的建设

独立初期，中亚各国陆续将苏联时期共和国的代议机关——最高苏维埃改为议会，行使国家立法权。而后，各国相继出台新宪法，规定议会实行职业化，并对议会的产生方式、组成形式、权限及工作程序等方面作出了明确规定。

同西方国家的议会组成形式基本相同，中亚国家均实行一院制或两院制议会。实行一院制的国家有土库曼斯坦和吉尔吉斯斯坦，其中吉尔吉斯斯坦是通过几度修宪而由两院制改为一院制的。实行两院制的国家为哈萨克斯坦、乌兹别克斯坦和塔吉克斯坦，它们均是由独立初期的一院制议会改为两院制的。两院制议会分为上院（即参议院）和下院（即众议院，有的国家还称为立法院）。

一院制一般通过全国直接普选产生。两院制议会的上院，即参议院，一般由直接选举产生的参议员和总统任命的议员组成。下院一般通过政党比例代表制和单名制混合选举方式在全国范围内选举产生。比例代表制是指按一定比例从各政党中选举产生议员、分配席位的方式。单名制是指通过直接选举的方式在全国划分的选区中选举产生议员，得票多数者当选。目前，一些中亚国家为了提高政党在国家政治生活中的作用，在议会选举中逐步扩大比例制选举，而缩小甚至取消了单名制选举。哈萨克斯坦在 2007 年新修订的宪法中就取消了单名制选举，绝大多数议员将通过政党比例制选举产生。

无论一院制还是两院制议会，其主要职能为立法权、财政控制权、监督权、人事权等。

议会的立法权主要为通过宪法法律；根据总统的建议，对宪法进行修改和补充；在总统对法案提出异议的一个月内，对其进行复议和表决；应总统要求，经 2/3 议员通过，可授予总统不超过一年的立法权；提出全民公决的建议；颁布大赦令；通过法律，批准和废除共和国的国际条约；众议院还拥有批准和审议法案，就总统驳回议会通过的法律草案准备建议的权力；两院制议会按照先经众议院审议后，再送交参议院的顺序，分别在两院会议上进行审议。

议会的财政控制权包括审议讨论共和国的预算及其执行情况的报告；讨论对预算的修改和补充；规定和取消国家税收；决定国家公债问题以及由共和国提供经济援助和其他援助的问题；两院联席会议批准共和国预算和共和国预算执行情况，对预算进行修改和补充。

议会的监督权主要体现在对执行权力和司法权力机关的监督控制上。对总统的监督主要体现在对总统叛国行为进行起诉，以及审议有关罢免总统职务的问题。对政府的监督包括听取总理关于政府工作报告和审议；可对政府提出不信任案，需经2/3议员（有的国家是3/4，或3/5议员）以上多数赞成方能生效。对司法权的监督主要体现在议会可剥夺总检察长、最高法院院长和法官的不可侵犯权。

议会人事权主要指批准总统对总理、国家银行行长的任命；根据总统建议选举最高法院院长、审判庭庭长和法官；批准总统关于总检察长、国家安全委员会主席的任免；按立法程序提前中止地方代表机关的权力等。根据总统建议，选举和解除中央选举委员会正副主席、秘书和委员职务。

此外，议会拥有的其他职权为：决定战争与和平问题；按总统建议通过武力履行维护和平协议；批准总统关于总动员、局部动员、实行和停止紧急状态的命令；提出关于进行全民公决的动议；听取宪法委员会关于宪法法治状况的年度咨文；宣布总统选举，决定非例行总统选举；一些国家的议会还拥有确定议会和地方代表机关的选举，成立中央选举委员会的权力；设立国家奖励，确定荣誉称号、官衔等级，确定国家象征；颁布公民大赦令等。

需要指出的是，2009年以前在土库曼斯坦议会之上还设立人民会议。人民会议由总统、议员、最高法院和最高经济法院院长、总检察长、内阁成员、各州、市、区行政长官组成。实际上，人民会议的立法职能高于共和国议会，诸如审议修改和通过的新宪法的合法性，审议全民公决问题，拟订国家社会经济和政治发展的基本方针，变更国界和行政区划，批准和废除关于国家间联盟和国际条约，宣布战争与和平状态。

三 行政权力体系的建立

中亚国家均为总统制国家，实行中央对地方的垂直权力体系。在多数总统制国家里，总统通过全民直接选举产生，政府由总统按宪法程序组阁，并对总统负责。总理由总统经议会通过任命。地方执行机构，即各级政府属国家执行机构的统一体系，它保障行政当局能结合本地区的利益和发展需求贯彻执行全国性政策。

行政权力机构的核心是总统。中亚各国的宪法均规定，总统是国家元首，决定国家内外政策基本方针，是国内和国际关系中的国家代表。宪法均赋予总统广泛的治理国家的权力。宪法规定，总统拥有国家最高的代表权、最高决策权和行政领导权，是国家统一、权力体系协调一致和国家安全的保障，并享有军政人事任免权。宪法规定总统拥有的职能和权力有最高代表权和决策权、最高行政权、批准法律的权力、最高军政任免权、维护国家安全的权力等。政府工作一般由总统直接领导和主持。其中，乌兹别克斯坦、土库曼斯坦两国总统的权力还要大些。以前，乌兹别克斯坦总统兼任内阁主席，直接主持政府工作，且每次讨论国家对内对外重要问题的内阁会议均由总统主持，总统签署和发布政府的各项决议和命令。乌兹别克斯坦现政府于 2010 年 3 月组成，设 1 名总理、1 名第一副总理、7 名副总理、14 个部、9 个委员会。土库曼斯坦宪法规定不设政府总理，政府工作直接由总统领导和主持，也没有副总理。总统还是人民会议成员，实际上领导人民会议，享有立法权。

总统经全体选民直接选举产生。各国宪法均规定总统任职的条件，包括年龄、国籍、语言、在本国居住年限等。有些国家还提出规定，总统任期内须中止在政党的活动。总统均不得成为议会的代表，不得担任其他有酬职务，不得从事经营活动。

各国对总统任期的规定最初均为 5 年，可以连任，但不得超过两届。而后土库曼斯坦、哈萨克斯坦、塔吉克斯坦和乌兹别克斯坦相继将任期延长至 7 年。土库曼斯坦甚至授予尼亚佐夫"无限期总统权力"。2005 年 2 月尼亚佐夫宣布放弃土库曼人民赋予他终身总统地位的待遇，由土库曼斯坦人民委员会通过选举法，决定于 2010 年举行土库曼斯坦新一届总统选举，并将总统任期改为 5 年。2010 年吉尔吉斯斯坦新颁布的宪法极大地限制了总统权力，规定总统任期为 5 年，不得连任。

此外，总统领导的中央及地方政府构成了中亚各国垂直的行政权力体系。各国宪法规定政府是国家执行权力机关。政府由总统组建，政府包括总理、副总理、各部部长、国家委员会主席及其他国家管理机关领导人。政府总理、副总理及其他政府成员由总统提名经议会同意或批准。除土库曼斯坦外，多数中亚国家设立了政府总理职位。土库曼斯坦的政府首脑由国家总统兼任。政府对总统负责，可应议会要求报告工作。政府在总统领导下行使管理国家的行政权，主要领导国家的经济、社会和文化建设工作，执行议会通过的各项法律和法令、总统的命令、决定和指示，领导地方执行权力机关。

四 司法权力机构的建设

中亚国家的司法权由法院和检察院行使。法院系统由宪法法院或宪法委员会、最高法院和最高经济法院、各州、市、区法院组成。一些国家还设立专门法院和军事法院。吉尔吉斯斯坦和塔吉克斯坦两国设立军事法院，土库曼斯坦不设宪法法院而设军事法院。哈萨克斯坦宪法法院由总统、议会两院议长共同任命，最高法院和最高经济法院由总统提名经议会选举产生。乌兹别克斯坦、吉尔吉斯斯坦、塔吉克斯坦的宪法法院或宪法委员会、最高法院、最高经济法院（吉尔吉斯斯坦为最高仲裁法院）成员由总统提名经议会选举产生。各国的检察机关系统由共和国最高检察院、各州、市、区检察院组成。总检察长一般经议会同意由总统任命。

宪法法院或宪法委员会是维护宪法制度的最高司法机关，享有最终裁决权，不得上诉。宪法委员会的主要职能是：对总统和议员的选举、全民公决发生争议时，予以裁决；对议会通过的法律是否符合宪法进行审议；负责解释宪法；在总统因生病不能理事或因叛国被弹劾时，依法做出结论；对法院认定的违反宪法的法律和法令的结论是否正确予以审议。

最高法院是民事、刑事和行政诉讼程序领域中最高司法权力机关，其判决是最终裁决，在本国必须执行。最高经济法院对各种形式的所有制企业、组织、机关之间的经济纠纷进行审议，作出裁决。最高检察院对境内执行宪法、法律、总统的命令和其他法令的情况以及案件的侦查、调查、办案的执行过程的合法性进行监督，代表国家利益依法实行刑事追究。

总检察院的主要职能是对法律准确性和一致性的执行并对其运用进行监督；在法庭上进行国家一级起诉；执行诉讼和调查；宣读法院决定的异议等。

各级法院和检察院独立行使自己的职能，只服从法律，任何人不得干预其活动。各级法官不得成为议会议员，不得担任其他有酬职务，不得从事经营活动。

中亚国家的权力结构体系中，虽然实行三权分立原则，由总统及政府、议会、司法机关分享国家权力，三权彼此之间相互协作和相互制约。但在现实的权力体系中，三权并不平等，并很难形成制衡关系。总统拥有最高的行政领导权，是国家垂直行政权力体系的核心，同时总统还拥有部分立法权，对议会批准和通过法律形成制约。例如，在哈萨克斯坦，议会通过法律后须经总统批准，如总统持有异议，该法律退回议会复议，须在一个月内进行再次表决，超过一个月即表明总统反对意见成立；如议会两院以 2/3 以上票数肯定已通过的法律，总统应在 7 天之内签署法律发布，如果议会反对票不足 2/3，则总统提出的方案通过。

总统和议会二者之间可以在一定条件下被弹劾或被解散。总统可在议会通过对政府的不信任案、再次拒绝总统对总理的提名、因议会与政府或议会内部意见对立而引发政治危机的情况下宣布解散议会；议会也可在总统犯有叛国罪或违反宪法和法律时起诉总统。中亚国家宪法规定，在总统生病不能履行公务时，须经医学专家委员会提供鉴定结论并经议会大多数票通过，方可解除总统职务。相对而言，议会对行政权力的制衡能力相对有限，很难罢免总统或政府。各国宪法一般规定，议会须经 2/3 议员（有的国家须经 3/4 或 3/5 的议员多数）表决通过。在土库曼斯坦须经人民会议 2/3 票数通过，并有最高法院关于起诉理由充足的结论和宪法委员会关于符合宪法规定的程序的结论时，方可通过罢免总统职务的决定。议会除在总统组成政府和任命政府成员过程对总统起着制约作用外，需在有 2/3 议员投赞成票时通过对政府的不信任案，或者对政府提出的施政报告两次不予通过，即表明对政府的不信任。而在哈萨克斯坦一旦状告总统叛国罪被驳回，提出弹劾总统动议的议员即被中止议员资格。

近年来，随着各国议会中相继形成亲政权党和亲总统党在议会占优局面的形成，议会失去了相对的独立性，从而难以对总统和行政权力机关发挥制约作用。"大总统、小政府、弱议会"是中亚总统制政体的基本特征。

五　选举制度与全民公决

多数中亚国家宪法规定，人民是国家权力的唯一源泉，公民根据普遍、平等和直接的选举制原则参加自由选举和以全民公决方式行使自己的权利。

选举制度对中亚国家的公民来说并不陌生，因为在苏联时期也实行过选举，但中亚国家独立后实行的选举与苏联时期的选举有相当大的不同。这种不同主要表现在选举原则发生重大变化，即国家最高公职人员——总统以及议员是通过直接选举还是间接选举进行。目前，中亚各国均选择了直接选举制，以前则为间接选举制。对总统实行直接选举，特别是实行竞选原则，是对总统和议员能否得到民众支持的重大考验。各国宪法、总统和议会选举法皆规定，总统和议员按照普遍、平等和直接的选举制原则以秘密投票方式选举产生，公民的选举权不受出身、社会和财产状况、种族和民族、性别、教育、语言、宗教信仰、职业的限制。所谓普遍、平等和直接的选举制原则，是指凡是在选举日这一天年满 18 岁的公民均享有选举权，每个公民只有一票投票权，由选民直接和秘密投票进行选举，不准限制选民的意志。各国选举法对候选人资格作出了规定。各国特别强调选举的平等、公正和公开性原则，对自由选举要予以保证。在竞选活动期间，候选人保留所在职务工资，未经本人同意不得被解除或调离其工作和职务。候选人不得被逮捕、拘捕、行政处罚、起诉，未经选举委员会准许不得追究刑事责任，在犯罪现场直接拘留者除外。国家为候选人免费提供交通工具。

总统和议会选举一般包括划定选区和成立选举机构、选民登记、候选人提名和登记、竞选、组织投票和公布选举结果等环节。

中亚国家独立以来，在产生国家领导人的方式上发生了明显变化，初步实行了普选制。在 1992～2005 年间，中亚国家举行过多次总统和议会选举。为体现"政治民主"，各国基本实行差额选举总统，并邀请其他国家和国际组织派遣观察员监督选举工作。选举过程中，在选举时间安排、媒体使用、资金筹集等方面，在任候选人比其他候选人具有行政资源的优势，因此，说选举在"完全平等的条件下"进行，也并非完全符合实际。

一些中亚国家的现任领导人为苏联时期该共和国的领导人，因此虽然独立已近 20 年，但中亚各国均未经历多次正常权力更替和交接，而是通过全民公决、修改宪法或延长总统任期的形式，使苏联时期该共和国的最高领导人长期掌握总统权力。如哈萨克斯坦总统纳扎尔巴耶夫、乌兹别克斯坦总统卡里莫夫、土库曼斯坦前总统尼亚佐夫均通过全民公决延长了总统任期，在历届总统选举中高票胜出。

全民公决是独立后的中亚国家领导人获得权力合法性的主要途径，即通过全民公决的方式修改宪法、扩大总统权力和延长总统任期。哈萨克斯坦 1995 年以全民公决的方式通过了独立以来的第二部宪法，并将总统纳扎尔巴耶夫的总统任期延长至 2000 年 12 月 1 日。乌兹别克斯坦于 2002 年通过全民公决将总统任期由 5 年延长至 7 年，后来又改为 5 年。土库曼斯坦于 1994 年通过全民公决将总统任期延长至 2002 年，1999 年再次通过全民公决宣布尼亚佐夫总统为"无期限总统"。由此可见，全民公决还是中亚国家扩大总统权力和巩固总统权力体系的重要手段。

与总统选举相比，中亚各国经历的议会选举较为稳定，尤其是一些国家由于总统与议会出现矛盾，便常以牺牲议会作为解决矛盾的主要手段，这使得议会选举比总统选举更加频繁。独立初期，议会席位相对分散，进入议会的政党也较多。随着政党政治的发展以及亲政权党的逐步形成，各国议会基本形成了亲总统和亲政权力量占绝对优势的局面。如2004年的哈萨克斯坦第三届议会中，政权党"祖国之光"人民民主党获得下院77个席位中的42席，占席位总数的54.5%，反对党"光明之路"党仅获1个席位。而在2007年新议会选举中，只有政权党"祖国之光"人民民主党进入议会，形成了真正意义上的一党制议会。2010年吉尔吉斯斯坦成为中亚国家中唯一实行议会制的国家。根据2010年4月的新宪法，2010年10月10日吉尔吉斯斯坦举行了新一届议会选举，"故乡"党等五个政党通过了5%的门槛进入新议会。

六　政党与社会团体的发展

中亚国家的政党政治缘于苏联后期的政治改革。20世纪80年代末至90年代初期，苏联的政治形势发生剧烈变化。

1990年苏联修改了宪法，取消了苏共的法定领导地位，承认意识形态多元化。此后，苏联各地区大量持不同政治主张的政党和社会团体开始纷纷登上政治舞台。苏联后期的政治改革给苏联的中亚各加盟共和国的政党体制带来巨大冲击。戈尔巴乔夫改革后期，中亚各国纷纷效仿联盟中央的做法，对本共和国政治体制和政治制度进行了相应的改革，各共和国的共产党纷纷宣布脱离苏共并自行解散。1991年苏联解体和中亚国家独立后，各国相继推出了本国的结社法和政党法，宣布政治多元化。中亚国家在政治体制改革过程中效仿西方政党政治，将多党制原则写入宪法，开始了各国的政党政治。

独立至今，中亚各国的政党政治大体经历了多党制的萌芽时期、多党制政体的确立与初步发展时期。

1. 政党政治的萌芽时期

1990年后期随着苏联政治的多元化，中亚各共和国政党体制也发生了较大的变化。在苏联后期政治和意识形态的多元化的影响下，中亚各国效法俄罗斯的政治建制，相继在宪法修订案或新宪法中体现有关政治多元化的内容，鼓励政治多元化。同时宪法还规定了公民有关集会和参加社会政治团体的自由。至此，苏联各加盟共和国共产党或被宣布解散，或出现了分化，或被改造和更名。独立初期各国纷纷出现了建党高潮。

独立初期至1995年，中亚各国的政党政治的主要特征为，各国普遍出现建党热潮，政党和社会团体众多纷杂，政见各异。各国基本上以西方的多党制的法律体系为模板，相继颁布了有关信仰自由和公民结社法的法律。但由于缺乏发展多党政治的经验和相关的法律基础和制度体系，使得各国多党政治在独立初期处于无序的发展状态。同时，由于各国对政党及社会团体的规模、地位、作用及其活动方式缺乏明确的规定，各政党参政的能力得不到施展，而在一定程度上影响了政党的发展。

2. 政党体制的确立与初步发展阶段

从1995年开始，中亚各国政党政治进入一个相对稳定的发展阶段。各国相继颁布了独立以来的首部宪法，确立了总统制政体，并进一步完善有关政党及社会团体的法律体系，除修订或颁布新的政党法外，还对政党的资金来源、政党的注册登记以及政党的活动规范作了进一步的法律规定。1995～2004年间，各国逐步完善了多党政治法律体系，初步确立了多党制的政治框架。这一时期各国政党体制有以下几个共同特征：

其一，政党活动进一步规范化，政党及社会团体被纳入法治管理的轨道。各国重新修订或颁布了新的政党法，以及政党管理的相关法规，对各种政党的定义、规模及活动方式进行具体的法律规定，并加强了对政党的管理。对政党注册的人数、程序以及活动规范都作了严格的规定。禁止在国家机关建立政党和组织政党活动；禁止按照民族或宗教原则建立政党。

其二，政党的规模与参政的积极性逐步提高，一些国家的政党进入了分化组合时期。各国政党通过积极参与历届总统与议会选举得到了锻炼，开始进入议会，参与国家的政治生活。一些政党为了能够进入议会或在议会中扩大自身的影响力开始走向联合，成立新的政党或组成政党联盟。在一些政党联合的同时也出现了另一些政党的分化：或是内部分化为不同的派别，或是部分党员从原来的政党中分离出去，成立新的政党。分化和重新组合是这一时期中亚各国政党发展的主要特征。同时，一些规模和影响力较小的政党逐渐消失，退出了历史舞台。

其三，中亚国家均没有形成比较鲜明的政党格局，亲政权力量逐步形成并开始壮大，一些国家甚至不存在真正意义上的反对派政党。从20世纪90年代后期开始，中亚一些国家领导人不再担任某一政党的实际领导人，因此多数国家都没有名义上的执政党和在野党的分别。如在哈萨克斯坦、吉尔吉斯斯坦，宪法对总统的政党属性有明确规定，即行政机关的工作人员不得参与任何社会团体和政治组织，国家元首就任后必须退出各种政治团体和组织。而在乌兹别克斯坦、土库曼斯坦等国，总统就任后可以保留自己的政党属性，可以同时为政党的领导人，因此其政权均拥有自己的政党作为政权的基础和支持力量。土库曼斯坦至今仍实行一党制政体。在现实的政治生活中，哈萨克斯坦总统虽然在名义上不领导某个政党，但其政权均有亲总统的政治力量作为其政权的群众基础和社会支持。因此，各国政党按其同政权的关系，大致可分为政权党及亲政权党和反对党；按其政治纲领和宣言大致可分为激进派、稳健派和温和派等；按照是否在议会中占有席位又可分为进入议会的政党与没有进入议会的政党。

其四，政党在国家的政治生活中的作用十分有限。独立初期，在多数中亚国家，立法机关产生方式一般为单名制，通过政党比例代表制选举产生的议员人数很少。如哈萨克斯坦 2002 年议会选举法规定，议会下院的 77 个议席中多数议席将通过选区单名制选举产生，仅有 10 席通过政党的比例代表制选举产生。吉尔吉斯斯坦一院制议会最高会议的 75 名议员则全部通过普选产生。而在总统选举中，多数国家的总统均通过直选产生，除一些国家的政权党和亲政权政党在竞选过程中发挥一些助选功能外，多数政党在选举中难有作为。可以说，中亚各国给予政党参与国家政治生活的途径和空间相对有限，使政党自身成长缓慢，对国家政治的影响十分薄弱。

3. 政党体制发展的新阶段

自 2003 年苏联国家相继进入政权更替的选举期。少数国家因政权易手而爆发了政变，引起了其他中亚国家的警惕。这些国家，一方面，为防止反对党利用选举制造社会动乱，因而加强了对政党和社会团体、国内外非政府组织监管、控制的力度；另一方面，为保持国家政权的稳定，一些国家纷纷通过鼓励政党政治发展的方式调整政党政治结构和整合社会政治资源。这为政党政治的发展创造了新契机。这一时期的政党政治主要有如下特点：

其一，一些国家进一步加强了对政党活动监督和管理的法律基础建设和执法力度。2005 年在吉尔吉斯斯坦发生政变后，中亚各国为防止"颜色革命"在本国蔓延，纷纷采取了一系列法律手段，加强对政党和国内外非政府组织的监管力度。哈萨克斯坦颁布了一系列针对反对派及国外非政府组织的管理政策。如 2005 年 4 月哈萨克斯坦议会通过《选举法》修订案，禁止公民在竞选完毕和选举结果出来之前进行群众集会，并禁止外国公民资助哈萨克斯坦政党，且不得向哈萨克斯坦候选人及政党提供助选帮助。此外，还颁布了《非政府组织法》，限制国内外非政府组织在哈萨克斯坦的活动；禁止外国人领导哈萨克斯坦非政府组织，外国非政府组织在哈萨克斯坦境内的分支机构的领导人只能由哈萨克斯坦公民担任。

其二，加快政治改革进程，加强政党在国家政治生活中的作用。中亚各国的领导人都意识到政党对国家政治生活和政权稳定的重要意义，开始通过提高政党在社会和政权中的作用来加强其政权的稳定性。这一点在哈萨克斯坦和吉尔吉斯斯坦的修宪改制问题上表现得十分突出。首先，哈萨克斯坦和吉尔吉斯斯坦均通过修宪，扩大了议会的席位。其次，重新修改了议会的产生方式，增加了政党比例制选举的席位。两国试图通过政体改制，提高政党的政治参与，并提升议会在国家政治生活中的作用，从而保障总统权力拥有稳定的社会基础和政治支持。

其三，政党格局出现不对称性。在独立以后的最初几年中，中亚一些国家总统和议会的关系比较紧张，导致议会被总统解散，给国家政治局势稳定带来影响。经过十几年的总结和探索，中亚国家现在的执政者已经开始十分重视发挥政党的作用，特别是注重培植和发展由总统领导的政党或者由支持现任总统的人建立起一个强大的政党。通过宣传、政策引导、积极发展扩大队伍，使其在议会中占据明显或绝对的优势，并且在中央和地方机关等部门发展自己的力量，形成了事实上的执政党。2007年哈萨克斯坦宪法修订案取消了对总统政党属性的限制，现任总统纳扎尔巴耶夫正式担任该党主席，从而使该党成为名副其实的政权党。截至2009年中亚国家基本上大都已经形成了总统领导的政党或支持总统的政党在议会中占据着主导地位的局面，从而使总统和议会之间的矛盾得以消除，关系得以理顺，总统提出的各项方针和政策可以在议会中顺利通过。可以说，中亚国家中哈萨克斯坦、乌兹别克斯坦、塔吉克斯坦、土库曼斯坦注重执政党的建设和发展是这些国家在经济出现大幅下降、人民生活困难的情况下政治局势能够依然保持比较稳定的主要原因之一。

随着政党政治的发展，中亚国家逐步出现了政权党和亲政权政党势力不断膨胀，反对党势力相对弱小或被削弱的情况，从而形成了政权党一党独大的不对称政党格局。如在哈萨克斯坦，2006年9月亲政权党阿萨尔党与祖国党实现了联合，成立了"祖国之光"人民民主党。该党在2007年8月的议会选举时高票胜出，成为进入议会下院的唯一政党。同样的政党格局也出现在乌兹别克斯坦，而在土库曼斯坦则是完全的民主党一党执政模式。政权党在一些中亚国家的政权稳定方面开始发挥积极作用。吉尔吉斯斯坦总统巴基耶夫也于2007年10月组建了自己的政权党光明道路党，并在2007年12月的议会选举中取得了胜利。

政党是阶级、阶层和政治集团利益的代表，通过参加总统和议会选举、政治宣传、群众动员等方式参与国家的政治生活，实现自己的政治主张。多数中亚国家在法律和实践上已基本形成多党制的框架，并有相关法律规范政党及社会团体的活动。从发展阶段上看，中亚国家的政党政治发展尚处于初级阶段，政党制度还不完善。从政党对国家政治生活的影响作用看，多数国家政党的作用还十分有限。目前，中亚国家政党政治出现两种趋势：一种趋势是政权党和亲政权党不断壮大，并形成议会的多数派，反对派政党被削弱甚至被排挤出议会，失去参与国家政治生活的合法空间。另一种趋势是多数中亚国家取消了议会选举的比例代表选举制，这将意味着政党作为参加议会选举的手段被虚化，从而削弱了其参与国家政治生活的作用。

第二节　中亚地区安全形势变化

一　中亚国家独立初期的安全形势

苏联解体之初，美国并没有太关注中亚，当时美国在这一地区主要注意的是如何有效安全地处理哈萨克斯坦的苏联核武器遗留问题。此时美国在中亚的战略目标相对显得比较单纯。而俄罗斯在苏联解体之后国内问题成堆，自顾不暇，并在"大西洋主义"思想的影响下甚至有政治家提出像"甩包袱"一样甩掉中亚，导致在这一阶段俄罗斯在中亚地区的影响力大幅下降。虽然此时美俄两国都没有对中亚地区投以关注，但是中亚地区的安全局势还是处于恶化当中。主要的原因是中亚地区此时也正处于苏联解体后的转型时期，各种社会动荡极易演化成为地区武装冲突，其中典型的例子便是塔吉克斯坦内战。塔吉克斯坦内战的起因十分复杂，除了上述的苏联解体导致的地区地缘政治格局突然破碎之外，更主要的原因是中亚地区宗教极端势力的泛滥。塔吉克斯坦内战确实导致了中亚地区当时安全局势的急剧恶化，在各方的努力调停之下，塔吉克斯坦内战在历时数年之后最终宣告结束，但是给该地区留下的宗教极端主义"遗产"至今仍在为祸中亚各国。总之，中亚地区安全格局在这一时期的特点是来自各大势力的影响比较轻微，中亚各国自身在独立之后的社会经济等问题导致地区动荡，局势十分不稳定，可以说是处于"苏联解体震荡波"之中。

二　美俄的中亚战略与中亚地区安全

中亚地区自苏联解体以来就一直处于世界各大国"群雄逐鹿"的局面之中。在各种势力之中，对中亚地区安全形势最有影响的应该是美俄两个大国。美国积极参与在中亚地区战略利益的争夺，自然引起了俄罗斯的不安。美俄两国自中亚各国独立后在该地区的"争权夺利"一刻也没有停止，这对中亚地区安全格局的变化起到了极其重要的作用。

美国认为中亚地区是美国具有特殊利益的地区，美国在中亚地区实施的战略是全球战略的重要部分。俄前总统安全顾问布热津斯基曾经指出："这个地区在地缘战略上对美国的意义十分清楚，美国相距太远而无法在欧亚大陆这一地区成为主导力量，而美国又太强大不得不参与这一地区的事务。"美国人认为美国对中亚地区的战略考虑主要在于：（1）中亚地处欧亚大陆的接合部，美国若控制了中亚，对于其控制欧亚大陆之间的交通线具有十分重要的意义；（2）美国如果能够顺利在中亚站稳脚跟，向北则可牵制俄罗斯，向东监视中国，向南和向西则防止伊斯兰极端势力的渗透和扩大；（3）中亚地区蕴藏了丰富的能源资源，这也是美国染指此地区的重要原因。

从 1994 年开始，美国逐渐形成了一个完整的中亚战略。美国对中亚战略发生变化的原因主要在于美国更加清楚地认识到中亚地区对于美国的战略意义，该地区在美国构筑的对俄、对中战略包围圈中处于关键位置。并且随着里海油气资源储量的进一步探明，美国为了保证能源安全，使能源进口渠道多样化而希望在更大程度上获得在中亚的战略主动权。"新中亚战略"出台于 1997 年 7 月，在美国参议院外交委员会通过的一项决议中声称："中亚和外高加索是对美国具有重要切身利益的地区，因此要立即帮助这地区的几个国家，使它们能抵御俄罗斯或者伊朗的影响。"① "新中亚战略"的目标主要是：支持该地区国家对俄罗斯的离心倾向，把这些国家纳入西方体系；解决地区冲突同开发该地区石油资源同时进行，使这一地区成为美国 21 世纪的战略能源基地；遏制并削弱俄罗斯和伊朗在该地区的影响，把该地区列入美国"战略利益地区"，逐步将其变为美国的势力范围②。

自从"新中亚战略"出台之后，美国便日益加大对中亚地区的渗透力度。首先，美国积极开展与中亚国家之间的经济与能源合作，以求在经济层面上加深对中亚国家的影响。1997 年 11 月美国与哈萨克斯坦商定共同开发里海石油资源，此项目投资总额高达 280 亿美元。另外，绕开俄罗斯的巴库—杰伊汉管道也是在"新中亚战略"形成之后开始实施的。其

---

① 王桂芳：《美俄中亚战略及其对中亚安全的影响》，《国际论坛》2002 年第 4 卷第 5 期。
② 万光：《美国的新中亚战略》，《现代国际关系》1997 年第 11 期。

次，积极开展与中亚国家之间在军事安全领域的合作，以求打破俄罗斯在中亚军事安全方面的独霸地位。从 1994 年开始美国便邀请除塔吉克斯坦外的中亚国家加入北大西洋公约组织（简称"北约"）的"和平伙伴关系计划"，1996 年开始加入"中亚维和营"的中亚国家开始派遣军人参加在美国举行的"和平伙伴关系计划"框架内的演习。

2005 年，美国学者抛出了备受争议的"大中亚计划"。该计划主张以阿富汗为中心发展与包括中亚五国和阿富汗在内的大中亚地区国家的关系，将中亚的对外关系引向南亚。通过推动中亚和南亚在政治、经济、安全等领域的合作，建立一个由美国主导的新地缘政治经济板块。这一计划在以后的对中亚计划中得到体现。美国的"大中亚计划"对中亚地区地缘政治和地缘经济格局产生了严重影响，使中亚安全形势出现了新的不稳定因素。

在美国对中亚地区不断加强"攻势"的同时，俄罗斯的中亚政策也经历了由"甩包袱"到"有一定程度的关注"，再到意识到中亚地区是俄罗斯战略利益攸关地区的转变。

俄罗斯开始注重这一地区是从 1995 年叶利钦发表"俄对独联体国家战略方针"开始的。俄罗斯在叶利钦时代后期开始主动修复与中亚颇具离俄倾向的乌兹别克斯坦和土库曼斯坦两国的关系，同塔吉克斯坦、吉尔吉斯斯坦和哈萨克斯坦三国则签订条约来进一步加深战略盟友关系。在经济上，俄罗斯则大力推进与中亚国家之间的经济一体化。2001 年 5 月，俄罗斯与哈、吉、塔等国在 1999 年 9 月签署的《关税同盟协定》的基础上成立了"欧亚经济共同体"，自此俄与中亚国家之间的经济合作被纳入了规范的区域合作形式中。另外，俄罗斯还加强了独联体集体安全条约组织在中亚的行动力，巩固自身在中亚地区的军事存在。"新中亚政策"和"俄对独联体国家战略方针"的实施标志着美国与俄罗斯共同提高了对中亚地区的关注程度，并且美俄之间在中亚地区也正式开始了争夺各自的战略利益和势力范围，对中亚的安全局势而言则可以说是机会与危机并存。机会在于中亚国家可以借助美俄争夺之机力争最大限度地获取自身的利益，而危机则在于美俄在中亚地区"斗法"使得地区的安全局势复杂化，各种因素错综复杂，极易威胁到中亚国家本身的安全。

总之，在这一阶段中亚地区传统安全格局的变化是，世界各大国开始在中亚地区争夺战略利益，并共同对中亚安全发挥作用。积极的一面是，终止了中亚国家在独立初期的地区安全动荡，比如塔吉克斯坦内战；消极的一面则是，使中亚各国直接面临复杂的国际局势，安全隐患逐渐增加。

三 "9·11" 事件之后中亚地区的安全形势

(一) 美军进入中亚

"9·11" 事件之前中亚地区的安全局势可以归纳为美国与俄罗斯之间为了夺取在中亚地区的战略主动权而相互争斗，处于胶着状态。而中亚国家本身也是问题成堆，苏联解体后中亚各国的经济形势普遍恶化，贫富分化等社会问题层出不穷。并且中亚地区直接与阿富汗接壤，因此深受恐怖主义和极端主义的威胁。但是 "9·11" 事件的爆发在很大程度上改变了中亚地区的安全格局。首先，美国借 "9·11" 事件之机 "名正言顺"地将自己的势力渗入了中亚地区，并且在中亚地区建立了军事基地，这不只对中亚，而且对周边地区的安全局势也产生了复杂且深远的影响。"9·11" 事件之后美军以打击 "塔利班" 政权为理由，在中亚地区迅速建立了 5 个军事基地，租用 6 个机场，驻军人数一度达到了 5000 人。美军的这一举动是 "自公元前 334 年亚历山大大帝征服中亚以来西方国家军队首次进入该地区"①。除了军事进驻之外，美国还利用经济援助等手段加深与中亚国家之间的关系。2002 年美国向乌兹别克斯坦斯坦提供了1.618 亿美元的经济援助（2001 年为 0.559 亿美元），向哈萨克斯坦提供了 0.816 亿美元（2001 年为 0.715 亿美元），向吉尔吉斯斯坦提供了 0.49亿美元（2001 年为 0.406 亿美元），向塔吉克斯坦提供了 0.853 亿美元（2001 年为 0.564 亿美元），向土库曼斯坦提供了 0.164 亿美元（2001 年为 0.122 亿美元）②。而俄罗斯在 "9·11" 事件之后为了改善与西方国家之间的关系，打击国内的车臣分裂武装，对美国在中亚国家驻军等行动都采取了默许的态度。

在阿富汗主要战事结束以后，美军在中亚的去留问题成为敏感问题。美军违背当初承诺仍然以各种借口企图长期驻扎中亚。2005 年乌兹别克斯坦 "安集延事件" 之后，因干涉乌兹别克斯坦内政，对乌乌兹别克斯坦指手画脚，美军被乌兹别克斯坦政府赶出了乌兹别克斯坦。

美军设立在吉尔吉斯斯坦玛纳斯国际机场的空军基地成为美俄斗争的焦点。2009 年 2 月吉尔吉斯斯坦总统巴基耶夫签署关闭玛纳斯国际机场的空军基地的决议，5 月吉尔吉斯斯坦政府确定美军必须撤离的确切期

---

① 《远东军事评论》2002 年 5 月 9 日。
② 詹家峰、张金荣：《影响未来中亚地区安全的诸多因素》，《国际资料信息》2003 年第 9期。

限——8 月 18 日。

虽然吉尔吉斯斯坦政府在关闭美空军基地问题上表现出坚决的态度，但仍有很多中国学者对美军是否真能撤出中亚表示怀疑。6 月 22 日，疑问有了结果。吉政府与美国签署利用玛纳斯机场做过境运输中心向阿富汗运输非军用物资的协议。虽然名称变了，但实际内容没有发生大的变化。6 月 25 日，吉议会批准了该协议。

2010 年 4 月 6 日吉尔吉斯斯坦首都比什凯克市发生示威游行事件。反对派要求总统库尔曼别克·巴基耶夫辞职。4 月 7 日，反对派与警方发生冲突，造成近百人伤亡，两名政府高官被扣为人质。4 月 8 日，巴基耶夫飞离首都，反对派先后占据议会大楼、总统府，而国防部门表示"强力部门决定支持总统"。另有消息称，楚河州政府和该州首府托克马克的市政府大楼均被反对派占领。抗议者们还占领了伊塞克湖州政府大楼。此外，南部某些村镇已在反对派的控制之下。

美国报道吉尔吉斯斯坦近日局势时指出，该国反对派推翻总统巴基耶夫的统治，并迫使其逃离首都比什凯克的流血示威行动，可能会对美国在该国的玛纳斯军事基地构成威胁。

吉尔吉斯斯坦反对派领导人在是否允许美国在该国保留军事基地的问题上存在一定的分歧，他们不满美国曾支持巴基耶夫政府，这使得俄罗斯成功博得了反对派领导人的好感。有反对派领导人已经表示，吉尔吉斯斯坦新政府今后可能会把更多的希望寄托在俄罗斯，而不是美国身上。

临时政府一名高级官员早前更表示，美国在吉尔吉斯斯坦境内租借的玛纳斯空军基地，很有可能会被缩短租期，临时政府正在寻求关闭当地的美军基地。

尽管如此，临时政府总理奥通巴耶娃 2010 年 4 月 9 日表示，目前不准备废除涉及美军过境运输中心的相关协议。奥通巴耶娃说，涉及美军过境运输中心的问题目前不在临时政府的考虑范围之内，临时政府暂时承认巴基耶夫政权与其他国家或国际组织签署的所有协议。

美国五角大楼发言人惠特曼 2010 年 4 月 8 日说，美军在吉尔吉斯斯坦玛纳斯国际机场的空军基地未受当地局势影响，仍在继续作为驻阿富汗美军及北约部队中转站运营。玛纳斯机场保持部分运营，并未关闭，该机场对驻阿富汗外国部队的支持也没有受到严重影响。

玛纳斯空军基地是驻阿美军至关重要的补给站。该基地位于吉尔吉斯斯坦首都比什凯克近郊，主要驻扎着美国空军第三七六远征联队。美国在 2001 年发动阿富汗战争后与吉尔吉斯斯坦达成协议，租用玛纳斯国际机场作为向驻阿部队提供军事支持的重要据点。据悉，美国每月经由玛纳斯基地运送的士兵达 1.5 万人，货物达 500 吨。此外，这个基地还是空中加油机的停靠地点。

一些分析人士指出，在一些动乱地区可以清楚地看见美国的身影。类似的情况在乌克兰和格鲁吉亚等独联体国家中已经一再上演。美国政府通过强迫一个国家引进美式民主制度，来削弱某国，引发内乱，为美国的干涉创造条件。最近访问吉尔吉斯斯坦的美国专家团表达了这样的观点："美国的国家安全同在其他国家支持民主与自由是密不可分的，如果纽约的安全同巴格达等地的局势有关系，那么美国就应当到那里去推行民主，完善那里的社会制度。这样做的重要性不亚于研制新式武器。"分析人士认为，美国已经制定了在独联体国家进一步推动政治演变、培养亲美势力、实现政权更迭的政策，在格鲁吉亚和乌克兰相继出现的"颜色革命"都是美国推行这一政策的结果。

美国政府为达到在一些重要地区扶持亲美势力的目的，用尽了各种办法。德国《明镜》周刊指出，随着美国对外战略中扩张主义的兴盛和国内政治中新保守主义的全面掌权，美国单极扩张从软性扩张向硬性扩张转变的趋势已变得越来越公开化，而新一轮扩张中最关键的地区就是被称为"世界岛"的欧亚大陆。据《华盛顿邮报》报道，在美国国防部长拉姆斯菲尔德签署的一份机密级参考文件中，列出了 4 个美国未来安全战略的"核心"方向，其中之一就是对中国和俄罗斯这样处在"战略十字路口"的国家的选择进行影响。尽管现在还没有直接证据证明"颜色革命"也是施加这种影响的手段之一，但"颜色革命"正是在美国对欧亚大陆全面扩张的大背景下发生的，这是一个不争的事实。"9·11"事件后布什重树单边主义的旗帜和对世界事务全方位的军事扩张，表明美国已开始以绝对的"硬权力"巩固和扩大其在世界各个地区的主导能力。在欧亚大陆的西端，美国的主攻对象是俄罗斯，其手段是北约功能上的强化和组织上的东扩，乌克兰等前苏联加盟共和国成为美国用来制约俄罗斯的新"前进基地系统"。在欧亚大陆的东端，美国的主攻对象是中国，其手段是美日安保条约和美韩军事同盟，台湾问题则成为美国牵制中国的最主要棋子。

在欧亚大陆的腹地中亚，美国通过打反恐战争和建立军事基地不断楔入，全力阻止中俄在该地区的战略联系和合作。这次吉尔吉斯发生的政治动荡也表明，中俄在中亚的联合阵线已经出现了一个大漏洞，这足以给这个地区最主要的地区协作机制敲响警钟。在单极以民主价值观名义软性扩张时，地区大国如何应对和保障本地区的安全？吉尔吉斯斯坦事变引出的这些问题，对上海合作组织在功能设定和体制建设上都提出了新的挑战。美国以"反恐"的名义在中亚建立了军事基地，美国正在谋求中亚军事存在永久化。

吉尔吉斯斯坦爆发的大规模骚乱引起了国际社会的普遍关注，特别是美国和俄罗斯，但有西方媒体普遍认为，吉尔吉斯斯坦骚乱背后实际上隐藏着美俄这对"老冤家"的新较量。尽管冷战对峙的年代已然过去，但出于各自的战略利益考虑，美俄两国对吉尔吉斯斯坦这个中亚内陆国家的争夺却从未停止过。2001年，美国军队以打击庇护恐怖分子的阿富汗塔利班政权的名义，租用了吉首都比什凯克最大机场——玛纳斯机场，后来又将其扩建为功能齐全的军事基地。事到如今，10年过去了，阿富汗塔利班政权早已被推翻，但美军却丝毫不想撤走。

2008年3月，经多方斡旋，美国在乌兹别克斯坦的军事存在得到恢复。乌兹别克斯坦已同意美国使用邻近阿富汗边界的铁尔梅兹前沿基地。美国为了扩建军事基地向吉尔吉斯斯坦索要机场附近几百公顷的土地。近年来美国高层频频访问中亚国家。2010年2月美国阿富汗和巴基斯坦问题特使访问吉尔吉斯斯坦和乌兹别克斯坦，美军中央司令部司令也先后访问哈萨克斯坦和乌兹别克斯坦。另外，中亚对伊朗未来形势也有很大的影响。如果将来有一天美国在伊朗采取军事行动的话，中亚地区国家的立场和态度对美军的成败是至关重要的。如果中亚国家给予支持和合作，那就等于美军可以从四个方面对伊朗形成合围的态势。所以，在当前背景下和从未来长远战略考虑，美国将军访问这个地区确有深刻含义和长远的战略考虑。铁尔梅兹前沿基地、比什凯克甘西空军基地、阿富汗坎大哈基地、巴格拉姆基地……美军在中亚地区悄悄地完成了基地网的构建。而通过基地网络的稳定，美国谋求中亚军事存在永久化的企图昭然若揭。

美国为什么对中亚军事存在永久化如此重视呢？放在台面上的原因，是打击恐怖主义的需要，拉登的基地组织、阿富汗的塔利班都是堂皇的理由。放不上台面的原因，是中亚地区所拥有的丰富资源，觊觎战略地位极其重要的中亚是美国全球控制战略的选择。除此之外，一个更见不得人的目的是，在牵制俄罗斯、威慑伊朗的同时，直接威胁中国西部地区。美国在乌兹别克斯坦铁尔梅兹的空军基地，离中国西部边境只有600公里左右的路程。一旦美军战机将来可以从这里起飞，只需半个小时左右，就可飞抵中国西部边境空域；在吉尔吉斯斯坦首都比什凯克的玛纳斯基地，离中国边境飞行时间也只有几十分钟；而在阿富汗的基地，距中国西部边界的飞行时间也都不超过 1 个小时。如此密度的基地布局、如此短的距离，显而易见，这对中国西部安全构成挑战。

2009 年 2 月 3 日，巴基耶夫总统宣布关闭玛纳斯空军基地。2 月 19 日，议会以压倒性多数（78∶1）通过了政府提交的关于废除美军租用玛纳斯空军基地协议的议案。然而，经过吉尔吉斯和美国外交官的多次幕后协商之后，吉尔吉斯斯坦收回了关闭基地的决定。6 月 25 日，吉尔吉斯斯坦议会批准了美在玛纳斯空军基地基础上建立转运中心的协议。新的合同允许美国人继续使用该基地，然而租费从每年 1740 万美元涨到 6000 万美元。该基地将不再叫做"玛纳斯空军基地"，而更名为"物资转运中心"，只能转运非军事物资。玛纳斯空军基地的性质由之前的军事基地转变为只能向阿富汗运输非致命性设备的运输中转中心。当然，这只是基地名称形式上的改变，其性质并没有发生任何变化。吉尔吉斯斯坦政府没有权力对美军转运的物资进行核查。

（二）俄罗斯强化在中亚的影响力

美国在中亚地区步步紧逼，致力于缩小俄罗斯在该地区的影响，在中亚各国积极策划"颜色革命"，试图建立亲美政府。美国此时的一系列举动不仅严重触犯了俄罗斯在中亚的利益，加大了中亚地区的地缘政治压力，同时也对中亚各国自身的安全造成了极大的影响，引起了中亚各国政府的反感和警觉。因此，中亚国家纷纷由以前的疏俄政策转而积极向俄罗斯靠拢，俄罗斯也开始加强与中亚国家之间的关系。

其一，俄罗斯利用以其为首的多个地区性组织来进一步发挥在中亚各领域的影响力。在中亚地区影响力较大，由俄罗斯主导的地区性组织主要有集体安全条约组织、欧亚经济共同体等。而这些组织都存在一个共同的缺陷，就是合作总是停留在会议和文件层面上，实际进展不多，极大影响了中亚国家参与这些组织的积极性。"9·11"事件特别是普京总统上台之后，俄罗斯开始重视这些组织的作用，大力推进这些组织各项决议的具体落实。从 2005 年起俄罗斯开始采取很多措施来增强这些地区组织的向心力和凝聚力。比如，2005 年 6 月在欧亚经济共同体峰会上通过了近 20 项决议，主要是涉及合作领域和进一步落实过去提出的目标等内容，使该组织趋向于更加务实，并且在该峰会上各国表现出了建立关税同盟的意愿。另外同样也是在 2005 年 6 月召开的集体安全条约组织成员国首脑会议上通过了该组织在军事技术、打击贩毒、空中防御等方面加强合作的 11 个文件，并且俄罗斯宣布决定免费为成员国培训军官，优惠提供军事装备。可以说，从 2005 年开始俄罗斯便通过这些地区组织，利用军事、经济等手段发挥自身在中亚地区的影响力，并取得了一定的成效，使俄在该地区的影响力在苏联解体之后再次得到了提高。

其二，俄罗斯与中亚国家中最有离心倾向的乌兹别克斯坦之间的关系取得了突破性的进展，并且注重维护一贯与俄较为友好的哈萨克斯坦、吉尔吉斯斯坦等国之间的关系。乌兹别克斯坦独立之后一直被美国视为在中亚地区最大的合作伙伴（这从上文美国 2002 年对中亚国家的经济援助额度中可以看出来），并且该国也对俄罗斯在中亚地区的影响力存有戒心，离心倾向和独立性较重。"9·11"事件之后乌兹别克斯坦与美国之间的关系更是经历了一个"反恐蜜月期"，在阿富汗战争期间，乌兹别克斯坦为美国提供了军事基地，全力支持美国的反恐战争。此外，在 2002 年 3 月 13 日，乌兹别克斯坦总统卡里莫夫访问美国期间与布什总统签订了《战略伙伴条约》。在条约中美国除敦促乌兹别克斯坦进行"民主改革"外，还许诺为乌提供安全保障。并且美国于 2004 年向乌兹别克斯坦提供 120 万美元的军事援助，还有 16 万美元帮助乌兹别克斯坦培训军人[1]。但是随后乌兹别克斯坦政府逐渐看出美国的这些对乌政策是"醉翁之意不在酒"，除了美向乌提供的援助大多带有政治色彩和"民主改革"要求之外，许多非政府组织也在乌活动频繁，向乌兹别克斯坦的反对派提供支持，而这些非政府组织明里暗里都受到美国的资助和操控。特别是在吉尔吉斯爆发"颜色革命"之后，乌兹别克斯坦政府更是对美国在中亚地区推行的"民主化"政策产生了戒心，而这种戒心在"安集延事件"之后达到了最高点。可以说，随着"安集延事件"的爆发，乌美之间关系由"蜜月期"进入了"冰点"。乌要求美军撤出在乌兹别克斯坦的军事基地，而上海合作组织则要求美军确定从中亚撤军的时间表。这一系列事件表明乌兹别克斯坦的对外政策发生了变化，由疏俄近美转变为疏美近俄。2004 年乌兹别克斯坦与俄罗斯签署了战略合作伙伴条约，2005 年 5 月正式宣布退出"古阿姆"集团，乌兹别克斯坦原驻俄大使表示，乌现在应该重新审视与美国的紧密合作关系，寻找那些真正能够与乌兹别克斯坦并肩合作的亲密伙伴。而乌兹别克斯坦的转变立即得到了俄罗斯的积极响应。在继双边战略伙伴关系条约签订之后，俄罗斯与乌兹别克斯坦又于 2005 年 11 月签署了《联盟关系条约》。该条约规定：如果俄乌中一方遭到第三国侵略，另一方必须提供必要的帮助，包括军事援助；当和平局势受到威胁

---

① 赵龙庚：《试析美国驻军中亚后的战略态势及其对我国安全利益的影响》，《俄罗斯中亚东欧研究》2004 年第 2 期。

或者俄乌两国中的一方受到侵略威胁时，双方必须立即启动相关磋商机制，联合采取有效措施解决危机。俄罗斯还向乌兹别克斯坦提供了经济援助，并且加大油气等领域合作的力度。

俄罗斯同时还大力维护与哈萨克斯坦、吉尔吉斯斯坦等其他中亚国家之间的关系。而这些国家，尤其是吉尔吉斯斯坦，在经历了"颜色革命"之后对美国的戒心更强，认为俄罗斯才是维护中亚地区安全稳定的不可或缺的力量。2005 年俄罗斯与哈萨克斯坦签署了《俄哈边界条约》，解决了6500 多公里的边界问题，这为两国之间加深政治互信、维护边境地区的安全与稳定起了积极作用。在能源领域哈萨克斯坦与俄罗斯三大石油公司签订了为期 55 年的《关于里海库尔曼加兹油田产品划分协议》，与俄方在里海问题上予以积极配合。同时，俄罗斯在吉尔吉斯斯坦和塔吉克斯坦两国都建立了军事基地，巩固了与这两国之间的传统军事安全关系。

2010 年吉尔吉斯斯坦再次发生动荡，巴基耶夫被迫下台。俄罗斯总理普京驳斥了有关吉尔吉斯斯坦骚乱事件与俄有关的报道。他表示，不管是俄罗斯，他本人，还是俄官方人员，都和吉尔吉斯斯坦国内的事件无关。2010 年 6 月 10 日，吉尔吉斯斯坦南部地区发生严重民族冲突。6 月13 日晚，持续 3 天的南部骚乱出现缓和迹象。奥什市局势渐趋稳定，当地警方在交通要道布设哨卡，对来往人员和车辆进行盘查。贾拉拉巴德市和苏扎克地区已经实施戒严。据吉卫生部统计，骚乱造成 170 余人死亡、1200 人受伤。据当地媒体 13 日报道，来自俄罗斯的 3 架运输机已在俄驻吉尔吉斯斯坦坎特空军基地降落，机上可能搭载了维和士兵和人道援助物资。为了应对骚乱，吉尔吉斯斯坦临时政府 12 日向俄罗斯提出维和支持的请求。但俄总统新闻秘书季马科娃当天表示，吉尔吉斯斯坦南部骚乱是"内部冲突"，俄认为暂不具备动用俄武装力量进行干预的条件。此外，欧洲安全与合作组织（简称欧安组织）决定派遣特别代表赴吉尔吉斯斯坦调解。

总体来说，"9·11"事件之后中亚地区的安全格局随着俄美两国的战略攻守位置的变化而变化着。美国在"9·11"事件之后借反恐战争之东风，顺利将势力渗入中亚地区，实现了驻军中亚的目标。而之后美国在中亚地区大力推行"民主价值观"，甚至对中亚各国的反对派予以支持，这引起了中亚各国政府的不安。中亚各国出于维护国家和地区安全稳定的考虑，纷纷向俄罗斯靠拢。一时之间，美国在"9·11"事件之后获得的战略利益几乎丧失，俄罗斯也趁势扩大了自身在中亚地区的影响力。

中亚国家独立至今，地区安全格局有如下特点：主要是在俄罗斯和美国两大国的控制之下，攻守之势不停转换，周边国家虽然有一定作用，但是并不大，中亚地区的安全态势处于一个脆弱的平衡当中。在短期内两大国在中亚地区的争夺虽然能够起到相互牵制的作用，对维护地区安全稳定有一定作用，但同时也存在两国相争导致中亚地区局势日趋不稳定的后果，最明显的例子便是"颜色革命"和"安集延事件"。

（三）"三股势力"威胁严重

中亚地区除了面临着传统的军事以及地缘政治安全问题外，还面临着各种非传统安全因素的威胁。非传统安全威胁指的是除军事、政治和外交冲突以外的其他对主权国家和人类整体生存和发展构成威胁的因素，非传统安全威胁一般包括经济安全、金融安全、生态环境安全、信息安全、资源安全、恐怖主义、武器扩散、疾病蔓延、跨国犯罪、走私贩毒、非法移民、海盗、洗钱等。中亚地区面临的比较明显的非传统安全威胁便是恐怖主义、走私贩毒等。

中亚各国自独立以来就一直面临着"三股势力"的威胁。"三股势力"指的是国际恐怖主义势力、民族分裂主义势力和宗教极端主义势力。中亚地区由于特殊的历史原因，自古以来便是民族众多的地区，宗教则主要以伊斯兰教为主。苏联解体之后，民众的意识形态上出现真空，周边伊斯兰世界各国也极力借助宗教来扩张自己在中亚地区的影响力，而刚独立的中亚各国也要借宗教来重新树立民众的民族认同感，这使得中亚地区的伊斯兰教在独立之后得到了迅速的发展。以土库曼斯坦为例，在1992年之后国内清真寺的数量迅速从独立前的4个上升到115个。除了清真寺的数量有所上升之外，中亚领导人则或多或少地表现出对伊斯兰教的感情，认为伊斯兰教是民族特性的表现形式之一，开始有了自己特殊的意义[1]。伊斯兰教在中亚国家得到了政府的支持，而中亚各国的普通民众则纷纷选择伊斯兰教作为精神支柱。

在宗教氛围上升的情况下，结合独立初期社会转型阶段中亚国家自身存在的一些社会问题，极端宗教思想也逐渐开始在部分地区一些民众当中盛行起来。在中亚地区最为流行的极端宗教思想主要是伊斯兰教瓦哈比教派。该派别信奉真主安拉为唯一神明，坚持维护《古兰经》和圣训的立教之本的地位，主张以暴力保卫伊斯兰教的纯洁和权威，为此可以向"异教徒"和"叛教者"展开"圣战"。瓦哈比教派势力在中亚地区的发展始于戈尔巴乔夫时期，当时提倡"公开化"和"民主化"，对宗教思想

---

[1] 〔哈〕纳扎尔巴耶夫：《站在21世纪门槛上》，时事出版社，1997，第124页。

的控制也没有从前那样严格，于是沙特、巴基斯坦、阿富汗等国的瓦哈比分子便趁机渗入中亚，将该教派思想在中亚地区大肆传播。中亚的瓦哈比派鼓吹"只有信仰和笃行瓦哈比主义才能摆脱贫困"和"实现社会公正"，这在中亚各国民众中间有一定市场。尤其是在乌兹别克斯坦、吉尔吉斯斯坦和塔吉克斯坦三国交界处的费尔干纳地区更是如此。据乌兹别克斯坦的官方资料，在纳曼干、安集延等费尔干纳核心地带，当地居民中有10%信仰瓦哈比主义（这是乌兹别克斯坦独立初期的数据，现在的数目大约有所上升），并且中亚的极端势力经过整合，于1995年成立了"乌兹别克斯坦伊斯兰运动"（简称"乌伊运"），可以说，这标志着中亚地区极端宗教组织与恐怖主义分子的合流，因为"乌伊运"直接是在"基地"组织的支持下建立起来的，其活动手法明显带有恐怖组织的特征。从1997年起"乌伊运"制造了一系列恐怖事件，成为影响地区安全与稳定的最大威胁，在这些恐怖事件中最具有代表性的便是1999年的"2·16"爆炸案、"巴特肯人质事件"和2000年"乌伊运"武装分子攻击乌兹别克斯坦和吉尔吉斯斯坦边境事件。

塔吉克斯坦内务部消息人士透露，塔吉克斯坦首都杜尚别南部地区一家娱乐中心在当地时间2010年9月5日夜里发生爆炸，导致7人受伤。该消息人士透露，7名伤者中的两名被送往医院救治，其余5人在获得医疗救助后回家。该消息人士称："这次爆炸是恐怖活动，俱乐部爆炸的自制炸弹就是证明。"塔吉克斯坦国家安全委员会正在就这起事件展开调查。塔吉克斯坦内务部认为，袭击者"可能来自'乌兹别克斯坦伊斯兰运动'"，后者与"基地"组织有牵连。2010年以来，塔吉克斯坦加大打击非法组织力度，迄今有115人遭到监禁。

除了"乌伊运"的活动之外，中亚地区的另外一个主要的极端组织是引发塔吉克斯坦内战的伊斯兰复兴党（宗教激进主义）。中亚地区唯一一个允许带有宗教色彩的政党取得合法身份的国家便是塔吉克斯坦。伊斯兰复兴党在塔独立初期借助各反政府党派的力量迫使议会通过了取消禁止成立宗教政党的法令，并在1992年引发了长达5年的塔吉克斯坦内战。虽然内战在1997年以塔政府与联合反对派签署民族和解协议告终，但是伊斯兰复兴党的极端主义色彩不仅没有消退，反而越来越浓，并且与"乌伊运"一样出现了同恐怖主义合流的趋势。1999年该党的领导人努里在党代表大会上发表讲话，宣称该党的目标仍然是"建立伊斯兰共和国"。伊斯兰复兴党还有一个较为明显的趋势便是与"乌伊运"、"基地"组织等沆瀣一气，制造了多起恐怖事件。

中亚地区的各个极端组织与恐怖组织之间融为一体，并且都带有民族分裂主义的色彩。中亚地区的民族问题由来已久，该地区历史上就是一个民族混杂之处，民族分布情况复杂。并且苏联时期人为划分各共和国边界时存在一些不合理因素，再加上一些错误的民族政策，导致中亚地区的民族情况更加复杂，族际之间积怨颇深，为独立之后爆发民族间冲突和民族分裂主义思想的流行埋下了隐患。中亚各国都是多民族国家，哈萨克斯坦有 120 多个民族，乌兹别克斯坦有 112 个民族，吉尔吉斯斯坦有 80 多个民族，塔吉克斯坦有 86 个民族，土库曼斯坦同样也是一个多民族国家。苏联时期，由于中央大力淡化民族意识，各民族之间的矛盾并没有凸显出来，但是在大力淡化民族意识的同时并没有注意到各族之间的均衡发展，民族矛盾的隐患还是埋下了。戈尔巴乔夫时期提倡的"新思维"，在一定程度上助长了对苏联时期民族政策的全盘否定，在全苏范围内民族分裂主义思想在此时迅速流传，对立情绪高涨，民族矛盾全盘爆发。

中亚国家独立之后，为了维护社会稳定，政府采取各种政策修补民族关系。哈萨克斯坦总统纳扎尔巴耶夫在独立初期就一直强调，"为了国家的繁荣和每个人的幸福、自由，要关心民族团结"①。土库曼斯坦前总统尼亚佐夫指出，"只有靠公民和谐和民族和睦，才能实现土库曼斯坦的建国思想"②。在各国政府的努力下，原本越来越尖锐的民族关系得到缓解，但是在一些劳动力过剩，耕地和水资源明显短缺的地区，民族冲突依然时有发生，最典型的例子就是费尔干纳谷地时常发生的族际冲突。

"三股势力"对中亚地区安全环境的影响从中亚各国独立初期就开始存在，一直严重威胁中亚各国的安全。20 世纪 90 年代后期，恐怖主义、民族分裂主义和宗教极端主义这"三股势力"开始合流，并且开始走向国际化、组织化。宗教极端组织往往采取恐怖主义的方式，而民族分裂分子为了扩大影响也打着宗教的旗号，与宗教极端分子合作发动恐怖袭击，并且都接受国际恐怖组织的指挥和资助，利用中亚地区民族情况复杂，宗教气氛浓厚，并且转型时期社会动荡，人民生活水平普遍下降的机会，与国际恐怖组织以及一些外部势力相勾结，给中亚社会制造动荡。

"9·11"事件发生之后，中亚各国政府积极参与国际反恐联盟的行动，为打击恐怖势力作出了自己的贡献，同时中亚地区的"三股势力"也遭到了打击，活动有所减少。塔利班的垮台使中亚地区的极端和恐怖组

---

① 1992 年 5 月 16 日《哈萨克斯坦真理报》增刊。
② 〔土〕萨·阿·尼亚佐夫：《永久中立 世代安宁》，东方出版社，1996，第 46 页。

织失去了活动和训练的基地以及"指挥机关",也切断了这些组织的外部财路。并且在反恐战争中美军还宣布击毙了"乌伊运"的第二号人物纳曼干尼,该组织的骨干核心力量遭到了重创。但是这并不能说明中亚地区的"三股势力"已经销声匿迹,而是暂时隐藏实力,暗中积蓄力量,在经历了一段时间的潜伏期后,又开始活跃起来。从2002年开始中亚地区的恐怖活动再次进入了活跃期,2002年12月比什凯克大市场发生爆炸;2003年5月吉尔吉斯斯坦城市奥什发生爆炸,犯罪嫌疑人为"乌伊运"成员;2004年3~4月乌兹别克斯坦首都塔什干和布哈拉州发生连环爆炸;同年7月份美国和以色列大使馆门前发生爆炸。

中亚地区的恐怖活动在这一阶段与之前不同,并没有大规模的军事袭击,恐怖分子化整为零,与极端主义分子、分裂分子完全勾结在一起,制造针对平民和特定目标的恐怖事件,渲染恐怖气氛,向世界宣告其力量的存在和修复。

可以说,中亚地区"三股势力"的发展与世界格局的变化是紧密相连的,阿富汗战争之后"三股势力"的活动有了一定的收敛,但之后又出现了一个新的高峰,并与随后美国在独联体地区掀起的"颜色革命"的高潮相呼应。2005年吉尔吉斯斯坦发生政府非正常更迭之后没多久,在乌兹别克斯坦的费尔干纳地区也爆发了"安集延事件"。"安集延事件"是乌兹别克斯坦极端势力借独联体地区爆发"颜色革命"之机大肆作乱,反对现有的世俗政权。在"安集延事件"爆发时,乌兹别克斯坦一名宗教反对派领导人在乌、吉两国边境地区宣布发动"伊斯兰起义",要建立一个完全按照《古兰经》要求的独立的信仰伊斯兰教的国家。同时,乌兹别克斯坦第一副总检察长纳比耶夫称,此次骚乱是由突厥斯坦伊斯兰运动(昔日的"乌伊运")、伊斯兰解放党和一个自称"阿克拉米亚"的宗教团体策划组织的。俄罗斯外长拉夫罗夫称:"乌兹别克斯坦的骚乱有外部势力的参与,其中包括塔利班。"① 2005年6月16日乌兹别克斯坦外交部发表的新闻公报称,该次骚乱的最终目的是"用暴力改变现有的宪法制度,成立所谓的哈里发国家"②。

在中亚各国政府的共同努力下,"三股势力"的活动再次有所收敛。但是这种收敛同样也并不能代表"三股势力"不再在中亚地区兴风作浪,而是换了一个方式继续在该地区活动,其突出的特点就是不再片面追求以

---

① 俄罗斯2005年5月16日《晨报》。
② 俄塔社2005年6月16日电。

暴力恐怖活动手段来吸引世界注意，而是调整策略，试图走"政治化"、"合法化"的道路。以宗教活动和宣传为幌子，鼓吹"非暴力"宗教原则，在民众和部分精英中间宣传极端宗教思想，扩大其影响。现在在中亚地区活动十分活跃的"伊扎布特"组织便是一个典型的例子。20世纪90年代伊扎布特开始在中亚地区发展，并且逐渐从鼓吹"非暴力"向恐怖组织发展。2003年俄罗斯最高法院宣布"伊扎布特"为恐怖组织，而到2005年为止，除土库曼斯坦之外的中亚四国相继宣布"伊扎布特"为宗教极端组织并禁止其在国内的活动。在"伊扎布特"的宣传材料中发现，该组织在中亚地区的活动步骤是首先通过非暴力手段尤其是传播思想和建立分支机构来扩大影响，随后便采取暴力手段推翻世俗政权。

中亚地区"三股势力"虽然现在暂时处于蛰伏状态，大的恐怖袭击近年来没有发生，但是该地区绝不会是风平浪静的，在国际形势处于迅速变化的情况之下，各个组织在积蓄力量之后一定会重新制造新的事端，因此这都需要中亚各国以及周边国家政府引起重视，共同努力来防患于未然。

（四）其他非传统威胁加重

中亚地区面临的非传统威胁不只来自"三股势力"，还有有组织犯罪，这其中包括贩毒、走私等。中亚地区有组织犯罪已经演变成影响中亚地区社会稳定的最大威胁因素，究其原因，可以从内、外两个因素来分析。内因便是中亚国家独立之后社会和经济都还处于困境之中，贫困和失业问题严重，贫富分化不断加剧；而外因便是中亚地区的周边环境。中亚地区与阿富汗相邻，阿富汗不仅暴力活动猖獗，更是世界三大毒源地之一，中亚地区更是由于边境管理的不力成为阿富汗毒品的"北向通道"，而毒品犯罪的蔓延同样也带来各种暴力犯罪的泛滥。中亚地区有组织犯罪的泛滥在一定程度上助长了"三股势力"的发展，而"三股势力"的发展也推动了有组织犯罪的进一步扩散。比如，非法毒品贸易便是各极端和恐怖组织最重要的经费来源。国际刑警组织曾经指出"乌伊运"应该对从塔吉克斯坦进入吉尔吉斯斯坦的70%的海洛因负责[①]。同时，有组织犯罪也给中亚各国的贪污腐败犯罪提供了温床。

总的来说，"三股势力"再加上有组织犯罪在中亚地区共同作用，使中亚的安全环境出现了恶化的趋势。如果中亚各国政府不能加强对国内局面的控制能力，则在国际环境出现变动时中亚地区的安全环境会更加

---

① INTERPOL, *Testimony on International Crime*, 23 December 2000。

恶化。

中亚地区各种非传统安全因素错综复杂，相互交织，共同作用，使该地区安全环境有了更大的变数。除"三股势力"和有组织犯罪之外，水资源危机等生态环境危机同样也是中亚地区面临的主要问题。中亚地区特殊的地理环境导致水资源十分缺乏，而且苏联时期大规模的开垦运动也使中亚地区的生态环境处于不断恶化之中。苏联解体之后这一系列问题导致中亚各国之间相互指责，在国家内部也导致族际冲突不断，这些都给中亚地区的安全环境带来了不利影响。

中亚地区安全环境的变化从中亚各国独立之后在恶化和好转之间转换。在中亚各国政府的努力之下，近年来的安全环境有所好转。但是国际安全局势的动荡也给中亚地区安全带来了一些不确定因素，再加上金融危机的影响，中亚各国之后几年安全环境并不能说将会全面好转，同样有恶化的可能性。如何避免中亚地区局势再次陷入动荡，以及如何在这一大前提下更好地维护好中国在该地区的利益是一个十分值得注意的问题。

第三章　中亚国家独立以后经济的发展

第一节　经济发展状况

独立后中亚各国的经济大体经历了危机与恢复两个阶段。独立初期到1998年是中亚各国经济体制的转型与经济危机时期。这一时期，中亚各国主要经历了苏联解体和独立后一系列经济结构与制度性调整给各国造成的经济压力与危机，以及1997年亚洲与俄罗斯等国的金融危机对中亚各国带来的不利影响。1999年至今是中亚各国经济的恢复与发展时期。2002年以来石油与天然气等能源价格的攀升，给一些以资源出口型为主的中亚国家，如哈萨克斯坦、土库曼斯坦和乌兹别克斯坦带来高额的财政收入，也为各国提供了新的经济增长点。此阶段也伴随着各国对本国经济结构与制度的进一步调整，以及寻求符合自身条件的发展道路的探索历程。各国所经历的这两个阶段时间上不完全一致，有的国家甚至在度过第一阶段经济短暂复苏后还出现了反复。2000年后至今各国基本上都保持了经济平稳发展。

目前，中亚各国的经济发展对投资的需求增加较快，现有的投资大多集中在能源与资源开发领域，而中亚各国亟待发展的制造业、加工业等行业的外资介入较少。资金成为制约各国经济进一步稳定和实现实质性持续增长的关键因素。中亚五国为减少本国经济对国际原材料市场、外援的依赖，开始逐步实施产业结构调整，将交通、水利、通信、公共设施等基础设施建设列为优先发展方向，鼓励外资投入。同时，加强对本国资源的规范管理和使用，制定国家经济中长期发展战略，积极扶持本国弱势产业发展。中亚国家积极参与国际经济合作的意识加强，重视上海合作组织区域经济合作对本国经济的促进作用。哈、乌、塔三国均加快入世步伐，希望在多边领域开展积极合作。

一　哈萨克斯坦

1991~1995年是哈萨克斯坦的经济危机时期。独立以后，哈萨克斯坦追寻俄罗斯实行"休克疗法"，价格放开导致国内出现恶性通货膨胀，1992年通货膨胀率为3061%。1993年国内总产值继续下降，降幅达12.9%，工业产值下降16.1%，农业产值下降9.8%。商品和劳务价格却大幅度上涨，通货膨胀率为2265%。1992年和1993年只相当于20多年前的1976年的水平。1993年，哈萨克斯坦政府在物质准备不足的情况下，发行了本国货币——坚戈，这是哈萨克斯坦朝本国经济彻底独立迈出的重要一步。1992~1994年，国内消费品价格上涨了近20倍。居民生活水平急速下降。

1993年4月，政府发布了《稳定经济和向市场经济过渡时期刻不容缓反危机纲领》，力图扭转经济颓势。1994年7月，哈萨克斯坦政府通过了《关于深化改革和摆脱经济危机的政府行动纲领》，旨在落实总统关于用15年时间使国家摆脱经济危机的要求。在经济相当困难的情况下，哈萨克斯坦继续推行经济体制改革。1993年3月15日，该国通过了《1993~1995年（第二阶段）国家非国有化和私有化纲领》，在1991年通过的第一个纲领基础上加大了对所有制改革的力度。改革在复杂的条件下进行。哈萨克斯坦还采取了一项特有的私有制改造措施，将47家特大型国有企业交给外国公司管理。这涉及电力、煤炭、石油、冶金等关系国家经济命脉的企业。农业领域也搞私有化和非国有化，至1995年，农工综合体私有化程度达65%。至1993年底，对8889家企业的所有制关系进行了不同形式的改造，这首先涉及小型批发和零售商业企业和服务性行业，其中大部分企业实行了私有化。这一措施对扭转国内商品短缺起了一定的作用。

1995年，经济虽然仍在下降，但下降的趋势明显减缓。1994年该国国内总产值下降25%，1995年则为9%。宏观经济形势好转尤其表现为通货膨胀得到遏制。1994年该国通货膨胀率为1258.3%，1995年降至160.3%。本国货币汇率也较前明显稳定。1995年以后经济危机减缓，经济发展趋于稳定，并出现好转。1996年、1997年其国内生产总值分别较上年同比增长0.5%和1.7%，工业产值分别增长0.3%和4%，农业产值1996年下降8%，1997年下降0.2%。通货膨胀率继续下降，1996年为128.7%，1997年为111.2%。农业形势虽然严峻，但危机趋势也在趋缓。这一时期经济方面最大的问题是生产萎缩，企业之间债务拖欠，国家拖欠职工的工资和养老金。失业问题也较严重。1995 年，哈萨克斯坦欠外债 20 多亿美元，1997 年底达到 50 多亿美元。黄金储备也由 23 亿美元降至 13 亿美元。外债占国内生产总值的 19%，哈萨克斯坦人均外债 182 美元。由于经济形势趋于稳定和与人民生计相关的企业的私有制改造工作基本完成，国内市场形势明显好转。

1997 年 10 月纳扎尔巴耶夫总统发表题为《哈萨克斯坦——2030 年：繁荣、安全和全体哈萨克斯坦人福利改善》的国情咨文，系统阐述了该国至 2030 年优先发展的战略目标和 1998 年以及 1998～2000 年的具体任务。但 1997～1998 年金融危机的爆发使出现复苏迹象的哈萨克斯坦经济再度受挫。但此阶段哈萨克斯坦经济总体上已经摆脱了解体初期的颓势。

1999 年后哈萨克斯坦的经济进入稳定增长期。首先，国内整体经济发展稳定增长，国内生产总值较上年增长 2.7%，工业产值增长 2.2%；粮食获得大丰收，农业产值增幅很大，达到 28.2%。由于国内通货膨胀压力增大，1999 年 4 月，哈萨克斯坦政府决定将坚戈由规定汇率制改为浮动汇率制。1999～2001 年哈萨克斯坦国内生产总值累计增长 25.7%。这说明，哈萨克斯坦经济已经度过了危机期和稳定期，开始转向发展期。

与世界经济发展放缓相比，哈萨克斯坦 2002 年的经济发展保持了较高的增长势头，对外贸易与 2001 年相比也有较大增长，出口增长速度加快，进口增长速度显著下降。2002 年 GDP 达到 37762.8 亿坚戈，约合 246.37 亿美元，同比增长 9.8%。

随着国际原材料市场价格持续上涨，尤其是原油价格居高不下，为以原材料出口为依托的哈萨克斯坦经济持续发展提供了有利的外部环境。哈萨克斯坦国内生产总值连续 4 年保持较高的增长速度，2003 年 GDP 达到 46119.8 亿坚戈，约合 308.33 亿美元，同比增长 9.3%。工业生产发展较快，农业生产继续上升，对外贸易迅猛增长。2004 年在世界经济普遍欠佳的情况下，哈萨克斯坦宏观经济稳定向前发展。强劲增长的内需、不断增加的出口、有利的宏观经济环境、谨慎的财政和货币政策，是推动哈萨克斯坦经济增长的主要动力。2005 年哈萨克斯坦全年国内生产总值为 75905.9 亿坚戈（约合 571.24 亿美元），同比增长 8.7%，人均 3771.3 美元，同比增长 9.7%。2006～2007 年，国际市场石油价格和主要原材料价格不断上涨，以原料类产品生产和出口为主要支柱的哈萨克斯坦经济继续快速增长，GDP 增幅已连续 7 年超过 9%。2006 年到了 10.7%，2007 年受次贷危机影响 GDP 增幅略微放缓。

综观这一时期，宏观经济指标快速增长；工业生产增速加快，产业结构仍未得到明显改善；农业获得大丰收，农业发展潜力巨大；建筑领域发展迅速，房地产价格大幅飙升；固定资产投资增速放缓；国内贸易平稳增长，居民购买力增强；对外贸易快速增长，以能源矿产为导向的初级原料型出口商品结构短期内难以改善；金融领域规模持续扩大，商业机构大肆对外举债对内放贷，风险不断积累，至 2007 年底，外债占 GDP 比例超过 90%，远超国际公认的警戒线。2007 年下半年，次贷危机发生，主要体现在哈萨克斯坦金融市场出现波动，房地产建筑业和个人消费市场开始退烧（见表 3-1）。

表 3-1 1991～2007 年哈萨克斯坦 GDP 及人均 GDP 一览

年　份	GDP 总值		比上一年 (%)	人均 GDP 值		比上年 (%)	当年人口 (万人)
	亿美元	亿坚戈		美元	坚戈		
1991	—	858.3	-11.0	—	—	—	1635.8
1992	—	12176.89	-5.3	—	—	—	1645.2
1993	46.63	294.23	-9.2	283.8	1791.1	—	1642.7
1994	78.0	4234.69	-12.6	477.5	25924.0	—	1633.5
1995	166.45	10141.9	-8.2	1052.4	64123.1	-6.3	1595.7
1996	210.4	14157.5	0.5	1350.7	90880.2	2.0	1567.6
1997	221.65	16721.4	1.7	1445.5	109045.2	3.3	1548.1
1998	221.36	17332.6	-1.9	1468.6	114991.3	-0.2	1518.8
1999	168.71	20164.56	2.7	1130.1	135075.4	3.7	1495.8
2000	182.92	25999	9.6	1229.0	174682.0	10.2	1490.1
2001	221.52	32505.9	13.5	1490.9	218772.4	13.7	1486.6
2002	246.37	37762.8	9.8	1658.0	254141.6	9.8	1485.1
2003	308.33	46119.8	9.3	2068.0	309338.0	8.9	1486.7
2004	431.5	58701.3	9.6	2874.2	391003.8	8.8	1495.1
2005	571.24	75905.9	9.7	3771.3	501127.5	8.7	1507.5
2006	810.04	102137.3	10.7	5291.6	667211.6	9.5	1521.9
2007	1041.47	127632	8.7	6728	828940.7	24.0	1539.7

注：①GDP 美元总值及人均 GDP 美元值均系按当年哈萨克斯坦本币（坚戈）与美元的全年平均汇率计算。②哈萨克斯坦自 1993 年实行币制改革，开始发行本国货币（坚戈），故 1991～1992 年的统计数据为卢布值。

资料来源：哈萨克斯坦国家统计局：《哈萨克斯坦 1991～2002 年》，第 50、200 页；《统计年鉴 2007 年》，第 435、448～451 页；赵常庆编著《哈萨克斯坦》，社会科学文献出版社，第 86～88 页。统计局网站：http://www.old.stat.kz/index.php? lang = rus&uin = 1171952778& chapter = 1171220019。

2008 年以来，哈萨克斯坦经济发展放缓，增速下降。哈萨克斯坦政府忙于调整经济政策，应对四大危机（次贷危机和"三高"——高油价、高粮价、高通胀率）。为减小本国经济受国际金融危机的影响，哈萨克斯坦政府采取措施，干预市场走向。虽然哈萨克斯坦国内市场一定程度上也显现出疲态，经济增长预期也一再下调，但总体经济走势处于政府的掌控之下，没有发生经济衰退和大规模的社会动荡。哈萨克斯坦国家统计署 2008 年 8 月 14 日公布的数据显示，哈萨克斯坦 2008 年上半年 GDP 为 69492.32 亿坚戈（约合 576.27 亿美元），比上年同期增长 5.4%。

2009 年哈萨克斯坦 GDP 为 1077.1 亿美元，增速仅为 1.2%，为近 6 年来的最低水平。人均 GDP 也从 2008 年的 8451.8 美元降至 6650.2 美元，造成哈萨克斯坦经济增长速度放缓的主要原因是，在国际金融危机的冲击下，外资投入与石油出口贸易双减，导致哈萨克斯坦发展动力减弱。该国对俄罗斯有较强的出口依赖。2008 - 2009 年俄罗斯从哈萨克斯坦的进口能力下降，使哈萨克斯坦的外贸出口受到严重影响。2009 年 2 月哈萨克斯坦中央银行宣布，哈萨克斯坦法定货币坚戈一次性贬值 25%。由 2008 年的 120.6:1 升至 2009 年初的 148:1，以维护哈萨克斯坦外汇和黄金储备稳定，增强哈萨克斯坦制造业的竞争能力。哈萨克斯坦政府几度下调基准利率，有效地将通货膨胀率由 2008 年的 17% 控制在 2009 年的 7.3%。2008 ~ 2009 年国际原油需求量和油价的下降造成了哈萨克斯坦石油工业的减产以及对外贸易额的下滑。2009 年哈萨克斯坦对外贸易总额为 716 亿美元，同比下降 34.4%。在全球金融危机的冲击下，俄罗斯减少了从哈萨克斯坦的进口量，致使哈萨克斯坦的外贸出口受到严重影响。

二　乌兹别克斯坦

1991 年独立后，乌兹别克斯坦经济一度出现较大滑坡。1992 年国内生产总值同比下降 16.6%，工业产值下降 13.4%，农业产值下降 8.3%，国民收入减少 17.5%。后来由于政府在向市场经济过渡的过程中注意国家控制和分段逐步进行，经济比较快地趋于稳定。1995 年生产开始回升，达到 1990 国内生产总值的 81.8%、工业产值的 99.9%、农业产值的 89%。生产的下滑势头和通货膨胀得到了初步的控制。1995 ~ 1996 年基础工业部门的产量大幅度回升，其中包括石油、天然气开发、煤炭、机器制造、金属加工等工业部门。1997 年后，国内生产总值保持增长，一些大型生产项目相继建成投产。1998 ~ 2002 年总体经济形势良好，特别是农业方面的成绩显著，粮食实现自给。

独立后的乌兹别克斯坦经济改革遵循了卡里莫夫总统提出的五项原则，即"经济优先，国家调控，法律至上，社会保障，循序渐进"，并把改革对外经济活动机制，广泛开展对外经济联系作为经济体制改革的重要内容。乌兹别克斯坦经济的特点可以用一个"稳"字来概括。从表3－2可见，独立后乌兹别克斯坦经济衰退的幅度明显小于中亚其他国家。事实上1996～1997年独联体及中亚国家经济大都出现过幅度不等的回升，这期间乌兹别克斯坦经济最早出现回升，并受1998年俄罗斯金融危机的影响不大，基本保持了经济的稳步上升（见表3－2）。

表3－2　1991年与1998年相比中亚五国综合经济指标下降幅度

单位：%

指标 ＼ 国别	哈萨克斯坦	吉尔吉斯斯坦	塔吉克斯坦	土库曼斯坦	乌兹别克斯坦
国内生产总值	31	35	44	—	9
工业总产值	51	42	64	50	—
农业总产值	45	8	41	30	8
基本建设投资	87	70	80		25
交通运输（不含管道运输）	70	92	93	36	32

资料来源：详见刘清鉴《中亚五国独立以来的经济走势》，《东欧中亚市场研究》2000年第2期，第56～57页。

表3－3　1992～2000年中亚国家及俄罗斯国内生产总值

单位：%

年份 ＼ 国别	1992	1993	1994	1995	1996	1997	1998	1999	2000	1992～2000年均增降幅
哈萨克斯坦	－5.3	－9.2	－12.6	－8.2	－0.5	1.7	－1.9	2.7	9.6	－4.6
吉尔吉斯斯坦	－13.9	－15.2	－20.1	－5.4	7.1	9.9	2.1	3.7	5	－4.1
塔吉克斯坦	－29	－11	－18.9	－12.5	－4.4	17	5.3	3.7	8.3	
土库曼斯坦	－5.3	－10.2	－19	－8.2	－7.7	－11.3	5	16	18	－4.8
乌兹别克斯坦	－11	－2.3	－4.2	－0.9	1.6	2.4	4.4	4.4	4～5	－0.5
俄罗斯	－14	－9	－13	－4	－3	1	－5	3.5	8	－4.8

资料来源：〔俄〕Л. A. 弗里德曼《苏联解体后中亚经济社会发展概要》，俄罗斯人文研究科学院人文科学出版社，2001，第16页。

从表 3 - 3 可见，1992 ~ 2000 年俄罗斯和中亚其他国家国内生产总值平均降幅达 4% 以上，唯独乌兹别克斯坦为 0.5%，而且自 1996 年以来一直保持了经济的平稳增长。到 2001 年乌兹别克斯坦已成为中亚地区第一个在主要经济指标方面达到独立时水平的独联体国家（2001 年乌兹别克斯坦国内生产总值达 149.8 亿美元，为 1991 年乌兹别克斯坦国内生产总值的 103.2%）。可见，乌兹别克斯坦渐进式改革模式充分考虑了本国国情，避免了经济的大起大落，所以，改革初期乌兹别克斯坦取得的成就在中亚国家中是最显著的。

2002 年乌兹别克斯坦宏观经济形势相对稳定，市场经济改革进一步深化。这一年里，乌兹别克斯坦主要经济和财政指标仍保持了不同程度的增长。据乌兹别克斯坦官方统计，2002 年国内生产总值同比增长 4.2%，工业产值增长 8.5%，农业产值增长 6.1%，零售商品流通量增长 1.7%，吸引外资 6.5 亿美元，预算赤字占 GDP 的 0.8%，但外贸进出口总额下降 9.6%。据乌兹别克斯坦官方统计，2003 年乌兹别克斯坦 GDP 增长 4%，工业、农业、商品零售业等均有不同程度的增幅，通货膨胀率降至 - 0.3%，独立以来首次出现通缩现象，预算赤字占国内生产总值的 0.1%。出口能力有所增强。2004 年，乌兹别克斯坦国内生产总值为 12.19 万亿苏姆，同比增长 7.7%，人均 GDP 达 462 美元，同比增长 6.5%。工农业生产、社会商品零售额及居民有偿服务同比也都有较大增长。通货膨胀率为 3.7%，失业总人数为 3.92 万人，约占劳动力人口的 0.3%。当年吸引外资 7.546 亿美元，累计吸引外资 147.5 亿美元，外汇储备增长 30%，估算为 19.5 亿美元。2005 年乌兹别克斯坦经济结构进一步得到优化，工业对 GDP 的贡献率已由 2002 年的 14% 上升到 20%。交通运输、通信等服务领域的产值已占到 GDP 的 38%，比 5 年前增长 50%。外商直接投资比上一年增长 50%。经济改革稳步推进，企业的税负进一步降低，中小企业的经营环境得到改善。出口继续保持增长，贸易顺差创下了独立以来的最高值，外汇储备也由此增加 30%。居民收入有所增加，失业率按官方统计继续维持在较低的水平。2006 年乌兹别克斯坦经济结构改革进一步深化，工业和服务业比重进一步加大，分别占 GDP 的 22.1% 和 39.5%（农业占 24.1%），非国有经济成分在国民经济中所占比重进一步上升，达到 77.8%；工农业保持高速增长，工业生产总值 118.9 亿美元（14.52 万亿苏姆），同比增长 10.8%；农业生产总值 59.9 亿美元（7.314 万亿苏姆），同比增长 6.2%；对外贸易成果显著，外贸额 107.81 亿美元，同比增长 13.5%；外汇储备增多，估算为 40 亿美元，同比增长 33.2%。

2007～2008 年，乌兹别克斯坦经济基本未受到美国次贷危机和国际金融市场动荡的影响，继续快速发展，主要宏观经济指标均好于预期。2007 年，GDP 达到 223 亿美元（28.186 万亿苏姆），同比增长 9.5%，为独立以来最大增幅。各项指标均大幅增长，工业产值同比增加 12.1%，农业生产同比增加 6.1%，固定资产投资增加 22.9%，建筑业产值增加 15.7%，服务业产值增加 20.6%；贸易额再创历史新高，达到 142.27 亿美元，同比增长 27.4%；外汇储备 61 亿美元，同比增长 50%。2008 年 1～6 月，乌兹别克斯坦国内生产总值比上年同期增长 9.3%，工业产值增长 12.2%，农业产值增长 5.4%，建筑业产值增长 9.1%，零售贸易产值增长 14.4%，服务业产值增长 18.9%，对外出口额增长 48.2%。

进入 21 世纪后，乌兹别克斯坦经济继续保持上升态势，但较中亚其他国家乌兹别克斯坦已不再是一枝独秀。强调保持稳定和国家宏观调控是乌兹别克斯坦经济发展的主旋律。政府制定的宏观经济稳定发展目标及一些实际政策与市场经济规则相悖。如为保持乌兹别克斯坦进出口顺差，人为制定政策限制进口。自 1996 年以来，乌兹别克斯坦进出口贸易呈逆差逐年下降、顺差逐年上升的态势。至今乌兹别克斯坦仍是对进出口管制最严的独联体国家之一，也是长期对外汇管制最严的独联体国家之一。2003 年，乌兹别克斯坦才开始实施经常项目下外汇可自由兑换政策，但至今在实施中仍困难重重，阻力很大。这些政策严重制约了乌兹别克斯坦对外贸易的发展，外贸未能成为拉动其经济增长的动力之一。在政策层面上引资乏力，投资短缺和技术设备落后，制约了乌兹别克斯坦经济的进一步发展。一方面，乌兹别克斯坦国内国民收入低，财力有限，难以在短期内形成大规模的有效积累，另一方面则是乌兹别克斯坦引进外资乏力。其主要原因是其国内政策多变，从而阻碍了外资的进入。国家高度的宏观管理政策使市场经济的微观主体缺乏活力。乌兹别克斯坦对国内企业和外商投资企业、合资企业经营中的各类检查名目繁多，行政审批程序复杂，苛捐杂税多而乱。这不仅影响了企业的赢利能力和扩大再生产的积极性，而且还是政府有关部门滋生腐败和寻租的温床。这一模式的两大特点在操作的政策层面上不断地被强化，与市场经济发展的客观要求不相吻合，从而使乌兹别克斯坦经济改革进入 21 世纪后，出现了经济发展沉稳有余、活力不足的滞后局面。可见，在"稳"字当头的原则下，乌兹别克斯坦离真正的市场经济还有很大差距，还有很长的路要走。

自 2005 年以来，乌兹别克斯坦经济总体上保持继续增长的势头，2007～2008 年，GDP 增长率一直保持在 9.0% 以上。2007 年 GDP 突破了

200 亿美元，由于受金融危机的影响，GDP 的增速较为迟缓，2009 年 GDP 的增长速度为 8.1%，从 2008 年的 279 亿美元增长至 2009 年的 328.46 亿美元，人均 GDP 达到 1173 美元，同比增长 15.4%。2009 年通货膨胀相较 2008 年的 14% 进一步减缓，为 7.8%。在全球经济显著衰退的大背景下，独联体其他国家经济均出现迅速下滑的趋势，而乌兹别克斯坦仍能保持较高速的经济增长，其主要原因得益于内需的拉动作用。乌兹别克斯坦加大对固定资本投资力度，大力进行生产企业和交通等基础设施改造，同时积极发展国内商业，增加就业岗位，为拉动内需起到了关键作用。

三　吉尔吉斯斯坦

吉尔吉斯斯坦自独立以来的 10 多年间，其经济形势由迅速恶化到逐渐好转，经历了一个和多数独联体国家大致相同的过程。

吉尔吉斯斯坦在独立伊始便开始严重的经济危机。国内生产总值、工农业产值都持续下降，其中工业产值降幅尤为明显。GDP1992 年同比上年下降了 13.9%，1993 年下降 15.5%，1994 年下降 20.1%，1995 年下降 6.2%；工业产值 1992 年下降 26.4%，1993 年下降 25.3%，1994 年下降 28%，1995 年下降 17.8%；农业产值 1992 年下降 5%，1993 年下降 10%，1994 年下降 18%，1995 年下降 8%。1991 ~ 1995 年，畜牧业遭受巨大损失。羊的存栏数由 1000 万只锐减至 450 万只。通货膨胀严重，从 1991 年底到 1993 年初，通货膨胀直线上升了将近 350 倍。国家预算出现巨大赤字。1992 年和 1993 年的通胀率分别为 1259% 和 1363%。失业人数增加，人民生活水平普遍下降。

针对不断恶化的经济，吉尔吉斯斯坦政府采取了一系列稳定、恢复和发展经济的措施。并在国际社会的帮助下，从 1996 年起，经济停止下滑并开始回升。这一年，国内生产总值为 225 亿索姆，比 1995 年增长 5.6%，其增长率居独联体各国之首。1997 年国内生产总值为 304.38 亿索姆，比上年增长 10.4%。1998 年吉尔吉斯斯坦虽遭受亚洲及俄罗斯金融危机和国内自然灾害的冲击，但同 1997 年相比，该国宏观经济指标仍保持了增长势头。其中，国内生产总值增长 2.1%，工业产值增加了 5.3%，农业、狩猎业和林业产值增长了 2.9%，商品零售额增加了 9.3%。1999 年国内生产总值为 487.44 亿索姆，同比增加了 3.7%；2000 年 GDP 为 653.579 亿索姆，同比增长 5.4%；2001 年 GDP 同比增长 5.3%。在 2002 年国内生产总值同比小幅减少 0.5% 之后，2003 年吉尔吉斯斯坦经济实现较高增长水平，国内生产总值为834.208亿索姆（约合19.1亿美元），同比增长6.7%；工业产值为534.034亿索姆（约合12.3亿美元），同比增长17%。如果不计算库姆托尔黄金公司的产值，则全国GDP同比增长4.9%，工业产值增长8.5%。虽然2003年吉尔吉斯斯坦农业受到春季低温多雨的不利影响，全年农业产值依然实现了3.8%的增长率。在2004年吉尔吉斯斯坦经济继续保持回升势头，宏观经济各项主要指标继续向好，截至11月底，吉尔吉斯斯坦GDP继续增加至20亿美元，同比增长6.4%。工业产值增长4.9%，农业产值增长3.9%。

2005年吉尔吉斯斯坦发生政治动荡，政权易手，经济也随之受到影响。据吉国家统计委员会资料，2005年吉尔吉斯斯坦实现国内生产总值1001.16亿索姆，按2005年平均汇率计算，约合24.41亿美元，比2004年全年下降0.6%。农业在GDP中的比重为30.5%，总产出为633.08亿索姆（约合15.44亿美元），比2004年减少4.2%。工业占GDP的16.1%，总产出为496.86亿索姆（约合12.16亿美元），比上年下降12.1%，如果不计算"库姆托尔"黄金公司的产值（4.41亿美元），则同比下降4.6%。2004年吉尔吉斯斯坦工业生产增长3.7%，而2005年则出现较大幅度的下降。形成如此反差，与其主要工业生产部门，如矿山开采（主要是黄金）、有色金属加工、电力、石油化工、食品和农产品加工等行业的生产下滑不无关系。

2006年吉尔吉斯斯坦官方资料显示，工业生产继续下降，GDP靠其他行业拉动增长2.7%（估约25.07亿美元），工业产值下降11.2%（不包括库姆托尔黄金公司产值，则下降4.2%），采矿业产值下降4.8%，加工业产值下降12.8%，电力、水、燃气生产及分销产值下降0.7%。但农业产值、林业产值增长1.5%，建筑业产值增长8.5%，各类投资额增长18%。2007～2009年吉尔吉斯斯坦政局保持稳定，2007年1～9月吉尔吉斯斯坦GDP为990亿索姆（约合27.89亿美元），同比增长8.5%，若不考虑库姆托尔金矿因素，同比增长9.2%；1～9月通货膨胀率达10.6%。2008年1～6月吉尔吉斯斯坦GDP为653亿索姆（约18.65亿美元），同比增长7.1%，其中工业增长6%。

四 塔吉克斯坦

独立后由于割裂了同前苏联其他共和国长期形成的经济联系，塔吉克斯坦的经济急转直下。政局不稳和持续的内战更是使经济雪上加

霜。国民经济濒临崩溃，经济陷入全面危机之中。工业、农业生产严
重衰退，生产连年大幅度下降，经济形势持续恶化。能源、粮食短
缺，物价暴涨，失业率逐年上升。内战给经济带来灾难性的后果。独
立之初许多重要产品的生产能力倒退了几十年。从 1997 年中期起，
国内局势逐渐趋于稳定，经济形势略有好转，该年塔吉克斯坦塔国内
生产恢复了正增长，但经济危机仍然存在。经过了 1998～1999 年的
平稳过渡，经济仍保持较低水平发展。1999 年工业产值只相当于
1991 年的38%，农业产值只相当于1991 年的65%。

表3－4　1991～1999 年塔吉克斯坦主要社会经济指标（与上年度相比）

单位：%

指标＼年份	1991	1992	1993	1994	1995	1996	1997	1998	1999
国内生产总值	—	67.7	83.7	78.7	87.6	83.3	101.7	105.3	103.7
工业生产总值	96.4	75.7	92.2	74.6	86.4	76.1	98.0	108.1	105.0
农业生产总值	96.0	73.0	91.0	90.0	79.0	82.0	104.0	106.5	104.0

　　自 2000 年起塔吉克斯坦经济进入恢复期。经济开始呈现恢复性增长，
通货膨胀率下降，预算赤字减少，人民生活逐步好转。但长期形成的经济
结构不合理、原材料和能源供应不足、资金缺口大、基础设施建设严重滞
后等问题仍制约着经济发展。2001 年塔吉克斯坦国内生产总值 25.12 亿
索莫尼，合计 10.588 亿美元，比 2000 年增加 10.2%。这是独立以来国内
生产总值增长速度最快的一年。2002～2004 年，塔吉克斯坦经济继续保
持恢复性增长，宏观经济指标呈上升趋势，连续多年的通货紧缩局面得到
改善，外债大幅减少，失业率也略有下降。2004 年 GDP 达 61.575 亿索莫
尼，约合 20.72 亿美元（按塔吉克斯坦央行公布的年均汇率为 1 美元兑换
2.9711 索莫尼），比上年增长 10.6%，其中工业产值为 39.655 亿索莫尼
（约合 13.347 亿美元），比上年增长 14.3%；农业产值为 22.599 亿索莫
尼（约合 7.606 亿美元），比上年增长 11.3%。

　　2005 年，塔吉克斯坦政局总体平稳，国家进入选举期，相继举行了
议会选举和总统选举，国民经济保持稳定的增长态势。2005 年 2 月塔吉
克斯坦举行了新一届议会选举，总统拉赫蒙领导的人民民主党获得绝大多
数的议席，保持了高层领导的稳定和连续性。2005 年 GDP 达 72.01 亿索
莫尼，约合 23.09 亿美元，比上年增长 6.7%。其中工业产值为 41.14 亿

索莫尼（约合 13.19 亿美元），比上年增长 8.5%；农业产值为 27.74 亿索莫尼（约合 8.89 亿美元），比上年增长 3.1%；连续多年的通货紧缩局面得到改善，人均收入开始有所增加。2006 年 11 月塔吉克斯坦举行了总统选举，现任总统拉赫蒙成功当选。2006 年 12 月，总统对新一届政府进行了改组和合并，以精简机构和提高办事效率。2006 年塔吉克斯坦 GDP 为 92.722 亿索莫尼，约 28.11 亿美元，比上年增长 7.0%。工农业仍保持增长态势，其中工业同比增长 4.9%，生产总值为 45.596 亿索莫尼（13.82 亿美元）；农业同比增长 5.4%，生产总值为 36.593 亿索莫尼（11.09 亿美元）。由于受世界经济因素影响，塔吉克斯坦央行三次调高再贷款率（由原来的 8.5% 上升到 13%）以控制通货膨胀，但最终仍高达 12.8%。

2007～2008 年塔吉克斯坦国民经济虽然继续维持增长势头，但经济结构体制中的痼疾难除。2008 年上半年国内生产总值为 65.62 亿索莫尼，按平均汇率折算约合 19.07 亿美元（1 美元兑换 3.4434 索莫尼），比上年同期增长 5.8%。上半年工业产值达 27.45 亿索莫尼，比上年同期下降约 4 个百分点，大部分工业产品比上年同期有所减产，主要原因是 2008 年冬季严寒，政府下令全国实行限电供应，导致工厂开工不足或停产。

五 土库曼斯坦

苏联解体对土库曼斯坦的经济造成严重影响，使其经济陷入连年衰退的困境。独立初期的 4 年（1991～1995 年）经济困难主要表现为在工农业生产连年下降，通货膨胀严重，人民生活水平明显下降。

1991 年土库曼斯坦国内生产总值比上年下降 4.7%。工业产值、农业产值和商品零售总额分别下降 1.2%、1% 和 3%。1992 年经济降幅比上年大。国内生产总值比上年下降 5.3%，工业产值下降 14.9%，农业产值下降 9%，消费品生产下降 14%，商品零售额下降 36.2%。1993 年情况有所好转，国内生产总值、工业产值和农业产值分别为上年的 102.8%、104% 和 108%。

1994 年和 1995 年重要经济指标又连续大幅度下降。1994 年国内生产总值、工业产值、农业产值和商品零售总额分别比上年下降 20%、25%、11% 和 56.5%，降幅达两位数。1995 年上述四项指标又分别下降 7.5%、6.9%、10% 和 23%。基本建设投资下降更多，1995 年比独立前的 1990 年下降 60%。

从 1996 年开始，土库曼斯坦经济止住衰退，恢复增长，步入经济持续增长的良性发展之路。1996～2000 年各年国内生产总值分别比上年增长 7%、0.3%、7%、17% 和 25%。5 年经济平均增长 13.5%，增幅甚高，为独联体国家中罕见。同期工业产值分别增长 20%、19.6%、2%、16% 和 29%，5 年年平均增长 23.8%。1997～2000 年农业产值分别增长 21%、24%、26% 和 17%。经济形势不错还表现于通货膨胀率逐年大幅下降。通胀率由连年的千位数下降为 1996 年的百位数（550%），再到 1997 年的 21.4%。而到 2000 年通货膨胀率为 8%。此外，随着经济连年迅速增长，财政状况和本国货币的汇率也趋于稳定，人民生活也相应得到改善（见表 3－5）。

表 3－5　1991～2001 年 GDP 发展变化指数（按可比价格与上年相比）

单位：%

年份	1991	1992	1993	1994	1995	1996	1997	1998	1999	2000	2001	2002
GDP	98.8	94.7	102.8	80	92.5	107	100.3	107	117	125	123	122

进入 21 世纪尤其是 2004 年以来，土库曼斯坦经济保持高速增长，国内生产总值连年超过 20%，增速居世界前列。2005 年，土库曼斯坦国内生产总值为 231.7 亿美元，同比增长 20.7%。其中工业生产总值为 85.8 亿美元，增长 19.6%；农业生产总值为 42.2 亿美元，增长 19.8%；建筑业总产值为 18.2 亿美元，增长 17.5%；交通和通信业产值为 11.3 亿美元，增长 19.4%；商业产值为 15.8 亿美元，增长 26.1%；服务业产值为 58.5 亿美元，增长 22.9%。外贸总额为 85.77 亿美元，同比增长 19.3%。2007 年国内生产总值较上年同比增长 21%（按可比价格计算，增长 11.6%），达 186.5 万亿马纳特，约合 298.4 亿美元，其中工业产值增长 26.6%，农业产值增长 19%，建筑业产值增长 20.9%，交通和通信产值增长 20.5%。根据土库曼斯坦公布的数据，2008 年国内生产总值为 436.8 亿马纳特（新马纳特），约合 153.3 亿美元（按 1 美元兑换 2.85 马纳特计算）①，同比增长 10.5%。2008 年底通货膨胀率为 8.9%。

2009 年土库曼斯坦经济出现了负增长，实际 GDP 增长率为 -6%，比 2008 年下降了 9 个百分点。人均收入在这两年也有所下降，人均 GDP 下降幅度为 6% 左右。随着国际金融危机影响逐渐减弱，未来两年该国经济

① 按照新马纳特币值计算，与 2007 年数据有较大差距，但土政府公布数据如此。材料来源为中国驻土库曼斯坦大使馆商务参赞处网站。

将有所好转，2010 年实际 GDP 增长率将上升 9%，人均 GDP 将达到 1900 美元的水平。但是通货膨胀的形势不容乐观，虽然 2009 年通货膨胀率从 2008 年的 13% 降到 10%，但存在着上升预期，2010 年和 2011 年的通胀预期分别达到 12% 和 14%。

第二节　经济发展的成就与问题

一　经济发展的主要成就

独立后中亚各国的经济大体经历了危机与恢复两个阶段。独立初期到 1998 年是中亚各国经济体制的转型与经济危机时期。这一时期，中亚各国主要经历了苏联解体和独立后一系列经济结构与制度性调整给各国造成的经济压力与危机，以及 1997 年全球性金融危机对中亚各国带来的不利影响。1999 年至今是中亚各国经济的恢复与发展时期。2002 年以来石油与天然气等能源价格的攀升，给一些以资源出口型为主的中亚国家，如哈萨克斯坦、土库曼斯坦和乌兹别克斯坦带来高额的财政收入，也为各国提供了新的经济增长点。此阶段也伴随着各国对本国经济结构与制度的进一步调整，以及寻求符合自身条件的发展道路的探索历程。每个国家所经历的这两个阶段时间上并不完全一致，有的国家甚至在度过第一阶段经济短暂复苏后还出现了反复。2000 年至今多数国家基本上都保持了经济平稳发展。

和苏联解体以及独立初期经济状况相比，经过十几年的变化和摸索，中亚国家基本上已经完成了向市场经济的过渡，形成了具有本国特点的经济模式。这主要表现在以下几个方面：

（一）多数国家都建立了国家计划和市场调节相结合、多种所有制形式并存、以国家为主导的市场经济体制。这种经济模式被称为社会市场经济体制①

中亚国家独立以后，先后放弃了长期的计划经济体制，转而向市场经济过渡。各国基本上放弃了由国家下达计划指标的做法，改为市场调节，国家运用经济杠杆对经济进行宏观调控。初步形成了市场经济的基础设施，包括商品市场、资本市场和劳动力市场。农业体制也发生变化。原有

---

① 赵常庆等著《中亚五国与中国西部大开发》，昆仑出版社，2004，第 92 页。

的集体农庄和国营农场多改为小农场、合作社、股份公司以及个体经营者。各国都允许农产品自由上市，国家只通过市场订购部分农产品。虽然总体方向大致相同，但采取的措施和私有化的速度在不同国家还是有区别的。

独立初期，中亚国家对于本国的经济改革选择什么样的经济模式并没有明确的目标，这主要和中亚国家大都在匆忙之中独立，各国都没有在政治上和经济上做好应对独立的准备有直接的关系。塔吉克斯坦由于独立不久国家就陷入内战而无暇顾及经济发展。吉尔吉斯斯坦和哈萨克斯坦最初的经济体制改革走的是一条近似于俄罗斯当时的模式——一种更加接近于美国式的自由市场经济模式。那时俄罗斯在转轨过程中听从以美国为首的西方国家政府机构及经济智囊团的建议，实行"休克疗法"，使国民经济几乎处于崩溃的边缘。

受俄罗斯的影响，哈萨克斯坦和吉尔吉斯斯坦除面包等一些生活必需品外，大部分商品很快就放开物价，导致出现严重的通货膨胀。物价飞涨，商品匮乏，人民生活水平大幅下降。与此同时，企业特别是中小型国有企业私有化进程也进入实施阶段，甚至原来效益比较好的大型企业也被外国企业低价买走。

与哈萨克斯坦和吉尔吉斯斯坦不同，乌兹别克斯坦和土库曼斯坦实行的是渐进式经济改革。面对众多非议，乌兹别克斯坦政府没有将国有企业一下子全部私有化，而是坚持采取渐进改革的政策，在货币和价格等问题上加强政府的控制能力。总统卡里莫夫指出：乌兹别克斯坦"最终目的，是建立一个具有稳定的面向社会的市场经济"。同时，他还特别强调："我们为自己作出了唯一的选择：不是以大跃进的方式；不是通过革命性的破坏途径；而是坚定不渝地以渐进的方式走向市场经济。"①

这种渐进式经济改革使乌兹别克斯坦这个中亚人口最多的国家保持了社会稳定。乌兹别克斯坦私有化进程在各领域逐步展开。旅游业是2003年11月开始进行自由化改革的。自此以后，私营的旅游机构的数量和地位都在逐步增加。就目前乌兹别克斯坦经济状况来说，和独立初期相比，市场经济体系在逐步形成，产业结构得到一定程度的改善，中小企业快速发展。在苏联时期比较薄弱的轻工业也得到快速发展。

土库曼斯坦采取的经济体制改革也不同于哈萨克斯坦等中亚国家，强

---

① 〔乌〕伊·卡里莫夫：《乌兹别克斯坦沿着深化经济改革的道路前进》，陈世忠、邱冰译，国际文化出版公司，1996，第8页。

调建立土库曼斯坦式的市场经济和国家建设模式，也就是建立国家强有力宏观调控下的、发达的、以社会为优先取向的混合型市场经济。已故土库曼斯坦总统在其《十年稳定计划》中确定国家经济发展战略的主要目标是使土库曼斯坦成为发达的社会导向型市场经济国家。在确立经济体制改革总体方向以后，土库曼斯坦并没有采取暴风骤雨式的方式，而是逐步地、分阶段地进行改革。

两国所采取的这种改革模式的最大好处是避免了土库曼斯坦和乌兹别克斯坦在独立初期像独联体其他国家经济混乱造成的经济大幅滑坡。

（二）建立了独立自主的经济体系

苏联时期计划经济使各加盟共和国形成分工明确、相互依赖的经济关系。苏联解体以后这些由加盟共和国独立而来的各共和国之间的联系突然中断，对各国经济产生巨大冲击。在经历经济严重衰退以后，到1997年中亚各国都先后开始恢复性增长。现在中亚国家都逐步建立了适合本国国情的经济体系。这主要表现在以下几个方面：

1. 脱离卢布区，发行本国货币，建立自己的金融体系

发行本国货币是一个新生国家经济走向独立的开始。苏联解体以后，中亚国家最初实际上并没有做好独立的准备，在经济上对俄罗斯还有较大的依赖和幻想，打算继续留在卢布区内。但由于俄罗斯经济当时也很困难，不愿意背上经济相对比较落后的中亚地区这个包袱，提出了让中亚国家难以接受的相当苛刻的条件。与俄罗斯建立统一卢布区的谈判失败以后，中亚国家不得不开始发行本国货币。

吉尔吉斯斯坦是在独联体国家中第一个发行本国货币的国家。独立以后到1993年5月，吉一直留在卢布区。由于国内通货膨胀较快和急需国际金融机构贷款，据说国际货币基金组织提出向吉贷款的条件之一是吉应发行自己的货币。1993年5月3日，吉最高苏维埃通过决议，决定退出卢布区，发行本国货币——索姆①。哈萨克斯坦可以说也是在没有做好充分准备的情况下在1993年11月15日开始发行本国货币坚戈的。乌兹别克斯坦1993年先是发行了国家货币代用券苏姆—库邦，1994年7月1日发行正式货币苏姆。乌兹别克斯坦发行本国货币后与美元等外汇汇率长期存在"官方"价与"黑市"价两种价格。2000年乌兹别克斯坦在国际金融机构的支持下进行金融体系改革，实行货币并轨。从2000年7月1日开始允许在授权银行通过专门开设的兑换点有限买卖外汇，到2003年取

---

① 哈萨克斯坦2001年6月21日《全景报》。

消限制，自由兑换。土库曼斯坦的货币改革是在 1993 年 11 月开始的，发行本国货币马纳特并退出卢布区。马纳特刚开始发行时汇率还比较稳定，但由于通货膨胀加剧，马纳特逐步贬值。中亚国家中塔吉克斯坦是最后一个发行本国货币的国家。1995 年 5 月 10 日塔吉克斯坦启用塔吉克卢布。2000 年 10 月 30 日正式发行本国货币——索莫尼（Somoni）。中亚各国对本币采取不同的管理方式，除土库曼斯坦以外多数国家已实现国内货币自由兑换，汇率也实行自由浮动汇率。

独立以后中亚国家都在苏联金融体系的基础上建立了本国的金融体系。金融改革是中亚国家向市场经济过渡的一个组成部分。改革之后的中亚各国银行体系基本由两级银行体系构成，即中央银行和商业银行。银行的种类包括国有银行、合资银行、外国独资银行等。多数中亚国家的商业银行在改革初期都经历过从快速发展，到出现混乱状况，再到整顿有序这样几个阶段。到 2000 年 5 月 1 日哈萨克斯坦共有二级银行 48 家，包括跨国银行 1 家（中亚开发银行），国有银行 1 家（进出口银行），含外资银行（包括外国银行在哈分行）19 家。外国银行共在哈萨克斯坦开设了 17 家代表处。到 2001 年 2 月吉尔吉斯斯坦有 21 家商业银行及其 156 家支行。塔吉克斯坦的商业银行主要有东方银行、沙尔克银行、塔吉克商业银行和塔吉克外经银行等。1999 年土库曼斯坦有 13 家商业银行。中央银行在金融体系的作用主要是制定统一的金融贷款政策，对商业银行的业务进行监督。

2. 放开物价

中亚国家独立以后，各国基本上都是朝着物价市场化方向过渡，只是各国的情况有所不同。

哈萨克斯坦和吉尔吉斯斯坦独立两三年以后，除面包等最基本的生活必需品以外，国家已经失去了对大部分商品物价的控制能力，物价快速上涨。当时与俄罗斯使用同一种货币的哈萨克斯坦随着俄罗斯"休克疗法"而被迫放开绝大多数商品的价格，导致出现严重的通货膨胀。如果俄罗斯物价上涨而哈萨克斯坦物价不涨，就会导致哈萨克斯坦国内商品向俄罗斯境内流动，造成哈萨克斯坦物资短缺。1992 ～ 1994 年哈萨克斯坦国内消费品价格上涨了 16 ～ 20 倍。

塔吉克斯坦独立以后也面临价格的巨大冲击。在发行本国货币之前，由于和俄罗斯使用同一种货币卢布，所以当俄罗斯放开物价后，卢布贬值对塔吉克斯坦也产生了巨大的冲击。除对一些居民生活必需品保持一定的价格补贴外，其他商品基本都不再控制，而是由市场供需来调节。物价放开的直接结果是通货膨胀严重，物价迅速上升，货币急剧贬值。

乌兹别克斯坦和土库曼斯坦则由于政府采取稳健的经济政策，对商品价格在很长时间里并没有完全放开，特别是国家对食品等生活必需品给予较大补贴。在经历高通货膨胀后，现在中亚各国基本实现了价格自由化。

3. 非国有化和私有化进程取得明显进展

在中亚国家经济体制转轨过程中有两个重要概念，即"非国有化"和"私有化"。中亚国家独立以后在经济由计划经济向市场经济过渡过程中，企业和生产资料的所有制改革就成为经济体制改革的中心问题。其中非国有化和私有化是实行市场经济的一项重要内容。

所谓的"非国有化"，是指把原来归国家所有的企业或组织改造为集体所有制企业、股份制企业、租赁制企业、私有制企业及与外国合资的企业。私有化主要是指本国公民、非国家法人及外国法人从国家手里购买国家所有的财产或者购买国有企业和国家股份公司的股票。

随着中亚国家向市场经济过渡，非国有化和私有化成为这些国家经济改革总的方向，但在具体的方法上、步骤上和程度上，中亚国家又各不相同，其中哈萨克斯坦、吉尔吉斯斯坦和塔吉克斯坦进展要快一些，而乌兹别克斯坦和土库曼斯坦则要缓慢一些。现在，中亚国家非国有化和私有化进程已经基本结束，这是中亚国家经济改革取得的重要成就之一。中亚国家进行私有化所采用的方式主要包括发行商业股票和进行拍卖。

为了保证私有化政策的顺利实施，中亚国家首先制定了相关法律文件，有些国家甚至在苏联解体以前就通过了私有化法律文件，开始私有化进程。1991 年 6 月 22 日哈萨克斯坦批准《非国有化和私有化法》。塔吉克斯坦在 1991 年通过《国有资产非国有化和私有化法》。同年吉尔吉斯斯坦通过《私有化法》。1992 年 1 月 17 日吉又通过《非国有化、私有化和企业主活动法总则》。土库曼斯坦在 1992 年也出台了《国有财产非国有化和私有化法》等法律。

中亚国家在私有化过程中可以分为几个阶段，每个阶段的主要任务是不同的。1991 年和 1992 年可以看做哈萨克斯坦开始非国有化和私有化的第一阶段。第一阶段主要是对商业、公共饮食业、服务业、共用事业以及工业、建筑业、汽车运输业、农业等领域的小型企业进行私有化。首先进行私有化的是小型批发和零售企业，以及服务性行业。这类企业的私有化又被称为"小私有化"。到 1993 年底又有近 9000 家企业实行不同形式的改造。这种情况被称为"大私有化"。1993～1995 年是哈萨克斯坦经济体制改革的第二阶段。这一时期所有制改造主要是通过货币购买的方式来进行。1996 年以后是第三阶段。到 1997 年，小私有化已经基本完成。如果说在 1991 年哈萨克斯坦国有制企业占全部企业的 90%，到 1997 年私有制企业已经占 80%。大中型企业主要是进行股份制改造以及成立合资公司。哈政府还把 47 家涉及电力、煤炭、石油等领域的大型国有企业交给外国公司进行管理。这种做法在中亚国家中是比较独特的。

乌兹别克斯坦的私有化过程也可以分为三个阶段。第一阶段是1991 ~ 1994 年，主要私有化对象是服务业和农业。第二阶段是 1994 年 3 月到 1996 年初，这一时期私有化主要是在运输、建材、食品工业、棉花加工和旅游业等领域进行。第三阶段是从 1996 年中期开始的，主要表现为大型国有企业非国有化与合资企业的飞速发展。

1991 年苏联解体前夕，乌兹别克斯坦国内生产总值有 85% 是国有企业生产的，到 1995 年非国有企业的产值已经占到 67%。1996 年初，轻工业、建材工业、商业和服务业的非国有化和私有化工作已经基本完成。到 2006 年非国有性质的经济成分在国内生产总值中所占比重已经达到 77.8%[1]。截至 2007 年 1 月 1 日，在乌登记的 423347 家各类企业中，国有企业 24131 家，占总数的 5.7%，非国有企业 399216 家，占总数的 94.3%。在后者中，私人企业占 22.5%，股份制企业占 0.5%，外商合资企业占 0.9%，其他类型企业占 14.5%[2]。除私有化进程比较顺利以外，乌兹别克斯坦还特别重视小企业的发展。到 2007 年初，小企业和私营企业的总数已经达到了约 35 万家，比 2000 年增长了 130%。小企业 2006 年的产值占到 GDP 的 42.1%，而 2000 年时仅为 31%。

与中亚其他国家相比，吉尔吉斯斯坦国有企业的私有化进程更加复杂，存在的问题也是比较多的。在被称为"小私有化阶段"的 1991 ~ 1993 年，小企业私有化进展比较快，当时全国 86.7% 的商贸企业以及 97.2% 的餐饮和日常生活服务企业在很短的时间内就由国有转为私营。存在的问题主要是立法滞后，缺少经验和有效的监督机制。

1998 ~ 2003 年被称为吉尔吉斯斯坦的"大私有化阶段"。政府 2000 年推出了第三轮私有化企业纲要和名单，包括电信公司、航空公司、电力公司、热力公司、天然气公司、黄金公司、出版印刷公司等命脉企业，以

---

① 《乌兹别克斯坦 2006 年经济统计数据分析》，中国驻乌兹别克斯坦使馆经商参处网站，http://uz. mofcom. gov. cn/aarticle/ztdy/200704/20070404584833. html。
② 《乌兹别克斯坦 2006 年经济统计数据分析》，中国驻乌兹别克斯坦使馆经商参处网站，http://uz. mofcom. gov. cn/aarticle/ztdy/200704/20070404584833. html。

及棉纺厂、汞业公司、灯泡厂、半导体厂等大型知名国企都在其中。根据有关材料，到 2003 年末，吉全国企业总数的 72% 已经完成了私有化或改制。2004～2006 年吉政府开始实施第四阶段私有化计划。大部分上一阶段未能完成预定私有化进度的大型国企，如吉电信公司、天然气公司、航空公司、国际机场、配电公司等都在其中。除了通过拍卖转让国有股权外，还将采用托管、租让等方式。

塔吉克斯坦从 1991 年颁布 "私有化法" 以后，不同时期的私有化水平和速度因受各种因素的影响而进度各不相同。1991～1992 年私有化迅速展开但较为混乱。1993～1997 年内战期间又由于受政局动荡、经济危机等因素的影响，私有化进程基本中断。1995 年通过的 1995～2000 年共和国经济改革纲要明确规定国有资产私有化是国家经济改革最主要任务之一。但该计划在 1997 年 6 月内战结束以后才真正得以实施。至 2001 年 1 月，塔吉克斯坦所有制结构中国有制企业占主体经济的 27.8%，私有制企业占 47.1%，集体所有制企业占 19.3%，混合私有制企业和组织占 5.8%①。

据塔国家资产委员会统计，全国共有国有企业 10679 家，其中小企业 8961 家，大中型企业 1718 家。到 2004 年先后有 7316 家（68%）国企完成私有化改造，其中小企业 6757 家（占小企业的 75%），大中型企业 559 家（占大型企业的 32.5%）。

多数中亚国家首先进入私有化进程的是中小型企业，特别是商业和服务业私有化程度比较彻底。大企业的改革在各国情况不太相同。多数国家对大型企业的出售还是比较慎重的。最初一些国家把大型企业直接出售给实力雄厚的外国跨国公司。

在农业方面，中亚国家基本实行了私有化，个体经济已经在各国农牧业生产中占据了主导地位。2003 年哈萨克斯坦通过了新的土地法典，规定实行农业用地私有制。现在，这项工作已经完成。而土库曼斯坦采取的是所谓的 "新农村" 政策，即让私人拥有土地或租赁土地进行耕种。对过去的农业企业则采取把这些企业改造为合作社、私人农场、股份制企业或者让集体及个人来进行承包的方法。

通过对国有资产私有化，中亚国家的所有制形式和结构都发生了重大变化，在各种经济领域，私有制成分已经占较大优势。据不完全统计，哈非国有制企业数量已占 80%，吉为 80.4%。而土库曼斯坦在 1999 年初就

---

① 刘启芸编著《塔吉克斯坦》，社会科学文献出版社，2006，第 101 页。

已经有近2000家原来的国有企业实现了私有化。2006年乌兹别克斯坦农业生产中非国有经济成分已经达到99.7%[①]。

近年来，中亚很多国家在对原国有大型企业私有化政策方面有所变化，不再追求将一些重要国有企业完全私有化或非国有化，而是强调国家控股。在这方面中亚国家中哈萨克斯坦的变化最为显著，其他国家也有类似的情况。哈萨克斯坦总统纳扎尔巴耶夫访问新加坡时对国家通过控股公司在股份制企业中代表国家利益的情况非常感兴趣。为了有效改善国家对由国家控股公司的管理，总统也责成哈萨克斯坦政府研究成立国家控股公司的问题，这个控股公司应该作为主要股东在国家控股企业中代表国家的利益。在比较研究的基础上哈萨克斯坦选择了在这方面很有经验的"McKinsey & Company"来帮助哈萨克斯坦政府成立哈萨克斯坦国家控股公司。于是成立了哈萨克斯坦管理国家资产控股公司——"萨姆鲁克"股份公司。在公司成立之初，其业务包括了5家大公司：哈萨克斯坦国家通信股份公司、哈萨克斯坦邮政股份公司、哈萨克斯坦国家电网股份公司、哈萨克斯坦国家油气股份公司和哈萨克斯坦国家铁路股份公司。当时其旗下有19家公司，其产值约占哈萨克斯坦国民生产总值的20%。2008年10月哈萨克斯坦政府决定将"萨姆鲁克"国有资产管理公司和"卡泽纳"稳定发展基金合并成立"萨姆鲁克－卡泽纳"国家福利基金。该基金的主要职能是管理大型国有资产和国家金融资本。该基金现有400余家大型公司、国有股份公司及其子公司、各类发展机构、社会企业家集团及其从属机构。哈萨克斯坦政府和民众对国家福利基金给予很大希望，认为该基金不断发展将积极促进哈萨克斯坦进入世界50个有竞争力的国家之列。

4. 建立了比较健全的法律体系

苏联解体以前以及中亚国家独立以后，为适应向市场经济过渡，顺利实现私有化，中亚国家都先后制定了为市场经济服务的法规，并在实践中不断去完善。

哈萨克斯坦独立前两年就已经制定了《私有制法》、《国有化和私有化纲领》、《土地改革法》、《对外经济活动基本法》和《外商投资法》等法律文件。在独立以后的1992～1993年间，先后颁布了《关于价格自由化措施的总统令》、《关于加速物质生产部门资产非国有化和私有化工作措施的总统令》、《保护和支持个体经营法》、《对〈哈萨克斯坦共和国私

---

① 施玉宇编著《土库曼斯坦》，社会科学文献出版社，2005，第97页。

有制法〉的修改与补充法》等。1994 年以后又先后颁布了《关于建立有价证券市场的总统令》、《关于商品交易所的总统令》、《银行与银行活动法》、《关于保险法的总统令》等，还颁布了新的《外国投资法》①。塔吉克斯坦政府制定并颁布了《企业法》、《企业注册法》、《外商投资法》、《对外经济活动法》、《塔吉克斯坦共和国关于国有资产非国有化和私有化法》、《税收法》、《土地法》等。土库曼斯坦颁布的法律文件主要有《土库曼斯坦国有财产非国有化和私有化法》、《企业法》、《商业活动法》、《国家税收法》、《关税法》、《破产法》、《国家银行法》、《商品交易法》、《对外经济活动法》、《股份公司法》、《外国投资法》等。乌兹别克斯坦颁布了《乌兹别克斯坦共和国外国投资法》、《对外活动经济法》、《自由经济区法》、《乌兹别克斯坦外资政策》等。

除立法以外，中亚国家经济管理体制也发生了重大变化，最大特点是管理权限由中央逐步向地方或部门转移。

（三）经济由衰落转为复苏，多数国家进入经济稳定发展阶段，国家之间经济发展差距拉大

中亚国家经济独立以后大都经历了衰退—恢复—发展这样的阶段。以 1991 年国内生产总值为 100 计算，到 1995 年哈萨克斯坦国内生产总值只相当于 1991 年的 69.0%，吉尔吉斯斯坦只相当于那时的 55.0%，塔吉克斯坦只相当于那时的 57.7%，乌兹别克斯坦只相当于那时的 81.6%。目前，根据独联体统计资料，中亚国家中乌兹别克斯坦（2001 年）和哈萨克斯坦（2002 年）已经达到 1991 年苏联解体以前的水平，塔吉克斯坦和吉尔吉斯斯坦至今仍没有达到苏联解体前的水平。从当前中亚国家经济发展水平来看，哈萨克斯坦发展状况最好，其次是土库曼斯坦和乌兹别克斯坦，塔吉克斯坦经济发展水平较低，但近年也一直比较平稳，吉尔吉斯斯坦近几年经济发展状况一直不太好。2005 年阿卡耶夫总统非正常下台。2010 年在吉尔吉斯斯坦发生的严重骚乱和民族冲突已经严重破坏了吉尔吉斯斯坦的经济基础，而且，短期内看不到向好发展的趋势。

到 1995 年哈萨克斯坦经济停止下滑，1995～1999 年其经济处于低谷时期。经济既没有再次明显下降，也没有明显上升。从 1999 年哈萨克斯坦经济恢复开始明显加速，到 2002 年已经达到苏联解体以前 1991 年的水平。最近几年凭借能源工业快速发展和国际能源市场价格居高不下的有利时机，哈萨克斯坦国内生产总值一直以接近两位数或两位数的速度增长，

---

① 参见赵常庆编著《哈萨克斯坦》，社会科学文献出版社，2004，第 91 页。

其成就令世人瞩目。在国际金融危机发生前的 2008 年，哈萨克斯坦经济发展速度达到最高点。

从国内生产总值变化情况看，吉尔吉斯斯坦经济在 1995 年滑落到谷底，1996 年开始回升。与其他国家不同，一是其回升速度比较缓慢，二是其受政治安全环境影响有时会出现波动，比如，在 2002 年和 2005 年都出现一定程度下降。乌兹别克斯坦经济也是在 1995 年企稳回升的。与其他中亚国家相比，乌兹别克斯坦经济下滑幅度不是很大，这与其执行的比较稳健的经济政策有关。1995～2003 年乌兹别克斯坦虽然经济一直都在增长，但增速基本上一直保持在 4%～5% 的幅度。2001 年乌兹别克斯坦在中亚国家中率先达到 1991 年苏联解体以前水平。2003 年以后增速加快，达到 7% 以上。塔吉克斯坦由于内战影响，经济下滑尤为严重，1996 年跌至谷底，但从 1997 年开始转好，2000 年以后增速加快。从 1997 年到 2006 年塔吉克斯坦国内生产总值总计增长了 55%。土库曼斯坦经济复苏从 1996 年开始后头 3 年增速较慢，最快也就是 7%，后两年达到两位数。5 年平均增长 13.5%。进入 21 世纪以后，国内生产总值增长更一直保持在 20% 以上。与此同时，通货膨胀率却在不断降低，由当初的四位数降到 1997 年的 21%。

从经济规模看，中亚五国之间已经拉开了距离。哈萨克斯坦 2006 年国内生产总值约 779 亿美元，人均 GDP 达 5100 美元。吉尔吉斯斯坦 2005 年实现国内生产总值 1001.16 亿索姆，约合 24.41 亿美元，2006 年同比增长 2.7%，约为 25.07 亿美元，人均 543 美元。塔吉克斯坦 2006 年国内生产总值为 92.722 亿索莫尼，约 28.11 亿美元。乌兹别克斯坦 2006 年国内生产总值为 170 亿美元，人均 642 美元。几国相比，哈萨克斯坦国内生产总值要比吉尔吉斯斯坦国内生产总值多 20 几倍。2009 年哈萨克斯坦国内生产总值已经达到 1077 亿美元，而塔吉克斯坦只有 49.77 亿美元，前者是后者的 21 倍还多。虽然没有材料说明土库曼斯坦经济总量是否已经达到苏联解体以前水准，但这些年也一直以较快速度发展。

（四）苏联时期就已经形成的单一发展的行业基本上已经发展成支撑本国经济发展的优势产业，一些主要产业生产已经达到或超过独立以前水平

苏联时期，哈萨克斯坦就是苏联重要的原油和煤炭产地，是苏联第三大煤炭基地。1990 年哈萨克斯坦煤炭开采量为 13130 万吨，占全苏总产量的 18.68%；原油开采量为 2510 万吨，占全苏原油产量的 4.4%。根据哈萨克斯坦能源与矿产资源部公布的资料，2005 年其石油开采量为 6150

万吨，2006 年开采量为 6480 万吨，比 2005 年增长 5.4%，石油出口量达
5710 万吨。2009 年哈萨克斯坦石油产量已经达到 7640 万吨，比 1991 年
刚独立时的 2653 万吨增加了 1.88 倍。与石油生产能力不断上升相反，独
立以后哈萨克斯坦煤炭生产却在下降。

　　苏联时期，乌兹别克斯坦和土库曼斯坦是苏联重要的天然气产区。
1990 年乌兹别克斯坦天然气产量为 408 亿立方米，占当年全苏天然气产
量的 5.01%；当年土库曼斯坦天然气产量为 878 亿立方米，占当年全苏
产量的 10.77%。此外，它们也是重要的原油和煤炭产地。

　　独立以后，土库曼斯坦经济复苏是和苏联时期打下的"天然气工业"
基础密切相关的。现在，天然气生产成为其经济发展最重要的支柱产业，
产值几乎占整个工业产值的一半。天然气产量的 90% 都可用于出口。
2005 年土库曼斯坦天然气开采量为 630 亿立方米，其中出口 452 亿立方
米。2008 年开采天然气 661 亿立方米，国内消费 190 亿立方米，其余全
部出口。土库曼斯坦另一支柱产业是石油工业，2005 年产原油和凝析油
952 万吨。苏联时期其产量在中亚国家中仅次于哈萨克斯坦，居第二位，
在前苏联各加盟共和国中位于第三位，居俄罗斯和哈萨克斯坦之后。目前
年产量已经超过 1000 万吨。2009 年乌兹别克斯坦石油开采量为 445.5 万
吨，天然气开采量为 614.708 亿立方米。土库曼斯坦和乌兹别克斯坦是中
亚地区重要的天然气出口国。

　　吉尔吉斯斯坦和塔吉克斯坦的优势主要是水电方面。苏联时期根
据吉、塔两加盟共和国水资源十分丰富的特点，建设了几个大型水利
工程，有的甚至在苏联解体时还未完工。1989 年吉尔吉斯斯坦发电量
为 151 亿千瓦时，而塔吉克斯坦为 153 亿千瓦时[1]。向周边国家出口
电力是两国重要的外汇来源之一。但由于水电是两国主要能源，因而
受季节性影响较大。2009 年塔吉克斯坦出口 42.27 亿度电，约 6320
万美元，进口 42.76 亿度，约 7610 万美元[2]。电力进口大于出口。造
成这种状况的原因主要是在塔吉克斯坦夏季丰水期发电量较大，电力出口
较多，而冬季用电高峰恰是枯水期，水电站发电较少，不得不从周边国家
进口电力。

　　除电力以外，塔吉克斯坦工业生产中优势领域还包括有色冶金、建材

[1]　资料来自《走向新世纪的独联体国家》，中国统计出版社，2000。
[2]　数据主要来自《2009 年塔吉克斯坦对外贸易情况》，载于中国驻塔吉克斯坦大使馆经济
　　商务参赞处网站。

工业等。从塔公布的 2006 年经济数据看，这些领域全年产值增长都比较明显，其中有色冶金工业同比增长 9.0%，以电力为主的能源工业增长 14.2%，建材工业增长 22.9%，机械加工和制造业增长 16.0%。2009 年塔吉克斯坦出口非贵金属及其制品 6.04 亿美元，占出口总额的 59.8%。其中，出口铝锭 34.87 万吨，价值 5.9 亿美元。可见，铝锭生产及其出口在塔吉克斯坦经济中占据了较大比重。2009 年塔吉克斯坦工业产值中有色金属冶炼占 39.9%，食品加工为 18.4%，能源燃料占 14.8%，轻工业占 11.3%[①]。

苏联解体以后，中亚国家之所以能够在较短时间内摆脱经济下降局面，在很大程度上正是依靠苏联时期建立起来的能源工业基础。现在，能源工业已经成为中亚国家经济发展的支柱产业。哈萨克斯坦和土库曼斯坦近年来之所以经济发展比较迅速，在很大程度上得益于本国丰富的能源资源、苏联时期建立起来的能源工业基础以及国际能源市场石油和天然气价格的居高不下。

中亚国家在苏联时期还是重要的农业和畜牧业产品产地。哈萨克斯坦的粮食生产已经达到相当水平，2006 年粮食总产值为 66.4 亿美元，粮食产量达到 1650 万吨。当年出口粮食 620 万吨。乌兹别克斯坦、塔吉克斯坦和土库曼斯坦是著名的棉花产地，棉花在出口商品中占相当比重。2009 年塔吉克斯坦出口皮棉 8.66 万吨，占出口总额的 9.9%。2008 年乌兹别克斯坦生产皮棉 117.4 万吨，出口 88 万吨。2009 年乌兹别克斯坦获籽棉 340 万吨，加工皮棉 105.5 万吨，出口同比减少 5.1%。

二　经济发展中的主要问题

中亚国家的经济改革已经历了 20 年的进程，可以说取得的成效在不同国家是不完全一样的，有的国家经济发展很快，有的经济发展比较缓慢。当然对多数国家来说，它们的经济改革也不是一帆风顺的，也面临许多问题，而且由于这些国家独立以前都是前苏联加盟共和国，经济结构相同或相似，独立以后又同时开始进行经济改革，因此会面临一些相同或相似的问题。但在基本国情不同、经济基础不同、经济改革进展不同、采取的政策各不相同的情况下，面临的问题中有些则是共同的。通过观察和分析，中亚国家在其经济发展中面临

---

① 《2009 年塔吉克斯坦宏观经济指标统计》，中国驻塔吉克斯坦大使馆经济商务参赞处网站。

的共同问题主要包括以下几个方面：

（一）腐败问题比较严重

中亚国家独立以后实行的是总统领导下的三权分立体制，总统具有很大的权力。在这种体制下，国家政治与经济转轨的进程与方向基本上由总统来掌控。这种情况对中亚国家来说有利也有弊。有利的地方是在苏联解体的大背景下使经济转轨始终处于国家的控制之下，有效克服无政府状态，避免了经济崩溃情况的发生。但同时这种体制所带来的弊端也是显而易见的。在经济转轨过程中形成了利益集团，而最大的获益者属于特权阶层以及与其有密切关系的群体。特权阶层在转轨过程中始终处于有利地位，操纵着经济改革的方向和进程。还有一个重要原因，就是这些国家独立时间不长，法制不健全，经济秩序混乱，这本身就为腐败提供了一定条件。比较典型的例子是阿卡耶夫时期的吉尔吉斯斯坦。据有关报道，总统家族企业依靠特权垄断了市场甚至控制了国家的经济命脉，从而引起国民的普遍不满。2005 年和 2010 年造成阿卡耶夫和巴基耶夫下台的重要原因之一就是经济领域的腐败问题。

（二）经济结构仍不合理，苏联时期留下来的设备和工艺亟须改进和革新

苏联时期，在计划经济体制下，各加盟共和国根据自己的优势都有明确的生产分工。本地生产的原材料和半成品需要运到其他地区进行下一步加工，或制成成品销售。苏联解体以后，各加盟共和国这种经济联系被突然中断，多数企业陷入困境，其中相当一部分已经倒闭。至今，这种旧的不合理工业结构情况依然没有改变。而且苏联时期遗留下来的中小国有企业虽然大部分已经私有化，但普遍存在设施陈旧、工艺落后、产品无市场、债务负担沉重等问题。而且在对一些企业进行拍卖时只是对少量国家股进行拍卖，投资者仍然无法真正取得企业的决策权。

实际上中亚国家很早就已经注意到这个问题，并积极采取措施来改变这种状况。哈萨克斯坦于 2003 年开始进行产业结构调整。主要内容是调整原料优先导向的经济模式，实施工业创新战略，实现经济的多元化，发展高附加值商品生产。根据哈萨克斯坦官方公布的数据，2006 年采矿业（包括油气开采）占工业产值的近 58%，比 2005 年的 58.5% 下降 0.5%。而加工工业所占的比重为 36.7%，与 2005 年相比仅提高了 0.9 个百分点。从统计上看，与 2005 年相比，2006 年采矿业占整个工业产值的比重略有下降，但不太明显。到 2008 年这个比重又有进一步加强的趋势，如 2008 年包括油气资源在内的矿产资源开采业产值占全部工业产值的 61. 6%，

矿产品出口占出口总额的 73%。哈政府高度关注这种情况，采取很多具体措施，如调整产业结构，在非资源领域加强国际合作，引导外国资本向本国非能源领域投资，等等。当然，对于整个工业结构改善问题也不可能一两年内完全解决。

至 2009 年国际金融危机发生之前，哈萨克斯坦经济快速发展主要得益于石油、天然气等能源工业的快速发展与国际市场能源价格处于高位。受国际能源价格高涨的影响，哈萨克斯坦石油产量快速增长。石油增长速度远远高于国内生产总值的增长速度。1995 年哈萨克斯坦石油和天然气凝析油的出口额在当年出口总额中的比重为 15%，到 2003 年，这个比重已经达到 50%。1995 年，哈萨克斯坦原油出口量占当年原油产量的 55%，到 2003 年这个比例达到 85%。最近 5 年来，这个比例一直在 80% 上下浮动①。

经济结构不合理和设备老化在乌兹别克斯坦表现得尤为明显。作为苏联时期中亚地区政治和经济中心，乌兹别克斯坦集中了一批重要的工业企业。苏联解体以后，经济困难使这些企业多数失去了活力，资金的匮乏使这些设备老化的企业无法进行更新改造，产品没有竞争力。仅 2006 年，乌兹别克斯坦政府就不得不关闭了 200 家亏损的纺织厂，它们用非常老旧的设备将高价值的棉纤维原料加工成没有市场需求的低品质纱线，浪费了大量高品质的原料。

土库曼斯坦虽然近年发展速度较快，但也面临经济结构改造比较困难、过度依赖天然气产业的问题。土库曼斯坦燃料—能源综合体（包括天然气、石油加工、石油开采和电力四个部门）产品就占全土库曼斯坦工业生产的一半以上。天然气、石油制品和电力是土库曼斯坦的主要出口产品。

吉尔吉斯斯坦是以农牧业为主的国家，农业在国内生产总值中的比重一直超过工业比重。但在苏联时期也形成了一定规模的工业体系，特别是偏重于有色金属开发，而制造业和加工工业基础比较薄弱，产业结构比较单一。工业主要有采矿、电力、燃料、化工、有色金属、机器制造、木材加工、建材、轻工、食品等。在工业产值中采矿业占较大比重。独立以后工业生产下降幅度较大，到 2000 年也只恢复到 1990 年的 62.4%，至今也没有达到苏联解体以前的水平。而且经过 2005 年和 2010 年两次大规模动荡，这给吉尔吉斯斯坦经济发展带来巨大损害，经济已经处于完全崩溃

---

① 《哈石油天然气的开发情况与展望》，《专家——哈萨克斯坦》2004 年 5 月。

状态。

需要指出的是，中亚国家独立时经济发展面临的最大难题就是缺少资金，为此中亚国家把吸引外资作为政府最重要的工作之一，并且也取得了一定成效。但这些引进的资金大部分都投向中亚国家的能源和矿产资源领域，其他行业得到的投资并不是很多。其结果是能源工业发展迅速，而其他工业发展缓慢。这种状况使中亚国家经济结构不合理现象更加突出，短时间内很难解决。

（三）外债数额较大，负担比较沉重

中亚国家担负外债情况由于各国经济发展存在较大差距而各不相同。哈萨克斯坦和土库曼斯坦由于石油和天然气出口量较大，外汇收入较多，但由于哈萨克斯坦企业所欠外债较多，也使哈萨克斯坦外债总额一直居高不下。吉尔吉斯斯坦和塔吉克斯坦由于经济发展缓慢，资金缺乏，经济发展主要依靠外债和外援。

据哈萨克斯坦中央银行统计，截至 2006 年 9 月 30 日，哈外债总额为 596.3 亿美元，与 2005 年底相比增长了 55%[①]。外债占 GDP 的比例超过 75%，超过国际公认的警戒线。2009 年哈萨克斯坦外债总额继续增加，达到 1117 亿美元，而当年其国内生产总值为 1077 亿美元，外债规模已经超过 GDP 总额。巨额外债形成的主要原因是商业银行向国外借贷和发债的成本为 6% ~ 8%，国内贷款利率平均为 13% ~ 15%，巨大的利差促使金融机构大量到国外去借钱。

吉尔吉斯斯坦外债主要是从 1992 年开始有的。当时由于经济比较困难，吉尔吉斯斯坦开始从一些国家和国际金融组织获得贷款。这些贷款一般都比较优惠，以中长期贷款较多，利率较低。比如，零利率，0.75% 的贷款服务费，10 年延期支付，40 年贷款偿还期，等等。这些贷款主要用于支持本国货币稳定、进口急需商品、弥补财政赤字、实施社会保障等。主要贷款方是世界银行、国际货币基金组织、亚洲开发银行（简称亚行）、欧洲复兴开发复兴银行（简称欧洲银行）以及中国、德国、日本、土耳其等国。

在进出口贸易方面，吉尔吉斯斯坦独立以来多数年份都是进口大于出口，仅在 2005 年外贸逆差就高达 5.2 亿美元。贸易不仅没有给吉尔吉斯斯坦带来外汇收入，而且每年还要将大量外汇用于购买进口商品。贷款成为维持外汇平衡的重要手段之一，这也导致外债越来越多。截至 2006 年

---

① http：//kz. mofcom. gov. cn/aarticle/ztdy/200702/20070204386726. html.

1月底，吉尔吉斯斯坦债务总额已经达到 20.59 亿美元，占 2005 年 GDP 的 86%。其负债率远高于 25% 的国际警戒线。这说明吉尔吉斯斯坦的外债规模已经大大超过国力所能承受的限度，对国外资本的依赖性很大，受国际金融市场变化的影响也很大。然而，在这种情况下，吉尔吉斯斯坦经济还能维持正常运转这么多年，主要得益于包括劳务输出在内的其他外汇收入以及吉尔吉斯斯坦政府采取的相关措施。

最近几年，吉尔吉斯斯坦一直都在考虑减少外债的问题，加入重债穷国计划也曾是重点考虑的问题之一。此外，吉还与有关债权国进行了债务重组谈判，得到很多债权国的理解和减债承诺。在此情况下，吉放弃加入重债穷国计划。2010 年吉尔吉斯斯坦又向巴黎俱乐部成员国、世界银行、亚洲开发银行等机构再次提出申请，希望能够减免欠上述国家和金融机构债务。部分国家和机构表示将认真考虑吉尔吉斯斯坦方面的提议。

对于乌兹别克斯坦债务数据，目前并没有官方公布的准确数据。根据国际货币基金组织估计，2006 年乌兹别克斯坦的外债达到 41.7 亿美元，约占乌兹别克斯坦国内生产总值的 24.5%。到 2010 年第一月 1 日，乌兹别克斯坦外债减少至 33 亿美元，约占 GDP 的 10%。可见，乌兹别克斯坦外债有逐年减少的趋势。

塔吉克斯坦外债情况近几年有很大改观。2000 年塔吉克斯坦外债是当年国内生产总值的 108%。2006 年第一季度末外债总额为 8.19 亿美元，已经占当时国内生产总值的 31%。到 2007 年 4 月 1 日，塔的外债总额为 8.774 亿美元，比 2006 年同期增加近 6000 万美元。截至 1010 年 1 月 1 日，塔吉克斯坦外债总额为 16.9 亿美元，占 GDP 的 34%。塔吉克斯坦的这些债务大部分来自世界银行和亚洲开发银行。

（四）进出口贸易结构有待改善

在进出口贸易中，商品结构不平衡是中亚国家普遍存在的问题。在其他工业发展缓慢的情况下，能源和其他资源生产成为拉动经济发展的主要动力。这点也反映在中亚国家的出口贸易方面。

从哈萨克斯坦 2009 年对外贸易商品结构上看，能源类产品出口占出口总额的 69.2%，其中原油与凝析油占出口总额的 60.6%，原材料性商品占 15.1%，固体资源类商品占 3.25%。这三类约占出口总额的 87%[1]。而进口主要为机械设备、运输工具、仪器仪表，这类商品占进口总额的一

---

[1] 《2009 年哈萨克斯坦对外贸易分析》，中国驻哈萨克斯坦大使馆经济商务参赞处网站。资料来源：哈萨克斯坦海关统计。

半左右。

　　吉尔吉斯斯坦 2008 年进出口贸易总额为 56.99 亿美元。其中进口 40.57 亿美元，出口 16.4 亿美元，逆差 24.17 亿美元。出口产品主要是贵金属、农产品等，而进口则主要是机械设备、化工产品、天然气、石油产品和纺织品等。

　　从乌兹别克斯坦 2006 年进出口商品结构来看，其主要的出口商品仍为棉花、石油、天然气、黑色及有色金属、汽车、农产品、化工产品及矿产品等。主要的进口商品有机械设备、化工产品、食品等。2009 年乌兹别克斯坦对外贸易总额为 212.1 亿美元，其中出口 117.71 亿美元，进口 94 亿美元，顺差 23.33 亿美元。乌兹别克斯坦出口商品中能源类占出口总额的 34.2%，皮棉占 8.6%，黑色和有色金属占 5%。进口商品中机械设备占 56.5%，化工产品及塑料占 11.1%。

　　塔吉克斯坦出口商品主要有非贵金属及其制品（2009 年其出口占出口总额的 59.8%）、纺织原料及纺织制品、矿产品等。在 2009 年其出口商品中，皮棉出口 8.66 万吨，约 1 亿美元。

　　天然气在土库曼斯坦出口产品中占主要位置。2004 年，土天然气产量为 587 亿立方米，其中出口 420 亿立方米，同比下降 3%。2008 年土库曼斯坦进出口总额为 176 亿美元。其中，出口 119 亿美元，进口 57 亿美元。除天然气以外，主要出口产品还有原油、石油产品、棉花等。主要进口产品包括机械设备、建材、电器和电子产品等。

第三节　中亚地区经济与世界经济比较

一　独立后中亚地区经济阶段性变化

　　独立初期，原来主要靠苏联中央财政支撑的中亚国家经历了沉痛的经济衰退，表现为：综合经济指标连年下降，重要工农业产品产量大幅度减产，物价暴涨，通货膨胀恶性发展，财政状况严重恶化，货币危机、外汇危机交织并发，居民生活水平大幅下降。面对严重的经济危机，中亚国家选择了市场经济的发展道路，努力克服计划经济的弊端。目前，中亚国家都已经基本建立了市场经济体制，多数国家经济实现了快速的恢复和发展。按照欧盟的标准，吉尔吉斯斯坦和哈萨克斯坦经济转轨已接近转轨尾声，塔吉克斯坦和乌兹别克斯坦尚需继续努力，土库曼斯坦还遥遥无期。

然而，需要明确的是，中亚国家经过近20年的发展所建立的市场经济体系与西方成熟的市场经济体制还有相当大的差距。

从总体上看，独立后中亚国家的市场经济发展历程可以分为三个阶段。第一阶段是从独立开始至1995年，中亚国家开始打破旧制度，从计划经济向市场经济转变，并初步建立了市场经济体系。第二阶段是1996～2000年，中亚国家的市场经济体制得到进一步的巩固与发展。第三阶段是从2000年至今，中亚国家经济从区域内转向区域外，开始积极参与国际合作，其市场经济体制与国际接轨的程度越来越高。表现在经济形势上，这三个阶段分别是中亚国家克服经济危机、恢复发展和再上新台阶的三个时期。

（一）第一阶段中亚地区经济发展的特点

独立伊始，中亚各国经济都陷入危机。据独联体跨国统计委员会统计，1992～1994年是中亚各国经济最困难的时期，多数国家经济下降幅度达20%以上，通货膨胀达到四位数，人民生活非常困难[①]。为制止经济形势恶化和巩固国家经济独立，各国都做了大量的工作，深化经济改革。主要内容是：对内开展以国有资产私有化为基本内容的所有制改革、以放开价格为标志的价格体制改革、以组建商业银行为特点的财政金融体制改革、以允许多种所有制成分企业参加外贸活动的外贸体制改革和以组建个体农户等新型农业生产组织为标志的农业体制改革等。对外大力吸引外资。从各国采取的改革措施中可以看出，面对独立初期的经济困难，中亚国家都把建立社会市场经济体制作为体制改革的方向。总体来看，为了建立独立且完整的市场经济体系，中亚国家在独立初期主要做了三件事情：（1）建立健全经济管理机构，包括建立并完善作为主权国家所必需的外交部、外贸部、海关等国家机构；（2）建立相关的制度和法律体系，各国相继出台了自己的宪法[②]，以国家根本大法的形式肯定了市场经济的基本原则；（3）发行本国货币，1993～1995年，中亚国家相继退出卢布区并完成了本国货币的发行任务，各国朝经济独立的方向迈出了决定性的一步。

---

① 独联体跨国统计委员会编《1994年独联体经济简明手册》（俄文版），莫斯科，1995，第68页。

② 在中亚国家中，土库曼斯坦于1992年5月18日通过了独立后第一部宪法，距该国独立仅半年多时间，是最早通过新宪法的国家。接着，乌兹别克斯坦于1992年12月8日、哈萨克斯坦于1993年1月28日、吉尔吉斯斯坦于1993年5月5日通过了新宪法。塔吉克斯坦宪法由于内战而直到1994年11月6日才得以问世。

(二)第二阶段中亚地区经济发展的特点

在第二阶段,除塔吉克斯坦由于内战而经济衰退外,其他中亚国家的经济状况都随着政局稳定而普遍好转。这是因为,在经历了独立初期的经济阵痛之后,中亚国家基本上都认识到:经济自由化和社会稳定同等重要,社会市场经济是比较适合中亚国情的经济模式。

为了实现经济稳定运行、改善经济结构和实现经济自决等目标,中亚各国都把工作重点转移到经济领域,确定了适合本国国情的经济发展模式和发展战略。土库曼斯坦和乌兹别克斯坦两国从独立之初就选择了渐进式的改革和发展道路,这种模式使得乌、土两国的经济体制中保留了大量的计划经济色彩。在独立初期,其经济衰退程度很低,社会阵痛小,但随着经济形势的好转,计划体制中固有的顽疾也严重限制了两国的经济发展。哈萨克斯坦、吉尔吉斯斯坦和塔吉克斯坦三国从独立之初就追随俄罗斯实行"休克疗法",希望在短时间内打破旧制度的缺陷,建立全新的、有活力的新制度。"休克疗法"打乱了原有的经济联系,使三国经济在独立初期遭到了严重破坏,出现了较为严重的经济危机。随着总统权力的加强,三国也逐渐放弃了完全自由化的经济改革路线,开始重视国家在经济运行中的调控作用。

经过几年的努力,1996~1997年,中亚五国经济形势出现了某种程度的好转。但好景不长,到1998年下半年,亚洲经济危机和俄罗斯金融危机再度冲击中亚经济,使刚刚出现微弱转机的中亚经济再度受挫(见表3-6、图3-1)。自1999年起,中亚五国经济重新回升。

表3-6　独立后中亚五国国内生产总值指数变化情况

	1992年	1993年	1994年	1995年	1996年	1997年	1998年	1999年
哈萨克斯坦	94.7	86.0	75.2	69.0	69.3	70.7	69.0	70.4
乌兹别克斯坦	88.9	86.9	82.3	81.6	83.0	87.3	91.1	95.2
吉尔吉斯斯坦	86.1	72.8	58.1	55.0	58.9	64.7	65.9	68.5
塔吉克斯坦	100	83.7	65.9	57.7	48.1	48.9	51.1	53.4
土库曼斯坦	100	101.5	84.5	78	78	—	—	—

资料来源:独联体跨国统计委员会编《独联体国家国民经济统计手册》(俄文版),莫斯科,2000,第13页。

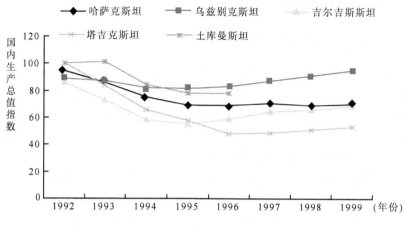

图 3－1　独立后中亚五国国内生产总值指数变化趋势

（三）第三阶段中亚地区经济发展的特点

进入第三阶段，由于国内经济好转以及国际市场原材料价格普遍上涨，中亚国家经济普遍保持稳步增长。尤其是 2002 年以来石油与天然气等能源价格的攀升，为各国提供了新的经济增长点。同时，各国还注意加强对本国资源的规范管理和使用，制定了国家经济中长期发展战略，积极扶持本国弱势产业发展。

进入 21 世纪，随着该地区经济形势好转以及战略地位上升，各国开始注重开拓国际市场，参与国际经济合作的意识加强，区域一体化进程明显加快，并实现了向北与俄罗斯、向东与中国、向南与美国开展合作的新格局，以此来实现扩大市场、吸收外部资金和技术、与国际接轨、加速经济发展等目的。在重视中亚国家间以及同周边大国的合作的同时，各国还重视发挥区域合作组织的功能，例如，积极利用上海合作组织对本国经济的促进作用。此外，哈、乌、塔三国均加快入世步伐，希望在多边领域开展积极合作。

与此同时，中亚国家经济发展还面临着较为严重的制约因素，包括内陆国固有的交通不便、国内市场狭小、管理和技术落后、经济结构单一、对国际资本的依赖程度较高等。目前，资金成为制约各国经济进一步稳定和实现持续增长的关键因素。中亚各国在经济发展中对投资的需求增加较快，现有的投资大多集中在能源与资源开发领域，而投向中亚各国亟待发展的制造业、加工业等行业的资本较少。中亚五国为减少本国经济的种种束缚，开始逐步实施产业结构的调整，将交通、水利、通信、公共设施等基础设施建设列为优先发展方向，同时鼓励外资投入。

二 世界经济的发展变化

从宏观方面分析，世界经济的发展变化主要体现在世界经济格局处于不断演进的过程中，并以"极"的调整和转移为标志。从微观方面分析，世界经济的发展变化主要体现在经济发展方式实现由"粗放型"向"集约型"转变。

（一）世界经济格局向多极化发展

第二次世界大战后，世界经济格局先后经历了单极、两极和三极格局的演进，开始向多极化方向发展，目前正处于"三个中心"式的多极化阶段。"三个中心"是指已经步入信息社会的发达国家成为全球科技创新和国际金融中心；处于工业社会的发展中国家成为全球制造和加工中心；包括石油输出国组织成员国在内的自然资源拥有国成为全球初级产品供给中心。近年来，在以信息技术为基础的新技术革命的推动下，国际分工进一步深化，世界经济格局多极化发展进程逐渐加快。

世界经济格局演进的过程就是世界经济力量中心转移和调整的过程。世界经济格局理论通常沿用"极"来代表世界经济力量的中心，它是实力极、增长极、引力极和辐射极的总称。从"极"的调整和转移来观察世界经济格局的特点，能够发现，"极"的四个组成部分从最初的一个整体逐渐分解，直到全部分离并单独存在。目前实力极、增长极、引力极和辐射极的转移速度已有明显差别，其中增长极的转移速度最快，直接带动大国崛起；引力极和辐射极次之，且不仅是转移而且是扩散，带动整个世界经济向前发展；实力极转得最慢，至今仍保留在美、日、欧等西方发达国家，后进国家的实力正在迅速提升，但仍然处于发展中国家之列，还未成为名副其实的实力极。可见，世界经济格局的演变过程，实际是"极"的裂变过程。正是由于这种裂变才没有导致剧烈的大国起落，才产生了真正的、高水平的多极化格局。

当前，全球经济一体化和区域经济集团化成为世界经济发展的重要特征。各国逐渐认识到，任何一个国家都不可能离开世界经济大环境而独立发展，要谋求本国发展就必须加强国际联系、协调与合作。从局部来看，美国的经济总量仍然处于领先地位，但经济增长速度减慢，日本的经济实力和国际影响力逐渐下降，东亚和拉美的新兴工业化国家和地区大都还没有在多极格局中占好位置就陷入了困境。在这种情况下，中国、印度、巴西、俄罗斯等新兴市场经济体把握时机迅速实现经济崛起，成为支撑多极化格局发展的新生力量。与此同时，欧盟在国际经济事务中发挥出越来越重要的作用，北美、亚太、东盟等区域组织也在迅速发展，多极化格局得以进一步巩固。

2007 年美国出现次贷危机，2008 年，俄、格冲突爆发，这些重大事件的背后是大国综合国力的变化，在金融动荡和局部冲突中世界经济格局面临着重大调整。然而，在金融危机结束前，世界经济格局演进的结果、"极"的转移方向和程度、大国经济关系的变化尚无定论。

（二）世界经济发展方式向集约型转变①

在经济发展过程中，寻求更加科学、先进的经济发展方式是世界各国的重要目标，其经济发展诸因素的配置方式和利用方法处于不断的调整中，最终实现经济发展方式"质"的转变②。

粗放型经济发展方式的主要特征是"三高"和"三低"，即高速度、高投入、高消耗；低质量、低产出、低效益。从宏观上，重视物量平衡、轻价值平衡；从生产上，重数量速度、轻质量效益；从投资上，重外延扩张、轻内涵深化。集约型经济发展方式与粗放型发展方式相反，主要依靠提高生产要素有机构成和使用效率来实现经济增长，即依靠技术进步，提高生产效率和资源配置效率等内涵扩大再生产方式。具有消耗低、质量高、投入少、产出多、效益好、污染小等特点。经过长期实践，各国纷纷摒弃单纯追求数量和速度的粗放型经济发展方式，探索经济发展方式向集约型转变之路。20 世纪 50 年代，美国最早实现了经济发展方式的转变，此后，20 世纪 60 年代原联邦德国，70 年代英国、法国、日本，80 年代新加坡、中国的香港和台湾地区，90 年代韩国，均相继实现了经济发展方式的转变。

1. 美国经济发展方式的转变

据世界银行的分析，美国在 1950～1960 年间，要素生产率的贡献已经超过要素投入的贡献，在全世界率先实现了经济发展方式从粗放型向集约型的转变。美国经验对于其他国家经济发展方式转变具有较大的借鉴价值。如果以第二次世界大战结束的时间为界，在第二次世界大战结束前美国的经济发展方式基本是粗放型的，而第二次世界大战结束后其经济发展

---

① 闫坤、于树一：《经济增长方式转变过程及影响因素的国际经验分析》，《地方财政研究》2008 年第 1 期。
② 经济发展方式，即生产要素的分配、投入、组合以及使用方式，它决定着生产力的整体效能和发展情况。从投入产出的角度，根据要素投入量的增加和要素生产率的提高这两个原因，将经济发展方式分为粗放型和集约型两种。

方式基本是集约型的。第二次世界大战结束后，美国经济发展方式成功转变，其过程可以划分为三个时期，即以增加投入为主的高速增长期；以调整产业结构与提高效率为主的经济增长期；以技术进步的持续加速为主的"新经济"增长期。

美国经济发展方式转变的经验是：科技创新是推动经济发展方式转变的强大动力；优秀的人力资本是经济发展方式转变的牢固基础。结构调整是经济发展方式转变的重要支持；政府政策是经济发展方式转变的政策保障。

2. 日本经济发展方式的转变

20世纪70年代中期以后，日本实现了经济发展方式由粗放到集约的转变，且集约化程度不断提高，到了20世纪90年代末，日本已成为世界集约化程度最高的国家。战后日本经济发展方式转变的过程也可分为三个时期：（1）粗放的"解决温饱型"，其经济发展主要依靠劳动和能源投入量的增加来实现；（2）粗放的"物量外延型"，其经济发展主要依靠较多地投入资本和能源，较少地投入劳动，提高产品质量和经济素质来实现；（3）集约的"知识技术型"，其经济发展主要依靠提高劳动生产率来实现，注重节约能源和原材料。

总结其经验：日本经济发展方式转变受到客观因素和主观因素的影响，其中，客观因素是自然资源的限制；主观因素主要有技术进步、优化教育和人力资本、产业政策和产业结构调整、政府干预等方面。

3. 亚洲新兴工业化国家和地区经济发展方式的转变

韩国、新加坡、中国的台湾和香港，是战后发展最快的亚洲国家和地区，随着资本和技术的积累，它们逐步发展起资本和技术密集型产业，成为新兴工业化经济国家和地区。此后，包括印度尼西亚、马来西亚和泰国在内的亚洲23个国家和地区，也被纳入新兴工业化国家和地区的行列。新兴工业化国家和地区的经济增长转变过程具有较高的相似性，一般都经历了劳动密集型—资本密集型—知识技术密集型的投资结构演进，投资结构演进推动了产业结构的调整和升级，并在此基础上实现了经济发展方式从粗放型向集约型转变。

亚洲新兴工业化国家和地区经济发展方式转变的经验是：通过引进资金和技术，发展高新技术产业，构建以政府为主导的技术进步和产业升级体制，实现了经济增长方式的转变。具体地说，政府主导、外向型经济、产业结构调整、技术进步和人力资源优化等因素共同推动这一转变的实现。

三　中亚经济发展与世界经济发展的融合与分歧

宏观上，中亚经济发展是世界经济多极化格局的组成部分，独立后中亚地区经济的积极变化也是后者进一步向多极化发展的推动力量，这体现着中亚经济发展与世界经济发展的融合。微观上，中亚各国是独立仅20年的年轻国家，尽管独立后其经济发生了种种积极的变化，但不可否认，其经济发展的方方面面还处于初级阶段，尤其是其典型粗放的经济发展方式更跟不上世界经济发展的步伐，这体现着中亚经济发展与世界经济发展的分歧。

（一）中亚经济发展与世界经济发展的融合

现代社会的每个国家都在国际经济多极化格局中占有自己的位置并发挥着自身的调节功能，这与国家的大小和属性无关。尽管中亚国家的经济规模不大，但仍然是世界经济格局中不可或缺的一部分。

世界经济格局由不同类型的国家或国家集团通过国际分工、国际贸易、国际投资及国际金融活动等多种经济纽带相互联结和相互制约而形成。首先，中亚国家通过国际分工在世界经济格局中占有一席之地。国际分工是形成世界经济格局的重要因素，中亚国家的产业结构偏重于农业、能源工业、原材料生产和加工工业，其国家或地区内部社会分工正不断发展和深化，进而向国际领域扩展，这样的国际分工使部分国家或地区形成对中亚的经济依赖，使中亚经济在世界经济格局中发挥作用。其次，中亚各国长期形成的畸形产业结构决定了其对世界经济较强的依赖，成为世界市场的一部分，对国际贸易的贡献较大，同时在世界经济格局中发挥着促进国际资本流动、推动世界经济发展的作用。再次，资源争夺已经成为世界经济竞争的主线，中亚国家凭借较强的资源优势，在世界经济格局中逐渐扮演着重要的角色。

独立20年来，中亚经济发展与世界经济发展的融合，较有特色地表现为国际经济合作，这正符合本项专题研究的核心定位。本书主要围绕以下几个问题展开：中亚国家在经济方面与国际社会建立起来的双边和多边合作机制；国际合作机制的建立和运作对中亚国家经济发展产生的作用和影响；多个国际机制在中亚的合作与竞争；中国的优势所在，如何参与中亚区域经济合作并对其产生影响；等等。内容涉及欧亚经济共同体、独联体、独联体集体安全条约组织、突厥语国家首脑会议、中西亚经济合作组织（简称"中西亚经合组织"）、亚洲开发银行中亚区域合作机制、亚太经合组织、北大西洋公约组织、世界银行、亚信等国际组织和国际合作机制，以及与中亚国家建立合作机制的俄罗斯、中国、美国、欧盟、土耳其、日本、伊朗、印度等主要国家。对合作机制的有关法律基础、双边和多边签署的条约和协议、合作机构的建立、协议执行情况和机构运行情况、经验与问题、取得的成果等问题都将进行深入分析。

（二）中亚经济发展与世界经济发展的分歧

中亚经济发展与世界经济发展的分歧主要表现为经济发展方式还处于较为初级的粗放型经济发展阶段，这是近年中亚经济发展速度加快，但质量仍得不到保障的根本原因，也是中亚经济与世界经济发展的差距并没有显著缩小的主要原因之一。

中亚经济具有粗放型经济发展方式的典型特征：其一，资源的高消耗与高度破坏，浪费和污染严重；其二，经济增长的质量和效益水平偏低；其三，产业结构不合理，金融、信息等新兴产业不够发达，且重复建设严重，区域性产业结构趋同；其四，外资利用水平低，通常与"两头在外"的外资利用模式相对应，即"一头"是来自国外的资金，另"一头"是流向国外的利润以及尚未被国家引进或充分利用的技术。总而言之，中亚地区经济发展遵循的这种浪费资源、代价高昂的经济发展方式，从而制约着整个中亚经济的持续健康发展。

当前国内和国际形势将中亚经济发展方式转变的必要性和紧迫性凸显出来。首先，面临着来自国内的发展约束。从目前中亚各国的投资规模和效果、劳动生产率、物质消耗等指标来看，粗放型经济发展方式在很大程度上影响了企业经济效益和经济增长的质量，成为经济进一步发展的"瓶颈"障碍，为了彻底解决经济中的深层次问题，给经济发展注入新的活力，需要尽快转变经济增长的方式。其次，面临着来自国际环境的冲击。经济一体化和新技术革命进程加快、国际经济环境不稳定、国际经济和科技的竞争加剧等因素都给中亚经济的发展带来了外部压力和挑战，而应对这些国际冲击必须尽快建立起以质量和效益为重的经济集约增长的基础。

在经济发展方式转变方面，与世界经济发展存在分歧是有深层根源可寻的。由本节对世界经济发展变化的经验分析可知，各国实现经济增长方式转变的时间、过程和程度不同，这是因为经济发展方式转变会受到多种因素的影响，而各国具有不同的经济增长目标与历程、不同的社会制度与政策策略、不同的思想与文化环境，使得影响因素发挥的作用和影响的程度各有不同。因此，推动中亚地区各国经济发展方式转变应该基于本国国情，综合考虑自然资源与生态环境等生产要素的状况、经济发展水平、投资环境、国民思想观念的转变、社会经济体制和运行机制、技术进步及人力资本的发展状况等多方面因素，而目前这些方面恰恰是中亚经济发展所缺乏的。

此外，中亚经济发展与世界经济发展存在分歧的原因还有来自国家固有的矛盾和问题。首先，腐败问题比较严重。中亚国家独立以后实行的是总统领导下的三权分立体制，这种体制所带来的弊端就是利益集团的产生，特权阶层以及与其有密切关系的群体成为最大的获益者，成为滋生腐败的温床。加之这些国家独立时间不长，法制不健全，经济秩序混乱，也为腐败提供了一定条件。其次，生产设备和工艺陈旧。中亚各国的中小国有企业虽然大部分已经私有化，但普遍存在设施陈旧、工艺落后、产品无市场等问题，政府也在采取措施来改变这种状况，但因资金和人才的缺乏，效果并不明显。再次，巨额外债负担沉重。这一情况在经济发展缓慢、资金缺乏的中亚国家表现尤为突出，个别国家外债规模已经大大超过国力所能承受的限度，对国外资本的依赖性很大，受国际金融市场变化的影响也很大，以致其经济在当前席卷全球的金融危机中遭受重创。最后，进出口贸易结构不平衡。这是中亚国家普遍存在的问题。在其他工业发展缓慢的情况下，能源和其他资源的生产与出口成为拉动出口贸易的主要动力，从对外贸易商品结构上看，原料和初加工产品占出口的绝大份额。

第四节　国际金融危机对中亚国家的影响

一　国际金融危机影响中亚的主要传导途径

2007 年哈萨克斯坦是中亚国家中首先感受美国次贷危机影响的国家。在其影响下哈萨克斯坦银行系统吸引外资能力明显下降，对国内企业提供融资的功能逐渐减弱。2008 年下半年美国次贷危机引发了世界性的金融危机，对中亚国家的影响迅速蔓延，而且对有些国家造成的冲击比原来预想的还要严重。虽然现在已经是后危机时期，金融危机造成的危害在逐步消退，但在个别国家其后果依然存在，还没有从其阴影中完全摆脱出来。金融危机影响的程度和带来的实际损失以及各国反危机措施的效果还有待进一步观察和研究。虽然中亚国家的经济危机主要还是由于美国的金融危机引起的，属于输入型的危机，但这场危机在中亚国家特别是哈萨克斯坦的蔓延和扩大，更主要的还是自身方面的原因造成的。

从中亚国家总体情况看，与国际经济联系比较密切的国家，债务较多，外国投资较大，严重依赖能源和原材料出口的国家受到的影响要更大一些。通过分析和研究，我们可以看到，国际金融危机主要通过几个不同途径对中亚国家产生影响。

（一）巨额外债带来严重影响

大量外债的存在本身也说明一些中亚国家与世界经济联系的紧密程度。中亚国家独立以后百废待兴，各方面建设都需要大量资金。除了吸引外资以外，大量借外债是弥补资金不足的重要途径之一。中亚国家借贷情况各国有所不同。在金融危机之前由于国际金融市场资金充裕，贷款成本较低，因此中亚国家银行和企业借了不少外债。在国际金融危机发生以后，一是企业出现信用危机，西方金融企业自身难保，中亚国家企业再从国外借贷比较困难，而到期债务无法按期归还，一些重要企业有被外国资本控制的危险；二是在中亚投资的外国企业或是为了资金安全，或是为了自保，纷纷收缩在该地区的投资，将已经投入中亚国家的资金撤回国内，这不仅使中亚相关企业资金严重短缺，而且很多企业濒临破产境地。这些都对缺少资金的中亚国家带来灾难性影响。

据哈萨克斯坦方面的资料，2007 年其 GDP 为 1038 亿美元，而 2007 年 12 月底外债总额达到 963.7 亿美元，约占 GDP 的 92.8%。到 2008 年底哈萨克斯坦外债余额已经达到 1078.13 亿美元。其中，短期外债 106.37 亿美元，长期外债 971.76 亿美元。2007 年分别为 119.59 亿美元和 849.55 亿美元。外债中，国家和国家担保的债务只有 21.67 亿美元，占 2%，私人和无国家担保的债务达 1056.46 亿美元，占 98%。2007 年分别是 20.99 亿美元和 948.15 亿美元，各占 2.2% 和 97.8%。可见，哈萨克斯坦目前所欠债务主要是企业所欠。

从上述数据可以看出，哈萨克斯坦的负债率已经达到非常危险的程度，远远超过国际警戒线。金融危机爆发以后，各国银行收紧银根，使哈萨克斯坦银行和企业再融资遇到困难，使短期外债的偿还能力受到影响，许多在建项目因缺少资金而停工。如果企业无力偿还到期债务，就会给哈萨克斯坦带来信用和支付危机，今后哈萨克斯坦企业再到国际金融市场融资将会遇到更大困难。在金融危机初期，很多企业和个人都将本国货币兑换成外币，对坚戈下行造成压力。为避免本国货币大幅贬值，哈萨克斯坦政府不得不在国内外汇市场抛售美元，导致黄金外汇储备总额下降，商业银行在央行代理账户的外汇余额减少。根据哈萨克斯坦中央银行公告，仅 2008 年 10 月份上半月，央行和"国家基金"的黄金外汇储备总额减少了

2.3%，降至 483.912 亿美元，其中"国家基金"的黄金外汇储备额为 274.162 亿美元。2009 年是哈萨克斯坦还债高峰期。

外债负担对其他中亚国家要好一些。乌兹别克斯坦、塔吉克斯坦和吉尔吉斯斯坦都认为外债因素不会对本国经济造成太大影响。不过，有资料显示，到 2008 年 1 月塔吉克斯坦外债的数额为 11.199 亿美元，占 GDP 的 30%。世界银行驻塔吉克斯坦代表处 2008 年 7 月发表的题为《2008 年国家费用计划评述》的研究报告指出，塔央行仅有约 3.52 亿美元的储备，目前只有 1.07 亿美元还未使用，而这仅够支付两个星期的进口所需资金。在未使用的储备中塔央行还需支付以往担保的 8700 万美元的债务，这样其储备仅剩 2000 万美元，仅够支付 3 天的进口所需资金。塔吉克斯坦存在支付危机的风险，如果央行不能履行对外贷款担保的支付，同时又失去私人经济对本国货币的信任，就将不得不提高汇率。大量发行本国货币，外汇储备短缺，导致支付危机，这是塔在金融危机时期面临的主要困难。

在这方面，乌兹别克斯坦要乐观一些。根据乌兹别克斯坦总统的说法，乌兹别克斯坦由于始终限制具有投机性质的短期借贷行为，所吸引的外资基本上都是长期和优惠性的。据有关资料估计，乌兹别克斯坦 2008 年外债 36.9 亿美元，比 2007 年减少 6.6%，这个数额约占其国内生产总值的 13.23%。根据国际风险标准，这属于"中等偏下"水平①。

（二）国际能源和矿产资源价格下降对以原材料出口为主的中亚国家造成很大影响

按照一般说法，中亚国家属于资源输出型国家。2007 年和 2008 年国际原油价格一路上涨。2008 年下半年国际金融危机爆发，并从虚拟经济向实体经济蔓延，影响到国际市场对能源和原材料的需求下降，导致其价格一路下跌。除能源价格发生变化以外，有色金属、棉花、铀、化肥以及矿产品价格在 2008 年下半年也大幅下降，进而造成经营企业和投资者的收益下降甚至亏损。这种价格剧变对中亚国家均产生了直接影响。

不过，中亚国家对能源输出的依赖并不完全相同，所以，国际金融危机的影响也各不相同。按照一些学者和机构的划分，中亚国家中，哈萨克斯坦、土库曼斯坦和乌兹别克斯坦属于能源出口国，吉尔吉斯斯坦和塔吉克斯坦属于能源进口国，除水电较丰富外，吉、塔两国需要从周边国家进口天然气、煤炭、原油等来满足对能源的需求。哈萨克斯坦和土库曼斯坦

---

① 伊斯拉姆·卡里莫夫 2009 年 3 月讲话：《乌兹别克斯坦应对世界金融危机的道路和措施》。

两国也不尽相同，哈萨克斯坦主要以出口原油为主，而土库曼斯坦主要以出口天然气为主。

资源类产品价格特别是原油价格的下跌对哈萨克斯坦的影响最大。据哈萨克斯坦海关公布的统计数据，2007 年哈萨克斯坦矿产资源出口总金额达 326.55 亿美元，占到出口总额的 68.4%。其中出口原油 6080 万吨，比上年增长 11.4%，出口额 281.3 亿美元，占到总出口额的 58.9%。2007 年哈萨克斯坦对中国出口的原油和凝析油，共计 573.5 万吨，出口额 26.46 亿美元，占到对华出口总额的 46.9%。哈萨克斯坦对中国铁矿石的出口大幅萎缩，价格也大幅下降。2008 年全年出口额为 711.84 亿美元，其中石油、天然气等矿产品出口 519.87 亿美元，占出口总额的73%。2008 年从全年情况看，出口贸易额及石油、天然气出口收入仍保持较大幅度增长，但下半年受到国际金融危机影响，国际市场石油需求锐减，油价大幅回落，哈萨克斯坦石油出口收入明显下滑，出口贸易整体增速下降。尤其是进入 2008 年第四季度，油价跌至每桶接近 40 美元，其石油出口额环比下降 32% 左右，全部出口商品贸易额环比下降约 28%。2009 年哈萨克斯坦对外贸易额与 2008 年相比基本持平，为 716 亿美元，其中出口 432 亿美元，进口 284 亿美元，实现贸易顺差 147.9 亿美元。能源出口占 2009 年出口总额的 69.2%。能源出口中石油出口占哈萨克斯坦出口总额的 60.6%。虽然出口量与 2008 年相比有所增加，但受国际石油市场价格处于相对低位的影响，收入和 2008 年相比有所减少。

国际能源价格剧烈变动对乌兹别克斯坦虽然有一定影响，但是有限的。乌兹别克斯坦虽然有一定数量天然气出口，但由于出口数量不多，又主要出口到周边国家，所以乌兹别克斯坦在 2007 年和 2008 年上半年在能源价格上涨中并没有获得较大利益。乌兹别克斯坦是世界重要的黄金生产国，所以黄金价格逆市上涨对乌兹别克斯坦来说应该是利好消息。乌兹别克斯坦还是重要的棉花生产和出口国。棉花出口价格的下跌对乌兹别克斯坦影响也不小。有分析认为，中亚位于欧亚大陆中心的位置，有优越的地缘政治条件，但这也给中亚地区发展造成一定障碍。交通不便，没有出海口，在空间上远离世界经济和金融活跃的主要中心，这在一定程度上抵消了中亚国家自然资源方面的优势。

（三）产业结构不平衡使中亚国家容易受到外部市场环境和需求的影响

在苏联时期就已经形成的不平衡的产业结构在独立以后多数中亚国家都没有明显改善，虽然中亚国家领导人和政府早已注意到这个问题，并不断改善，但由于在经济恢复和发展阶段中亚国家迫切需要大力扶持自己的优势产业，并增加其出口来获取其他方面发展所需要的资金。与此同时，外国资本也看重中亚国家在能源方面的发展潜力，大量投资也集中在这些领域，促进能源领域高速发展。在这种背景下，一些中亚国家独立以后，产业结构平衡问题不但没有解决，反而更加严重。这种状况使中亚国家更容易受到国际市场需求以及产品价格剧烈变化的影响。

（四）在外务工人员失业和收入减少对中亚一些国家造成影响

在这方面受影响较大的主要是乌兹别克斯坦、塔吉克斯坦和吉尔吉斯斯坦这三个国家。在俄罗斯和哈萨克斯坦经济高速发展时期，中亚三国有相当数量的劳务人员在俄、哈两国打工，每年都会汇回相当数量外汇。这对解决就业压力，缓解劳务输出家庭生活困难和增加国家外汇收入发挥了重要作用。据统计，2007 年独联体在俄打工人员通过银行汇出劳务收入共 97 亿美元，按汇出金额多少顺序排列：乌兹别克斯坦 17 亿美元、塔吉克斯坦 16.6 亿美元。据报道，2008 年塔吉克斯坦的在外务工人员汇回国内的资金为 20 亿美元，占塔吉克斯坦国内总产值的近一半。在这次国际金融危机面前，俄罗斯和哈萨克斯坦成为受影响较大的国家，众多企业停工停产，在建项目停工。中亚国家的务工人员因此受到较大影响，失业回国人数不断增多。

根据吉尔吉斯斯坦国家移民与劳动就业委员会公布的数据，2008 年12 月至 2009 年 2 月，吉回国劳动移民数量同比增长近 10 倍，其中大部分是由于俄罗斯、哈萨克斯坦等国因企业减少就业岗位而被迫回国的。

（五）外资撤离，投资和援助减少

与其他发展中国家情况相似，在国际金融危机面前，出于资金安全考虑和作为解决资金紧张的途径，西方国家大公司首先从别国撤出自己的投资。哈萨克斯坦遇到的困难就吓坏了西方的投资者，据报道，仅在 2008 年第三季度，就有 35 亿美元的资金从哈萨克斯坦撤出。在吉尔吉斯斯坦，还面临哈萨克斯坦投资回撤问题。

除了撤出投资以外，来自西方国家的援助也大幅减少。据报道，2009 年美国对塔吉克斯坦援助金额相比往年减少约 2000 万～2900 万美元。这是在金融危机背景下美国调整针对全球范围内的对外援助行动计划的一部分。

二　金融危机对中亚国家的影响：程度和表现方式

这次国际金融危机对中亚国家事实上都产生不同程度的影响，有的国家大一些，有的国家要小一些。有的国家是直接受到影响，有的国家是间接受到影响。有些中亚国家在金融危机最初阶段一直认为由于本国经济与国际联系并不密切，所以受到的影响有限。从各方面资料看，中亚国家中哈萨克斯坦受这次金融危机的影响最大，遇到的困难也最严重。乌兹别克斯坦、吉尔吉斯斯坦和塔吉克斯坦受影响相对来说要小一些。特别是吉尔吉斯斯坦和塔吉克斯坦经济规模有限，金融系统与外界联系并不密切，实体经济虽然困难较多，但很多在金融危机之前就已经存在了。从已有资料看，金融危机对中亚国家影响程度和方式主要表现在以下几个方面：

（一）经济出现明显下降

从各国公布的 2008 年经济数据看，国际金融危机对中亚国家的影响主要是在 2008 年下半年。在 2008 年全年统计数据中已经有所表现，但总体上并不特别突出。在中亚五国中，与 2007 年相比，哈萨克斯坦由 8.5% 下降到 3.2%，乌兹别克斯坦由 9.5% 下降到 9.0%，塔吉克斯坦由 7.8% 上升至 7.95%，吉尔吉斯斯坦由 8.5% 下降到 7.6%，土库曼斯坦由 21% 下降到 10.5%。从数字比较中可以看出，中亚五国中只有塔吉克斯坦国内生产总值 2008 年比 2007 年有所上升，其余四国都有不同程度的下降，其中下降幅度最大的要数哈萨克斯坦，下降一半还多，其次是土库曼斯坦。2009 年初中亚各国经济同比增长幅度继续下降，甚至有较大幅度的负增长。

2009 年哈萨克斯坦宏观经济指标不很乐观。根据哈萨克斯坦统计署的数据，2009 年哈萨克斯坦国内生产总值与 2008 年相比仅增加 1.2%，为 1077 亿美元。工业产值 605 亿美元，同比增长 1.7%，农业产值 109.9 亿美元，同比增加 13.2%。进出口总额 716 亿美元，同比下降 34.4%。其中出口 432 亿美元，同比下降 39.3 亿美元；进口 284.1 亿美元，同比下降 25%。实现贸易顺差 148 亿美元，同比减少 56%。当年引资 184.3 亿美元，同比减少 6.7%。当年外债 1117 亿美元[①]。从数据看，受金融危机影响，一是 GDP 增长幅度大幅下降；二是对外贸易额减少许多；三是外国投资减少；四是外债继续增加。

据吉尔吉斯斯坦国家统计局公布的数据，2009 年 1～2 月 GDP 为 21.3 亿索姆（约 5.2 亿美元），同比下降 1.1%。其中工业总产值同比下降 25%，加工业产值同比下降 23.1%，水电气行业产值同比下降 30.1%，矿山开采业产值同比增长 0.4%。

塔吉克斯坦 2009 年 1 月 GDP 增长 3.5%，其中工业产值 4.24 亿索莫

---

① 资料来源：哈萨克斯坦统计署、哈萨克斯坦中央银行、中国驻哈萨克斯坦大使馆经济商务参赞处网站。

尼，同比减少 5%，农业产值 1.13 亿索莫尼，增长 9.5%。对外贸易 3.159 亿美元，同比下降 6.7%。主要出口商品铝锭和棉花价格下跌直接影响塔吉克斯坦外汇收入。

土库曼斯坦 2008 年国内生产总值为 436.8 亿马纳特，约合 153.3 亿美元（按 1 美元兑换 2.85 马纳特计算），同比增长 10.5%。与 2007 年 GDP 年增长 21% 相比，增速下降不少。

高通货膨胀是中亚国家普遍存在的问题。近两年来，中亚国家物价上涨幅度较大，本国货币贬值，通货膨胀压力一直很大。这种状况使中亚国家促进经济发展的努力和好不容易取得的成果大打折扣。

2008 年乌兹别克斯坦外贸额为 190.77 亿美元。其中出口 115.73 亿美元，进口 75.04 亿美元，实现贸易顺差 40.69 亿美元。而 2007 年贸易额为 107.81 亿美元，贸易顺差为 19.88 亿美元。如此看来，国际金融危机对乌兹别克斯坦国际贸易影响不大。

（二）发展战略受到影响

2008 年以前，受国际初级原材料价格不断上涨的影响，中亚国家大都制定了雄心勃勃的发展战略。如哈萨克斯坦制定了宏大的能源发展战略，力争在未来使哈萨克斯坦进入全世界前 50 个最具竞争力的国家之列。吉尔吉斯斯坦和塔吉克斯坦准备大力开发本国的水电资源，其中利用外国资本是资金的主要来源。金融危机的出现，打乱了中亚国家的经济发展步伐，至少是推迟了已有发展战略实施的时间，一些国家大量削减了对一些基础设施的投资。

（三）对房地产和建筑业的影响

国际金融危机对中亚国家的房地产业产生了较大影响，其主要表现是房地产价格大幅下降，房地产建设投资减少，房地产商资金链断裂，在建项目大量停工停建。这种情况当时在哈萨克斯坦更加严重。有资料显示，哈萨克斯坦受国内建筑行业不景气影响，水泥、钢材、工程机械进口量和进口额均有下降，降幅在 30%～40% 之间。这种情况的出现也对中国新疆建材生产和出口企业造成间接影响。对其他中亚国家来说，其主要表现为居民购买力受金融危机影响严重不足，导致房地产销售疲软。

（四）政府和居民收入减少

政府和居民收入减少主要表现为：（1）政府相关财政收入减少。如 2009 年前两个月吉尔吉斯斯坦海关过货量大幅下降，导致关税收入与上年同期相比减少 2000 多万美元。（2）出口受到影响。2008 年塔吉克斯坦出口 14.06 亿美元，同比下降 4.2%。贸易顺差减少。从前面数据中我们可以看到，哈萨克斯坦 2009 年外贸总额为 716 亿美元，同比下降 34.4%；出口 432 亿美元，同比下降 39.3%；进口 284.1 亿美元，同比减少 25%，顺差下降 56%。进出口减少使企业收入大幅减少，很多企业出现亏损甚至倒闭。这不仅造成国家税收减少，政府还要拿出资金解决失业人员的再就业和社会保障问题。（3）大批在外务工人员失业回国导致劳务收入大幅减少，居民生活水平下降。这种情况在乌兹别克斯坦、塔吉克斯坦和吉尔吉斯斯坦三国比较突出。

（五）货币贬值

面对来势汹汹的金融危机，过去几年中吸引大量外资的哈萨克斯坦立刻被推上了风口浪尖。大量外国资本在第一时间外逃撤出，民众对本国货币币值信心降低，外汇需求量大增，各外汇兑换点大量卖出外币，导致本国货币贬值压力陡增。哈萨克斯坦各兑换点大量出售外币现金也使坚戈的现金流通规模减少。2009 年 1 月，坚戈现钞回收率达到历史最高，为 1934 亿坚戈（16 亿美元），比 2008 年 12 月增长了 33.8%，比 2008 年 1 月增长了 1.1 倍。在这种状况下政府不得不出面干预。从 2008 年 10 月至 2009 年 1 月哈萨克斯坦国家银行动用了约 60 亿美元来维持坚戈对美元的汇率，仅 2009 年 1 月就有 27 亿美元。但在国际金融危机影响日益加重的严峻形势下，包括俄罗斯在内的独联体国家货币纷纷贬值，哈萨克斯坦最终放弃了继续动用外汇储备干预汇市的做法。

2009 年 1 月 22 日，哈萨克斯坦政府重新启用 20 世纪 90 年代主导国家货币贬值的前国家银行行长马尔琴科，这表明政府下决心要再度推行货币贬值战略。果然，哈国家银行 2 月 4 日发布公告，决定对坚戈实施贬值政策，从即日起美元对坚戈的兑换基准价从以前的 1:120 调整为 1:150，坚戈贬值幅度达 25%。新的基准汇率允许 3% 的上下浮动范围。坚戈大幅贬值虽然有利于哈萨克斯坦出口，但直接导致哈国内物价的大幅上涨。物价在短时间内就出现 20%~30% 的升幅。众多企业陷入破产的边缘。

其他中亚国家本币与外币汇率都出现较大幅度下降情况。

（六）对金融业的影响

国际金融危机对中亚国家造成的影响首先在哈萨克斯坦金融业表现出来。在金融危机以前，由于国际金融市场流动性过剩，在国外借钱比在国内借钱成本低，所以哈萨克斯坦很多银行都到国际市场大量融资。国际金融危机对哈萨克斯坦金融业带来了直接影响。

2008 年 4 月 21 日，国际评级机构——惠誉公司公布了哈萨克斯坦银行资产的评估报告，称哈萨克斯坦银行资产趋向恶化，主要表现为短期贷款风险加剧、经济增长放缓、集团贷款偿还能力降低、房地产存在泡沫和坚戈面临贬值压力。房地产泡沫的破灭对银行业造成沉重打击。银行35.6%的债务属于地皮或不动产抵押贷款，而地皮和房地产大幅贬值致使银行资产大幅缩水，规模巨大的贷款难以收回，如果国家不予扶持，银行巨额亏损和倒闭在所难免。

金融危机使哈萨克斯坦货币市场流动性日益收紧。哈萨克斯坦中央银行公布的数据显示，2008 年 11 月哈萨克斯坦货币总量环比下降 17.3%，比年初下降 11.3%；2009 年 1 月份货币供应量环比减少 4.7%。流动性收紧的主要原因有二：（1）金融危机使全球流动性下降，国际融资成本增加，加之哈萨克斯坦银行资产质量下降、国际信用评级降低而致外部融资困难，最终影响到流动性；（2）政府放宽汇率干预，通过汇率调整，对外币和本币资产进行重新配比，导致流动性下降。此外，各兑换点大量出售外币现金也使坚戈的现金流通规模减少，坚戈现钞回收率达到历史最高。

经济恶化还导致哈萨克斯坦股票市场暴跌。证券市场在 2008 年下跌66%。进入 2009 年以后，哈萨克斯坦股市继续大幅下挫，其中金融板块位居跌幅前列，市场恐慌情绪日深。为稳定证券市场，哈萨克斯坦政府向股市投入巨额资金进行救市。

其他国家金融业的状况要稍好一些。对塔吉克斯坦和吉尔吉斯斯坦而言，一般说法是金融系统没有美国银行投资，且无次贷危机问题，因此全球金融危机对塔、吉两国金融业的影响程度并不是很大。但值得注意的是，吉尔吉斯斯坦银行业主要问题是哈萨克斯坦银行也在吉有较大投资，在哈银行遇到严重问题的情况下不可能不对吉银行业造成间接的影响。乌兹别克斯坦金融系统表现相对比较稳定，主要原因是其运行相对比较封闭，与国际金融体系联系有限。2008 年乌兹别克斯坦银行系统获得世界权威评级机构"穆迪国际"的评价是"稳定"。在该机构的评价中说："对乌国银行系统给予正面评价表明：乌国的银行系统具有可靠的监督手段；乌国的银行潜力在增长；乌国的金融体系已经发生结构性变化；乌国的经济得到了发展。"[1]

国际金融危机对乌、吉、塔几国影响不大结论的得出主要是从金融业与国际联系较小这个角度来分析的，但间接的影响不会小。中亚国家金融领域或多或少都会受到金融危机的影响，只是受影响的程度和领域有一定

---

[1]　伊斯拉姆·卡里莫夫 2009 年 3 月讲话："乌兹别克斯坦应对世界金融危机的道路和措施"。

区别，因为即使是自认为受影响较小的国家也都推出了本国应对金融危机的措施或计划。

三 中亚国家的应对措施

面对国际金融危机对中亚地区越来越大的影响，中亚国家也在采取积极措施进行应对，以力求把损失减少到最低程度。由于受金融危机影响程度不同，各国采取的措施也有所区别，中亚国家的应对措施主要包括以下几个方面：

（一）提出反危机措施，制定经济发展新战略

在国际金融危机的冲击下，为了摆脱和减少其对本国经济的影响，中亚国家纷纷提出了应对金融危机的措施，其中哈萨克斯坦和乌兹别克斯坦提出了完整的反危机计划。

1. 哈萨克斯坦

在中亚国家中，哈萨克斯坦是最早感受到金融危机影响的国家，所以哈政府能够在比较早的时间内提出了一套完整的反危机计划和措施。

从 2007 年起哈萨克斯坦政府就已经拨出 5500 亿坚戈来扶持经济发展。其中包括向建筑企业和二级银行拨款 1847 亿坚戈，提供项目资金约 1550 亿坚戈支持中小企业的经营积极性，拨款 1350 亿坚戈发展农工综合体和保障粮食安全等。由于第一波危机影响面不是很大，再加上哈萨克斯坦政府应对措施比较及时到位，所以 2007 年哈萨克斯坦经济总体还是保持了相对稳定。

2008 年 2 月，哈萨克斯坦总统纳扎尔巴耶夫在国情咨文中明确要求政府和有关部门制订有效的行动计划，降低通货膨胀带来的压力，为以后可能出现的能源和原材料价格下降做好准备。2008 年 10 月哈政府决定将国有资产管理公司"萨姆鲁克"和"卡泽纳"稳定发展基金合并为"萨姆鲁克—卡泽纳"国家福利基金。同年 11 月哈政府通过国家反危机计划，2009 年初又通过了该计划的实施细则方案，决定从国库和其他渠道调拨 2.2 万亿坚戈，用于抵御席卷全球的金融危机。

2008 年，哈制定完成独立以来第一部三年预算法案——2009～2011 年国家预算。在国际能源价格大幅下降后，根据石油出口收入预期几次对这一预算案进行修改。据报道，2009 年 3 月 18 日哈再次向议会提交 2009～2011 年国家预算修订案。该预算案与先前提交议会审议的草案不同之处在于，将未来国际油价由 2009 年每桶预期 60 美元调低至 40 美元和 2010～2011 年的 50 美元，充分考虑了全球金融危机对哈经济可能造成

的影响。对宏观经济指标进行了更为保守的估计,降低了 GDP 增速,由每年 5% ~7% 调低至 2.7% ~4.1%。

2008 年 11 月底哈政府、国民银行和金融监管局联合颁布《2009 ~2010 年反危机行动计划》,确定 2009 年工作重点是稳定金融领域,解决房地产市场问题,支持中小企业,发展农工综合体和落实创新、工业和基础设施项目。为实施反危机计划,哈政府从国家基金中划拨 12000 亿坚戈(约合 100 亿美元)投入这五个领域。其中 4800 亿坚戈(40 亿美元)用于稳定金融业,3600 亿坚戈(30 亿美元)用于发展住房领域,1200 亿坚戈(10 亿美元)用于支持中小企业,1200 亿坚戈(10 亿美元)用于发展农工综合体,1200 亿坚戈(10 亿美元)用于创新、工业发展和基础设施项目。

在应对国际金融危机的同时,哈萨克斯坦还对危机之后的发展战略进行了部署。2009 年哈萨克斯坦出台《2020 年哈萨克斯坦经济社会发展战略》,主要涉及以下方面的内容:提高经济应对外部挑战的能力;进行结构改革,改善国内投资环境;改造和升级基础设施;开发人力资源;加快出口多元化;首要发展农业粮食综合领域;提高国家机关工作效率;高效管理国家的外债等。

2. 乌兹别克斯坦

从 2008 年全年统计数据看,当年经济发展指标基本未受国际金融危机的影响。应该指出的是,国际金融危机对乌兹别克斯坦这样相对封闭国家的影响会相对滞后一些。乌兹别克斯坦在经济发展中一直坚持"五项原则",即经济优先、国家调控、法律至上、社会保障、循序渐进。在这次国际金融危机的冲击下,乌兹别克斯坦更认为自己这些原则是完全正确的,今后还将继续下去。为对抗国际金融危机的影响,乌兹别克斯坦总统提出六项 2009 年优先发展和完成的任务。

第一项优先任务是继续实施《2009 ~2012 年反危机行动计划》。从 2008 年下半年开始制订本国的反危机计划,并正式实施。措施主要包括①:

(1)在经济的基础领域、出口导向型和特种生产企业继续加快企业生产设备的技术更新和现代化改造,广泛应用现代科技。

(2)采取措施支持出口企业,保障它们在急剧恶化的国外市场环境下具有竞争力,刺激出口。其中包括向其提供用于补充流动资金的优惠贷

---

① 伊斯拉姆·卡里莫夫 2009 年 3 月讲话:"乌兹别克斯坦应对世界金融危机的道路和措施"。

款，将贷款期限延长到 12 个月，利率不超过中央银行再贴现利率的 70%；对专门生产制成品的外商投资企业，除增值税外，至 2012 年免除所有预算内税费；重整延期的和当前的银行贷款债务，取消滞纳金，并给予其他优惠和特惠。

（3）2008 年乌国通过措施提案，要求国家的主要经济行业和领域在 2009 年将产品生产成本至少降低 20%。

（4）推进电力系统现代化，降低耗电量，推广高效的节电系统。

（5）通过扩大内需的方式来支持本国企业发展。

反危机措施为乌国的生产企业制订了庞大的刺激方案，其中包括到 2012 年 1 月前提供税收和海关优惠：将从事肉类和奶制品加工的中小企业的统一税税率降低 50%；对专门生产个别非食品性制成品的企业免除利润税、财产税和中小企业统一税。

未来乌兹别克斯坦为现代化技术改造以及从根本上提高出口潜力和竞争力而制订的落实措施计划规划了大约 300 个投资项目，涵盖能源燃料、化工、石化、冶金、轻纺、建材和机械制造等经济领域，投资总额超过 240 亿美元，其中新建项目约 185 亿美元，技术设备的现代化更新改造项目约 60 亿美元。

第二项优先任务是继续经济体制改革，推进经济结构多元化。

第三项优先任务是采取多种长期的综合措施，从根本上改变农村面貌，提高其生活水平，加快其生产和社会基础设施发展，从根本上重新审视个体、私营和中小企业的地位和作用，全力支持农场发展。

第四项优先任务是继续加快服务业和中小企业发展，以保障就业和提高居民生活水平。采取的措施为提供税收和信贷优惠，以及继续深化机制改革，为中小企业和私营经济的发展创造更加良好的经营环境。包括将支持中小企业和私营经济的"优惠信贷基金"的规模扩大一倍；延长优惠期限；将用于补充流动资金的贷款的最长还款期从 12 个月延长到 18 个月。

第五项优先任务是继续发展生产和社会领域的基础设施，以此促进国家现代化并提高就业率。

第六项优先任务是继续完善银行业务，促进居民和经济主体将多余资金存入商业银行。

3. 吉尔吉斯斯坦、塔吉克斯坦和土库曼斯坦

2008 年 7 月面对高通胀率和粮食价格上涨，吉政府出台三项措施来稳定经济：（1）成立吉尔吉斯斯坦国家发展基金会，主要职能是通过银行融资以商业模式发展国家优势产业；（2）成立吉尔吉斯斯坦国家粮食

公司，建立国家粮食储备；（3）成立存款保护署，建立存款保护基金，在商业银行破产时，为储户提供赔偿。金融危机爆发以后，吉总理丘季诺夫指出，吉当前应对全球性金融危机首要任务是保持国家预算和财政稳定①。为应对金融危机，吉尔吉斯斯坦还出台了一系列应对措施，主要包括加强对电力部门的监控、减少资源浪费、增拨财政资金扶持建筑业发展、制定专项法规确保投资资金使用到位、对国有股份企业实行媒体监督机制、简化旅游签证、鼓励旅游业发展等。

塔吉克斯坦未见出台完整的反危机措施。塔吉克斯坦经济上遇到的困难并不是从金融危机爆发以后才开始的。近年来塔吉克斯坦一直在和各种自然灾害作斗争，这次金融危机的影响进一步加重了塔吉克斯坦的困境。塔吉克斯坦一方面加快实施水电立国战略，另一方面大幅提高电价为实施这一战略提供条件。

土库曼斯坦实行了稳健的信贷和外汇政策，以确保价格稳定，把通货膨胀率控制在7%~8%以内。在吸引外资方面，2009年土库曼斯坦通过本国投资和吸引外资计划完成总投资304亿马纳特，约合107亿美元。投资主要用于建设490个生产型项目和270个社会公用型项目，包括中土天然气管道项目、沿里海天然气管道项目、北—南铁路项目、水泥厂和纺纱厂新建项目、医院和学校新建项目等。土库曼斯坦把国际市场上钢材、水泥、金属价格下降看做买进这些产品的有利时机，土库曼斯坦总统责成土商品和原料交易所、财政部、贸易和对外经济联络部密切跟踪国际市场上钢材、水泥、木材和其他建材的价格，并研究批量采购方案，以满足国内建筑业发展需要。土库曼斯坦还计划重新启动以前因建材价格太高而停工的工程项目。

在应对经济危机中，各国都把民生问题放在重要位置，以减少社会矛盾。其主要措施包括提高工资、完善社会保障体系和保障就业等。

（二）减少财政支出，提高居民储蓄存款担保金额度

为了在经济不稳定时期不使民众丧失对银行的信心，保护银行储户的利益，哈萨克斯坦政府提高了个人储蓄担保额度，由以前的70万坚戈提高到100万坚戈，在3年内增加到500万坚戈。

财政收入的减少使中亚一些国家财政预算出现赤字，政府被迫削减财政支出。哈萨克斯坦压缩了一些不必要的开支项目，一些大的工程被取消

---

① 《吉总理要求财政部采取措施应对金融危机》，中华人民共和国驻吉尔吉斯共和国商务参赞处网站。

或延期上马。其他中亚国家也都加强了对国家财政支出的监控。

（三） 建立稳定基金，增加投资和政府支出

2008 年 11 月 1 日，哈萨克斯坦总理马西莫夫表示，政府决定建立"应急资产基金"，以使国家在有必要时收购银行不良资产，提高处于困境中的银行的流动性，保障金融市场稳定。政府从 2008 年度预算中拨款 520 亿坚戈（约合 4.33 亿美元）用于基金的资本金，同时计划在 2009 年使资金规模达到 10 亿美元。吉尔吉斯斯坦也准备设立贫困居民救济基金。

土库曼斯坦总统别尔德穆哈梅多夫在 2008 年 10 月下令成立国家稳定基金，以应对全球性国际金融危机。基金的主要来源是国家财政盈余，即国家把往年和当年正常财政支出后的剩余资金转为稳定基金。投资方向主要是国家社会和经济发展项目，即实施社会项目、引进先进技术和购买先进设备等，重点是旨在改善居民生活的项目。

（四） 加强对金融业支持和监管力度，对危险银行实行国家控制

哈萨克斯坦金融业是受这次金融危机影响的重灾区。为加强监管，哈通过了《关于修改哈萨克斯坦共和国稳定金融体系问题若干条例》，其中包括对蓄意导致金融机构丧失支付能力的行为追究行政和刑事责任，政府有权购买或强制收购银行的股票，银行有权提前回购已发行的债券等重要内容[1]。

哈萨克斯坦计划在国家经济安全受到威胁时实施一些限制措施，包括：出口商有义务将外汇收入出售，禁止以法人身份进行外汇交易（将钱汇往国外），或者在未说明目的的情况下将钱汇往国外企业。

在救助陷于困境的银行业方面，政府也采取了非常措施。鉴于图兰—阿列姆银行的资产变现率和资本充足率严重失调，政府决定委托萨姆鲁克—卡泽纳国家基金会出资 20.7 亿美元购买该行 78.14% 的股份，迅速实现国家控股。该基金会还计划完成对联合银行、商业银行和人民银行的国家控股。

（五） 出台就业保护措施，支持中小企业发展

面对日益增大的就业压力，在经济高速发展时期雇佣大量外国劳务人员的哈萨克斯坦出台了保护本国就业市场的政策，限制外国劳务人员数额，将雇佣外国劳动力的配额减少一半。哈政府还与一些大企业签署协议，避免在困难时期大量裁员。

---

[1] 伊克拉姆·阿德尔别科夫：《哈萨克斯坦应对金融危机的措施》，《俄罗斯中亚东欧市场》2009 年第 4 期。

中小企业在解决就业问题方面能够发挥十分重要的作用。中亚国家在由计划经济向市场经济过渡以后，原有的国有企业大部分转制或者倒闭，中小企业成为中亚国家经济发展的重要力量，吸收了这些国家大部分劳动力。在金融危机背景下，稳住中小企业就等于保持了社会稳定。不论是哈萨克斯坦还是乌兹别克斯坦，政府都出台了支持中小企业发展的措施并拨出专款扶持中小企业渡过难关。

（六）加强国际合作，争取外部援助

在国际金融危机影响下处于困难时期的中亚国家，一方面，通过自身的努力，采取各种坚决有力的措施；另一方面，加强与相关国家和国际组织的合作。

在遇到经济困难的情况下，中亚国家加强了与周边重要经济体的合作关系。哈萨克斯坦与中国就中国向哈萨克斯坦提供 100 亿美元贷款进行了磋商。两国在非能源领域的合作也在不断深入，这有利于哈萨克斯坦改善自己不合理的产业结构。2009 年 4 月 15 日，纳扎尔巴耶夫访华，两国合作共同应对金融危机是商讨的重要内容之一。除哈萨克斯坦以外，中国还向中亚其他国家提供了数目不等的优惠贷款和经济援助，加大了在这些国家投资的力度。

对中亚国家来说，与俄罗斯的合作也很重要。2009 年 2 月，俄罗斯宣布俄方将向吉尔吉斯斯坦提供总额 20 亿美元的贷款，以及额度为 1.5 亿美元的无偿援助。而吉政府决定关闭美军设立在吉境内的玛纳斯空军基地。这笔巨额贷款和援助款，对经济处于困难时期的吉尔吉斯斯坦来说，无疑是雪中送炭。6 月，吉政府与美国签署了利用玛纳斯机场作为过境运输中心向阿富汗运送非军用物资的协议，变相地保住了美军的空军基地。美军维持了在中亚的军事存在，而吉尔吉斯斯坦则得到了所需的经济援助。

哈萨克斯坦虽然自身在金融危机中损失惨重，但也对区域内更加困难的国家提供了力所能及的帮助。2009 年 1 月 14 日，哈萨克斯坦宣布，向塔吉克斯坦提供价值 1200 万美元的人道主义救援物资。这批物资包括 12500 吨粮食、9500 吨柴油和 29000 吨取暖油。

除双边合作以外，覆盖中亚地区的区域性经济合作组织也在发挥重要作用。2009 年 2 月，欧亚经济共同体决定建立规模为 100 亿美元的反危机基金。俄罗斯出资 75 亿美元，哈萨克斯坦出资 10 亿美元，其余由其他成员国出资。上海合作组织也一直在讨论共同应对金融危机问题，采取了许多有效措施，并取得了较大成果。

第四章 影响中亚地区国际合作
机制的因素分析

第一节 中亚国家参与国际合作机制的原因

中亚国家之所以愿意参加各种各样的国际合作机制，主要是由国际合作机制的优点以及中亚国家的国情决定的。中亚国家独立后面临的主要任务之一，就是在维护主权与独立的同时，尽快得到国际承认、融入国际社会、扩大国际影响。为此，中亚国家根据自身国情特点，选择了多元化发展战略，积极开展对外合作，希望利用国际多边合作机制来实现自己的发展目标，同时，利用"多边制衡"原理最大限度地维护本国的独立和主权。正因如此，中亚国家参与了各种类别的国际合作机制。实践证明，众多的国际合作机制也为中亚国家的发展创造了良好的外部条件，确实在一定程度上保证了它们的独立与完整、经济恢复与发展。而国际机制理论也同样从理论的高度揭示了中亚国家参与国际合作机制的原因。

一 国际合作机制的作用

随着全球化的深入发展，各种国际合作机制如雨后春笋般出现在国际舞台，为推动国际社会进步发挥着重要作用。中亚地区的国际合作机制亦是如此，有效地促进着中亚国家的稳定与发展。

（一）国际合作机制的定义

在英文中，"国际机制"常常译为"international regime"和"international institution"。"International regime"这个概念最早见于美国学者约翰·鲁杰（John Gerald Ruggie）于1975年在《国际组织》杂志上发表的《对技术的国际回应：概念和趋势》一文。按照克拉斯纳所作的权威性解释，"international regime"是指"国际关系特定领域行为体预期会聚而成的一整套明示或默示的原则、规范、规则和决策程序。原则是指对事实、因果关系和公正的信念；规范是指根据权利和义务确定的行为标准；规则是指对行动的特别规定或禁止；决策程序则是指作出和履行集体选择时的通行方法"①。1977 年，罗伯特·基欧汉和约瑟夫·奈以相互依赖的理论范式为基点，率先运用"international institution"概念阐述了国际关系的发展变化以及美国外交政策的战略选择。钟情于新制度经济学的基欧汉借用制度概念，认为"international institution"是规定行为角色、制约行动以及塑造期望的一系列持久和相互关联的正式与非正式的规则。它有三种形式，即国际组织（international organization）、国际机制（international regime，如布林顿国际货币体系和国际海洋法体制等）和国际惯例（conventions，如传统的外交豁免、互惠原则等）。显然，基欧汉认为"international institution"涵盖的范围比"international regime"要广②。

在汉语里，"机制"一词原先用于物理学，指机器的构造或动作原理，后来被泛指系统的结构和运行原理。机制应该反映三方面问题：一是系统内部各部分之间和系统与系统之间有什么联系；二是这些关系是如何运作的，彼此间有什么内在的逻辑关系；三是这些关系存在的条件和变化规律。与此同时，制度有两层含义：首先是指要求成员共同遵守的、按一定程序办事的规程，即行为规则的总和，如政治法律制度、企业管理制度等，决定着人们应当或不应当、可以或不可以做什么。这是它最基本和最常用的含义。其次是这些规则构成的框架结构，是人们在运用这些规则后形成的一种状态和体系，如社会主义制度。在这个层次上，制度和体制两个词通常等同。

制度可以分为正式制度和非正式制度两类。正式制度是指由权力部门制定并保证实施的约束人们行为的一系列规范，比如政治制度、经济制度及由这些规则构成的等级结构。非正式制度不是人为制定的，而是人们在长期交往中形成的、世代相传的文化的一部分，是存在于人的观念之中、靠人的自我约束和舆论监督来实施的道德、风俗、习惯等。这意味着在汉语里，"机制"和"制度"两个词密切相关。制度是基础，它决定应该做什么（静态）；机制反映怎么做（动态），反映如何运作才能保证制度得

---

① Step hen D. Krasner, "Structural Causes and Regime Consequences: Regimes as Intervening Variables," *International Regimes*, Conell University Press, p. 2.
② 任东来：《对国际体制和国际制度的理解和翻译》，《欧洲》2001 年第 3 期。学者任东来认为，"International regime"译为"国际体制"、"international institution"译为"国际制度"更恰当，而"international organization"则有两种译法，即国际组织或国际制度安排。

到有效执行。所以，没有制度不行，光有制度也不行，一个好的制度还需要有一个好的运行机制来保障。不同的国际合作机制有不同的制度规范和运作形式，使得彼此间呈现不同的组织特点。

总之，无论在英文中，还是在汉语里，所谓"国际合作机制"都是制度与机制相结合的产物，是各国为实现共同目的或各自利益而进行互动协调时形成的规则和程序。在国际实践活动中，当某个国家依靠自身力量达不到一定目标时，就需要与其他国家相互配合协调，共同采取行动，从而形成合作。没有合作，就没有人类社会的存在和发展。

（二）国际合作机制的作用

从实践看，国际合作机制的作用主要有以下几个方面：

第一，一个良好的制度和机制能够提供章法，使各部门在各时期的工作都能够按照既定的程序而不是某个人的意志进行，从而达到减少不确定性风险的目的，使人们有比较稳定的预期，保证各项工作协调有序。在小群体内，比如一个家庭，各项事务的组织与协调可以在很大程度上依赖某些人的权威、力量或非正式的制度，但在大群体内，由于涉及的人数众多，没有人能拥有全部特定知识，也没有人能靠指示性命令控制每一个人和每一件事，所以，越大的群体越需要一般化的正式制度和机制。国际合作机制就是通过提供制度来更好地协调成员国活动的机构，它为成员国提供了共同认可的行为标准和程序，以及共同奋斗的任务和目标，使成员国间的合作稳定而有秩序。特别是在发生冲突时，有助于化解冲突各方的敌意，促进各方通过谈判和平解决争端，防止破坏性行为的发生①。

第二，国际合作机制能够为国家间的集体行动提供临时或常设场所，是国家间交往的渠道和平台。这是国际合作机制的最基本功能之一，也是它由国际会议发展继承而来的表现。在全球化大发展和相互依赖逐渐加深的当代社会里，建立一个合适的交往平台，对成员国具有非常重要的意义。首先，所谓"交往平台"指的不仅仅是具体交流场地，还有交流的"名义"。冷战结束后，国家间高层领导人互访频繁成为巩固和发展彼此友好合作关系的重要方式之一。各类合作机制恰好能为此提供合适的名义。名正才能言顺。有了合适的名义，为了共同的目的，成员国才能更好地聚首议事。其次，冷战结束后，国际社会的最大变化之一表现为政治、

---

① 关于制度的作用，法学、经济学、社会学和政治学都从不同的角度给予了论证，结论大体相同。比如柯武钢、史漫飞：《制度经济学：社会秩序与公共政策》，商务印书馆，2002，第77页。

经济、安全、社会等各领域事务彼此既相互关联，又相对独立。各领域问题都会通过各自的渠道和方式解决，从而避免"一损俱损"的不良后果。而各类合作机制在其中发挥了很大作用。最后，在某个机制内，数个成员联合起来，运用集体的力量"以一个声音说话"，这更是提高其国际地位的重要手段之一。

第三，国际合作机制可以整合成员国的各种资源，促进地区稳定和共同发展，比如简化海关手续、边界地区裁军等。随着国际交往的广度和深度不断发展，很多事情都已超出一国或数国范畴，需要多国成员共同解决。这是双边合作无法取代多边合作的原因所在，也是国际机制存在的理由之一。另外，由于国际合作机制的决议是成员共同努力或妥协的结果，是集体意志的体现，容易被成员国接受，还会对不执行决议的成员产生一定的压力，这从而使各项决议执行起来相对容易。

第四，国际合作机制具有"扩溢"的功能。功能扩溢是欧洲一体化发展历程的经验总结，主要指某一合作领域的合作成果会对其他领域产生影响，从而带动其他领域的合作发展。比如欧盟，它最初由煤和钢这两个专业功能领域（非政治领域）起步，将许多需要解决的专业技术事务非政治化。随着这一专门领域的合作不断深入，经济上的相互依赖也不断加深，由此形成一种自主动力，使合作逐步扩大到其他经济领域，并最终影响到政治领域。与此同时，越来越多的行动领域相互联系在一起，又反过来促进煤钢联营进一步发展。如此反复，进入良性循环。简而言之，从某一领域开始的合作，最终很可能形成政治、经济、安全和文化等多领域的"复合型相互依赖"，从而促进各领域合作。欧盟经验表明，经济领域合作最容易产生功能扩溢效果，所以，很多区域合作机制都是从经济合作入手，通过经济合作带动其他领域合作①。

二　中亚国家的国情特点及其合作需求

国情是指一个国家的实际情况。一个国家只有采取符合国情的政策措施，才能满足公民既追求稳定和秩序的心理，同时又需要提高生活质量的要求，才能让国家既保持稳定，又不断向前发展。独立后，现实国情决定

① 〔德〕贝娅特·科勒科赫、托马斯·康策尔曼、米歇勒·克诺特：《欧洲一体化与欧盟治理》，中国社会科学出版社，2005，第32、42页；〔美〕罗伯特·基欧汉：《霸权之后：世界政治经济中的合作与纷争》，上海人民出版社，2001，第76页；胡键：《功能扩溢机制扩容与集体认同：上海合作组织的生命力》，来自上海国际问题研究所网站。

了中亚国家只有参与国际合作，才能更好地发展。

（一）中亚国家国情特点

从独立后至今，中亚国家的国情可以从政治、经济、安全和社会四个方面加以概括。

在经济方面，中亚国家的特点可以归纳为三点。

第一，它们都是内陆国，远离当今世界的经济中心，其首都与西欧各国首都的直线距离均超过 5000 公里，与北美各国的首都超过 1.2 万公里，与北京超过 3000 公里，与南亚国家的首都超过 2000 公里。乌兹别克斯坦还是世界上仅有的两个需要经过两个以上国家才能到达出海口的国家之一（另一个是欧洲的列支敦士登），它离最近的海港有 3000 多公里，其产品需长途跋涉才能销售到欧美和亚太地区。因此，不管中亚国家愿不愿意，地理因素决定了它们只有发展区域内部和外部的一体化，处理好同周边国家的关系，才能打通走向世界的通道，更好地与世界接轨，融入国际社会。

第二，它们的自然资源非常丰富，尤其是矿产资源，不仅品种多，而且储量大，但各国的整体经济技术水平不高，缺乏合理的产业结构和足够的发展资金。各国经济都以农业和原材料工业为主，加工工业和高技术产业相对落后。在当今国际大分工和国际贸易结构中，只能靠多出口资源密集型和劳动密集型产品来换取更多的发展资金，发展技术和资本密集型产业尚需很长时间。由于自有资金不足，中亚国家需要借助大量的外部资金改造和兴建现有设备设施，特别是基础设施。

第三，它们的经济环境质量总体上不佳，地方主义和官僚作风比较严重，投资环境相对较差。很多国际著名评估机构的年度报告都证明了这个结论，比如世界银行的《世界发展报告》、世界经济论坛的世界竞争力报告、美国传统基金会的经济自由度报告、欧洲复兴开发银行的《转轨报告》以及穆迪机构和标准普尔公布的债务评级等。从各个报告公布的量化指标体系和世界排名中可以清楚地看出，中亚各国在投资环境、经济竞争力、经济自由度、政府和企业信用以及市场经济成熟程度等方面均排在世界中下游水平。

在政治方面，中亚国家的特点可以归纳为三点。

第一，各国政体总体上呈现"强总统、弱议会、小政府"架构。总统非常强势，有决策权威，议会往往不能对其形成制约，个别国家政府领导人更替也较为频繁。这样的政权结构受领导人个人因素的影响非常大，其兴趣取向、健康状况、信息收集与判断等，都有可能在一定程度上左右国家的各项政策，包括对参与国际合作的方向、重点及方式的选择等。尽管这样的政体存在一定的风险，但它符合当前中亚各国国情与传统。

第二，中亚国家在地缘政治中被大国包围。俄罗斯、美国、中国、土耳其、伊朗、印度，还有欧盟、日本等，都想在此扩大影响。其中，美国为了防止俄罗斯再次强大威胁其世界霸主地位，而俄罗斯为了维护传统的势力范围，两国争夺得尤为激烈。这样的国情决定了中亚国家在发展对外关系时，必须平衡好大国间的利益，过分亲俄、亲美或中立都未必是上上之选。

第三，部族传统在中亚国家影响深远，很容易滋生地方主义和任人唯亲。正像乌兹别克斯坦总统卡里莫夫所说的那样：地方主义和家族的特点是同一个出生地点，它不是行业团体，不是精神上的需要，也不是世界观，而是出生地点。在国家机关中，按照血统原则和地区原则或者种族原则结合成为家族—同乡组织，以小集团利益为重，把自己的成员最大限度地推向各级国家机关和权力机关的重要岗位。他的熟人、挚友、亲戚和老乡的个人推荐也可以使他官运亨通。忠于个人的原则成了干部政策的标准之一。这损害了整个国家和全体人民的利益。可以说，地方主义和家族观念是对社会稳定和社会安全的实际威胁[1]。

在安全方面，中亚国家的特点可以归纳为三点。

第一，中亚各国军费有限，奉行"防御"原则，推进质量建军，在军事建设上十分强调依托地区性军事联盟，构建共同防御体系。目前，中亚五国军费相加也不到 8 亿美元。其中，军费投入最多的哈萨克斯坦也不足 3 亿美元。这意味着，单独一个中亚国家的军事实力十分有限，加之中亚地区面积较大，地形特殊，环境恶劣，遍布高山、丘陵、沙漠，宗教极端势力猖獗等因素，基于安全的需要以及彼此的天然关系，各国都非常重视加强区域军事合作。特别是与俄罗斯和北约等签订多种双边或多边军事合作协议，比如《集体安全条约》、《保卫独联体边界协议》、《相互利用对方边境设施的协议》、《军事科学及军官培养计划》、《建立联合防空及航天系统的协议》、《建立维和营协议》等，明确了在军事与安全领域合作的原则、指导思想和任务计划，确立了在防御部署、防空、边界保卫、军事训练、武器供应、装备维修等方面加强协调与合作的基本原则和内容[2]。

---

① 〔乌〕伊斯拉姆·卡里莫夫：《临近 21 世纪的乌兹别克斯坦——安全的威胁、进步的条件和保障》，国际文化出版公司，1997，第 76～79 页。

② 《中亚五国军队建设新动向》，http：//past. people. com. cn/GB/news/6056/20020321/692276. html。

第二，中亚国家的非传统安全形势日益严峻，比如宗教极端活动、跨国有组织犯罪、水资源分配、生态恶化以及边界问题等，加强安全合作成为各国的共识。宗教极端势力始终是中亚地区安全的最大隐患。2001年"9·11"事件后，中亚地区的宗教极端活动进入整合期，各种宗教极端组织相互融合，互传经验，同时更加追求宗教激进主义和注重发展平民，借中亚国家存在大量社会问题和人们普遍不满的时机，努力争取民众的同情与支持。跨国性有组织犯罪（如走私、贩毒、非法移民和洗钱等）不仅是宗教极端势力和恐怖势力的主要资金来源，而且直接实施了很多破坏活动。边界问题主要存在于中亚国家之间。虽然中亚地区面积广阔，但可耕作的盆地和绿洲却很少，各个民族都集中在这些"富饶"的小块土地上，很难彻底分开。现有边界是苏联时期用简单的行政方式确定的，没有考虑居民、历史、地理等因素。比如在哈萨克斯坦和乌兹别克斯坦交界的某个村子里，大部分为乌孜别克族人，但行政上却归哈萨克斯坦管理。此外，水资源分配和生态环境恶化（主要表现为土地盐碱化、沙化以及大气和水质污染严重等问题）不仅容易造成中亚国家间的矛盾，还可能阻碍各国的经济和社会发展，在一定程度上抵消经济繁荣给人民带来的福利。

第三，外部的阿富汗问题对中亚国家的安全形势影响大。冷战后，阿富汗逐渐取代东南亚"金三角"成为世界最主要的毒品生产基地，其生产的毒品有65%经中亚运到俄罗斯和欧洲市场，但护法机关却只能截获其中的10%左右①。阿富汗问题影响了中亚的投资环境，加大了贸易和投资成本（比如提高了过境货物的保险费率），这对中亚的发展显然不利。中亚各国也都意识到了问题的严重性，希望通过加快阿富汗重建等办法来彻底消除此外部威胁，但重建是个浩大工程，费时费力，需要中亚国家和国际社会的共同努力。

在社会领域，中亚国家的特点可以归纳为三点。

第一，独立后，各国在巩固国家独立的同时，采用各种方式复兴民族文化，如确定主体民族语言为国语，重新撰写本国历史，弘扬本民族名人，恢复民族传统节日，给伊斯兰教以体面地位，甚至鼓励穿戴民族服饰等，都可看做复兴民族文化的具体举措。目前俄罗斯文化在中亚国家的地位明显下降，但在部分人中仍有较大的影响。与此同时，突厥文化、伊斯兰文化和西方文化则大举进入各国，对年轻人的影响越来越大。文化的转变是政治制度转变的衍生物，反之对政治法律制度和人们的思想也起到制

---

① 孙壮志：《中亚新格局与地区安全》，中国社会科学出版社，2001，第145页。

约作用。比如，中亚国家都声称要建设"民主、法治"国家，可是，人民中存在的根深蒂固的宗法思想在一定程度上制约民主政治的形成。

第二，除土库曼斯坦继续参照实行苏联时期的社会保障体制外，其他中亚国家都建立了与市场经济相适应的社会保障体系。苏联的社会保障制度建立在公有制和计划经济基础上，特点是"低水平、全覆盖和国家化"。中亚国家独立后，新的社会问题迫使其根据本国国情建立与市场经济相适应的社会保障体系，为政治经济体制改革保驾护航。采取的主要手段和形式是：货币化、定向化、社会化和保险化。所谓社会保障货币化，是指以货币津贴取代制度优惠，用现金对有权享受社会保障的公民进行分类补偿，即将过去国家提供的各种免费的福利待遇（比如免费交通、疗养等）改为给每个公民发放货币补助，将各种补贴由"暗补"改为"明补"。所谓社会保障定向化，是指国家将社会救助和补贴的重点放在"帮助真正需要的家庭上"，即主要用于公务人员和社会弱势群体（养老金领取者、残疾人、失业人员、单身母亲等），将有限的社保资金向最需要的人群倾斜，使弱势群体得到更多的保护。所谓社会保障社会化，就是逐步推进社会保障事业的非国有化和社会化，允许多种所有制成分参与社会保障事业，允许集体或者个人办社会事业，破除过去全部由国家统管的做法，由国家完全包揽逐步转化为国家和社会共同管理。所谓社会保障保险化，就是依照社会风险类别，采取社会统筹与公民自愿相结合、国家基本保障与个人账户相结合等方式建立保险基金，并由保险基金支付风险支出。

第三，在政治民主化和经济市场化改革影响下，中亚国家的社会和阶级结构同苏联时期相比日趋多元化，也由此产生了很多新的社会问题，如贫富差距、地区差距和行业差距扩大、人口增加、离婚率升高、青少年犯罪、失业和贫困人员增多、教育水平下降等。虽然不能因此而简单武断地否定中亚国家的改革成果，但这些问题确实需要中亚国家正确面对。国际社会也为此作出了不懈努力，特别是联合国等国际组织每年都提供大量援助，缓解中亚国家压力。

（二）中亚国家对国际合作的需求

从上述国情中可知，中亚国家如果能在地区内部以及与地区外部世界积极合作的话，将会得到更好的发展。正如哈萨克斯坦总统纳扎尔巴耶夫所说："我们生活在日益增长的全球化和相互依赖的时代，强大的外部力量将不可避免地在决定我们的未来时起重大的作用。……21世纪的哈萨克斯坦是世界经济和政治空间的一部分。我们已经尝到全球化的成果，其他国家发生的经济危机同样沉重地打击了哈萨克斯坦。世界的方向逐渐成为国家的方向。今天，与世隔绝等于失败，对哈萨克斯坦尤其如此。经济开放和与强大世界经济区实行一体化，这是我们民族和国家赖以生存的唯一手段。"①

与此同时，从上述国情中还可知，中亚国家在选择和参与国际合作机制时的需求如下：

首先，中亚国家希望在开展合作时始终遵循独立自主原则。无论是在双边还是多边框架内，都要求独立自主地发展彼此间的合作关系，并在互利双赢基础上建立平等的伙伴关系。尤其是在独联体框架内合作时，中亚国家更加警惕恢复苏联的倾向。哈萨克斯坦总统纳扎尔巴耶夫在"四国统一空间"会议上多次强调，四国统一空间借鉴欧盟经验符合当今国际经济发展的现实，但这种一体化的目的仅是为了增强成员国的经济发展、促进区域合作和繁荣民众生活，无论如何不是为了限制成员国的政治独立性②。乌兹别克斯坦总统卡里莫夫也说："任何一种一体化，如果它侵害了国家的自由、独立和完整，都不能强加于乌国，也不能用任何意识形态义务迫使乌国屈服。令乌兹别克斯坦焦虑的主要战略问题就是怎样才能使旧的帝国不能复活。"③

其次，中亚国家希望利用多元化来维护国家独立与主权完整，发展国家经济。所谓多元化，就是努力发展与世界各国的友好合作关系，特别是与俄、中、美、欧盟国家、土耳其、伊朗等大国保持良好的合作关系，通过建立稳定的国际合作机制来最大限度地保护本国利益，利用多边机制中相互制衡的力量，确立国家关系和力量结构，减弱在双边关系中处于相对弱势的处境，避免本国的命脉掌握在某一个国家手里，被其控制。欧亚经济共同体就是个比较典型的例子。在共同体内，当元首或政府总理层面决策有关发展战略问题时，贯彻平等协商一致原则；而当政府副总理层面决策有关一体化问题时，根据现有的表决权比重，俄罗斯至少要争得两个伙伴的同意，才能获得2/3的票数通过决议，防止它独断专权。对中亚小国来说，这样的安排可能远比双边合作获益多。

再次，中亚国家希望更多地发展经济与人文领域合作，吸引外界投资

---

① 〔哈〕1999 年 12 月 15 日《哈萨克斯坦真理报》。

② 《Обзор прессы стран-участниц ЕЭП 14－20 ноября 2005 г》，http：//www.eepnews.ru/digest/m5503（四国统一经济空间网站）。

③ 〔乌〕伊斯拉姆·卡里莫夫：《临近 21 世纪的乌兹别克斯坦——安全的威胁、进步的条件和保障》，国际文化出版公司，1997 年 11 月，第 230、242 页。

特别是针对基础设施和高科技领域的投资，以尽快提高其竞争能力，改变其落后面貌。经过多年的实践，中亚国家都很清楚，解决国内问题的关键是发展尤其是经济发展，国富民强才能安居乐业，在落后的经济基础上不可能建立起真正的民主和自由。比如，哈萨克斯坦确立了"先经济后政治"的改革原则，将发展经济确定为国家的工作重心①。

三　西方国际合作机制理论的解释

今天，西方在国际合作机制理论方面主要有三大流派，即新现实主义、新自由主义和建构主义。这三大理论分别从不同角度对国际机制的产生原因和作用进行分析和解读，有助于我们更深刻地理解各类国际合作机制同中亚国家间的相互作用原理。

（一）西方国际合作机制理论的内容

新现实主义可称为国际机制的"权力规范"模式。该理论以"权力"分析作为切入点，强调权力因素在国际机制中的作用，把国际体系的结构看做物质力量的分配。该理论认为现存国际社会处于无政府状态，由于不存在可以实施法律和建立秩序的世界政府或普遍权威，因此暴力与战争是普遍现象。在这样的国际体系中，各个国家只有依靠自己的实力，才能维持生存。在自助原则指导下，国家间的合作通常难以实现。不过也有例外的情况，即国际社会出现了一个具有霸权实力和霸权意图的霸权国。"霸权稳定论"的代表人物金德尔伯格（Charles Kindleberger）、克拉斯纳（Stephen Krasner）和吉尔平（Robert Gilpin）等美国学者认为：国际力量分配的结果可能会造就出一个霸权国家。霸权国通常会建立自己的霸权体系，并制定该体系的基本原则、规则、规范和决策程序，霸权国的实力与威望是其他国家接受这些国际机制的重要前提；霸权国利用这些机制维持霸权体系，最大限度地获得自己的利益；同时，为了维持该体系，它愿意向体系内的其他国家提供"公共产品"并容忍"搭便车行为"；如果霸权国衰落或急剧变化，则该体系的国际机制也会发生相应变化。霸权国的存在可以促进国际合作和稳定。反之，在霸权国不存在的情况下，已有的国际机制会失去其效用，使得全球秩序趋于动荡，国家间的合作也因此不易实现。

---

① Международная научно-практическая конференция 《Конституция: личность, общество, государство》, 30 – 31 августа 2005 года вг. Астане, http://www. constcouncil. kz/rus/10 let/? cid = 0&rid = 233.

自由主义可称之为国际机制的"利益规范"模式。该理论以"利益权衡"为中心，强调利益因素在国际机制中的作用，把国际体系看做物质力量和国际制度二者相结合的产物。新自由主义借鉴制度经济学的一些原理，认为国家是追求绝对收益的理性自我主义者，只关心自己的得失。世界政治存在广泛的不确定性，而不确定性是国际机制的理论核心，国际机制正是通过降低不确定性来促进国际合作。美国学者基欧汉（Robert Keohane）认为：国际机制有助于克服合作障碍，它能够更有效地协调各国政府间的谈判交易，降低合法谈判的交易成本而增加非法谈判的交易成本，并通过提供可靠的信息来减少国家行为的不确定性和危险性。新自由主义承认权力在国际机制中的作用，但认为国际机制一经建立，就会发展成为国际关系中的独立变量，其维护与发展不一定需要霸权国家的支撑。即使霸权国不存在，国际合作仍会发生。国际机制可以延缓霸权的衰落并成为维持霸权的有效工具，但同时，它也可在一定程度上制约霸权。换句话说，国家间除了冲突之外，还存在大量因共同利益而产生的合作关系。随着国际合作不断加深，还会形成相互依赖，从而进一步强化国际合作机制。

"博弈理论"也从数学的角度证明了新现实主义和新自由主义的观点。博弈论又被称为对策论，原本是现代数学和运筹学的一个重要分支，由于它较好地解决了关于竞争等问题的可操作性分析，是研究具有斗争或竞争性质现象的理论和方法，现已被广泛应用到社会科学领域。一般认为，1944年冯·诺伊曼（Von Neumann）和摩根斯坦恩（Morgenstern）合作发表的《博弈论与经济行为》提出合作博弈的基本模型，标志着现代博弈论的开始。20世纪50年代，纳什（Nash）提出非合作博弈论，塔科尔（Tucker）定义了"囚徒困境"，从而奠定了现代非合作博弈的理论基石。二者的区别主要在于参与人能否在行为时达成有约束力的协议。达成则是合作博弈；若各参与人不能达成协议，只能依据自己的最优战略行动，则是非合作博弈。合作博弈强调团体理性和效率，非合作博弈强调个人理性和个人的最优决策。现在，博弈论的基本理论构架共有四种行为模型，即完全信息静态博弈、完全信息动态博弈、不完全信息静态博弈、不完全信息动态博弈。这四种模型都从不同的角度说明：当国际社会处于无政府状态时，合作能防止相互欺诈，可以避免出现各方都不愿看到的不利结果，从而实现利益最大化。但合作的具体效果如何，则主要取决于国际制度和国际机制安排。对某个具体成员国来说，不同的制度和机制安排会产生不同的结果，只有合理的国际机制才能让每一个成员国都获益，而不是参与合作一定会比不合作收益多。

建构主义可称为国际机制的"观念规范"模式。该理论从国际行为主体间享有的"共同观念"出发，剖析了观念等主观因素对国际机制的影响，把国际体系看做观念分配的结果。该理论认为国际社会的共有观念决定了国际体系的结构并使这种结构具有动力。在国际政治中，除权力和利益外，国际体系结构与其施动者间的相互建构关系同样非常重要。国际体系不仅是物质现象，而且还是观念现象。国际行为主体的互动首先是观念上的互动，国家的对外行为也总是建立在对其他成员一定的认识和态度基础上，只有在明确了自己的身份（我是谁）和利益（我该做什么）之后，才从事与之相符的行为。而行为体间的互动实践也建构了国际体系的结构，并使之具有某种内涵和特征，表现为行为体共同认可的规则、规范、利益、认同等。"国际共有观念"在某段时期内具有稳定性，它可能强化也可能弱化行为体的特定行为。虽然国际体系中的无政府状态是一种客观存在，但它包括"霍布斯结构"、"洛克结构"和"康德结构"三种文化状态。在霍布斯无政府状态下，文化的主体位置是"敌人"，国际体系是真正的"自助"体系，行为体只能自救，不能求助于其他行为体，甚至不能采取最小的自我克制，安全困境十分尖锐。在洛克无政府状态下，文化的主体位置是"对手"，国家之间是竞争对手，不是敌人，国际体系是半自助半助人的体系。在康德无政府状态下，国际体系是合作的体系，文化的主体位置是"朋友"，各个国家成为朋友。因此，国际关系可以通过社会共有观念的建构，在一定条件下超越"安全困境"，实现国际合作①。

（二）西方国际机制理论对中亚国家参与国际合作机制原因的解释

综上所述，在现实主义者看来，国际合作机制是维持势力均衡的权力工具；在自由主义者看来，它是国际社会相互依赖、深入发展的必然结果；而在建构主义者眼里，它承载着某种共同的价值观和规范②。这三个

---

① 〔美〕亚历山大·温特：《国际政治的社会理论》，秦亚青译，上海世纪出版集团，2000，第5页；叶江：《论"安全困境"与超越"安全困境"——兼论"安全困境"与"中国威胁论"的关系》，《上海交通大学学报》（哲学社会科学版）2004年第5期。

② Lawrence Ziring, "International Relations: A political dictionary", the 5th edition, Abc-clzo Inc., 1995, p. 327; Melquiades J. Gamboa ed., "A dictionary of International law and diplomacy", New York: Oceana Publications, 1973, p. 156. 饶戈平主编：《国际组织法》，北京大学出版社，1996，第10页；梁西：《现代国际组织》，武汉大学出版社，1984，第1页；杨广、尹继武：《国际组织概念分析》，《国际论坛》2003年第3期。

理论也分别从"权力"、"相互依赖"和"共有观念"的角度向我们解释了中亚国家积极参与国际合作机制的原因。

从权力的角度看，苏联解体终结了冷战时期的"两极"国际体系，美国成为世界唯一超级大国。为维护其领导地位，防止俄罗斯恢复到前苏联，美国及其西方盟友总是想方设法遏制俄罗斯的生存空间，努力帮助独联体成员国减少甚至摆脱俄罗斯的影响。而俄罗斯为了维护其国际地位和国家利益，将包括中亚在内的独联体地区视为核心利益区，不希望他国染指。与此同时，为了给本国创造一个良好的周边环境，土耳其、伊朗、印度和中国等周边近邻也纷纷行动，采取各种措施与中亚国家发展友好合作关系。这些大国通过建立稳定的双边和多边国际合作机制，谋求将中亚国家纳入本国的主导轨道，而中亚国家也愿意通过参与国际机制建设来实现自己的利益需求。中亚地区之所以有如此众多的国际合作机制，一定程度上正是各大国在中亚势力角逐后，各方力量平衡的体现。

从相互依赖的角度看，随着科技进步和全球化深入发展，无论是官方还是民间，无论是国际组织还是跨国公司，无论是面对面的交流还是通过虚拟世界的沟通，无论是在政治、安全领域还是在经济、人文等领域，中亚国家之间以及中亚国家与世界其他国家之间的交往都日益密切，渠道不断多样化，信息交流也更加通畅，形成了所谓的"相互依赖"，结果就是彼此间的共同利益增多，合作空间扩大，而不信任和不确定性却减少，因此也成为中亚国家参与国际合作机制的重要基础。

从共有观念的角度看，苏联时期的制度和思维方式、伊斯兰教传统、突厥文化、西方的社会制度、对恐怖主义危害性以及发展经济重要性的认识等，这些因素都成为中亚国家与各国际机制参与方的认知基础，并在此基础上形成不同的国际合作机制。比如，中亚国家与土耳其都有突厥和伊斯兰传统，于是建立了突厥语国家元首会议机制；与俄罗斯都是苏联加盟共和国，于是建立了独联体。

第二节 中亚国家参与国际合作机制的历程

从独立至今，尽管各国的发展道路不尽一致，但可以按两条线索观察中亚国家走向国际社会的进程：一条是中亚国家自身国情的变化以及由此引起的合作需求变化。国家的中心任务从建国初期追求稳定，到稳定之后追求发展，再到发展之后克服新的不稳定因素。另一条是主导国际合作机制发展的大国力量在中亚地区的消长变化，特别是俄、美、中等大国在中亚地区的合作与竞争态势，从俄罗斯在中亚地区的影响力下降，到美国的影响力上升，再到俄罗斯重新回到主导地位。这两条线索相互作用和相互影响的结果，使得中亚国家参与国际合作的进程总体上可以分为三个阶段。

第一个阶段从独立至 1995 年。在这个阶段，中亚各国的国内政治经济形势都不稳定，主要任务是解决建国重任。此时，俄罗斯的影响力在下降，美国迅速填补真空，但中国除承认中亚国家独立并给予一定的经济援助外，没有大动作。受国内危机的影响，中亚国家参与国际合作的主要内容是维护国家稳定与安全、争取国际承认和国际援助，在国际合作机制中的工作重点也是各自的国内问题。

第二个阶段为 1996～2000 年。在这个阶段，中亚各国的政治经济形势基本稳定，主要任务是加快发展。在形势好转的带动下，各国开始越来越多地致力于解决整个地区共同面临的问题，如非传统安全和经济合作等。地区层次的合作越来越多，机制化程度也越来越高。此时，俄罗斯的影响力继续下降，美国保持合作态势，而中国则开始在能源领域进行大规模投资。在大国作用下，中亚国家根据自身国情，各有侧重地开展国际合作。

第三个阶段从 2001 年至今。在这个阶段，受国际反恐形势和国内政权更迭等因素的影响，部分中亚国家内部出现了新的不稳定因素，并导致地区局势发生了新变化，巩固现政权的执政基础成为区域合作的一个新增重要内容。此时，美国重新调整其中亚政策，中国的影响力不断提高，而俄罗斯则趁机恢复了在中亚地区的主导权。尽管情况发生了些许变化，但在前两个阶段已经积累很多经验和教训的基础上，各机制框架内的合作进程呈现更快的发展势头。

一　争取国际承认，融入国际社会（1991～1995 年）

苏联解体前，中亚国家并不希望独立，而是愿意留在统一的苏联国家里。但 1991 年"8·19"事件后，形势急转直下，在其他加盟共和国纷纷宣布独立的情况下迫不得已选择了独立，开始了建国进程。在建国初期，中亚国家经历了严重的国内危机，各项工作举步维艰。在自身积极努力以及国际社会的大量援助下，中亚国家最终完成了建国重任，成为国际社会的平等一员。

（一）中亚国家被迫选择了独立

苏联时期，中亚各加盟各共和国都是地方政府，是苏共中央的执行机构。其独立过程主要发生在戈尔巴乔夫执政时期。大体上可以分成三个时期：第一个时期从 1985 年 3 月戈尔巴乔夫上台到 1989 年 9 月苏共召开研究民族问题的中央全会，这是各加盟共和国从思想到舆论谋求国家独立的准备时期。在这个阶段，人们在戈尔巴乔夫的"民主化"、"公开性"和"不留历史空白点"等改革号召下，开始打破思想禁锢，广泛讨论民族问题和中央与地方关系问题。第二个时期从 1989 年 9 月到 1991 年 8 月 19日的"8·19"事件。这是苏联国内各民族的自我意识迅速高涨，并开始从行动上谋求独立的时期。第三个时期从"8·19"事件到苏联解体。这是中亚各加盟共和国公开表明独立立场并完成政治独立进程的时期。

实际上，在 1991 年"8·19"事件前，当时中亚各加盟共和国领导人仍然赞同保留苏联，并不想独立。它们非常清楚：统一苏联的存在对中亚是有好处的，苏共实行的"拉平各加盟共和国水平"政策，让中亚每年都能从联盟中央获得巨额援助。在 1991 年 3 月 17 日举行的"关于是否赞成保留苏联"全民公决中，中亚各加盟共和国不仅都参加了投票，而且各共和国赞成保留苏联的民众都占 90% 以上。当时，中亚各共和国也都支持戈尔巴乔夫倡导的签订"新联盟条约"的努力。当然，中亚要求的苏联是共和国拥有很大自主权的国家联盟，而不是原封不动地保留苏联。但"8·19"事件使维护苏联存在的努力彻底失败。当年 12 月 8 日，由俄罗斯、白俄罗斯和乌克兰三国在明斯克市签订的《别洛韦日条约》决定成立取代苏联的独联体，此举最终葬送了苏联。

（二）建国初期的困难和外交成就

从独立到 1995 年是中亚国家的建国阶段。独立后，中亚国家首先面对的是艰巨的建国重任，包括建立新的国家机构和制度以维护国家的稳定和统一；建立新的意识形态以凝聚国民意志；组建自己的军队以维护国家独立与安全；制定外交方针，发展对外关系以争取国际承认和国际援助；迅速稳定和发展经济以减少转轨痛苦；等等。例如，过去的加盟共和国银行就全苏而言只是"地方银行"，没有发行货币的职能，独立后，它们变成了"中央银行"，需要具备发行本国货币和开展国际金融合作等职能。再比如，苏联时期的外交权和外贸权归属中央，各加盟共和国基本上没有从事这方面工作的机构，或者机构非常小，人数也少，其职能无非是办理莫斯科交办的外事任务，但无权直接从事国际活动，独立后，建立外交部、外贸部、海关等机构是不可缺少的工作。在苏联时期，一切武装力量都由莫斯科掌管，加盟共和国没有武装力量，因此，独立后组建本国武装力量同样提到各国的议事日程。建国重任一直到 1995 年才基本结束。其标志是中亚国家相继通过了独立后的第一部宪法①，确定了各自的基本国家制度，还发行了本国货币②。形成了基本独立的经济体系。

在建国阶段，中亚国家都饱尝了苏联解体带来的阵痛，大部分国家都陷入了经济危机、政治危机和意识形态危机。正是在这样困难的条件下，中亚国家从零开始，迈出了走向国际社会的第一步。如果说各国对管理国内事务还有一些经验的话，那么开展对外交往则完全是一件新事务，既缺乏经验，又缺乏人才和资金，在这方面不仅有大量工作要做，而且存在许多困难。尽管如此，中亚国家还是以积极的姿态走向国际舞台，取得了不俗的外交成绩。独立后不久，中亚国家就很快获得世界近百个国家的承认，加入了很多国际组织，并于 1992 年 3 月 2 日同时加入了联合国，从此走出了后苏联的政治空间，正式成为国际社会的平等一员。资料显示，经过几年的努力，到 1998 年底，哈萨克斯坦共得到 117 个国家的承认，同其中 109 个国家建立了外交关系；乌兹别克斯坦共得到 165 个国家的承认，同其中 104 个国家建立了外交关系；吉尔吉斯斯坦共得到 120 多个国家的承认，同其中 97 个国家建立了外交关系；塔吉克斯坦共得到 127 个国家的承认，同其中 95 个建立了外交关系；土库曼斯坦共得到 114 个国家的承认并建立了外交关系③。成功的外交不仅对树立国家形象发挥着重要作用，而且对巩固主权独立和保障国家安全也有相当大的作用。

（三）中亚国家在建国阶段参与国际合作机制的特点

在建国阶段，中亚国家参与国际合作机制的目的主要是为了获取国际承认和争取国际援助，以解决两个最迫切的需求，即维护国家独立与安全，摆脱经济危机。所以，从总体看，这个时期中亚国家参与国际合作机制的特点主要如下：

第一，受国内危机的影响，中亚国家此时无力在地区内部以及与外部世界建设成熟的合作机制。一来国内问题纷繁复杂，消耗了各国很多精力；二来国家政治影响力小且经济落后，这些因素使中亚国家无法在对外

---

① 土库曼斯坦于 1992 年 5 月 18 日通过了独立后第一部宪法，乌兹别克斯坦于 1992 年 12 月 8 日、哈萨克斯坦于 1993 年 1 月 28 日、吉尔吉斯斯坦于 1993 年 5 月 5 日通过了新宪法。塔吉克斯坦由于内战，使得新宪法直到 1994 年 11 月 6 日才得以问世

② 吉尔吉斯斯坦于 1993 年 5 月 3 日发行本国货币 "索姆"，土库曼斯坦于同年 11 月 1 日发行本国货币 "马纳特"，哈萨克斯坦于 11 月 15 日发行本国货币 "坚戈"，乌兹别克斯坦于 1994 年 6 月 14 日发行本国货币 "苏姆"，塔吉克斯坦于 1995 年 5 月 10 日发行本国货币 "塔吉克卢布"。

③ 孙壮志：《中亚新格局与地区安全》，中国社会科学出版社，2001，第 91 页。

合作时投入足够的人力、物力和财力。因此，尽管中亚国家加入了很多国际机制，如联合国、国际货币基金组织、世界银行、联合国教科文组织、中西亚经合组织、欧安会、突厥语国家元首会议、欧盟"塔西斯计划"、北约"和平伙伴关系计划"等，但在这些机制中，中亚国家只是参与，还不能发挥积极的主导作用。它们从国际机制中获得的远比付出的多，甚至可以说，国际社会给予的各种援助在相当大程度上帮助中亚国家渡过了独立初期的难关。另外，中亚国家在这些机制中的工作重点是解决本国自身问题，还没有将注意力转移到地区层次，就地区性问题展开合作。

但值得注意的是，不能发挥积极的主导作用并不等于完全被动地等待被国际社会接受。在走向国际社会的过程中，中亚国家也常常提出建设性意见。比如，1992年10月，哈萨克斯坦总统纳扎尔巴耶夫在第47届联合国大会上提出成立"亚洲相互协作与信任措施会议"这一多边论坛的倡议，目的是要在亚洲大陆上建立起有效的、综合性的安全保障机制。1993年9月28日，乌兹别克斯坦总统卡里莫夫在第48届联合国大会上建议成立常设的"中亚无核区"这一中亚安全、稳定与合作论坛，同时对中亚的化学和细菌武器扩散实行国际监督，目的是希望用消除核存在的方式换取大国对中亚国家的安全保证。

第二，苏联解体后，虽然中亚国家对俄罗斯具有一定依赖性，但俄罗斯的"甩包袱"心理和行为，使其在中亚的影响力逐渐下降。苏联时期，俄罗斯是国家各领域活动的中心，无论是生产分工体系，还是交通和通信设施，或是政治军事活动，都围绕其开展。因此，中亚国家在建国过程中离不开俄罗斯的帮助。起初，俄罗斯为了继承苏联遗产，也需要处理好同中亚国家的各种关系，并为此与中亚国家保持高层互访，还签订了《友好合作条约》（又称《友好合作互助条约》）以及一系列政府间的经济技术合作协议，保持了一定的合作态势。但是后来，俄罗斯因实行"休克疗法"而陷入经济危机，无力给予中亚国家经济援助。它只想在政治和安全领域继续保持影响力，却不想背负经济责任。1993年7月，俄罗斯又在未与卢布区其他国家商量的情况下独自发行新版卢布，使同在卢布区的中亚国家经济遭受严重打击，不得已先后发行本国货币，统一的卢布区最终解体。有了自己的货币，标志着中亚国家已经基本建立了较完整的经济体系，可以在很大程度上减少对俄罗斯的依赖，并在市场经济基础上与俄罗斯发展新的经济关系。

在俄罗斯影响力下降的同时，各种国际力量都希望尽快填补苏联解体留下的巨大地缘政治真空。除与中亚国家建立正式外交关系、承认其主权与独立和开展双边合作外，在中亚地区活跃的各个大国和各类国际组织，尤其是美国等西方国家和土耳其等伊斯兰国家，还积极开展多边合作，采取各种措施吸引中亚国家加入由其主导的国际合作机制，以此扩大在中亚地区的影响，实现其战略利益。1992 年 1 月 30 日，作为苏联的继承国，中亚国家成为欧安组织成员国。该组织是就欧洲事务特别是政治和安全问题进行磋商的主要机制。苏联解体后，该组织在前苏东地区的主要使命是监督各国的政治转轨进程以及人权保护状况。1992 年 5 月，在土耳其总统厄扎尔倡议下，土耳其、阿塞拜疆和中亚五国共 7 个操突厥语国家的元首在土耳其首都安卡拉举行会议，开启了突厥语国家元首不定期会议机制，商讨多边合作、地区问题和国际形势等。1994 年，中亚国家除塔吉克斯坦（于 2002 年）外，全部加入了北约"和平伙伴关系计划"，同北约成员国在军事演习、维和及危机控制等方面建立了合作与磋商机制。欧盟从 1993 年开始实施"欧亚运输走廊"计划，目的是促进成员国间的区域合作，通过开发一条新的不经过俄罗斯的交通干线，把亚洲和欧洲的交通网络连接起来，摆脱这些国家对俄罗斯的依赖，增强其走向欧洲和世界市场的能力。

二 根据国情选择适合的国际合作机制（1996～2000 年）

建国重任基本完成后，中亚其他国家的领导人对局势的掌控能力日益加强，国内秩序渐趋稳定，政治经济改革不断取得成果，对外交往的领域和深度也不断扩展。当发展成为国家的中心工作后，为了借助国际资源，得到更好的发展，中亚各国根据自身国情，各有侧重点地参与了国际合作机制。

（一）1996～2000 年的中亚形势和国际环境

可以说，稳定与发展是 1996～2000 年中亚国情的主流。独立初期，由于总统和议会争夺国家领导权，致使很多国家工作不能正常进行，这既不符合上层精英的利益，也损害了普通民众的福利。经过几轮全民公决，各国总统的权力都得到扩大。"强总统"必然会削弱议会的权力，总统与议会之间的关系得到理顺，政府政令能够比较容易地得到贯彻和执行。为了巩固总统权力，各国采取了一系列措施，如加强舆论控制，宣传总统政绩，树立总统的权威；规范政党制度，限制反对派的活动；实行符合国情的经济发展战略，注重社会保障，解决贫困问题等。这些措施降低了社会不满情绪，避免了社会剧烈动荡，维护了国家秩序。除塔吉克斯坦发生内战外，其他中亚国家的政局基本上 1995～1996 年便走向稳定。经济领域的表现也同样如此。独立初期，中亚国家的经济危机主要表现为综合经济指标严重下降，财政状况恶化，通货膨胀居高不下，货币大幅贬值，物价上涨，企业瘫痪，再生产过程严重受阻，主要工农业产品产量大幅度下降，绝大多数居民生活水平下降。经过几年的努力和国外的援助，从1996年开始，中亚五国经济形势开始出现好转。虽然中间经历了1998～1999年金融危机，但之后经济重新企稳回升，并一直保持至今。

这一时期的一个重大事件是，塔吉克斯坦在国际社会的帮助下结束了内战，实现了和平。塔吉克斯坦内战始于1992年初。斗争的焦点是建立民主和世俗的国家还是建立政教合一的伊斯兰国家。内战双方为以拉赫莫诺夫（后改名为拉赫蒙）总统为首的合法政府和以伊斯兰复兴党为核心的联合反对派。对立双方都得到外国的支持，因此在一定程度上也是各种国际力量的较量。公开支持拉赫莫诺夫政权的主要是俄罗斯、哈萨克斯坦、乌兹别克斯坦和吉尔吉斯斯坦等独联体国家。公开支持联合武装反对派的主要是阿富汗、伊朗、沙特阿拉伯、巴基斯坦等伊斯兰国家（不过后来，随着国际形势的变化，这些国家的立场也有所变化）。从1994年初到1996年，对立双方边谈边打。后在国际社会共同努力下，两派于1996年12月达成和平协议。不过，和解协议以取消宪法中规定的禁止宗教政党存在条款为代价，为该国和中亚地区带来不可低估的负面影响。1997年5月，双方签订政治问题备忘录，逐步组成联合政府。1999年11月，塔吉克斯坦举行总统选举，拉赫莫诺夫连任总统。2000年2月，塔吉克斯坦举行议会选举，新议会由不同党派代表组成，包括反对派伊斯兰复兴党的代表。塔吉克斯坦开始走上和平发展道路。

这一时期，影响中亚国家稳定的主要因素不再是上层领导人间的政权斗争，而是来自宗教极端势力和恐怖势力的威胁。苏联解体后，伊斯兰教迅速在中亚地区扩张，填补因戈尔巴乔夫推行多元化造成的意识形态真空。各国宪法都确立了宗教自由原则，给各种宗教势力提供了一定的发展空间。塔吉克斯坦的宗教政党甚至向世俗政权发起挑战，希望建立政教合一的国家，由此引发了内战。从1997年起，宗教形势在乌兹别克斯坦、吉尔吉斯斯坦和哈萨克斯坦三国发生了变化。宗教极端势力借伊斯兰教复兴之机兴风作浪，同时，出现了宗教极端势力与国际恐怖势力相结合的趋势。它们制造多起暴力事件，还与走私贩毒等跨国犯罪活动紧密相连，给中亚国家带来严重的社会问题。比如1999年2月16日在乌兹别克斯坦首都塔什干市中心发生多起爆炸事件，造成13人死亡，128人受伤。同年8月上旬，大约有1000名伊斯兰极端分子由阿富汗经塔吉克斯坦流窜入吉尔吉斯斯坦与乌兹别克斯坦接壤的巴特肯区和琼阿拉区，占据 5 个居民点，劫持了 20 名人质。

（二）中亚国家参与国际合作机制的特点

在新的历史条件下，中亚国家参与国际合作机制的特点有以下几个方面：

第一，反恐安全成为中亚国家参与国际合作的主要内容。伊斯兰宗教极端势力和恐怖势力在中亚地区活动加剧，对现政权形成了极大威胁，对各国社会秩序也造成了严重损害。所以，铲除宗教极端势力和恐怖势力是中亚国家刻不容缓的任务。为此，除加强国内立法外，中亚国家还积极寻求国际合作，参与各种区域安全机制，联合打击，力图将其控制在一定限度内，使其不能对国家政权及国内秩序造成严重危害。

第二，随着政局和经济形势好转，国际金融机构和联合国机构在早先提供国别援助的基础上，开始尝试在区域层次建立更有效率的区域合作机制。希望借助区域的集体力量，解决单个国家难以解决的问题，提高中亚国家的国际合作能力与水平。比如，亚洲开发银行从 1996 年开始就倡议并推动中、哈、乌、吉、塔五国开展区域间经济合作（最终于 2003 年正式形成"中亚区域合作机制"）；联合国经社理事会从 1998 年开始启动"中亚经济专门计划"。在总结独立初期与中亚国家开展合作的经验教训后，国际金融机构和联合国机构认为：减贫、增长和偿债是中亚各国在发展过程中都要面对的关键问题。若能改善中亚各国之间以及中亚国家与国际社会之间的经济关系，形成更紧密的经济联系，则所有国家都将由此获益。为此，除继续给予各国各种形式的援助外，开展区域合作必不可少。

第三，出于不同的战略考虑，不同的中亚国家选择了不同的国际合作重点和方向。1995 年 12 月 12 日，第 50 届联大一致通过决议，赋予土库曼斯坦永久中立国地位，其成为亚洲唯一的永久中立国。12 月 28 日，土库曼斯坦最高权力机构人民会议通过了《土库曼斯坦永久中立法》，并对宪法作了相应的增补。由于坚持永久中立政策，土库曼斯坦参与的国际合作机制至今不多。哈萨克斯坦、吉尔吉斯斯坦和塔吉克斯坦因对俄罗斯的需求较多，所以始终同俄罗斯保持紧密的合作关系，也积极支持俄罗斯在独联体各项事务中的主张，如续签集体安全条约、组建关税同盟等。但与此同时，这三个国家还积极在独联体外寻找合作空间。相比之下，乌兹别克斯坦主张独联体应侧重经济合作，而不能过于政治化，将其变成超国家机构。因对独立初期俄罗斯的种种大国主义行为不满，担心其借助独联体恢复苏联，所以这一时期，乌兹别克斯坦与俄罗斯的关系比较冷淡，主要合作方向是西方。

第四，中俄美在中亚的力量对比发生了变化，俄罗斯的影响力继续下降，美国的影响力不断提升，中国则开始进入中亚地区。早在 1995 年以前，俄罗斯已经意识到独联体国家的重要战略意义，它们的"疏俄"倾向于己不利，于是开始修订对独联体政策。经过多年的准备和思考，1995年 9 月 14 日，俄罗斯颁布了《对独联体国家的战略方针》，提出发展经济合作是解决与独联体国家各类问题的前提，是各国摆脱经济危机的重要途径，确定了根据不同程度和水平加大与独联体国家经济一体化步伐的方针①。不过，尽管俄罗斯开始重视中亚国家的战略作用，但实际上，这期间无论是在双边还是在独联体多边框架内，俄罗斯与中亚国家的各领域合作虽有进展，但都不快。主要原因在于随着政局稳定和经济恢复发展，中亚国家的独立自主能力不断加强，开展对外合作时也更强调平等与互利原则，因此与俄罗斯的利益分歧逐渐增多。另外，中亚国家对前一阶段俄罗斯"甩包袱"行为造成的恶果记忆犹新。为防止悲剧重演，它们纷纷寻找更多的合作伙伴，减少了对俄罗斯的需求。

与俄罗斯相比，美国在中亚国家心目中的地位有了很大提高。这表现为中亚国家同北约的"和平伙伴关系计划"合作取得了实质性进展。在北约的帮助下，哈、吉、乌三国于 1995 年成立"中亚维和营"，并于1996 年参加了在美国举行的北约联合军事演习。从 1997 年开始，演习每年都在中亚举行。维和营的活动实际上已经与北约的安全体系结合起来。另外，乌兹别克斯坦于 1998 年加入由格鲁吉亚、乌克兰、阿塞拜疆和摩尔多瓦四国组成"古阿姆"集团，该集团有极深的西方背景，力图与欧洲建立更加密切的联系，尽可能减少俄罗斯的影响。1999 年 2 月，乌兹别克斯坦又宣布退出俄罗斯主导的集体安全条约。

这个时期，中亚国家与中国的合作迈上了一个新台阶。随着边界谈判的不断进展，中国与哈、吉、塔三国在"上海五国"框架内于 1996 年 4月 26 日在上海签署了《关于在边境地区加强军事领域信任的协定》，接着又于 1997 年 4 月 24 日在莫斯科签署了《关于在边境地区相互裁减军事力量的协定》。这两个文件的签署标志着中国与中亚邻国基本解决了边界安全问题，为双方开展大规模经贸活动创造了良好的外部环境。另外，中

---

① Стратегический курс России сгосударствами-участниками Содружества Независимых Государств，Утвержден Указом Президента Российской Федерации от 14 сентября 1995 r. №940，http：//www. mosds. ru/Dokum/dokum_rosUZ940 – 1995. shtml.

国与中亚国家相互间的投资活动从 1997 年拉开了序幕。这一年，中国个别有实力的大公司开始了大规模投资中亚市场，其中，中国石油天然气集团公司就以 3.2 亿美元竞购了哈萨克斯坦阿克纠宾斯克油气股份公司 60.3% 的股份。与此同时，哈、乌、土三国总计对华投资 87 万美元，虽然数额不大，却是中亚国家自独立以来首次对中国进行投资。

第五，国际社会在塔吉克斯坦和平进程中做了很多工作。从 1994 年起，联合国开始参与和平调解进程。1995 年 1 月，安理会通过决议，正式设立联合国驻塔吉克斯坦军事观察团（简称"联塔观察团"），任务是参与斡旋和监督停火协议执行情况。在联合国的敦促下，经过几年的谈判，1997 年 6 月 27 日，塔吉克斯坦对立双方终于签署了《民族和解总协定》。另外，俄罗斯和中亚国家也同样做了很多工作。俄罗斯和中亚国家（除土库曼斯坦外）同是独联体《集体安全条约》成员国。1995 年，哈萨克斯坦、乌兹别克斯坦和吉尔吉斯斯坦三国各派一个营参加独联体驻塔维和部队，协助守卫塔吉克斯坦—阿富汗边境，还为塔对立双方提供谈判地点。《民族和解总协定》签订之后，俄边防军继续留驻塔国，协助塔防卫边境安全。

三 深化一体化进程阶段（2001 年至今）

进入 21 世纪后，中亚地区以及整个国际形势都发生了很大变化。中亚国家对国际合作的需求越来越多，参与国际合作的技巧也越来越成熟。很多合作机制由论坛发展成为区域合作组织，机制化程度显著提高，形成新的国际合作格局。

（一）地区形势的新变化

进入 21 世纪后，中亚国家面临着与以往不同的内部和外部环境。在政治领域，围绕政权更迭而引发的一系列事件，是中亚国家在 21 世纪初期政治进程中的最重要内容。经过近 10 年的发展，中亚国家已基本完成了从旧制度向新制度的过渡。新制度的特点是：政治上它既不同于传统的"独裁政治"，也不完全等同于西方的"民主政治"，而是一种"强总统、弱议会、小政府"的"权威政治"。经济上，私营企业已经成为国家的经济主体，但市场经济体制并不完善。这样的政治经济制度是中亚地区历史与现实、内部与外部各种因素共同作用的结果，它既是中亚国家政局得以在一定时期内保持稳定的重要因素，也是在一定条件下滋生动荡的重要因素。根据宪法，进入 21 世纪后，各国都相继进入了建国后第三轮总统和议会选举期。为实现政权顺利交接，各国纷纷修改宪法并改组政府，采取各种措施巩固政权，但这些措施在一些国家却产生消极结果，诱发了2005 年"颜色革命"①。"革命"过后，虽然各国均调整部分国内政策，加强非政府组织管理，但符合宪政的交接班制度问题仍未能彻底解决，开国领袖仍长期执政或指定接班人，反对派仍较活跃，各国内部仍不同程度地存在动荡因素。

在经济领域，进入 21 世纪后，得益于国内经济好转以及国际市场原材料价格普遍上涨，中亚国家经济普遍进入了稳步增长的新阶段，尤其是哈萨克斯坦和土库曼斯坦这两个油气资源丰富的国家。但是同时，交通不便、国内市场狭小、管理和技术落后、经济结构单一、投资不足等因素并未彻底消除，仍然严重制约经济发展。要改变这种格局，只有加强区域合作，包括中亚国家间以及同周边大国的合作，与国际接轨，以此来扩大市场，吸收外部资金和技术，达到加速发展的目的。即使 2007 年下半年开始部分中亚国家遭遇国际金融危机，经济发展受到一定影响，也未影响中亚国家坚持发展区域合作的战略步伐，甚至在一定程度上加快推进了这一进程，比如哈萨克斯坦与俄罗斯和白俄罗斯组建关税联盟。

在地区外部，美、俄两国在中亚地区的较量，成为影响这一地区发展的最重要外部因素之一。苏联解体后，推进独联体地区的民主进程、将独联体国家拉入西方怀抱和挤压俄罗斯的"生存空间"，是美国等西方国家不变的国际战略。2001 年"9·11"事件后，美国以反恐为名，加大了与中亚国家的合作，特别是在军事领域，到 2002 年，共取得了中亚国家 9 个机场的使用权，并在吉尔吉斯斯坦和乌兹别克斯坦建立了两个军事基地。阿富汗战争结束后，在加强反恐合作的同时，美国将工作重点转移到对中亚国家进行民主改造上。通过利用国民的不满情绪，美国在吉尔吉斯斯坦导演了"颜色革命"。本来，美国打击阿富汗塔利班时，俄罗斯采取了极为现实冷静的态度，默许中亚国家对美国开放领空并允许美军建立军事基地。但看到美国在中亚既加强军事存在，又大力扩展民主时，俄罗斯和中亚国家感受到了严重威胁，遂以全面加速一体化进程的方式来与之抗衡。况且，此时的俄罗斯经济已经在国际能源价格高涨的推动下得到迅速恢复和发展，国际环境明显改善，具备制约美国霸权的实力基础。在俄罗

① 所谓"颜色革命"，是人们对发生在一些国家的政权更迭方式的称谓。在这些国家的议会或总统选举过程中，由于游行示威者头上和胳臂上都戴着与其国家盛产的鲜花颜色相同的丝巾或标志，于是人们将在野的反对派通过组织群众示威游行而取得政权的行动称为"颜色革命"。

斯大力推动下，欧亚经济共同体和集体安全条约组织的合作进程明显加快。"颜色革命"之后，美国等西方国家调整中亚政策，以援助为主，在合作过程中向中亚国家推销西方管理标准。

（二）2001 年至今，中亚国家参与国际合作的特点

在新的历史时期，中亚地区的国际合作机制出现了一些新特点。这表现为：在合作内容上，除传统的安全和经济需求外，支持现政权成为中亚国家开展国际合作的新需求；在合作格局上，明显呈现俄、美、中"三足鼎立"局面。

第一，除安全和经济合作外，巩固政权稳定成为参与国际合作机制的一个重要前提和内容。吉尔吉斯斯坦的"颜色革命"及乌兹别克斯坦的"安集延事件"使中亚国家认清了美国中亚战略的本质，认为美国在中亚的存在是对其现政权的极大威胁。为巩固现政权，消除威胁，除在国内采取各种防范措施外，中亚国家还在各种国际合作机制内积极寻求国际支持，特别是集体安全条约组织、欧亚经济共同体和上海合作组织。2005年 7 月 5 日，上海合作组织元首发表《阿斯塔纳宣言》并指出："在矛盾的全球化进程中，在平等、相互尊重、不干涉国家主权和内政、非对抗思维和不断推动国际关系民主化的原则基础上开展多边合作有助于维护普遍和平与安全。在人权领域，必须严格和始终尊重各国人民历史传统和民族特点，坚持所有国家主权平等。元首们支持中亚国家为维护本国和整个地区和平、安全与稳定所作的努力，赞成本组织在促进中亚稳定和经济发展方面积极发挥作用。鉴于阿富汗反恐的大规模军事行动已经告一段落，上海合作组织成员国认为，反恐联盟有关各方有必要确定临时使用上海合作组织成员国基础设施及在这些国家驻军的最后期限。"①

第二，随着经济实力发展壮大，哈萨克斯坦主导中亚地区事务的能力和意愿不断增强。在国际原油价格飞涨推动下，截至 2010 年底，哈萨克斯坦的 GDP 约占中亚五国 GDP 总量的一半。哈萨克斯坦认为，中亚地区本来有自己的合作机制，但由于自身实力较弱，便希望借助区域外部的力量推动本国与世界市场的一体化发展，结果导致区域合作的主导地位逐渐被有实力的大国或国际组织主导。而这些主导者对符合自己利益以及能够增强中亚国家与外界联系的项目比较感兴趣，却较少关注中亚地区内部的问题，比如欧亚经济共同体人文合作着重解决的是中亚国家同俄罗斯之

---

① 上海合作组织成员国元首阿斯塔纳峰会：《元首宣言》，《上海合作组织文献选编（二）》，世界知识出版社，2006，第 364～366 页。

间，而不是中亚成员国之间的劳动力自由流动问题。阻碍中亚国家合作的种种难题，如水资源分配、能源和粮食互济等，仍需中亚国家自己解决。为"彰显"地区大国地位，2006年10月受邀赴美访问临行前，纳扎尔巴耶夫总统曾召集其他中亚国家领导人聚会，商讨需要与美国总统布什讨论的话题，俨然成为"中亚代言人"；2010年4月吉尔吉斯斯坦国内局势动荡后，又以欧安组织轮值主席国身份推动吉国内和地区稳定；2010年12月组织召开已经中断多年的欧安组织成员国元首峰会。截至2010年底，上海合作组织秘书长（努尔加利耶夫）、欧亚经济共同体秘书长（曼苏洛夫）、欧安组织轮值主席（苏尔丹诺夫）均由哈萨克斯坦人出任。这意味着，哈萨克斯坦希望利用这些国际机制，表达自己甚至所有中亚国家的需求和利益。

第三，大国在中亚的合作与竞争态势发生了深刻变化，促使区域合作进程明显加快，并呈现出向北与俄罗斯、向东与中国、向南与美国开展合作的基本格局。不过，虽然俄、美、中在中亚各有自己的合作方式，但俄罗斯明显占优势。

2000年普京当选俄罗斯总统后，于当年6月30日批准《俄罗斯对外政策构想》。该构想重新评估了俄罗斯面临的战略环境并对近10年来的对外政策实施效果进行全面反思，提出"加强军事现代化、以经济建设为中心和有选择地参与"战略。在新战略思想指导下，俄将独联体视为俄罗斯对外战略的核心地区，更加重视恢复俄在中亚地区的影响，并采取务实措施，逐步加大对中亚的投入。俄与中亚的合作进入了一个新的发展阶段，一体化步伐不断加快。2001年5月，俄、白、哈、吉、塔五国将独联体框架内的关税联盟升级改建为"欧亚经济共同体"。2002年5月14日，独联体框架内的"集体安全条约"成员国通过决议，将该条约升格为"独联体集体安全条约组织"，重点发展军事一体化，建立统一防务空间。当年6月13日，乌兹别克斯坦宣布退出"古阿姆"集团。2005年10月6日，中亚合作组织决定将该组织与欧亚经济共同体合并。2006年2月25日，欧亚经济共同体与乌兹别克斯坦签署了后者加入该组织的备忘录。同年8月16日，集安条约组织成员国通过了关于吸收乌兹别克斯坦为该组织成员国的决定。至此，俄罗斯同中亚国家间的经济与安全合作有了坚实的机制保障，重新掌握了中亚事务主导权。

2001年6月15日，中、俄以及中亚四国（哈、吉、塔、乌）一起在上海宣布成立"上海合作组织"。该组织是世界上唯一一个以中国城市命名的国际组织，也是目前中国与中亚国家间最重要的多边合作机制。因此，中国十分关注该组织的发展，从其成立之日起就给予大量投入。2004年，中国宣布向其他成员国提供9亿美元优惠出口买方信贷。所有贷款项目已经于2006年全部落实。

2006年初，美国学者提出一个推动中亚和南亚之间区域合作的新倡议，被外界普遍称为"大中亚"战略或"大中亚"计划。目的是以阿富汗为中心发展与包括中亚五国和阿富汗在内的"大中亚"地区国家的伙伴关系，通过推动中南亚在政治、安全、能源、交通等领域的合作，建立一个由亲美的、实行市场经济和世俗政治体制的国家组成的新地缘政治板块，从而实现美国在广大中亚和南亚地区的战略利益。为此，美国于2006年4月在喀布尔举办了"大中亚伙伴关系、贸易和发展"国际研讨会，5月在伊斯兰堡召开巴、塔、吉、阿四国跨国电力贸易会议，在杜尚别召开"中亚毒品与安全问题"国际研讨会，6月中旬在伊斯坦布尔召开大中亚国家代表会议，9月邀请哈萨克斯坦总统纳扎尔巴耶夫访问美国并与布什会见，双方均强调两国在反恐、能源、贸易等领域的合作。与此同时，美国还向中亚国家提供各种技术援助，并增加教育和培训方面的投入等。

第三节　中亚多边国际合作机制的
类型与合作内容

其实在历史上，多种机制并存的情况在第二次世界大战后的欧洲也曾出现过。到20世纪60年代初，几乎没有一个欧洲国家不属于哪个合作组织。更引人注目的是1947～1961年间的悖论：一方面，各民族国家相互靠拢，从而加快了交流频率，扩大了合作范围；另一方面，虽然大家都向往欧洲统一，但各自奔忙，而不是拧成一股绳。欧洲统一的观念没有消失，但实现统一的方式却越来越多[1]。现在中亚地区也面临这样的情况。众多的合作机制之所以能够存在，自有其存在的道理，说明每个机制都有自身的特点，都能以不同的方式满足各成员国的需要。但各机制间大体相同的合作内容，也确实在一定程度上增加了彼此间的竞争，加重了中亚国家负担。为了更加全面深入地了解在中亚地区的国际合作机制，我们可以从国际合作机制的发起人、机制的组织形态以及机制的职能三个角度，考察它们的作用、活动内容和特点。

---

① 〔法〕法布里斯·拉哈：《欧洲一体化史（1945～2004）》（中文版），中国社会科学出版社，2005，第60页。

一 按发起人或主导者划分

按发起人或主导者划分，在中亚的国际合作机制基本上可以分为四类，分别是独联体成员国、周边大国、国际组织和中亚国家自身。

（一）由独联体成员国组成的独联体区域内的合作，主要有独联体、集体安全条约组织、欧亚经济共同体

独联体本是各成员国为维持苏联的旧有联系而建立的，但由于种种原因而未能发挥应有的作用。土库曼斯坦甚至在 2005 年 8 月 26 日于俄罗斯喀山市举行的独联体国家元首理事会会议上，宣布打算放弃独联体正式成员资格，成为独联体的联系国。除军事和强力机构的活动外，土国将在双边基础上，继续就共同感兴趣的问题发展同独联体国家的关系，在独联体框架下参与多边交往。

为了弥补独联体的不足，尽快恢复成员国间的经济和军事联系，迅速增强国力，以便维护国家的独立与完整，一些独联体成员国另起炉灶，在其基础上组建了新的合作机制。作为独联体区域内的次区域组织，这些新合作机制可以看做对独联体的扬弃，既继承它的积极因素，又否定和消除阻碍其发展的消极因素。所以，尽管独联体作为一个整体发展缓慢，但这些主要由中亚国家和俄罗斯组成的次区域组织却发展得相对较快。甚至可以说，在中亚国家参与的所有国际合作机制当中，集体安全条约组织和欧亚经济共同体是机制化程度最高且成绩最多的合作机制。比如欧亚经济共同体，据统计，其成员国共有约 12000 种进出口商品。为了统一关税，该组织制定了"统一关税税率表"。至 2005 年初，俄罗斯和白俄罗斯两国已统一了其中 90% 多的进口关税；哈萨克斯坦约 60% 的关税与税率表一致；吉尔吉斯斯坦作为世贸成员，关税水平很低（约有 45% 的欧亚经济共同体目录商品实行零关税），因此它只有 33% 的关税与税率表一致（涉及的商品种类约占欧亚经济共同体商品总和的 19%）；塔吉克斯坦约有 73% 的关税与税率表一致①。这些次区域合作机制之所以比较成功，主要得益于成员国都是苏联的加盟共和国，原本就有很强的经济和军事联系，比如保留了苏联的能源、交通和通信等基础设施体系、标准体系、分工体系和社会文化联系，成员间具有通用的语言和各类单据，有相近的思维等，使得这些次区域组织具有得天独厚的合作条件和潜力。

另外，在地缘政治影响下，独联体区域内的次区域组织还可依据成员

---

① 引自欧亚经济共同体 2005 年的宣传册《ЕВРАЗЭС：экономическое притяжение》。

国的政治取向，划分为以俄罗斯为主导的和亲西方的（如"古阿姆"集团）两大类。中亚国家加入了前者，在俄罗斯主导下发展相对较快，比如集安条约组织和欧亚经济共同体。起初，乌兹别克斯坦于 1997 年 10 月加入了"古阿姆"集团，但觉得该集团实际合作效果不大，便于 2005 年申请加入集安条约组织和欧亚经济共同体。从中亚国家在独联体区域内的合作现状上看，俄罗斯对该地区的影响巨大，甚至可以说，中亚国家参与的大部分国际合作机制，都要考虑俄罗斯因素。

（二）与周边大国建立的区域合作机制

这类合作机制主要有上海合作组织、欧安组织、伊斯兰会议组织、中西亚经济合作组织、突厥语国家元首会议、北约"和平伙伴关系计划"、与欧盟的伙伴关系、美国的"大中亚计划"等。

这类合作机制的特点主要在于，每个合作机制都有周边大国的参与，受大国的影响大，几乎都是由大国主导发展。它们已成为大国实现在中亚利益的渠道与工具，以确保大国在该地区的影响。比如，突厥语国家元首会议由土耳其主导，"和平伙伴关系计划"由北约主导等。俄罗斯把独联体视为战略后方，是维护其国际地位和影响力的核心利益区，因此它总想把中亚国家控制在独联体范围内。而美国则极力促进中亚国家向南发展，通过阿富汗将南亚与中亚连为一体，目的是让中亚国家尽可能摆脱俄罗斯和中国的影响，压缩俄、中两国的战略空间，以维护其全球霸主地位。欧盟与中亚国家合作时，总是强调西方的价值观和人权标准。俄罗斯学者卢贾宁甚至认为，新的两极格局已经在欧亚大陆粗具雏形，体现为一种非公开的对抗。一边是上海合作组织、独联体集体安全条约组织和欧亚经济共同体，另一边则是欧盟和北约的各项东扩计划、"古阿姆"、波罗的海—乌克兰—波兰—格鲁吉亚这条"民主轴心"以及其他反对俄罗斯和中国的方案[1]。

与此同时，这些合作机制也是中亚国家实施"多边平衡外交政策"的体现，通过大国间的相互牵制和相互影响，最大限度地为中亚国家创造良好的周边国际环境。从地理分布上看，这些合作机制呈现向东与中国，向北与俄罗斯，向南与南亚国家，向西南与伊斯兰国家，向西与西方发达国家的合作。为了吸引中亚国家参与其主导的国际合作机制，各主导国都提出了各自较为具体诱人的合作计划。比如在电力领域，俄罗斯提议由俄

---

① 〔俄〕谢尔盖·卢贾宁：《中国式的"经济全球化"》，http：//yanglin001.bokee.com/5917734.html。

罗斯和哈萨克斯坦资助成立一个中亚水电联合体来解决中亚的水资源分配及水电基础设施问题，以形成统一的中亚能源市场。美国则提供 80 万美元帮助塔吉克斯坦更新现有的电力网，争取使塔吉克斯坦在 2008 年底向阿富汗输电。在安全方面，美国帮助中亚国家进行反毒斗争，俄罗斯则以优惠价格提供军事技术装备等。尽管部分合作机制间有一些矛盾冲突的地方，比如在安全领域是与北约合作还是选择俄罗斯等，但从总体上说，各机制的合作内容都有利于中亚国家的发展。中亚国家也充分利用其地缘重要性，从大国中渔利。

（三）由联合国机构和国际金融机构等国际组织开展的国际合作机制

这类合作机制主要有三个，即亚洲开发银行发起的"中亚区域经济合作计划"、联合国开发计划署发起的"丝绸之路项目"和联合国经社理事会发起的"中亚经济专门计划"。其他机构，诸如联合国教科文组织、世界卫生组织、国际劳工组织、世界银行、国际货币基金组织、欧洲复兴开发银行和伊斯兰开发银行等也都与中亚各国建立了紧密的合作关系，并且经常召开一些区域国际会议，协调成员国的立场和政策，但是它们的制度和机制化程度比上述三个要低。

由这些国际组织发起的国际合作机制的主要特点在于：首先，其合作内容主要涉及经济和人文领域，基本不涉及政治和安全等敏感话题。其宗旨里带有很受民众欢迎的"扶危济贫"味道，加上资金优势和运作规范，所以很受中亚国家的欢迎，其合作效果相比之下也较好些。其次，一般情况下，联合国与国际金融组织的业务主要体现在针对具体成员国的国别战略和规划上，但为了更好地实施国别战略，往往还需要制订区域合作计划，协调区域成员间的合作，使得其国别战略成为区域战略的一个有机组成部分。最后，这类合作机制的政治立场比较中性，不带有明显的地区利益或大国意志的色彩。这一点，使得它与北约的"和平伙伴关系计划"机制相区别，因为北约行为中常常表现出很重的美国因素，同时也与欧盟的"伙伴与合作关系"机制不同，因为后者非常强调欧洲的地区利益。

总体上讲，这类合作机制的主要目的和任务是借助区域的集体力量解决单个国家难以解决的问题；改善区域经济和环境，提高参与国的国际合作能力和水平。其中，国际金融组织侧重于维护成员国的宏观经济稳定，支持其改革计划，消除贫困，促进成员国经济合作与发展。而联合国机构则是为了实现"千年发展目标"。在 2000 年 9 月召开的联合国千年首脑会议上，世界各国领导人就消除贫穷、饥饿、疾病、文盲、环境恶化和对妇女的歧视等问题商定了一套有时限但也能够测量的目标和指标，为整个联合国系统达成共同努力目标提供了框架，这些目标和指标被置于全球议程的核心，统称为"千年发展目标"（见表4-1）。

表4-1　联合国千年发展目标

目　　标	指标：2000~2015年期间
消灭极端贫穷和饥饿	1. 靠每日不到1美元维持生存的人口比例减半； 2. 挨饿的人口比例减半
普及小学教育	确保所有男童和女童都能完成全部小学教育课程
促进两性平等并赋予妇女权利	1. 最好在2005年前在小学教育和中学教育中消除两性差距，不迟于2015年； 2. 在各级教育中消除此种差距
降低儿童死亡率	5岁以下儿童的死亡率降低2/3
改善产妇保健	产妇死亡率降低3/4
与艾滋病毒/艾滋病、疟疾和其他疾病作斗争	1. 遏制并开始扭转艾滋病毒/艾滋病的蔓延； 2. 遏制并开始扭转疟疾和其他主要疾病的发病率增长
确保环境的可持续能力	1. 将可持续发展原则纳入国家政策和方案；扭转环境资源的流失； 2. 无法持续获得安全饮用水的人口比例减半； 3. 到2020年使至少1亿贫民窟居民的生活有明显改善
全球合作促进发展	1. 进一步发展开放的、遵循规则的、可预测的、非歧视性的贸易和金融体制。包括在国家和国际两级致力于善政、发展和减轻贫穷； 2. 满足最不发达国家的特殊需要。这包括：对其出口免征关税、不实行配额；加速重债穷国的减债方案，注销官方双边债务；向致力于减贫的国家提供更为慷慨的官方发展援助； 3. 满足内陆国和小岛屿发展中国家的特殊需要； 4. 通过国家和国际措施全面处理发展中国家的债务问题，使债务可以长期持续承受； 5. 与发展中国家合作，为青年创造体面的生产性就业机会； 6. 与制药公司合作，在发展中国家提供负担得起的基本药物； 7. 与私营部门合作，提供新技术特别是信息和通信技术产生的好处

资料来源：联合国开发计划署2005年联合国千年项目；《发展投资：实现千年发展目标的实际计划概览》。

（四）由中亚国家自主发起的国际合作机制

此类机制如哈萨克斯坦发起的"亚洲相互协作与信任措施会议"、乌兹别克斯坦发起的"中亚安全与合作论坛"、吉尔吉斯斯坦发起的"伊塞克湖论坛"等。

这类机制的特点是中亚国家在其中发挥着主导作用，目的在于维护本地区的和平与稳定，为中亚各国的发展创造一个良好的外部国际环境，同时还可提高中亚国家的国际地位和影响。但在实际操作中，受中亚国家自身实力所限，这类合作机制的影响通常较小。除哈萨克斯坦的"亚信会议"外，其他合作机制时断时续，未能形成常设机制。

135

尽管影响不大，但这类机制仍然取得了一定成果。比如"中亚安全与合作论坛"最终促成中亚五国于 2006 年 9 月 8 日在哈萨克斯坦的塞米巴拉金斯克签署《中亚无核区条约》，正式建立起北半球的首个无核区。条约规定，禁止中亚五国获得核武器和其他核爆炸装置，禁止其他任何国家在中亚无核区内部署或驻扎核武装力量，5 个中亚国家将自愿放弃苏联遗留的所有核基础设施和核武库。该条约是对核不扩散条约以及全球反恐行动的重要贡献，有助于防止核材料和技术落入恐怖组织或其他不负责任的组织或个人手中。此外，该条约也有助于促进和平利用核能和净化环境。

二 按组织形态和运作形式划分

任何合作机制都具有一定的物资载体，并表现为一定的外在形式。从中亚国家的实践看，这些物资载体表现为国际会议、国际论坛、国际组织和国际协定 4 种，而其运作模式则是多种多样。

（一）中亚现有国际合作机制的组织形态

在国际合作机制中，国际协定是一个有约束力的条约，它以国际法形式规范、管理和协调签约国的合作行为。协定内容由签约国分别组织实施，一般具有时效性，有效期结束后就可解除签约国的责任。履约行为本身就是国际合作的形式。目前，在中亚地区以国际协定形式出现的合作机制主要有北约的"和平伙伴关系计划"和欧盟的"伙伴与合作关系"等。

国际会议是由来自不同国家的代表为了某种目的而就某个话题进行的讨论和商议，是一种临时性的磋商或谈判行为。比如 2003 年 5 月 22 日在法国首都巴黎召开的"中亚欧洲毒品之路"国际部长级会议，2006 年 6 月 13 日在哈萨克斯坦阿拉木图市举行的"禽流感和人感染禽流感问题地区国际会议"等。不过，尽管国际会议数量众多，在国际合作中发挥着重要作用，也属于广义上的合作形式之一，但由于其机制化程度很低甚至没有，所以在研究国际合作机制时一般并不包括在内。

国际论坛和国际组织是比较常见的国际合作形式。从国际会议到国际论坛，再到国际组织，是国际合作在制度建设方面的一个巨大飞跃，机制化程度不断提高。虽然这三者都是国际合作方式的一种，但从形式上看，这三类机制的主要区别在于：第一，国际会议和国际论坛是一个磋商性质的谈判机制，不是一个法人组织，没有国际人格，不能以该机制的名义对外交往。而国际组织通常是一个法人机构，有国际人格，可以自己的名义对外交往，并在交往过程中享有法律赋予的权利和义务，比如它能够取得并处置动产和不动产，有法律诉讼权、缔约权、使节权、承认与被承认的权利、承担国际责任和索赔权以及继承权等等。国际组织的法律人格有的由组织章程直接规定，比如上海合作组织；有的虽没有法律文件依据，却在长期实践中被广泛承认，比如关贸总协定。第二，国际会议和国际论坛一般没有永久固定的工作地点，通常是每年举行几次领导人会晤，散会后每个成员各自回到本国处理相关的事务，或是由高官会或专业工作组保持经常性的磋商。而国际组织的常设机构有永久固定的工作地点，除定期会晤外，每天都有专门人员在常设机构内处理和本组织有关的事务，从而保证国际组织的决议以及各成员的意见或建议都能得到及时的反馈和执行。第三，国际组织可以获得联合国大会的观察员地位，而国际论坛和国际会议不能，因为它们没有独立的人格。获得联合国大会观察员地位的作用和意义在于，其代表可以参加联合国内部的各种会议，是该国际组织具有国际影响力的一个重要标志。简而言之，国际会议是主权国家就某些问题进行磋商谈判而临时举行的协调形式；如果这样的会议每年定期举行，并有相同的宗旨和任务，甚至还设立了协调机构，我们就称之为国际论坛；如果国际论坛有了法律人格，并设立了有固定工作地点的常设行政机构，开始了高度的机制化运作，我们就确认它是一个国际组织。

与国际会议和国际论坛相比，国际组织能够为国际合作提供较为成形的制度和机制，提供约束力更强的行为标准和程序，以及共同奋斗的任务和目标，使成员国间的合作更加稳定和有秩序。在现实主义者看来，国际组织是维持势力均衡的权力工具；在理想主义者看来，它是国际社会相互依赖、深入发展的必然结果；而在建构主义者眼里，国际组织承载着某种共同的价值观和规范[1]。正因如此，中亚国家更愿意选择国际组织来开展国际合作。

目前，在中亚的绝大部分合作机制都是在国际组织框架内进行或由国际组织主导。亚洲开发银行的"中亚区域经济合作计划"以及联合国机构的"中亚经济专门计划"和"丝绸之路项目"等合作机制本身不属于国际组织，而是亚洲开发银行与联合国这两个国际组织的工作内容之一，中亚国家作为这两个组织的成员国，自然要参与其中。相比之下，属于国

---

[1] Lawrence Ziring, "International Relations: Apolitical dictionary", the 5th edition, Abc-clzo Inc., 1995, p. 327; Melquiades J. Gamboa ed., "A dictionary of International law and diplomacy", New York: Oceana Publications, 1973, p. 156; 饶戈平主编：《国际组织法》，北京大学出版社，1996，第10页；梁西：《现代国际组织》，武汉大学出版社，1984，第1页；杨广、尹继武：《国际组织概念分析》，《国际论坛》2003年第3期。

际论坛的合作机制数量要少得多，主要有"亚信会议"和突厥语国家元首会议等。

（二）合作机制的运作形式

在安全和军事合作领域，有效的地区安全机制是地区安全秩序的基础，不同性质的合作机制有不同的目标和功能，最终形成的安全秩序也不同。由于安全合作涉及国家主权核心部分，需要成员国的自我约束和自主让渡，十分复杂敏感，因此其合作的深度和广度都受到一定制约。当前，国际上存在的地区多边安全机制大体有四类：军事同盟、大国协调、合作安全和集体安全。军事同盟是一种通过实现双方实力均等来减少对抗、寻求安全的合作模式，是传统均势政治的产物。而大国协调强调大国间的利益交换，将多边合作局限于大国之间，不能充分体现中小国家的安全利益。合作安全是一种共同安全和综合安全，它建立在平等与协商一致原则基础上，强调通过对话协商解决国与国之间存在的分歧和争端。集体安全是国际社会以集体力量威慑或制止任何潜在的侵略行为的安全保障机制，它的原则是"人人为我，我为人人"。集体安全具有非排他性和内向性，即没有特定的假想敌，没有对立的敌国和敌对集团，它建立在国际法基础之上，是对秘密外交和均势安全的否定。军事同盟和集体安全的区别在于：军事同盟就其内部而言是一种集体安全，而当地区内的集体安全机制针对地区以外的威胁时，该机制往往就会转变为军事同盟。这两种机制都具有强制机制，其内部制度化程度高，危机管理能力较强，一旦成员遭受安全威胁，可以迅速动员成员国的力量作出反应。但它们预防冲突的能力低，实践中往往难以真正达到降低成员国安全困境的目的。而大国协调与合作安全强调非正式合作，制度化程度低，缺乏强制机制，危机管理能力弱，但预防冲突能力强[1]。合作安全和集体安全的最大差别是制度化程度，一旦建立起有效的强制机制，合作安全就可以转变为集体安全。从目前状况看，在中亚的安全合作机制基本上都属于合作安全性质。独联体国家组成的集体安全条约组织现在也未发展到军事同盟程度。

在经济与人文合作领域，传统的国际合作方式依据不同的标准，可以分为不同的形态，其中最广为接受的是由经济学家利普塞（Richard Lip-

---

[1] 上海国际问题研究所：《"地区安全架构与多边主义"国际研讨会精华——亚洲：多边、安全与发展》，汪小澍同志的发言，http：//mil.news.sina.com.cn/2005 - 03 - 12/0930272597.html。

sey）根据生产要素流动程度所作的 6 种等级递增的分类，即优惠贸易安排（特惠关税区）、自由贸易区①、关税同盟、共同市场、经济同盟和完全经济一体化②。优惠贸易安排是成员国之间通过协定或其他形式，对部分或全部商品规定特别的优惠关税的制度。自由贸易区是各成员国之间取消了商品贸易的关税壁垒，使商品在区域内能够完全自由流动，同时各成员国仍然保持自己的关税结构，按各自的标准对非成员国征收关税。关税同盟是成员国之间完全取消关税和数量限制，实现内部的自由贸易，并对从非成员国进口的商品实行统一关税措施。共同市场是指成员国范围内完全取消关税和非关税壁垒，允许各类生产要素（如商品、资本、劳动力）在区域内自由流动，同时对非成员国采取统一的共同关税。经济同盟是指成员国间除允许生产要素自由流动外，还制定并执行某些共同的经济和社会政策，使区域内形成统一的经济制度。完全经济一体化是成员国除建立统一的经济制度外，还在政治上建立统一的管理机构进行管理。

　　20 世纪 90 年代冷战结束后，随着国际形势的变化，区域合作向多样化发展，传统的合作形式已不能满足参与国的现实需要，出现新的合作模式，比如亚太经济合作组织（APEC）、亚欧会议、东盟 "10 + 3" 等。这些新型区域合作模式的特点有：第一，坚持 "机构最小化" 原则。很多合作机制都没有常设机构，即使有，其秘书处的规模一般也都比较小且没有决策权，尤其是没有完善有效的监督机制，对不履行组织决议的成员缺乏强制性制裁措施。总之，组织化程度低但机制化程度高是目前所有中亚国际合作机制普遍追求的目标之一。第二，坚持 "自主自愿和协商一致" 原则。强调合作的非正式性和灵活性，合作机制有最终目标但没有严密的行动计划，成员可以根据自身实际情况自由参与、自主承诺、自主执行组织的行动计划。第三，奉行 "开放的区域主义" 原则。本组织内各成员之间达成的任何贸易与投资自由化、便利化措施，包括降低关税和削减非关税承诺等成果，将无条件地适用于其他非成员国。这实际上与 WTO 的 "非歧视性" 原则一致。第四，重视经济技术合作，而不是仅仅追求贸易制度的自由化。通过实施具体的项目，让成员国尽早享受区域合作好处，

---

① 此处的自由贸易区是 "Free Trade Area"，而不是指在一国境内的保税区或出口加工区概念 "Free Trade Zone"。

② 现实生活中，区域一体化的具体实践总是从实际出发、因地制宜和丰富多彩的。实践的机制运作早已打乱或超越这种理论和条规式的分类，使得这些分类并不严格按部就班地逐级上升。伍贻康主编《三足鼎立·全球竞争中的欧美亚太经济区》，上海社会科学院出版社，2001，第 7 页。

夯实合作物质基础，激发合作兴趣①。上述这些新特点，在目前中亚的各个经济合作机制中普遍存在。只有欧亚经济共同体是个例外，该组织效仿欧盟，在独联体成员国内追求关税同盟目标。

三　按合作内容划分

当前，各类国际合作机制在中亚的任务与活动内容主要包括政治合作、军事与安全合作、经济合作与人文合作四大部分，相应的，这些国际合作机制基本上可以分为四类：第一类具有综合职能；第二类以经济职能为主；第三类以安全职能为主；第四类以政治职能为主。

（一）国际机制的合作内容

政治合作的目的在于增加成员国间的政治互信，提高中亚国家的国际影响，加强其与世界各国的友好合作关系特别是与大国的联系与合作。典型的政治合作形式有高层领导人互访、发表共同宣言、建立热线电话、就地区和国际事务经常磋商、政党交流、选派监督选举的国际观察员等。实践中，几乎所有的国际合作机制都具有促进成员国交往的政治功能，之所以此处将该职能单独提出来，原因有二：首先，政治合作更加看重成员国的高层往来行为，更加强调成员国对国际和地区问题的共识，其表达政治立场的方式方法是其他合作机制无法代替的。特别是美俄争夺加剧以及在独联体"颜色革命"的大背景下，加强政治领域合作的重要性更加凸显。比如，在吉尔吉斯斯坦国内反对派与政府严重对立的情况下，2007 年上海合作组织成员国元首峰会仍旧在该国举行，这一行为即表明了成员国对吉国总统巴基耶夫的政治支持。其次，政治合作是其他各领域合作的基础，政治互信是其他各领域合作的前提。试想，如果成员国领导人长期不见面沟通，得不到第一手的感性信息的话，如何能解决成员国共同关心的问题？比如小泉执政时期的中日关系，经过一段时间的"政冷"后，经济最终也"冷"了下来。

安全与军事合作的目的在于维护区域稳定和成员国的国家安全，巩固成员国的独立与领土完整，防止侵略。其内容非常丰富，比较常见的有：打击"三股势力"；加强情报交流；提高军事装备水平；培训人员；核安全保障；军队建设；维和；联合军演；军技合作；边境安全；紧急救灾；打击各种跨国犯罪（包括有组织犯罪、贩毒、贩卖人口、非法移民、金

---

① 宫占奎等：《区域经济性质的研究》，http：//apec. nankai. edu. cn/noscript/apec/luntan/1－2. htm。

融犯罪和计算机犯罪等)。军事领域合作通常被视作中亚国家对外政策方向的重要晴雨表之一。这一点在乌兹别克斯坦身上表现得非常突出。2001年"9·11"事件后,乌允许美军在其领土上建立军事基地,成为美国在中亚地区最重要的合作伙伴。但2005年5月"安集延事件"后,乌要求美军限期撤离军事基地,并转而与俄罗斯签订了战略联盟协议,成为俄罗斯在中亚的重要合作伙伴。近年来,非传统安全领域的合作越来越多,特别是反恐和打击跨国犯罪活动两项内容,更是受到中亚国家的欢迎。

经济合作的目的在于维护成员国的经济稳定与发展;提高相互间的经济依存度;加强开放的多边贸易体制;减少区域贸易和投资壁垒以及消除贫困等。在中亚地区,经济合作的常见内容有:扩大中亚国家的出海口;加强基础设施建设;扶贫;环境治理;帮助经济体制改革;自由贸易谈判;技术支持、贸易与投资;经济技术合作;能力建设等。对中亚国家而言,所有问题归根到底都是发展问题,都在发展中产生,在发展中解决,其中,经济发展是一切发展的重中之重。所以,经济合作历来被中亚国家重视,甚至可以说,不管机制的效率如何,中亚国家几乎从未放弃过任何一个经济合作机制,逢有必参与。

人文合作的目的在于加强成员国间的相互了解,促进人员间的来往交流,增加成员国间的友谊,提高成员国政府和公民的能力。目前,该领域的合作内容主要包括:教育、科技和文化领域的交流与合作;相互认证与承认学历;语言培训;信息传媒;期刊;体育;旅游;青年;卫生健康;互办"国家年";非政府组织;社会问题与公共政策等。只有上升到精神层次的合作才是最高、最有效的合作,而这只有通过人文合作才能做到。与其他职能不同之处在于,人文合作更加注重人际沟通和思想交流,更加重视能力建设。实践证明,很多误解源于不了解,很多效率低下源于能力不足。这些问题往往不是因为"硬件"质量差,而是"软件"建设不够的必然后果。"软件"建设正是人文合作的宗旨和内容。

根据上述四项合作领域与内容,我们可以看出,在中亚的各类合作机制中,具有综合职能的合作机制有独联体、上海合作组织、欧安组织和中西亚经济合作组织。它们注重发展成员国间各领域的合作,包括政治、经济、安全、社会、人文和国际事务等。以经济和人文职能为主的合作机制有欧亚经济共同体、联合国及国际金融组织发起的合作机制、欧盟的"伙伴关系计划"等。以安全职能为主的合作机制有集体安全条约组织、北约"和平伙伴关系计划"等。以政治职能为主的合作机制有"亚信会议"等。

(二) 各职能间的关系

在中亚地区，即使是同一类合作机制，其合作重点也往往不同，每个机制都有自己的擅长与侧重。比如以经济职能为主的国际合作机制中，欧盟的合作重点在于促进中亚国家的经济体制转轨，联合国计划开发署重点在于丝绸之路旅游、投资和贸易，亚洲开发银行更加关注海关和交通领域，欧亚经济共同体重点发展关税同盟，上海合作组织侧重能源、交通和通信等基础设施领域。以军事和安全为主的国际合作机制中，上海合作组织重点在于打击"三股势力"，集体安全条约组织在于联合指挥、军技合作和统一防空，北约"和平伙伴关系计划"在于人员培训和联合军演等。所以，尽管数量众多，但中亚国家仍然愿意参加各个国际合作机制，以便从中获得不同方面的利益（见表4－2）。

表4－2　中亚国家参与的国际合作机制类型

	依合作机制的形态划分				依合作机制的职能划分				依合作机制的发起人或主导者划分			
	国际协定	国际组织	国际论坛	国际会议	综合职能	安全与军事职能	经济与人文职能	政治职能	独联体框架内	周边国家	国际组织	中亚国家自身
独联体		●			●				●			
集体安全条约组织		●				●			●			
欧亚经济共同体		●					●		●			
中西亚经济合作组织		●					●				●	
上海合作组织		●			●						●	
欧安组织		●			●						●	
伊斯兰会议组织		●			●						●	
北约和平伙伴关系计划	●					●					●	
美国大中亚计划			●				●				●	
欧盟伙伴与合作计划	●						●				●	
中亚区域专门计划	●						●				●	
UNDP丝绸之路合作项目	●						●				●	
中亚区域经济合作计划	●						●				●	
亚信会议				●				●				●
突厥语国家首脑会议				●	●						●	

现代社会纷繁复杂，实践中，各类国际合作机制的职能常出现交叉现象。比如打击贩毒、走私和洗钱活动，从与犯罪斗争的观点看，它属于集体安全条约组织非传统安全合作的重要领域之一；但从维护国家经济安全的角度看，它也是欧亚经济共体开展经济合作的重点项目之一。首脑会晤和人员交流培训更是各类合作机制的必备内容。正因如此，各类合作机制之间可以开展广泛的合作。比如，亚洲开发银行的"中亚区域经济合作计划"就与上海合作组织保持着良好的合作关系。该行于 2004 年 12 月批准了一项关于制定并实施《上海合作组织成员国政府间国际公路运输便利化协定》的技术援助项目，目的是协助上海合作组织成员国规划并实施该协定，以促进成员国之间的交通、贸易与旅游。2006 年 8 月 12～15 日，亚洲开发很行又与联合国亚太经社理事会和上海合作组织在北京共同磋商了这个协定，并签署相关谅解备忘录。俄罗斯总统普京不止一次强调说，在没有安全保障的情况下是无法发展经济的。集体安全条约组织和欧亚经济共同体互补不足，这非常具有前景①。

第四节　影响中亚国际合作机制发展的因素

组织理论认为：作为一个开放式系统，组织所处的环境会从积极与消极两方面影响组织的内在结构和行为。环境可以提供维持组织运行所需的资源，并在一定程度上促使组织产生对该资源的依赖。组织适应环境的方式通常有两种，即正式的结构调整与非正式的行为调整。正式调整往往是对组织结构的重新构造（比如机构改革等），而非正式调整则是组织在运行中的变化（比如交往模式等）。当正式调整因组织运行的惯性难以实行时，组织就依靠非正式调整来适应环境。不过，当非正式调整成为组织与外部新环境之间沟通的有效桥梁时，组织结构又总是在一定程度上限制非正式调整的方向与程度。环境总是不断变化，组织的领导者必须能够意识到此变化，并且知道应该如何应对这些变化。

组织理论恰好说明了中亚国家发展与国际合作机制间的相互作用关系。但多年来的实践表明，中亚国家需要国际合作机制。但各类国际合作机制在中亚地区的发展进程并非一帆风顺，而是受到很多因素的影响，其中最主要的有：中亚国际战略地位的变化、机制主导国的战略意图以及机制成员国间的利益差异三个方面。在各种因素综合作用下，尽管国际合作

---

① 俄罗斯新闻网，http：//rusnews. cn/guojiyaowen/guoji_anquan/20060816/41516046. html。

机制的种类和数量很多，但各机制对中亚国家的作用和影响力却不尽相同，各机制间仍将保持合作与竞争态势。

一 国际环境与中亚国家的战略地位

自独立以来，中亚国家的战略地位随着国际环境的变化而出现了四次提升，分别是：20 世纪 90 年代初苏联解体、90 年代中期里海油气开发热潮、2001 年 "9·11" 事件和 2005 年中亚 "颜色革命"。

第一次提升发生在 20 世纪 90 年代初苏联解体后。冷战结束后，面对与自己竞争了几十年的对手瞬间垮台，以美国为首的西方社会并未感到十分轻松。为了防止俄罗斯利用独联体恢复苏联而引发新的对抗，西方很快向独联体国家伸出了援助之手，提出各种援助与合作计划，以便让西方力量迅速进入独联体地区，填补因苏联解体而造成的地缘政治真空，并拉拢独联体成员国，弱化它们对俄罗斯的依赖。此外，土耳其、伊朗和沙特等伊斯兰国家为了扩展本国利益和伊斯兰教的影响，也同样向部分独联体成员国提出了援助与合作计划。中亚国家既是独联体成员国，又是俄罗斯的 "南大门"，还紧邻巴基斯坦、伊朗和土耳其等伊斯兰国家。具有这样独特的地缘战略价值，自然要成为大国会聚争夺的重点地区。

第二次提升发生在 20 世纪 90 年代中期里海油气开发热潮后。冷战结束后，全球化方兴未艾，世界经济蓬勃发展，致使能源需求急剧增长。为了实现能源来源多元化，保障能源安全，美、欧、日等消费大国在世界各地寻找新的能源储地，减少对中东石油的依赖，里海于是渐渐成为各国关注的焦点。据《BP 世界能源统计 2005》报告保守评估，里海地区原油（包括凝析油在内）可采储量范围在 170 亿～330 亿桶（合 23 亿～45 亿吨），占世界总储量的 18%，仅次于波斯湾，居世界第二。中亚国家位于里海东岸，石油和天然气资源非常丰富。其中哈萨克斯坦已探明总储量石油为 100 亿吨，天然气为 1.8 万亿立方米，煤为 39.4 亿吨，锰为 4 亿吨。土库曼斯坦全国 80% 的国土蕴藏着天然气，储量约 2.86 万亿立方米，占世界天然气储量的 1/4。在关注里海能源的基础上，1997 年 7 月，美国参议院外交委员会通过一项决议，宣布中亚是对美国具有 "切身重要意义" 的战略利益区。之后不久，克林顿政府就出台了系统完整的美国中亚战略，主要内容有：支持中亚国家加入西方体系，减少对俄罗斯的依赖；力求使中亚成为美国的能源基地之一；遏制俄罗斯和伊朗在中亚地区的影响。

第三次提升发生在 2001 年 "9·11" 事件后。"9·11" 事件是冷战后国际关系中的一件大事，其意义有三：首先，美国调整国家安全战略。冷战后凭借超强实力希望建立全球霸权的美国，在阿富汗战争中以"反恐"画线区分敌友，还提出"先发制人"的国家安全战略，以"反恐"为名实现美国利益。其次，国际格局发生了较为深刻的变化，世界多极化发展趋势日渐增强。俄罗斯外交部认为，"9·11"事件后美国作出的一系列行为，特别是发动伊拉克战争，带有霸主恣意妄为的特点，遭到国际社会谴责，使美国的实力和影响力开始由盛转衰，在很多国际事务中都需要寻求其他大国的支持①。最后，恐怖活动愈演愈烈，反恐成为国际安全合作的重要内容之一。受恐怖形势的影响，国际能源价格飞涨，不仅制约了世界经济发展，而且引发了新一轮的能源争夺。

之所以说中亚战略地位在"9·11"事件后有所提升，可以从两个方面看：第一，中亚成为俄美间遏制与反遏制的桥梁和工具之一。中亚国家毗邻阿富汗，是打击塔利班的前沿阵地，因此成为美国尽力争取的盟友。美国军事力量在阿富汗战争期间成功进入了中亚地区。美国与中亚国家间的关系亦达到冷战后的最高点。随着美国在中亚地区影响力扩大，俄美间的竞争日益加剧。第二，中亚国家是阿富汗重建和打击跨国犯罪的重要基地之一。阿富汗战争后，重建工作困难重重。在局势不稳时期，毒品走私、武器走私和非法移民等跨国犯罪活动猖獗，给地区安全和社会秩序造成严重恶果。中亚是这些犯罪活动的主要中转地（很多阿富汗产的毒品就是通过中亚到达俄罗斯和欧洲其他国家），也因此成为解决地区稳定与安全问题的重要合作伙伴。

第四次提升发生在2005年中亚"颜色革命"后。阿富汗战争结束后，美国对中亚的反恐需求下降，于是将工作重点转移到推广西方民主制度、促进独联体国家民主改造上来。尽管乌克兰、格鲁吉亚和吉尔吉斯斯坦三国的"颜色革命"主要由其国内问题引起，但美国的非政府组织在其中起了很大的推波助澜的作用。美国大力资助反对派的行为，使中亚各国现政权感到极大危机。它们纷纷寻求俄罗斯支持，并限制西方非政府组织活动。俄罗斯和中国看清了美国在独联体地区推广民主的本质，认为其最终目标不仅是在独联体实现西方制度，更是为了在独联体国家建立亲西方政权，将其拉入西方阵营，以遏制俄罗斯和中国的发展。因此，中、俄的战略合作需求增加，限制美国在中亚的势力扩张成为两国共识。在此

---

① МИД России, Обзор внешней политики Российской Федерации, http: //www. unitednations. ru/articles_22_1162284280. html.

背景下，中亚地区再次成为俄、美、中三国势力角逐的重点区域之一。

经过这四次提升，中亚已经成为世界关注的重点地区之一。当然，该地区至今仍不具备左右国际关系和国际格局的战略地位。或者说，尽管俄、美、中、欧盟各国、印度、伊朗、土耳其等大国在此竞争激烈，但都限制在一定程度内，各大国之间尚不会因为中亚事务而交恶。在此，世界之所以关注中亚地区的原因在于，在当今国际社会，很难找到第二个像中亚这样的地区，大国（尤其是俄、美、中三国）的利益和政策如此集中交汇和相互碰撞。

不过，由于中亚地区在亚欧大陆具有重要的战略地位，历来是大国必争之地，所以，中亚国家在开展区域合作时，有时将面临选择大国集团以及发展模式的难题。比如，哈萨克斯坦有限的石油资源是通过俄罗斯管线还是通过西方控制的巴库—杰伊汉管线出口欧洲，这不仅涉及经济效益问题，而且是个非常敏感的政治问题。目前，中亚国家奉行"大国平衡"的对外政策，与各国平等地发展友好合作关系。

二 主导国间的合作与竞争

机制主导国其实就是合作机制的核心领导。一个比较理想的主导国应该是实力强大，能够在地区或国际事务中发挥带头作用的大国。首先，它应该有强大的硬实力，能够主导区域发展。在区域内，有足够的资金投入以支持组织的发展，特别是能使弱国在合作过程中得利；在区域外，有足够的能力和其他区域主导国竞争，使区域内成员对其充满信心，不变心。其次，它应该有足够的软实力，比如国家发展模式、国家治理、宗教、艺术以及文明秩序等，特别是在文化和心理方面，主导国应该有很多值得他国欣赏和效仿的地方，甚至是其他国家努力追求的目标，以吸引其他成员国团结在其周围。再次，它应该有主导的意愿，即它愿意发挥带头作用，愿意和其他国家合作共赢。若它不肯出力，即使实力再大也不会发挥主导作用。现实中，在各领域都如此完美的主导国并不多见，所以一般情况下，只要某个大国能在合作机制中发挥核心作用，引导组织的发展方向，并借助自身实力影响其他成员国的行为，使组织能通过有利于己的决议，我们就可以称其为机制主导国。

从一定程度上说，主导国间的合作与竞争态势是影响中亚地区各种国际合作机制发展的第一要素。主导国投入多，合作机制就发展快一些，反之就慢一些。从本章前几节的分析中可知，目前中亚地区各个国际合作机制都有自己的主导者，其中最主要的是俄、美、中这三个大国。

（一）俄、美、中在中亚国际合作机制中的战略意图比较

中国的外交战略是"统筹国际、国内两个大局，积极倡导建设和谐世界，推动对外关系全面发展"，"维护发展的重要战略机遇期，为全面建设小康社会、加快社会主义现代化营造良好的外部环境"。为实现此目标，中国的外交方针是"大国是关键，发展中国家是基础，周边是重点，多边是重要舞台"①。换句话说，中国的全方位外交主要包括四个方面：一是大国外交；二是"睦邻、富邻、安邻"的周边外交；三是巩固与发展同发展中国家关系；四是多边外交。对中国来说，中亚既是周边，又是发展中国家，还是多边的合作伙伴，为了西部的发展与安全，与中亚的合作非常重要。不过，中国与中亚国家的合作更多是为了维护本国的安全与发展，不具有扩张性。

俄罗斯对外政策的战略目标是巩固俄罗斯作为一个伟大的强国——多极世界有影响的中心之一的地位以及保障俄罗斯人的利益，为国内发展创造稳定的国际环境。为此，俄罗斯确立了四个外交重点方向：一是加强独联体一体化进程；二是同经济和军事力量强大的大国发展平等的伙伴关系；三是开展国际合作，打击跨国犯罪活动和恐怖活动；四是加强国际社会的集体管理机制，首先是联合国安理会②。从历史传统上看，不做大国不符合俄罗斯的习惯，而如果它不能影响周边邻国，没有自己的盟友，就不是真正的大国。对俄罗斯来说，与中亚的合作是其核心利益之一。

美国的对外战略是要在全世界范围内"拓展民主、发展经济和维护安全"。在中亚地区，这三个目标也没有改变，只是在不同时期的重要性排序不同而已。比如2001年后是安全、经济和民主，2003年后是民主、安全和经济；2005年后则变为经济、安全和民主。若单从经济利益角度讲，除里海能源外，美国在中亚地区没有太多的实际利益，与中亚国家的贸易和经济技术合作在美国经济总量中微乎其微，甚至可以忽略不计。但是，当前国际社会的竞争主要是国家综合国力的竞争，经济与政治紧密联系，已经成为实现政治目的的主要手段之一。在美国对中亚整体战略中，经济合作更多的是手段，希望通过促进中亚国家的经济独立与发展来减少

---

① 此内容是对中国对外政策的精练概括，具体内容可参见历年《政府工作报告》等文件，http：//www. gov. cn/ztzl/2006 - 03/15/content_227782. htm。

② *Концепция национальной безопасности Российской Федерации*，утверждена Указом Президента Российской Федерации от 17 декабря 1997 г. №1300（с изменениями и дополнениями от 10 января 2000 г. №24），http：//www. nationalsecurity. ru/library/00002/index. htm。

甚至摆脱其对俄罗斯的依赖性，缩小俄罗斯和中国的影响范围。

从上述分析中可知，在中、俄、美三国的整体外交战略中，中国比较内敛，在对外政策方面没有争霸世界的野心，而俄罗斯明确提出要做世界强国，恢复大国地位，美国则显示出霸主特征，其利益已经遍及整个世界。相对而言，各国的中亚政策都处于从属地位，为整体外交战略服务，而且中亚国家在三国全球战略中的地位也不一样，按重要性从大到小排列的话，依次为俄罗斯、中国和美国。因此，尽管中、俄、美三国在中亚有很多竞争，但同时也存在很多共同利益。比如，它们都希望中亚国家稳定和发展，都支持中亚国家建立健全市场机制和治理环境，都愿意加强地区多边机制建设等。这些共同点不仅是三国在中亚地区能够开展合作的重要基础，而且符合中亚国家自身发展的需要。

中、俄、美在中亚利益的最大差别在于，三国都想把中亚国家拉入自己的合作机制里，强化各自在中亚地区的影响力。中国希望把中亚向东引，使其与中国西部紧密联系；俄罗斯想把中亚国家向北拉，将其控制在独联体范围内；美国则极力促进中亚国家向南发展，通过阿富汗将南亚与中亚连为一体。为此，三国都提出了各自较为具体且诱人的合作计划，以便吸引中亚国家参与。这一点在经济合作领域表现得十分明显。比如在电力领域，中国投资塔吉克斯坦修建500千伏和220千伏高压输变电线路项目，并进行从塔吉克斯坦和吉尔吉斯斯坦向中国输电的可行性研究。俄罗斯则购买吉尔吉斯斯坦的电力，并提议由俄罗斯和哈萨克斯坦资助成立一个中亚水电联合体来解决中亚的水资源分配及水电基础设施问题，以形成统一的中亚能源市场。美国为了支持塔吉克斯坦和吉尔吉斯斯坦将电力出口到阿富汗、巴基斯坦和印度，决定提供80万美元帮助塔吉克斯坦政府与美国AES能源公司合作更新现有的电力网，争取使塔在2008年底向阿富汗输电。此外，美国还推动巴基斯坦、阿富汗、塔吉克斯坦和吉尔吉斯斯坦四国召开跨国电力贸易会议，磋商跨国输电的技术及融资问题。在交通方面，中国已经立项修建中—吉—乌铁路和公路。俄罗斯努力协调与中亚的交通政策。美国则计划出资3650万美元由美国工程兵在阿富汗和塔吉克斯坦边界的喷赤河上修建连接两国的大桥，使阿富汗与中亚国家之间的交通更为便利。此外，美国还与世界银行、亚洲开发银行以及日本一道共同支持建设一条从哈萨克斯坦阿拉木图经吉尔吉斯斯坦的奥什、塔吉克斯坦的杜尚别以及阿富汗的喀布尔和坎大哈通往巴基斯坦的高速公路。在天然气管道方面，中国与土库曼斯坦于2006年4月签订了天然气合作协议，并修建从土库曼斯坦经哈萨克斯坦到中国的管线。俄罗斯则继续执行与土库曼斯坦天然气的"世纪合同"。美国则积极推动筹建一条从土库曼斯坦经阿富汗通往巴基斯坦的天然气管线（TAP），2006 年又计划将该管道延长至印度，成为土—阿—巴—印管线（TAPI），全长约为 2400 公里，计划投资 41 亿美元，年输气量 300 亿立方米。由此可见，地区经济合作往往在一定程度上为地缘政治所左右。

（二）俄、美、中在国际合作机制中的合作方式比较

中亚国家基础设施相连，民族交织，生态环境相互影响，很多问题都需要区域各国共同合作才能解决，很多项目也只有共同合作才能发挥最大效益。所以，俄、美、中三国都把中亚区域作为一个整体，重视在该地区的国际合作机制建设，合作时强调多边与双边相结合，将各国国情和整个地区的区情联系起来通盘考虑，这是三国在合作方式方面相同的地方。

不同的地方在于中国并不具备影响中亚国家的绝对有效的工具和手段，对中亚国家的影响途径首先是在满足中亚国家需求的基础上实现的。中国只能通过扩大中亚国家的所得来获取其好感，促使其愿意扩大与中国的合作。1994 年 4 月 18 ~ 28 日，中国总理李鹏对乌兹别克斯坦、土库曼斯坦、吉尔吉斯斯坦和哈萨克斯坦等中亚四国进行了正式访问。他在乌兹别克斯坦塔什干阐述了中国对中亚国家的四项基本政策：第一，坚持睦邻友好，和平相处；第二，开展互利合作，促进共同繁荣；第三，尊重各国人民的选择，不干涉别国内政；第四，尊重独立主权，促进地区稳定。在阿拉木图商贸中心会见哈萨克斯坦企业界人士时，他就发展中国同中亚国家的经贸关系提出了六点主张：一，坚持平等互利原则，按经济规律办事；二，合作形式要多样化；三，从实际出发，充分利用当地资源；四，改善交通运输条件，建设新的"丝绸之路"；五，中国向中亚国家提供少量经济援助是一种友谊的表示；六，发展多边合作，促进共同发展①。至今，中国与中亚国家合作时仍遵循上述原则。在所有中国与中亚国家共同参与的合作机制中，决策机制普遍采用"平等与协商一致"原则，追求的目标也都是"互利双赢"。

与中国和美国相比，俄罗斯与中亚国家都拥有坚实的历史、现实和人文联系。在此基础上，俄罗斯有很多可以制约中亚国家发展的手段。在政治领域，比如在国际事务中支持中亚国家现政权、利用当地俄罗斯族人的影响、通过苏联时期的同事、同学等进行情感交流、利用俄语和俄罗斯文

---

① 新华社资料库：《李鹏总理提出与中亚国家的合作原则》，新华网，http：//news. xin-
huanet. com/ziliao/2003 – 02/19/content_735901. htm。

化的影响等。在经济领域，比如利用传统经济联系（如基础设施网络、交通运输网、通信网、能源管道网等）、劳务移民、减免债务等。在安全领域，比如进行情报交流和提供军事援助、交换边防信息、反恐合作、提供武器装备、军事技术标准和培训人员等。这些优势使得俄罗斯在同中亚国家开展合作时，常常带有强烈的大国主义色彩，让中亚国家既反感又担心，有时还会引起中亚国家强烈的民族情绪反弹。另外，多年实践让俄意识到，与中亚国家的安全合作必不可少，但经济合作更是扩大影响的有效手段，必须加大对中亚的投入，使中亚国家切实感受到与俄罗斯合作的好处，才能真正扩大其在中亚的影响。

迄今为止，美国在中亚地区未建立一个国际组织。它与中亚国家的合作主要是通过它主导的全球性国际组织来实现，比如联合国机构、国际货币基金组织、世界银行、亚洲开发银行、北约等。不过，虽然美国作为大股东经常主导国际组织的行动，但后者毕竟有自己的独特利益和行为程序，并不总能满足美国的利益需求，所以美国还需通过一定的双边财政援助来实现自己的目标。双边援助通常直接通过美国的公司或非政府组织实施，而不是直接给予受援国政府。技术支持也主要提供给受援国议会，以便加强其监督力度，同时还可提高其制衡行政权力的能力。另外，利用"软实力"争取中亚国家也是美国的重要手段之一。这一点可以从俄罗斯独联体战略的实施效果中看得清楚。自 1995 年俄罗斯确立独联体战略以来，经过 10 多年的发展，目前独联体地区内，俄罗斯与白俄罗斯及中亚国家的一体化进程发展得比较顺利，与外高加索和欧洲部分的独联体成员之间的一体化程度则相对落后。虽然原因很多，但西方的发展模式和制度优势的影响不容忽视。欧盟东扩和美国援助政策进一步强化了独联体成员的独立自主和脱俄入欧想法。暂时，由于距离遥远和力量所限，西方还顾及不到中亚，对中亚的支持力度尚小。一旦西方加大投入的话，将会严重影响俄罗斯与中亚的合作。还有，同欧洲国家一样，美国在与中亚国家合作时非常重视民主和人权状况。认为民主化的程度和状况既是进行合作的重要前提，又是检验合作成果的重要指标之一。只有在民主得到发展和人权得到保护的法治环境下，各领域合作才有保障，才能顺利进行。因此，它常常把合作与成员国的民主人权状况紧密挂钩。

三　中亚国家的利益差异

中亚地区内部总体情况具有复杂性，每个国家甚至民族的内部又有各自的特性，特别是经过独立后至今 20 年的发展，中亚各国在发展水平和合作需求方面的差距逐渐拉大。哈萨克斯坦已经遥遥领先于其他中亚国家，而塔吉克斯坦仍远远落后于其他国家。根据世界银行数据，土库曼斯坦 2007 年 GDP 为 49.6 亿美元，人均 GNP（购买力平价）7052 美元；2009 年哈萨克斯坦 GDP 为 1091.6 亿美元，人均 GNP（购买力平价）10270 美元；乌兹别克斯坦的 GDP 和人均 GNP 分别为 328.2 亿美元和 2890 美元，吉尔吉斯斯坦的 GDP 和人均 GNP 分别为 45.8 亿美元、2200 美元，塔吉克斯坦的 GDP 和人均 GNP 分别为 49.8 亿美元、1950 美元[1]。在市场机制成熟度方面，从 1994 年开始，欧洲复兴开发银行（EBRD）每年都按照一套量化指标对中东欧国家的改革进程给予评价，并发表《年度转轨报告》。该评价体系包括大企业私有化、小企业私有化、企业内部的公司治理和结构改革、价格自由化、贸易和外汇体制、反垄断政策、银行改革与利率市场化、证券市场与非银行金融机构以及基础设施改善等 14 项指标。每项指标都根据一定的标准从高到低分为 4、3、2、1 四个等级。设 1991 年各项指标均为 1 的话，则从 2009 年的报告中可以看出，吉尔吉斯斯坦和哈萨克斯坦已接近转轨尾声，塔吉克斯坦和乌兹别克斯坦尚需继续努力，土库曼斯坦还遥遥无期[2]。国家间差距大会造成各国利益需求不一致，从而影响区域一体化建设。比如在能源领域，哈、土、乌三国倾向于加大油气合作，而吉、塔两国则希望开展水电合作。中亚国家中，只有哈萨克斯坦完成了能源领域的市场化改革，实现了开采和运输相分离、生产和分配相分离的管理体制，其他成员国尚处于改革进程中。由于各国机制不统一，所以很难形成区域内统一的能源体制。

　　与此同时，各国国内地区间的差距也在逐渐拉大。根据哈萨克斯坦国家统计局公布的资料显示，2009 年哈全国平均月工资为 64315 坚戈（约456 美元），其中位于原油产区的阿特劳州（122097 坚戈，约 865 美元）和曼吉斯套州（103430 坚戈，约 733 美元）最高，高出全国平均水平近 1倍，而南部的江布尔州最低，只有 41905 坚戈（约 297 美元）[3]。国内差距大容易形成"二元结构"，同样会影响区域合作。比如，关于中—吉—乌铁路吉尔吉斯斯坦段究竟走吉国南部还是北部的问题，曾经在吉国引起

①　World bank, Countries& Regions, http：//web. worldbank. org/WBSITE/EXTERNAL/COU-NTRIES/0,, pagePK：180619~theSitePK：136917, 00. html.

②　EBRD, *Transition report 2007*, http：//www. ebrd. com/pubs/econo/tru07. htm.

③　Агентство Республики Казахстан по статистике, 《Оплата труда в Республике Казах-стан》, Статистический сборник, http：//www. stat. kz/publishing/2010/Оплата _ инте рактивное% 20сод. pdf.

激烈争论，使得该铁路在很长一段时期内无法立项开工。南部落后地区认为应该走南部，这样可以加快南部的经济发展，缩小吉国南北差距；而北部较发达地区认为，铁路经过北部可以产生更多的经济效益，增加国民财富。

除利益和需求差异外，对合作的认同意识差、相互信任的基础差也会在一定程度上限制各类合作机制的深入发展。区域合作的前提条件是成员国彼此信任。戴着不信任的有色眼镜，往往会曲解合作的意义和作用，很容易把联合图强理解为大国乘机扩大对小国的影响，把合理的国际分工理解为大国想把小国变为原材料附庸等等，从而对一体化产生恐惧，怕削弱主权，怕失去经济利益。如果陷入这样的恶性循环的话，显然不利于区域合作的进一步发展。从独联体国家不断地呼吁应该加强联系就可以看出它们希望恢复原有的经济联系，希望加强合作。可实践中各国又都设立了很多障碍，使合作的目标很难实现。这种现象只能说明独联体各国有很强的不安全感，继而产生互不信任，而不信任别人就只能靠自己。现实主义认为，当国际社会处于无政府状态时，某一国家增强自我安全的行为会降低他国的安全，导致他国不自觉地疑虑并竭力增加自身实力，以求达到力量平衡。国家作为国际行为个体始终处于相互猜疑和相互恐惧的状态，时刻担心他国对自己的威胁，最终会卷入安全竞争的恶性循环之中，造成"安全困境"。解除安全困境只能靠自身实力，只有增强自身实力才能保证自身的安全。在"安全困境"下，国家不仅重视"绝对收益"，而且非常看重"相对收益"，即国家间的力量要保持平衡，他国获益相对多就会造成结构失衡，使自己处于劣势。中亚国家在历史上曾经处于波斯、奥斯曼和俄罗斯帝国的统治下，因此它们十分珍惜主权，非常惧怕周边大国影响它们的独立，担心再次失去主权，回到过去被吞并的状态中去。另外，中亚国家之间也存在较量。哈萨克斯坦和乌兹别克斯坦两国都想当地区"首领"，不想让对方扩大外交空间，在内外政策上互不相让，结果造成了彼此之间的矛盾。如哈萨克斯坦总统提出建立"欧亚联盟"倡议后，立即遭到乌兹别克斯坦领导人的公开反对。为增强国家的凝聚力，中亚各国都在"争取民族独立，复兴民族文化"的口号下不断加强民族主义在国家生活中的影响，而过强的民族主义往往和一体化精神相违背。实践证明，只有从靠物质利益刺激的合作发展为发自内心的积极主动合作，才能保障合作的持续稳定发展，使区域繁荣安定。因此，获得物质与精神双丰收，不仅符合中亚国家的利益，也是各类国际合作机制的主要任务与目标。

四　各机制间的合作与竞争

动荡将使各方受损，维护稳定与支持发展是各方的共识。在这个大前提下，中亚地区各合作机制间将会保持良好的合作关系，将竞争维持在一定限度内。正像哈萨克斯坦总统纳扎尔巴耶夫在 2002 年 11 月 6 日会见常驻哈国的外交使团时所说的那样："拥有重要地理位置的中亚，处在国际格局变动的旋涡当中，需要多种合作及磋商机制来协调各国的行动，打击"三股势力"和跨国毒品走私，消除因资源、边界等问题产生的矛盾。由于中亚地区的稳定最根本的基础还是经济的发展和贫困问题的解决，真正有前途的区域合作，是在针对安全威胁开展合作的同时，也要进行经济合作，还需要大国真正负起责任来。"①

当然，合作并不排斥竞争。未来，各合作机制间的竞争将主要表现为合作模式的竞争。比如中国以上海合作组织为样板实践"平等与协商一致"原则，合作时注意利益平衡，并通过大量的具体的合作项目让中亚国家感受到具体实在的收益。俄罗斯想参照欧盟经验建立超国家机制，合作时更加追求政策和标准协调，如协调军事指挥系统、统一军事技术标准、统一过境体制等。而美国等西方国家比较推崇西方的民主和自由制度，合作时注重中亚国家的各项制度与国际接轨的程度，常常把区域合作与人权状况和市场化程度挂钩。究竟哪一种合作机制更有效率，短时间内还得不出定论，但可以肯定的是，哪个机制能给中亚国家带来更多的实惠，使合作各方受益，哪个机制就会受到中亚国家更多的青睐和偏爱，其机制主导国的影响就会更大。

此外，在各方都视作重点的合作领域，各机制间的竞争将会比较激烈。比如经济合作中的能源和基础设施领域。在中亚国家工业制成品性价比不高的情况下，大国都对中亚国家的能源感兴趣，也非常重视中亚国家的交通设施建设。各国都明白，作为内陆国的中亚国家，作为以能源为主要财政收入的中亚国家，其交通通向哪方，其能源流向哪方，将来的对外联系就会倾向于那一方。

（一）集体安全条约组织与上海合作组织

独联体集体安全条约组织与上海合作组织二者有很多相类似的地方，

---

① http：//www. akorda. kz/www/www_akorda_kz. nsf/sections – main？OpenForm&ids = 64&id_
doc = A9F8632CF20A5F59462572DD00284098&lang = ru&L1 = L2&L2 = L2 – 15（哈萨克斯坦
总统网站）。

它们都致力于维护地区稳定与安全，面临着许多相同的任务，都把打击非传统安全作为工作重点；都建立了安全会议秘书、国防部长和总参谋长会议等合作机制。另外，它们的成员国几乎一致，都包含俄罗斯和中亚国家，集体安全条约组织仅比上海合作组织多白俄罗斯和亚美尼亚两个成员。正因如此，两个组织有很多可以合作的地方。集体安全条约组织秘书长博尔久扎曾说：没有上海合作组织的参与，集体安全条约组织就无法在阿富汗周边建立起一条真正有效的反毒品安全带。

2005 年 6 月 23 日，独联体集体安全条约组织 6 个成员国元首在莫斯科举行年度峰会后通过一项声明，就一系列国际问题阐述了共同看法。声明说，独联体集体安全条约组织的战略目的是促进建立公正民主的国际秩序，保持欧亚大陆的繁荣和安全。该组织成员国准备在独联体、上海合作组织和欧亚经济共同体框架内开展全面合作，希望同欧盟发展关系，也愿意同北约进行沟通和协调。

2007 年 10 月 5 日，上海合作组织秘书处和集体安全条约条约组织秘书处在塔吉克斯坦首都杜尚别签署合作备忘录，约定的主要合作领域是非传统安全，包括打击恐怖主义、非法贩运毒品、非法贩运武器、跨国有组织犯罪以及其他共同感兴趣的方面；而主要的合作方式是在各自职能范围内，就共同感兴趣的问题在商定的级别上举行磋商、交换信息和制订共同计划，开展共同行动等。但二者的合作并不针对北约。

与此同时，集体安全条约组织与上海合作组织也存在差异。首先，集体安全条约组织是俄罗斯维系传统势力范围的主要工具之一，其主要合作领域是军事一体化，包括人员培训、技术装备和指挥作战体系等。即使在非传统安全领域，也以军队为主。而上海合作组织的军事合作目前仅限于边界安全和打击"三股势力"，打击跨国犯罪刚刚提上日程，联合指挥则无从谈起。合作的主体除军队外，还有内务执法部门。其次，集体安全条约组织在一定程度上具有对抗北约的目的和需求，而上海合作组织不具有对抗性。

（二）集体安全条约组织同欧亚经济共同体

集体安全条约组织和欧亚经济共同体是俄罗斯加强同独联体国家关系的两个车轮，前者着重于政治和安全，后者关注经济和人文。二者的成员构成几乎相同，虽然集体安全条约组织比欧亚经济共同体多一个亚美尼亚，但亚美尼亚是欧亚经济共同体的观察员。从其产生和发展历程可知，这两个组织是在独联体只议不行，且内部"脱俄入欧"情绪加重的情况下，为了利用苏联遗产维系旧有联系，巩固自己的周边安全和生存空间，俄罗斯在独联体框架内重新建立和发展的"亲俄"组织。普京执政后，将独联体视为核心利益区。随着实力增强，俄罗斯越发重视集体安全条约组织和欧亚经济共同体在俄对外战略中的地位和作用，这两个组织间的合作关系也随之日益密切。

实践中，集体安全条约组织和欧亚经济共同体在非传统安全领域存在很多相互合作乃至"冲突"的地方，比如二者都打击非法移民和武器走私，维护边界安全，只不过前者以军队为主，后者以内务部门为主。2008年1月，集体安全条约组织还提议在该组织和欧亚经济共同体的框架内成立欧亚"申根区"，以方便人员和商品自由流动。另外，两个组织都关心阿富汗重建。

由于部分工作相互重叠，所以乌兹别克斯坦总统卡里莫夫建议将它们合并成一个强有力的组织，以便整合两个机构的资源和优势，节约经费和人力。但俄罗斯至今未对合并事项表示同意，主要是借鉴独联体"大杂烩"的教训，防止在同一个组织内，某一领域合作受阻进而影响其他领域合作。保持两个组织同时存在，即使成员国退出其中一个，仍可以在另一个组织中继续合作。

（三）集体安全条约组织同北约

俄罗斯最初的设想，是通过建立统一的防御空间，将集体安全条约建设成为苏联解体后的华约组织。但随着地缘政治形势变化，只有一半的独联体成员同意加入集体安全条约。目前，除俄罗斯外，集体安全条约组织成员国主要位于中亚地区，高加索地区只有亚美尼亚，欧洲部分只有白俄罗斯。其他独联体成员则或中立，或愿意加入北约。近些年，北约不断东扩，前沿已经逼近俄罗斯。在这样形势下，集体安全条约组织同北约之间虽然有合作，但以竞争为主。

二者间的竞争主要表现为以美国为首的西方军事体系和以俄罗斯为首的前苏联军事体系这两大军事体系间的竞争，如人员培养模式、武器装备和技术标准、指挥作战系统、资金投入规模等。一些集体安全条约成员国的矛盾在于：为提高本国的国防力量和质量，需要学习较为先进的西方技术和管理，但本国已有的国防体系以苏联遗留为主，分散在各成员国的很多军工企业间仍保持紧密的生产分工，若按照西方标准改造则需要大量资金，通常承受不起。对此，一些集体安全成员国的解决办法是同时与两大体系合作，既与俄罗斯在集体安全条约组织框架内合作，又同北约签订"和平伙伴关系计划"，参加北约框架内的部分行动。鉴于中亚国家普遍实行大国平衡战略，不愿意同西方对抗，因此，即使俄罗斯同西方关系严重恶化，集体安组织也轻易不会同北约对抗。但俄罗斯会利用优惠武器装备价格、转让技术及免费培训等手段，加紧集体安全组织建设步伐，将集体安全组织成员国控制在自己可以把握的范围内。

二者间的合作主要表现在两个方面：一是维护非传统安全，如打击恐怖主义、跨国犯罪、非法移民、毒品和武器走私等；二是维护阿富汗稳定与重建。现在，阿富汗的毒品、难民等借道中亚、高加索和俄罗斯进入欧洲，给欧洲的社会秩序带来严重威胁，只有集体安全组织和北约联合起来，才能更好地应对此共同威胁。另外，阿富汗战争后，塔利班武装并未得到彻底清除，北约仍需长期驻扎在阿富汗。而部队的给养若依靠空运，花费太大，若能通过集体安全条约组织成员国领土用铁路运输，则比较方便快捷。2008年4月北约布加勒斯特峰会期间，北约同俄罗斯、哈萨克斯坦和乌兹别克斯坦签署过境这三个国家用铁路从欧洲向驻阿富汗的北约部队运送非军事物资的协议。

（四）欧亚经济共同体同上海合作组织

欧亚经济共同体和上海合作组织都把经济和人文作为重点合作领域，因此双方有很多共同感兴趣的合作内容。2006年5月8日，上海合作组织秘书长张德广和欧亚经济共同体秘书长拉波塔在北京签署《谅解备忘录》，确定双方将在贸易、能源、环保、交通、投资、旅游等经贸领域和教育、卫生、体育、劳务、科学、文化等社会人文领域加强合作。

与此同时，尽管中国积极推进上海合作组织内部的经济合作，主观上不存在与欧亚经济共同体竞争的政策意图，但由于两个组织的功能和成员相近，可以说，前者的发展客观上对后者造成了一定冲击。二者的竞争主要表现在决策模式、工作方式和工作内容等方面。

在决策模式方面，上海合作组织采用"政府间合作形式"，在各领域、各级别中都实行"协商一致"原则。而欧亚经济共同体则模仿欧盟的"超国家"做法，在跨国委员会（最高机构，由国家元首和政府首脑组成）中实行"协商一致原则"，而在一体化委员会（常设机构，由政府副总理组成）中采用"按成员国认缴会费的比例计算表决权"的原则，其中俄罗斯占40%，白俄罗斯、哈萨克斯坦和乌兹别克斯坦各占15%，吉尔吉斯斯坦和塔吉克斯坦各占7.5%。究竟"协商一致"和"按比例表决"哪个更有效率，哪个更受中亚国家欢迎，目前还很难做出结论。毕竟，上海合作组织和欧亚经济共同体成立至今只有10余年时间，其发展潜力尚需观察。

在工作方式方面，中国的做法也有很大不同。在上海合作组织内，中国始终坚持"平等"与"双赢"两个原则，尊重中亚国家的独立与主权，视其为平等的合作伙伴，凡事协商，绝不强迫，因此深受中亚国家欢迎。俄罗斯影响甚至控制中亚国家的手段却比较多，双方的经济合作具有坚实的历史、现实和人文基础，比如生产分工体系、基础设施和国家标准体系、外债问题、劳务移民、各国的俄罗斯族人、军事安全、语言文化等。

　　在工作内容方面，实践中，上海合作组织开展经济合作的方式是以项目投资为主，政策协调为辅。投资合作的领域有很多，但重点是网络型基础设施建设，旨在建立一个区域互通共享的基础设施体系，其中能源、电力、交通和电信网络更是被列为优先发展方向。欧亚经济共同体的合作内容是以政策协调为主，项目投资为辅。政策协调就是在苏联时期既有经济联系的基础上，以市场机制和国际通行的先进规则与标准为依托，建立区域统一的贸易投资环境，比如统一关税、统一能源过境体制、统一交通费率、互免签证等。

　　中、俄两国都明白，作为内陆国的中亚国家，其基础设施通向哪方，将来的对外联系就会倾向于哪方。目前，俄罗斯在欧亚经济共同体框架内大力发展"南北运输走廊"，希望中亚国家通过俄罗斯的公路和铁路系统进出口货物。而上海合作组织的能源管道建设和中—吉—乌公路、中—塔公路和中—吉—乌铁路建设，势必会打破俄罗斯的垄断，提高中国的影响力。

第五章 中亚国家参与的主要
区域性国际组织

目前，覆盖中亚地区的多边国际合作组织主要有集体安全条约组织、欧亚经济共同体、独联体、上海合作组织、中西亚经济合作组织、伊斯兰会议组织等。

第一节 独联体集体安全条约组织

1992年5月15日，独联体国家首脑在乌兹别克斯坦首都塔什干会晤时，俄罗斯、亚美尼亚、哈萨克斯坦、乌兹别克斯坦、塔吉克斯坦和吉尔吉斯斯坦6个国家签署了集体安全条约。1993年，格鲁吉亚、阿塞拜疆和白俄罗斯加入此条约。条约于1994年4月20日正式生效，有效期5年，并于1995年11月1日在联合国登记。1999年，条约第一个5年期限刚满，阿塞拜疆、格鲁吉亚和乌兹别克斯坦三国便宣布退出。2002年5月14日，独联体集体安全条约理事会会议通过决议，将"独联体集体安全条约"升格为"独联体集体安全条约组织"，10月7日，通过该组织章程及其法律地位的协议。2004年12月2日，该组织成为联大观察员。2006年12月13日，乌兹别克斯坦总统签署有关乌重返集体安全条约组织的法律文件，但乌议会因西方阻挠和内部反对派压力直到2008年3月28日才正式批准。

集体安全条约组织的宗旨是建立集体防御空间，提高联合作战能力，防止并协调成员国内部及独联体地区内武装冲突，包括打击国际恐怖主义和跨国有组织犯罪活动、组建联合部队和联合司令部、举行联合军演、开展军技合作、培养军事人才、维持和平、边境安全等。集体安全条约第4条规定：根据联合国宪章第51条关于行使集体防御权利的规定，如该条约的某个成员国遭受侵略，则视为对该组织所有成员国的侵略。其他成员国应立即向被侵略的成员国提供一切必要的援助，包括军事援助、资金援助和其他物资援助。当成员国的安全、领土完整和主权面临威胁时，该组织应立即启动共同磋商机制，协调各成员国立场，并采取措施消除此威胁。该组织实行开放原则，所有赞同该组织宗旨和原则的国家都可以加入。组织也不针对第三国，加入集体安全条约组织不影响各成员国参加的其他国际条约所规定的权利和义务，但成员国有义务不得签署与集体安全条约相抵触的国际协议①。

集体安全条约组织的机构主要有：集体安全理事会、安全会议秘书理事会、外长理事会、国防部长理事会、参谋长理事会、联合参谋部、秘书处。集体安全理事会由成员国组成，是组织的最高机关，负责审核组织的原则性问题。安全会议秘书理事会、外长理事会、国防部长理事会和参谋长理事会分别由成员国的安全会议秘书、外长、国防部长和参谋长组成，分别负责本部门领域的合作事项。秘书处是常设的组织行政工作机关，联合参谋部是常设的作战指挥机关。

在独联体集体安全条约框架下，成员国先后签署了建立统一防空体系、导弹袭击预警系统和宇宙空间控制系统条约；集体安全构想；集体安全条约理事会程序规定；集体安全条约构想实施计划和各签约国深化军事合作的基本方向；共同战略条例；成立联合反恐中心；集体安全力量2001~2005年行动计划；集体安全力量2010~2014年行动计划；各签约国军事技术合作基本原则协议；兵力兵器编成单位地位协议、保障独联体南部边界协议、俄罗斯与中亚国家联合防空防天、建立中亚集体快速反应力量等协议，举行了"南部盾牌2000"、"反恐首长参谋部"和"战斗协作"等联合演习。集体安全条约组织成立后，在其框架下成立了联合司令部和快速反应部队，每年坚持举行"边界"等军演，内容主要针对反恐、边界安全和联合防空等。

2009年2月4日，集体安全条约组织成员国首脑特别峰会在莫斯科举行，一致同意组建集体快速反应部队。快速反应部队的"骨干"力量是俄罗斯第98空降师和第31空降突击旅，其他成员国各派出一个（或两个）营规模的部队。俄总统梅德韦杰夫当天说，即将组建的独联体集体安全条约组织集体快速反应部队将不会逊色于北约的同类军事力量。6月14日，俄、哈、亚、吉、塔5个成员国领导人在莫斯科签署了有关建立集体快速反应部队的协议，白俄罗斯和乌兹别克斯坦未签署。协议规定了集体快速反应部队的使命、组成及使用问题。根据协议，快速反应部队由

① Тезисы выступления Генерального секретаря ОДКБН. Н. Бордюжи на V международной научно-практической конференции "Место и роль Организации Договора о коллективной безопасности в формирующейся архитектуре международной безопасности, перспективы развития ОДКБ", Москва, 20января 2005 г.

成员国现有的快速反应部队、护法机构、安全机构和应对紧急情况机构的人员改造而成，配备各成员国通用的现代武器装备；主要任务是抵御军事侵略、救灾、打击国际恐怖主义和有组织跨国犯罪等；和平时期，集体快速反应部队在各自的常驻地点驻扎，一旦出现特殊情况，将根据集体安全理事会的决定进行部署。8月27日，白俄罗斯总统卢卡申科在俄南部城市索契与俄总统梅德韦杰夫会谈时，表示白方有意参与独联体集体安全条约组织集体快速反应部队的组建工作，10月2日又表示白已完成签署加入快速反应部队协议的国内法律程序。2010年10月25～28日，集体安全条约组织（白俄罗斯派出观察员，乌兹别克斯坦未参加）快速反应部队"协作—2010"战役战术演习在俄罗斯车里雅宾斯克州切巴尔库尔训练场展开。这是集体安全条约组织快速反应部队组建后首次在俄境内举行演习。成员国共派出大约1700人和270套战斗技术装备参加。

对中亚国家来说，集体安全条约组织的作用主要表现为以下三个方面：

第一，集体安全条约组织是中亚国家维护国土安全的重要力量。这一点可以从历史和现实两个方面解读。从历史看，独立后，作为欧亚大陆的地缘要冲，中亚是各种外部势力的交汇点，苏联解体使前苏联的这个战略空间出现巨大的势力真空。与周边大国相比，中亚国家实力相对弱小，经济和国防能力有限，无法依靠自己的力量保卫国家安全，在安全问题上有求于大国。中亚与俄罗斯在苏联时期属于统一的国防体系，在装备型号、技术标准、生产分工、作战方法、管理体制等各个方面均具有天然联系。独立后的中亚国家只能在继承此遗产的基础上建设本国的国防力量，无法依照西方标准另起炉灶。当建立独联体统一武装力量设想破灭时，与俄罗斯建立统一防御空间便成为首要选择。

从现实看，目前中亚地区的外部威胁主要来自阿富汗和西方推广"民主"时引发的社会动荡和冲突，内部威胁主要有领土争端、民族冲突、水资源纠纷等。面对这些跨越国界的威胁，单靠某一个国家的力量已经无法解决，必须借助一个有效的多边合作机制，整合区域所有国家的资源，集合所有国家的力量。集体安全条约组织恰好具备此功能，能够满足中亚国家的安全需求。

第二，集体安全条约组织是中亚国家实施大国平衡战略，以实现利益最大化的重要手段之一。目前在中亚，与集体安全条约组织共同存在的安全合作机制还有美欧主导的北约"和平伙伴关系计划"和上海合作组织。这三大机制在功能和成员结构上相类似，有些部分甚至相互重叠，在一定程度上存在竞争，可以相互制约。它们之间的相互竞争和相互制约，使得任何大国都不能独占该地区，由此可以让中亚国家最大限度地保卫自身利益，既能够避免成为某一大国的附庸，又可获得三大国的优惠政策和财政援助。

第三，集体安全条约组织是中亚国家牵制俄罗斯的重要工具之一。俄罗斯对中亚国家的影响表现在各领域和各层次，为减少俄罗斯的影响而获得真正的独立，中亚国家采取的措施之一，便是利用多边机制规则，约束俄罗斯的行为，借助集体的力量，弥补个体力量比较薄弱的不足。尽管从总体上看，集体安全条约组织是俄罗斯主导的地区安全机制，是其试图控制中亚国家的重要工具之一，但中亚国家在该组织中并非总是处于被动和附属地位，而是努力设计能够确保自己利益的合作机制。比如集体安全条约组织宪章规定，组织内各机构的决策均遵循"协商一致"原则，防止俄罗斯以大欺小，作出不利于中亚国家的决定。

第二节　欧亚经济共同体

1996 年 3 月，哈萨克斯坦、俄罗斯和白俄罗斯三国成立了"关税同盟"，同年吉尔吉斯斯坦加入，1999 年 4 月塔吉克斯坦加入。五国准备首先取消关税和数量限制，统一贸易制度，对组织外的第三国实施统一的关税和非关税措施，并在此基础上合并各成员国的海关辖区，建立统一的关境，使海关监管从成员国内部边界转移到联盟的外部边界，实现关税同盟。2000 年 10 月 10 日，五国总统在哈萨克斯坦首都阿斯塔纳举行会晤，决定将"关税同盟"发展为"欧亚经济共同体"，目的是在"关税同盟的框架内建立统一的经济空间，把一体化进程提高到一个新的水平"。2002 年 5 月 13 日，欧亚经济共同体吸收摩尔多瓦和乌克兰为观察员，2003 年 4 月 27 日又吸收亚美尼亚为观察员国。2005 年 10 月 6 日，在圣彼得堡举行的中亚合作组织成员国首脑峰会上，俄、哈、吉、塔、乌五个与会国家的领导人一致同意将中亚合作组织与欧亚经济共同体两个组织合并①。

---

① 1994 年 1 月，哈、乌两国总统在塔什干签署了两国统一经济空间条约，决定自同年 2 月 1 日起建立共同市场，彼此消除关税壁垒，实现劳动力、商品和资本的自由流通。同年 4 月，吉尔吉斯斯坦宣布加入这一条约。1998 年 3 月 30 日，塔吉克斯坦加入该组织。1998 年 7 月 17 日，该组织正式更名为"中亚经济共同体"。2002 年 2 月共同体改名为"中亚合作组织"。2004 年俄罗斯加入该组织。2005 年 10 月 6 日，该组织与欧亚经济共同体合并。

2006 年 2 月 25 日，欧亚经济共同体成员国圣彼得堡元首非正式会议时通过决议，接纳乌兹别克斯坦为正式成员国。2008 年 11 月 12 日，乌兹别克斯坦宣布暂时中止参与欧亚经济共同体活动，原因是该组织缺乏工作效率，乌方未能从组织中受惠，今后将着重加强与该组织成员国的双边关系。

　　欧亚经济共同体设立跨国委员会、一体化委员会、跨国议会大会和共同体法院。跨国委员会和一体化委员会中的主席职位根据共同体每个成员国在俄语字母表中的顺序轮流担任，任期一年。跨国委员会是欧亚经济共同体的最高机构，由各缔约方国家元首和政府首脑组成。其主要职能是审议共同体中涉及各成员国共同利益的原则问题，确定一体化的发展战略、方向和前景，通过旨在实现组织目的和任务的决议。跨国委员会授权一体化委员会向跨国议会大会提出质疑、建议，向共同体法院质疑。跨国委员会可通过决议，成立共同体辅助机构。国家元首级跨国委员会每年至少举行一次会晤，政府首脑级跨国委员会每年至少举行两次会晤。一体化委员会是欧亚经济共同体的常设机构，由各缔约方的政府副总理组成，至少每三个月举行一次。一体化委员会秘书处由秘书长领导，负责跨国委员会和一体化委员会工作的组织和信息技术保障。秘书长是共同体的最高行政官员，由跨国委员会根据一体化委员会的提名任命，任期三年，可参加跨国委员会和一体化委员会的会议。各缔约方在秘书处任职的公民数量根据其向共同体预算缴纳费用的比例确定，秘书处还可雇佣合同制职员。跨国议会大会是欧亚经济共同体框架内的议会合作机构，审议有关协调（接近、统一）各缔约方国内法律的问题，使其与为完成共同体的任务而在组织框架内签订的条约相一致。跨国议会大会由各缔约方议会派遣的议员组成。跨国议会大会的条例须经跨国委员会批准。共同体法院由各缔约方代表组成，每一缔约方的代表不得超过两名。法官由跨国议会大会根据跨国委员会的提名任命，任期六年。其职责在于保证各缔约方以相同的样式使用本条约和共同体框架内的其他现行条约，以及欧亚经济共同体各机构通过的决议。此外还负责审议各缔约方在执行欧亚经济共同体各机构决议和共同体框架内各现行条约规定时出现的经济争端，解释决议和条约，作出结论。

　　为了避免独联体只议不决的弊端，欧亚经济共同体模仿欧盟的一些做法，在跨国委员会中实行"协商一致原则"，而在一体化委员会中采用"按成员国认缴会费的比例计算表决权"的原则，其中俄罗斯占 40%，白俄罗斯、哈萨克斯坦和乌兹别克斯坦各占 15%，吉尔吉斯斯坦和塔吉克斯坦各占 7.5%。

（一）关税领域

欧亚经济共同体成员国共有约 12000 种进出口商品。为了统一关税，俄、白、哈三国制定了"统一关税税率表"。至 2005 年初，俄罗斯和白俄罗斯两国已统一了其中 90% 多的进口关税；哈萨克斯坦约 60% 的关税与税率表一致；吉尔吉斯斯坦作为世贸成员，关税水平很低（约有 45% 的欧亚经济共同体商品实行零关税），因此它只有 33% 的关税与税率表一致（约占欧亚经济共同体商品总和的 19%）；塔吉克斯坦约有 73% 的关税与税率表一致。另外，欧亚经济共同体对成员国开列不受统一关税税率约束的敏感商品的数量进行了限制：2002 年不得超过本国总进口额的 15%，2004 年为 8%，2005 年为 5%，只有塔吉克斯坦例外（它的敏感商品只有铝矿一种），但也不得超过该国总进口额的 25%。到 2005 年初，各成员国开列的"敏感商品"总计 3000 多种，约占成员国商品种类总和的 1/4，约占进口总值的 5%。欧亚经济共同体目前正在尝试改革敏感商品的确定原则，将由"按上一年的进口总值比例"原则改为"按上一年的进口数量比例"原则。

作为苏联的继承者，俄罗斯和白俄罗斯给予 120 多个国家最惠国待遇；吉尔吉斯斯坦作为世贸成员，给予 140 多个世贸成员最惠国待遇；哈萨克斯坦和塔吉克斯坦与 45 个国家签订了双边最惠国协议。目前，欧亚经济共同体正在着手制定统一的、针对发展中国家和最不发达国家的经济政策，其中包括制定统一的优惠关税、统一的发展中国家名单（87 个）和最不发达国家名单（50 个）以及统一实施优惠关税的商品目录。对产自目录中的发展中国家且列入优惠关税目录的商品征收"欧亚经济共同体统一关税税率"75% 的关税，对来自最不发达国家的商品免税。根据已签署的自由贸易协定，欧亚经济共同体对独联体内的非成员国实行自由贸易制度。

2006 年 5 月 19 日，欧亚经济共同体成员国在白俄罗斯首都明斯克签订了使用统一商品标识的协定。按照协定，欧亚经济共同体 6 个成员国之间的生产商和供货商相互进出口时，使用统一标识的商品可以免除一切过境手续，实行自由通关。如果说以前企业主运送货物通关时要缴纳关税、出示认证文件，那么今后将不再需要这样或那样的手续，只要包装物上标明统一标识就可以自由通行。但协定明确规定，从第三国进口的货物不享受此优惠待遇。乌兹别克斯坦由于加入欧亚经济共同体组织时间不长，目前尚有近半数的共同体协议没有签订，因此暂不执行该协定。

2006 年 8 月 15~17 日，欧亚经济共同体成员国元首在俄罗斯南部旅游胜地索契召开会议，讨论有关建立关税同盟和共同能源市场等问题。2009 年 11 月 27 日，俄罗斯、白俄罗斯、哈萨克斯坦三国元首在明斯克签署包括《关税同盟海关法典》在内的 9 个文件，决定从 2010 年 1 月 1 日起对外实行统一税率（部分商品有过渡期）；2010 年 7 月 1 日起取消俄与白俄间的关境；2011 年 7 月 1 日起取消俄哈间的关境。内部关境完全取消后，在成员国内部：关税免征，增值税和消费税由各国税务机关自行征收，税率自定；针对第三国：在货物报关口岸征收统一进口关税、增值税和消费税。增值税和消费税收入分配实行先征后退：进口商自成员国进口时，向本国政府缴纳两税，出口商凭出口单据向本国政府申请退税。三国税务部门建立信息交换系统，每月相互交换货物过境和纳税资料，负责协调和处理征退税事宜。

俄白哈关税同盟的最高领导机构即欧亚经济共同体的最高机构"跨国委员会"，下设常设协调机构"关税同盟委员会"，负责处理有关同盟运作事务，如制定外贸商品目录、进出口税率、税率优惠和配额政策、研究和实施非关税调节措施等。"关税同盟委员会"的决议具有超主权性质，效力大于成员国国内法律。如有异议，可提交跨国委员会解决。三国在委员会中的表决权比重分别为：俄 56%、白俄 22%、哈 22%；在调整汽车、服装、药品等"敏感商品"进口税率时采用2/3 多数票原则。

2010 年 3 月 25 日，俄白哈关税同盟委员会通过决议：从 2010 年 9 月 1 日起按照俄 87.97%、哈 7.33%、白俄 4.7% 的比例在三国间分配全部进口税收。俄白哈关税同盟的统一进口税率以俄罗斯现行税率为蓝本，总体水平比俄现行税率水平低约 1%，与白俄大体相同，比哈现行税率水平约高一倍，因此需要俄罗斯调整约 18% 的商品税率（其中上调约 350 种，下调约 1500 种）；白俄约上调 6.7% 的商品税率，哈需上调约 32% 的商品税率（涉 5000 多种）。为保护本国企业利益，哈萨克斯坦要求：（1）分阶段实现统一税率接轨，对药品、塑料及其制品、医疗器械、铁路机车、客、货车厢等 400 多种商品实施 1~4 年过渡期；（2）凡用于租赁业务进口的机械设备免关税；（3）凡外商投资项下进口的机械设备和原、辅料免关税。

俄白哈关税同盟的成立，标志着由俄罗斯主导的"统一经济空间"已粗具雏形，形成一个拥有约 1.7 亿人口、石油储量 900 亿桶、GDP 总量 2 万亿美元、工业产值 6000 亿美元、农业产值 1120 亿美元、小麦产量占世界总产量 12%、出口量占 17%、商品周转额达 9000 亿美元的统一经济体。

（二）交通领域

欧亚经济共同体成立后，建立统一交通空间是该组织的优先发展方向之一。共同体专门在一体化委员会下设了交通政策委员会，负责协调成员国的交通体系，规划共同体的交通合作。受路况变化及产业改革等一系列难题困扰，协调成员国间的利益十分困难，进展缓慢。目前，成员国交通领域的合作主要就以下内容展开：（1）统一铁路运费，降低运输成本；（2）加强公路运输便利化建设；（3）发展运输走廊的潜力。

2004年1月22日，在俄罗斯交通部建议的基础上，欧亚经济共同体一体化委员会通过了《关于制定并实施成员国铁路货物运输收费标准的基本原则》和《制定铁路货物运输滑准税率的程序》两个文件。其中基本原则是：统一收费的目的是减少运输障碍，降低成本，提高成员国商品的竞争力；制定统一的货物名录；采用先进的技术方法；维持收费稳定，制定出的收费标准要保持一年；禁止成员国擅自降低收费标准或提供优惠政策；成员国自行确定收费的货币单位；成员国自行决定收费标准的生效期限等。货物运输的滑准税率是指，为了保证铁路运量稳定并使运费具有竞争力，在一定时期一定路段上针对某些货物的运量变化而采用不同的收费标准。制定滑准税率的程序是先由欧亚经济共同体一体化委员会下的交通政策委员会组建工作小组，工作小组制定出的收费方案经一体化委员会审核后送交各成员国相关部门，由各成员国自行确定是否采用以及采用的期限①。

加强公路运输便利化建设的主要途径是加快《交通联盟协议成员国关于国际公路运输的协议》（1998年11月24日成员国制定）的生效步伐，以便建立统一的公路运输体制和过境体制。现在，协议成员国中只有白俄罗斯因该问题牵涉与非成员国的合作而尚未批准。白俄罗斯交通部门想通过与俄罗斯签署新的双边合作协定来解决这个问题。

在发展运输走廊潜力方面，欧亚经济共同体的主要工作包括：统一基础设施的技术标准；制定区域运输走廊线路图；交流交通运输信息；协调过境体制；组建合资运输企业等。这些工作目前正在逐步推进过程中。2002年2月26日，哈萨克斯坦批准了国际南北运输走廊协议②，吉尔吉

---

① 《Общие принципы формирован и яиприменения железнодорожных тарифов на перевозки грузов между государствами-участниками Соглашения между РБ, РК, КРиРФ о формировании Транспортного союза от 22 января 1998 г》 и 《Порядок установления сквозных тарифных ставок на перевозки грузов по железным дорогам государств-участников ЕврАзЭС》 утверждены Решением Интеграциионого Комитета ЕврАзЭС от 22 января 2004 г№299.

② 南北运输走廊是俄罗斯、伊朗和印度三国于2001年共同创建并于2002年生效的、将印度、西亚、俄罗斯和欧洲相连的南北贸易新干线。据估计，该线路将比途经苏伊士运河航线的费用减少15%～20%，时间减少15～20天。

斯斯坦和塔吉克斯坦也准备加入。哈、吉两国还在研究"两国边境上共用一个车站"的合作方案。2005 年 3 月 24 日,欧亚经济共同体通过了《关于在建立和发展交通走廊领域采取协调政策的协议》。

由于很多国际组织都非常重视欧亚交通走廊的建设,特别是联合国的相关机构、欧盟和亚洲开发银行等,因此,欧亚经济共同体可以在这方面与之紧密合作,既吸取其经验教训,又可筹集发展建设资金。比如欧亚经济共同体现在正与独联体交通委员会和国际公路交通联盟合作制定既符合成员国现实,又与国际接轨的技术标准,以方便国际合作。

(三) 人文领域

为了进一步深化经济和人文领域的合作,1998 年 4 月 28 日,关税联盟成员国元首共同发表了《为平民所做的十项简单措施宣言》,提出 10 项关于简化公民出入境手续和保障公民在其他成员国境内的基本权利的建议。之后,关税联盟及其继承者欧亚经济共同体制定了具体的实施措施,包括以下几方面内容:

在保证公民自由流动方面,成员国签署了《公民互免签证协议》,使得各成员国公民持本人护照即可自由进出其他成员国的领土。同时,为了保证各成员国公民在其他成员国境内基本的生存和就业权益,各国还签署了相应的协议,包括简化申请国籍手续、保障成员国公民的法律地位、保障自然人及其携带物品过境时的自由和平等权利、给予成员国公民快速及时医疗救助、简化公民汇款手续、承认和认可教育证书等,这些配套措施在一定程度上保证了成员国公民的自由迁徙权利、在另一成员国的就业、劳动条件、教育与培训以及医疗安全等。

在劳动力流动方面,成员国仿照欧盟经验,将劳动力移民分为长期劳动就业和季节性劳动就业两种类型。但是,欧亚经济共同体至今未能制定出共同的管理劳动力移民的法律规范。这说明成员国在这方面的利益分歧很大。为了增加就业,成员国签署了《为发展中小企业创造便利化条件的协议》,旨在协调各国的法律规范,调节中小企业活动,通过发展当地中小企业来提高低收入者和弱势群体的收入,以便在一定程度上减轻外出打工的要求。

在教育领域,目前已通过的文件主要内容有:成员国政府间相互承认和认可教育、学历和学位证书、为各成员国公民提供平等入学权利以及允许在其他成员国建立和运作高等院校分校等。今后的主要任务是制定统一的衡量教育水平的标准,以便拉平成员国的教育水平,适应成员国就业市场的需要。

（四）能源领域

欧亚经济共同体能源领域的合作目标是建立统一的能源空间，包括统一的能源政策、统一的电力、石油、天然气和煤炭市场等。在能源政策领域，目前最重要的任务是建立统一的能源过境体制。首先，需要加强成员国海关及其他相关部门间的合作，简化和统一海关手续。现行的海关手续依据是 1998 年 2 月 26 日独联体海关委员会制订的《关于石油、天然气、石化产品和电力的海关手续及监管程序》①。其次，统一成员国的能源过境费。不同的过境收费加大了能源出口国的负担，不利于提高产品竞争能力。但由于此项收费涉及部分成员国的国家利益，协调起来十分困难，目前各方正在商讨中。《2003～2005 年成员国为建立共同能源市场的共同行动计划》规定了各成员国为建立共同的能源市场而在主要合作方向上的具体合作内容，但全部都是关于协调或统一能源政策方面的，没有规定具体的建设项目。

现有的能源合作项目主要是通过成员国间的双边合作协议来实现的。1999 年，俄、白两国签署了成立联合电力系统的政府间协议。哈萨克斯坦国家电力系统分别与俄罗斯国家电力系统和吉尔吉斯斯坦国家电力系统签署了"共用电力体系协议"。2001 年，俄罗斯与哈萨克斯坦及六家外国股东合资成立了"里海管道财团"。该管道运力 2005 年底达到了 2820 万吨/年，达到一期设计水平（设计最大能力为 6700 万吨/年）。2004 年，成立了"吉哈天然气"合资公司，专门从事从乌兹别克斯斯坦的塔什干经吉尔吉斯斯坦的比什凯克到哈萨克斯坦阿拉木图的天然气运输业务。2003 年 4 月 27 日，成员国元首齐聚杜尚别市，一致同意开发建设塔吉克斯坦的桑格图德水电站和吉尔吉斯斯坦的卡姆巴拉金水电站。2004 年 4 月，"俄罗斯国家电力集团"对桑格图德水电站的投资环境作了技术论证。在此技术论证的基础上，俄、塔两国于 2004 年 10 月 16 日签署了"关于俄罗斯参与建设桑格图德水电站的程序和条件协议"，并投资 6 亿美元。2005 年 4 月举行了隆重的开工仪式。与此同时，塔吉克斯坦还与俄罗斯铝业公司于 2004 年签署了长期合作协议，主要内容是：俄铝业公司在塔国建立新铝厂；改造设备，提高现有铝厂生产规模；兴建大型水利工程。2005 年 9 月 26 日，由俄罗斯铝业公司投资大约 12 亿美元的罗贡水电站开

---

① 《Типовой порядок таможенного оформления и контроля природного газа, нефти, нефтеп-родуктов и электроэнергии, перемещаемых через таможенную границу государств-участников Содружества Независимых Государств》.

工建设，一期工程计划安装 2 套机组，投资 6.5 亿美元，预计将于 2010 年完工。2004 年 8 月，俄罗斯国家电力集团和吉尔吉斯斯坦政府签署了"为共同完成卡姆巴拉金 1 号和 2 号水电站建设项目而准备的宣言"，并为该项目的技术论证而成立了合资公司。目前该水电站只处于技术论证阶段，还未正式动工建设。从 2003 年起，吉、塔两国开始经哈萨克斯坦和乌兹别克斯坦两国向俄罗斯输送夏季的剩余电力，2004 年大约有 20 亿度。跨国送电涉及区域内的能源平衡和水资源利用，还涉及咸海流域的生态环境等问题，因此有利于加快在区域内建立统一能源市场的进程。

（五）经济政策领域

为了协调经济政策，保持成员国的宏观经济稳定，以便为建立货币联盟打好基础，欧亚经济共同体参照欧盟的做法，制定成员国宏观经济稳定的数量指标。欧亚经济共同体一体化委员会可根据成员国的经济状况并结合共同体的发展目标修订宏观经济稳定的数量指标体系。一体化秘书处负责监督成员国的执行情况，并向一体化委员会和跨国委员会汇报。成员国也有义务向一体化委员会报告每年的执行情况。目前的数量指标体系的具体内容是：各成员国的年度预算赤字不得超过该国 GDP 的 4%；成员国的内外债总和不得超过该国 GDP 的 80%；成员国的通货膨胀率不得超过欧亚经济共同体内物价增长水平最低的三个国家的平均通货膨胀指数的 5%；成员国平均长期贷款利率的增减幅度不超过欧亚经济共同体内物价增长水平最低的三个国家的平均年利率的 3%；成员国的汇率协调机制负责制定表明货币稳定的货币指标体系。

为促进成员国市场经济发展、推动经济稳定增长、扩大相互经贸往来，俄罗斯和哈萨克斯坦于 2006 年 1 月成立欧亚发展银行，注册资本 15 亿美元，主要为成员国基础设施、能源和农业发展等项目融资。2008 年 12 月欧亚发展银行接纳塔吉克斯坦、白俄罗斯和亚美尼亚三国为其成员国。吉尔吉斯斯坦现正在完成申请加入该金融组织的相关申请程序。为应对由美国次贷危机引发的国际金融危机，2009 年 2 月 4 日欧亚经济共同体莫斯科峰会决定成立"反危机基金"，资本总额 100 亿美元，其中俄罗斯出资 75 亿美元，哈萨克斯坦出资 10 亿美元，基金委员会由各成员国财政部长组成。

第三节 独联体

独联体是独立国家联合体（英文为"Commonwealth of Independent States"，CIS，俄文为"Союз независимых государств"，СНГ）的简称。

1991 年 12 月 8 日，苏联的三个加盟共和国——白俄罗斯、俄罗斯、乌克兰三国的领导人在白俄罗斯的别洛韦日签署了一项关于成立独立国家联合体的协定。21 日，除波罗的海三国和格鲁吉亚外，其余 11 个苏联加盟共和国的领导人在阿拉木图会晤，通过了《阿拉木图宣言》和《关于武装力量的议定书》等文件，宣告苏联已不复存在，并成立独立国家联合体。25 日，戈尔巴乔夫宣布辞去苏联总统职务，苏联正式解体。

独联体秘书处设在白俄罗斯首都明斯克，工作语言为俄语，创立初期原有 12 个成员国，分别是阿塞拜疆、亚美尼亚、白俄罗斯、格鲁吉亚、吉尔吉斯斯坦、摩尔多瓦、哈萨克斯坦、俄罗斯、乌兹别克斯坦、乌克兰、塔吉克斯坦和土库曼斯坦。自 1995 年 12 月被联合国承认为永久中立国后，"为保持中立立场"，土库曼斯坦与独联体其他成员主要发展双边关系，基本不参加多边组织活动。2005 年 8 月 26 日，土库曼斯坦派副总理阿克耶夫出席在俄罗斯喀山举行的独联体元首峰会，并申请由独联体正式成员国变为非正式成员国。2009 年 8 月 18 日，格鲁吉亚宣布正式退出独联体，理由是 2008 年 8 月的格俄冲突："独联体的一个成员国对另一个合法成员国发动了战争，侵略其领土并承认其被占领土独立"。

在决定成立独联体时，为防止苏联复辟，成员国将它设计成一个单纯为发展成员合作提供服务的机构，以主权平等为基础，为各成员国进一步发展和加强友好、睦邻、和谐、信任、谅解和互利合作关系服务，而不是凌驾于国家之上的实体，它没有中央领导机构，不具有国家的性质，也没有给自己设下终极发展目标。但是，苏联解体造成原有的政治、经济、社会、人文、安全等各方面有机联系中断或削弱，并不符合各新独立国家利益，于是这些新独立国家（独联体成员国）又希望独联体能有效地发挥中轴作用。由此形成一个很尴尬的局面：一方面成员不想让渡主权，防止独联体成为超国家机构，另一方面又想让独联体有效协调成员合作；一方面成员国都想与俄罗斯加强合作，希望俄罗斯能发挥主导作用，另一方面又利用独联体机制遏制俄罗斯一家独大，加强自身独立与主权，避免成为俄罗斯的附庸。换句话说，独联体的功能定位和制度设计同成员对它的期待之间存在巨大落差，一旦不能满足成员的需要和期望，便被扣上"缺乏效率"等标签，成员便对它逐渐灰心，越发不重视，这也是近年来世人关注独联体能否继续维系的原因所在。2009 年 10 月 9 日，中亚地区的哈、土、塔、乌四国总统缺席在摩尔多瓦首都基希讷乌召开的独联体国家首脑峰会，被称为"独联体的葬礼"。独联体内部也不断发出改革呼声，但多年来一直没有大的实质性进展。

独联体的主要机构有：国家元首理事会和政府首脑理事会、外交部长理事会、国防部长理事会、联合武装力量总司令部、边防军司令理事会、集体安全委员会、经济法院、协调协商委员会等常设机构，此外还有跨国议会大会、人权委员会、跨国经济委员会和跨国货币委员会以及多个部门合作机构等专门机构。其中，国家元首理事会是最高机构，通常每年召开两次会议。政府首脑理事会每年召开四次会议。会议轮流在各成员国举行。

独联体的主要合作方向有 7 个：（1）经济领域；（2）财政金融领域；（3）政治领域；（4）人文社会领域；（5）安全领域，包括国防、边境、反恐、打击有组织犯罪、反毒、应对新挑战等；（6）成员间的区域和边境合作；（7）司法合作。2005 年 8 月 26 日喀山峰会决定独联体今后将集中精力发展经济、安全和人文三个领域的合作。

（一）经济和人文领域

经济和人文领域的成绩主要在于：（1）独联体已经基本实现自由贸易。1993 年 9 月 24 日，独联体成员国签署了"建立经济联盟条约"，旨在建立独联体自由贸易区、关税联盟和货币联盟。为落实该条约，独联体又签订了多个相关协议，如 1994 年 4 月通过了"建立独联体自由贸易区协议"，约定在成员国间取消关税和数量限制。尽管这个多边的自贸区协议最后因各种原因而未获执行，但不同发展速度和发展水平的成员国通过相互签署双边自由贸易区协定的形式（最后一个双边自贸区协定由吉尔吉斯斯坦和塔吉克斯坦于 2000 年签订），事实上间接地在独联体内建立了自由贸易区。现在成员国间的相互贸易种类约有 1.2 万种，其中只有 27 种商品征收关税，200 多种实行非关税限制。这意味着，成员国间享受着关税优惠，另外还从俄罗斯获得价格优惠（如能源等原材料、国防装备、运输等）。如果脱离独联体，成员间的贸易壁垒和贸易成本势必增加。（2）教育、医疗卫生、劳动保护、体育、青年、文艺出版、传媒等各领域交流频繁，保护了民众间的传统联系，比如开通"世界"卫星电视频道，宣传成员国国情和文化；建立出版合作机制，每年都举行图书展；推动相互承认学历和文凭等。

难点在于，由于成员国已经度过独立初期的难关，从克服危机转为稳定发展，各国的发展程度和利益需求差距比独立初期时加大，因此在独联体范围内，出现不同层次的次区域经济合作机制，包括俄罗斯和白俄罗斯的俄白联盟；俄、白、哈三国关税联盟；俄、白、哈、吉、塔五国欧亚经济共同体；"古阿姆"集团等。可以说，独联体成员间的协调难度越来越大。应对上述问题的办法主要是继续加强成员国双边、行业部门间、地方行政区间、边境地区的合作，比如加强能源、交通和通信基础设施、国防装备现代化、信贷支付体系、建立统一劳动力和农产品市场等。

（二）安全方面

在安全方面，取得的成绩主要有：（1）成员国强力部门间已经建立了良好的合作关系，如国防部长委员会、边防部队领导人委员会、安全和情报部门负责人委员会、内务部长委员会、检察长委员会、海关委员会、比什凯克反恐中心、杜尚别打击有组织犯罪协调委员会等。（2）成员国形成统一防空体系。（3）确保成员国边境安全保障体系由独立初期的统一体系平稳转换为成员国自主管理体系。在成员国独立初期，独联体的统一边防体系让大部分成员省去很多经费和后顾之忧，可以集中精力解决国内发展的最紧要问题。（4）在打击和防范非传统安全威胁方面成果显著，如紧急救灾、反毒、打击恐怖主义、打击非法移民和贩卖人口、打击洗钱等。

1999年10月，独联体内政部长在基辅召开会议，提议在独联体"打击有组织和其他犯罪行为协调局"下设立临时的反恐中心，以协调各成员国内政部的反恐行动，共同打击"三股势力"。2000年3月10日，独联体国家内政部长会议就反恐中心的地位、编制、预算和工作程序达成一致意见。6月21日，成员国国家元首莫斯科峰会上通过了2003年前打击恐怖主义和其他极端主义行动纲领，并原则上决定成立独联体国家反恐中心。12月1日，反恐中心正式启动运作。反恐中心归独联体成员国安全部门和特种部队负责人委员会领导。中心主任由国家元首委员会任命，首任负责人是来自俄罗斯安全局的梅利尼科夫少将。中心主任有三个副手（副主任），是分别来自独联体成员国内政部长委员会、国防部长委员会和边防部队领导人委员会的代表。作为一个常设的打击"三股势力"的机构，反恐中心的基本任务是：（1）收集与分析情报，并建立数据库。重点是了解恐怖主义和其他极端主义的活动现状、发展动态以及分布情况，为反恐工作提供政策建议。（2）协调成员国的反恐行动。（3）培训反恐专家。近些年，中亚地区的恐怖活动呈上升趋势。为了加大打击力度，2001年8月，反恐中心在比什凯克成立了区域行动小组。2002年10月7日，在摩尔多瓦首都基希讷乌举行的独联体国家首脑峰会决定将该小组升级为反恐中心中亚地区分部。2003年6月初，独联体反恐中心在亚美尼亚首都埃里温举行了独联体安全机构和特种部队负责人委员会第14次会议。会议制定了独联体国家2003年反恐作战计划，决定加强各成员国间的情报交换、反恐经验交流工作，共同预防各国的石油、天然气等能源和矿物质产地及其设施发生恐怖主义事件。此外，各国代表还通过了统一的反恐名词和解释词典，以保障各国间的相互合作能够顺利进行。2004年6月28~30日，俄罗斯、白俄罗斯、乌克兰和摩尔多瓦四国安全与情报部门在摩尔多瓦境内举行代号为"西部反恐—2004"首长司令部演习，目的是通过演练在火车和飞机上制止恐怖事件发生的联合行动，完善在独联体各成员国境内完成联合反恐行动和采取联合反恐措施的程序。

第四节　上海合作组织

上海合作组织由"上海五国"机制发展而来，而"上海五国"机制又是从中苏边境谈判发展而来的。1991年苏联解体后，组成苏联的各加盟共和国纷纷独立，统一的苏联一下子变成了15个新独立的国家。根据国际法的继承原则，新独立的俄罗斯、哈萨克斯坦、吉尔吉斯斯坦、塔吉克斯坦四国均承认早先中苏边界谈判的成果。在此基础上，边界谈判继续进行，只是谈判主体由解体前的中苏两国变成了中国和这四个国家。随着谈判的不断进展，同时为了加强五国在边境地区的相互信任并裁减边境地区的军事力量，五国元首于1996年在上海举行会晤，签署了《关于在边境地区加强军事领域信任的协定》，接着又于1997年在莫斯科签署了《关于在边境地区相互裁减军事力量的协定》。此后，元首的这种年度会晤形式被固定下来，轮流在五国举行。由于首次会晤是在上海举行的，因此该会晤合作形式被称做"上海五国"机制。2001年6月15日，五国元首和乌兹别克斯坦总统在上海共同发表了《上海合作组织成立宣言》，一致决定将"上海五国"机制提升为国际组织，使之成为六国在新形势下发展合作的重要依托和坚实基础。

上海合作组织的机构主要有：国家元首会议、政府首脑（总理）会议、议长会议、最高法院院长会议、外交部长会议、各部门领导人会议、国家协调员理事会、地区反恐怖机构、秘书处。此外，还有银联体、上海合作组织论坛和实业家委员会等联系机构。经过多年发展，上海合作组织共有4个观察员国（蒙古、印度、伊朗、巴基斯坦）和2个对话伙伴国（斯里兰卡、白俄罗斯）。

上海合作组织的宗旨可以概括为四点：（1）发展相互信任的友好合作关系；（2）开展各领域合作，谋求共同发展；（3）维护地区的和平与稳定，创造良好的发展环境；（4）促进国际关系合理化，推动建立国际政治经济新秩序。

成立以来，上海合作组织在政治、安全、经济、人文和对外关系等领域成绩显著（见表5-1），这主要表现在以下方面①：

（一）政治领域

加强和深化成员国的政治合作是上海合作组织的一项主要任务。迄今上海合作组织在此领域所做的工作和取得的成就主要包括：（1）解决了边界划分和边境安全问题。通过签署《关于在边境地区加强军事领域信任的协定》和《关于在边境地区相互裁减军事力量的协定》，使中国同俄罗斯和中亚国家长达7000多公里的边界彻底消除了冷战遗迹。各方确认：不允许利用本国领土从事损害任何一方主权、安全和社会秩序的活动。（2）签署了《上海合作组织成员国长期睦邻友好合作条约》，将成员国世代友好、发展合作的精神法律化。（3）在重大地区和热点问题上加强协调与合作，在成员国关切的问题上以上海合作组织的名义表示支持，努力推动建立国际政治经济新秩序。比如成员国多次阐述对阿富汗、巴以、伊拉克、朝核等问题的共同立场，多次对外阐述对世界多极化、国际关系民主化、经济全球化、多边主义、文明多样性、人权等问题的共同看法。

（二）安全领域

安全合作的核心是打击恐怖主义、分裂主义和极端主义"三股势力"。迄今上海合作组织在此领域所做的工作和取得的成就主要包括：（1）奠定了合作的法律基础。2001年6月15日，上海合作组织成立当天，成员国即签署《打击恐怖主义、分裂主义和极端主义上海公约》，在国际上首次对恐怖主义、分裂主义和极端主义"三股势力"作了明确定义，并提出成员国合作打击的具体方向、方式及原则。这发生在"9·11"事件之前，体现了成员国打击恐怖主义的远见卓识。上海合作组织由此成为最早打出反恐旗帜的国际组织之一。在2004年塔什干峰会上签署了《关于合作打击非法贩运麻醉药品、精神药物及其前体的协议》。（2）建立了强力部门合作机制和常设机构。2004年，上海合作组织相继建立地区反恐怖机构，再加上国防部长会议、安全会议秘书会议、总检察长会议、最高法院院长会议、内务部长会议等会议机制，这为开展安全合作奠定了坚实的机制基础。（3）举行反恐军演。为震慑恐怖分子，2002年10月，中、吉两国率先在上海合作组织框架内举行了双边联合反恐军演。这也是中国历史上首次与外方举行联合军演。此后几乎每年都举行多边联合反恐军演。另外，成员国执法安全部门于2006年3月初在乌、吉、塔境内举行了联合反恐演习。

---

① 外交部：《上海合作组织各领域合作》，http：//www.scosummit2006.org/bjzl/2006-04/20/content_125.htm。

(三) 经济领域

经济合作是上海合作组织的支柱之一。迄今上海合作组织在此领域所做的工作和取得的成就主要包括：(1) 制定了合作规划。2001 年 9 月，阿拉木图总理会议通过《上海合作组织成员国政府间关于区域经济合作的基本目标和方向及启动贸易和投资便利化进程的备忘录》。2003 年 9 月，北京总理会议通过《上海合作组织成员国多边经贸合作纲要》，规定了区域经贸合作的目标、重点领域和步骤以及实施机制。该纲要规定要推进贸易和投资便利化和开展经济技术合作，争取至 2020 年实现商品、服务、资金和技术自由流动。2004 年 9 月，比什凯克总理会议通过《〈上海合作组织成员国多边经贸合作纲要〉措施计划》，提出了 127 个项目，涵盖贸易投资、海关、金融、税收、交通、能源、农业、科技、电信、环保、卫生、教育等领域。2005 年 10 月 26 日，成员国政府总理在俄罗斯莫斯科举行第三次会晤时签署了《〈多边经贸合作纲要落实措施计划〉实施机制》。规定《多边经贸合作纲要落实措施计划》将通过在高官委员会的协调下采取共同商定的实际措施和执行各专业工作组建议的共同项目予以实现。实施机制确立了开展经济合作项目的"自愿"原则，即成员国在自愿的基础上参与研究和实施共同项目。(2) 建立了海关、质检、电子商务、过境运输、投资促进、能源、现代信息和电信技术 7 个旨在推进贸易和投资便利化的专业工作组，开通了区域经济合作网站，建立了上海合作组织实业家委员会和银行联合体。(3) 中国向其他成员国提供资金支持。2004 年塔什干峰会上，中国国家主席胡锦涛宣布向其他成员国提供 9 亿美元优惠出口买方信贷 (年利率 2%，15 年还款期)。2009 年 6 月 16 日，胡主席在叶卡捷琳堡峰会上宣布中国愿向其他成员提供 100 亿美元信贷资金，帮助其他成员克服国际金融危机。(4) 开展具体合作项目建设。比如在塔吉克斯坦建设南北输变电网，在哈萨克斯坦建设玛依纳水电站等。

(四) 人文等领域

人文合作是上海合作组织的"四个车轮"之一。上海合作组织在文化、教育、环保、紧急救灾等领域合作进展顺利，迄今所做的工作和取得的成就主要包括：(1) 建立了文化部长会议和文化艺术节机制，制定了多边文化合作计划。(2) 建立了教育部长会议机制，签订了《成员国政府间教育合作协定》，关于相互承认学位和学历的协定正在商谈中，上海合作组织大学合作已经启动。(3) 培训了相关人才。2005 年阿斯塔纳峰会上，胡锦涛主席宣布 3 年内为其他成员国培训 1500 名不同领域的管理和专业人才，包括行政管理、经济发展、外交安全、专业技术、汉语学习等领域，包括短期培训和长期的学历学位教育。2005 年，已培训 166 人。
（4）签署了《上海合作组织成员国政府间紧急救灾互助协定》。

（五）对外关系

随着上海合作组织的顺利发展，其国际社会影响力也不断上升。迄今上海合作组织在此领域所做的工作和取得的成就主要包括：（1）建立了观察员机制。从 2004 年开始，上海合作组织启动了观察员机制。同年 6 月在塔什干举行的上海合作组织第四次峰会上，蒙古国获得观察员地位。2005 年 7 月，在哈萨克斯坦首都阿斯塔纳举行的上海合作组织第五次峰会决定给予巴基斯坦、伊朗、印度观察员地位。（2）建立了对话伙伴国机制。2008 年 8 月 28 日，上海合作组织在杜尚别举行第八次元首峰会，通过《对话伙伴国条例》。2009 年 6 月 16 日在叶卡捷琳堡第九次元首峰会上吸收斯里兰卡和白俄罗斯为对话伙伴国。（3）与多个国际组织建立了合作关系。2004 年 12 月，上海合作组织获得联合国的观察员地位，与联合国建立了正式的关系，这使该组织的国际地位得到进一步提升。2005 年 4 月 12 日，上海合作组织秘书处与独联体执行委员会在北京签署《上海合作组织秘书处与独立国家联合体执行委员会谅解备忘录》。该文件规定了两组织常设机构在反恐、经贸、人文等领域进行合作的有关具体事

表 5-1　上海合作组织的发展历程

1996 年前	边 界 问 题
1996～1997 年	安全领域：裁减边境地区的军事力量；建立军事领域相互信任机制
1998～2001 年	安全领域：打击"三股势力" 经济领域：提出几个重点合作领域
2001 年后	政治领域：合作的主要目的是加强成员国间的友好合作关系，包括：加强各级别领导人的互访与交流，增强政治互信；加强在国际事务中的合作等 安全领域：合作的主要目的是维护地区的安全与稳定，包括：制定维护区域安全与稳定的相关法律文件及措施，特别是关于打击"三股势力"和有组织犯罪的文件；强化强力部门领导人的定期会晤机制；举行联合反恐军事演习；联合执法；情报交流；建立应对紧急事态或突发事件的合作机制；人员培训等 人文领域：合作的主要目的是加强成员国国家及公民间的友好往来与文化交流，包括：相互承认或认可学历、学位证书；举办文化艺术节；传媒合作；教育合作等 经济领域：合作的主要目标是深化区域经济一体化进程，包括：开展经济技术合作和贸易投资便利化合作，制定多边经贸合作纲要；建立实业家委员会和发展基金；人员培训；开展与国际组织特别是国际金融组织的合作等

宜，其中包括举行有关磋商、交换信息以及相互参加对方活动等。2005年4月21日，上海合作组织秘书处与东盟秘书处在雅加达东盟总部签署了谅解备忘录，规定了双方合作的基本方向和领域，包括经济、财政、旅游、环保、自然资源利用、社会发展、能源和打击跨国犯罪等。2005年11月4日，上海合作组织与阿富汗伊斯兰共和国签署了建立"上海合作组织—阿富汗联络小组"的议定书，并于2006年2月17日在上合组织秘书处举行联络小组第一次会议。2006年5月8日，上海合作组织秘书长张德广与欧亚经济共同体秘书长拉波塔在北京上海合作组织秘书处签署《上海合作组织秘书处与欧亚经济共同体一体化委员会秘书处谅解备忘录》。根据备忘录，双方商定就共同感兴趣的领域交换信息，举行磋商。

第五节　中西亚经济合作组织

1985年，土耳其、伊朗和巴基斯坦三国在1977年3月12日签订的《伊兹密尔条约》基础上成立了经济合作组织（英文缩写为ECO，俄文缩写为ОЭС）。1992年以前，组织内的合作基本上都是在双边领域进行的。1992年，随着哈萨克斯坦、阿塞拜疆、阿富汗、吉尔吉斯斯坦、塔吉克斯坦、土库曼斯坦和乌兹别克斯坦7国的加入，该组织发展成为拥有10个成员国、涵盖近700万平方公里面积、3亿多人口的重要区域经济合作组织。1995年，该组织成为联合国观察员组织。

该组织的合作原则是主权平等、相互尊重和友好合作。合作的内容偏重经济方面，政治色彩不浓。合作的目的是发展区域一体化，为区域经济发展创造良好的条件。

组织的机构设置包括：成员国元首会议、外长委员会、常设代表委员会、区域规划委员会和秘书处。元首会议每两年举行一次，对组织的发展作长远的规划；外长委员会每年至少举行一次会议，是磋商和执行机关；常设代表委员会至少每月举行一次会议，负责监督和执行外长委员会的决定；区域规划委员会每年至少举行一次会议，成员由成员国政府各部门领导人或其代表组成，负责制订并研究具体的执行计划；秘书处设在伊朗的德黑兰市，是组织的协调和后勤保障机构。秘书处由秘书长领导，下辖6个区域合作委员会（交通和通信、贸易和投资、能源、矿产资源和环境保护、工业和农业、健康、教育和文化、经济调查与统计）、6个区域实体（贸易和发展银行、保险公司、船运公司、航空公司、贸易局和保险学院）、3个专业办事处（文化研究所、科学基金和公司）以及反洗钱协调委员会。

组织经费来源于会员会费，数额比例根据会员的支付能力及其缴纳联合国会费比例综合确定。1996～1998年，3个创始会员国共缴纳预算总额的90%，其余10%由新会员缴纳；此后逐年变化，从2004年开始，创始会员国只需缴纳66%，新会员会费则提高到预算总额的34%。

2002年10月14日，在土耳其伊斯坦布尔举行了第7届首脑会议，会后发表了《伊斯坦布尔声明》。声明说，与会各国首脑在会议期间一致决定进一步加强各成员国在贸易、投资、交通、能源、环境和打击毒品走私等领域的多边合作，鼓励私营企业进一步参与中西亚经合组织成员国之间的经济合作和相互投资，加快各成员国之间的贸易自由化进程。与会首脑同时决定进一步加大各成员国对阿富汗战后重建工作的参与力度，并呼吁国际社会切实履行对阿富汗的援助承诺。2004年9月14日，在塔吉克斯坦首都杜尚别举行了第8届首脑会议，呼吁加大成员国之间的经济合作。会议强调持久和平、稳定、信任和安全是经济合作的前提；认为各国必须优先加强交通和通信合作，尽快实施中转运输，修建阿拉木图和伊斯坦布尔的铁路干线是中西亚经合组织区域合作最重要的项目之一；宣布设立阿富汗战后重建基金。在此次会议上，塔吉克斯坦总统拉赫蒙当选为该组织下一届主席。2006年5月5日，第8届成员国元首会议在阿塞拜疆首都巴库召开，会上重点讨论了能源合作问题。2009年3月11日，第10届首脑会议在德黑兰举行，讨论国际金融危机及应对方法等议题。

第六章　中亚国家参与的主要区域性国际合作机制

第一节　亚洲开发银行"中亚区域经济合作计划"

亚洲开发银行的宗旨是消除贫困，提高居民生活水平，促进亚洲和太平洋地区的经济发展和合作，特别是协助本地区发展中成员以共同的或个别的方式加速经济发展。亚洲开发银行对发展中成员的援助主要采取四种形式：贷款、股本投资、技术援助、联合融资相担保，其中，技术援助是亚洲开发银行对中亚业务的最重要组成部分。由于亚洲开发银行发展中成员之间在许多方面存在着很大的差异，如人口的差异、矿产资源的差异、社会经济发展水平的差异、管理与技术水平的差异以及生活水平的差异等。这些差异进一步造成亚行发展中成员吸引外资、引进技术以及消化吸收能力的差异，当然也造成发展效果的差异。因此，对这些成员的技术援助显得尤为重要。技术援助主要有四种类型：项目准备技术援助、项目执行技术援助、咨询性技术援助和区域技术援助，简而言之，就是帮助这些国家制定规划并提供咨询。

中亚区域合作机制发展大体可以分为三个阶段。第一阶段（1997～1998 年）：从 1996 年开始，亚洲开发银行就倡议中、哈、乌、吉、塔五国开展区域间经济合作，由亚行提供技术援助资金，并牵头研究中国、哈萨克斯坦、乌兹别克斯坦和吉尔吉斯斯坦四国在基础设施方面（侧重于能源、交通以及贸易三个领域）的建设需求，讨论确定重点合作领域与项目。第二阶段（1999～2001 年）：亚行在上述研究的基础上开始建立中亚区域经济合作框架。2001 年在菲律宾马尼拉亚行总部举行的中亚区域经济合作高官会上，提出了中亚五国区域经济合作总体框架的设想。第三阶段（2002 年至今）：中亚区域经济合作开始进入实质性发展阶段。2002年 3 月在菲律宾马尼拉召开了中亚区域经济合作第一次财政部长会议，确定了中亚区域经济合作机制与重点领域，确定了部长级会议、高官会和行业部门协调委员会三级合作机制（阿塞拜疆和蒙古后来加入）。另外，会议批准设立中亚区域海关合作委员会，成员有：中国、蒙古、哈萨克斯坦、吉尔吉斯斯坦、塔吉克斯坦、乌兹别克斯坦、土库曼斯坦、阿塞拜疆、世界海关组织和亚洲开发银行。委员会于当年 8 月 20 日召开第一次会议，通过了《乌鲁木齐宣言》，为今后中亚各国海关的合作提供框架性基础，这既有利于促进中亚各国间的区域贸易发展，也有助于加强中亚各国海关机构的执法和监管力度。该文件包括简化海关手续、海关机构信息共享以及区域各国海关组织的能力建设在内的 7 项共同行动①。为贯彻共同行动，亚洲开发银行承诺提供 200 万美元作为技术援助。

2004 年 7 月，亚行公布《中亚地区区域合作战略与规划》，为该区域合作机制的发展提供了一个长期框架。该战略规划给出了一个重点突出的中期规划来协助该地区应对共同面对的挑战和利用共同分享的机会，并指明了亚行的四个核心战略目标：保证通往临近大国高利润市场的出口通道畅通；在中亚区域经济合作计划成员国内减少交易费用，为货物转运和运输提供便利；改善能源供应，支持可持续增长；防止可能出现的负面影响，如环境恶化、沙漠化、贩卖人口和毒品，以及传染性疾病的传播。在亚行 2004～2006 年的中亚规划中，重点领域将继续放在海关合作、能源、交通以及贸易便利化等方面。

2006 年 10 月，成员国批准《中亚区域经济合作综合行动计划》②。该计划的指导原则有三：第一，参加国要具有主人翁意识，实行协商一致、互利共赢的经济合作；第二，区域合作项目必须有两个或两个以上的国家参加；第三，与商界和其他区域合作组织建立伙伴关系。该计划的近期目标是通过合作促进发展，加速区域经济合作和减少贫困；远期目标是让参加国成为"好邻居、好伙伴"，并拥有好前景。该计划确定发展的"四根支柱"：第一是知识和能力建设，就是对覆盖本地区的国际组织的研究和分析力量加以整合，以增强获取信息和分析问题的能力。此外，还包括对参加国中高级官员的培训工作和举办商业论坛以及建立研究机构

---

① 这 7 个领域是：简化与协调海关单证和手续；发展边境口岸监管点和设施；简化转运制度；发展数据和信息共享与海关业务相关信息技术；发展风险管理和后续稽查技术；发展地区情报交换系统；区域海关的能力建设。为更好地实施上述计划，成立了两个工作组，即：由中国海关牵头的简化与协调海关制度工作组和由乌兹别克斯坦海关牵头的海关监管、风险管理及信息通信技术工作组。

② 亚洲开发银行：《中亚区域经济合作：综合行动计划》，http：//www. carecinstitute. org/uploads/docs/CAREC-Comprehensive-Action-Plan-cn. pdf。

等。第二是区域基础设施网络建设，主要包括国家和多边机构对交通、能源和与贸易相关基础设施项目建设的支持，以促进本地区的一体化。第三是贸易、投资和商业发展，旨在改善中亚地区投资环境，促使商业团体加入全球价值链并获得其他贸易机遇。第四是区域公共产品，即以具体项目为基础，解决跨边境的环境保护和自然资源管理等问题。该计划提出解决问题的"两个结构层次"：第一是解决与运输、贸易和能源等核心领域相关的问题。第二是解决与人力发展、农业、环境和旅游等相关的问题。《中亚区域经济合作综合行动计划》提出，在2006～2008年3年间，亚行将提供42笔贷款，以用于支持本地区交通、能源和贸易等相关的基础设施建设，总金额超过23亿美元。此外，还将提供23笔赠款和技术援助，总金额约为1500万美元。

中国政府一直高度重视并积极参与中亚区域合作计划，在以国家名义参与的同时，确定新疆维吾尔自治区为中国的主要项目执行区，全面参与中亚区域经济合作。为此，国内相应建立了由国家发改委、财政部、外交部、新疆维吾尔自治区人民政府和其他相关行业部门参与的中亚区域经济合作国内协调机制。协调机制内部具体分工为：国家发改委负责国内的总体协调和规划工作，并牵头能源领域合作；财政部负责对外联系和协调；外交部负责对外政策；交通部牵头交通领域合作；商务部牵头贸易政策领域合作；海关总署牵头贸易便利化领域合作；新疆维吾尔自治区人民政府负责实施具体的合作项目。

第二节　联合国经社理事会"中亚经济专门计划"

"中亚经济专门计划"（Специальная программа ООН для экономики Центральной Азии, СПЕКА）由联合国经社理事会下属的两个区域委员会（欧洲经济委员会以及亚太经济和社会委员会）主持，联合国秘书处和联合国机构驻中亚的办事处以及中亚经济共同体执委会协助实施。参与该计划的成员除上述几个机构外，还有中亚五国。

该计划从1998年开始启动。设有四个机构：区域咨询委员会、项目工作组、计划办事处和实业家委员会。区域咨询委员会是最高管理机构，由中亚各国委派的国家协调员、欧洲经济委员会以及亚太经济和社会委员会委派的执行秘书以及联合国开发计划署驻中亚国家的协调员组成。该委员会负责监督计划的执行情况，并有权根据形势的发展和成员需要修改计划；负责确定各合作领域的牵头国；积累区域合作和项目执行经验。委员会主席由中亚五国的国家协调员按俄文字母顺序担任，每届任期1年，负责主持召开每年至少一次的委员会会议并领导委员会的工作。为保障计划能够顺利进行，国家协调员由成员国的政府总理或副总理担任，联合国机构代表则主要提供技术信息咨询和协助制定计划文件。第二个机构是设立在每个具体合作领域的项目工作组，负责管理、组织、协调和监督各具体领域的合作情况并在先期项目完成后提出新的工作计划；筹集项目资金；协调发展与计划相关的国家和国际组织的关系。工作组要每半年向咨询委员会提供总结报告一次。成员国在工作组的代表应由该国相关领域的部长级官员担任。"区域专门计划办事处"设在哈萨克斯坦的阿拉木图，是区域委员会的专家咨询机构，其职能有些类似秘书处，负责宣传推广该计划；为计划的实施提供技术和后勤支持；保证各参与成员方的联络。每个成员国可以自费向办事处派驻1~2名代表。此外，"中亚经济专门计划"还建立了实业家委员会，由成员国和资助国的企业家组成，其职能主要是给区域委员会提供咨询建议，使委员会能够了解企业家的想法和需求、合作中存在的问题及其解决办法；促进成员国企业与国际知名企业间的合作。

合作的目的是促进中亚国家之间以及中亚国家和欧洲、亚洲国家间的交流与合作，加快其与世界经济一体化的进程；希望在联合国的帮助下，借助区域的集体力量解决单个国家难以解决的问题；改善区域经济和环境，提高参与国的国际合作能力和水平；给内陆国家提供出海口条件。合作的原则是：互利合作、开放和平等。

合作的方式：（1）选择优先合作领域，并确定牵头国家；（2）制定各优先领域的工作计划。计划可以是一个成员国的，也可以是几个成员国的，还可以涵盖整个区域。这些优先合作领域都是关系国计民生、对成员国经济与社会发展有重要影响的领域。目前已经确定的有：（1）交通基础设施（牵头国是哈萨克斯坦）；（2）简化商品、服务和人员的过境手续（牵头国是哈萨克斯坦）；（3）合理并有效地利用能源和水资源（牵头国是吉尔吉斯斯坦）；（4）举办塔吉克斯坦国际经济会议，制定整个区域的发展规划并吸引外国投资（牵头国是塔吉克斯坦）；（5）开展能源领域合作，用管道将能源送往国际市场（牵头国是土库曼斯坦）；（6）改造工业企业，提高其竞争能力（牵头国是乌兹别克斯坦）。随着计划的逐步开展，优先领域的范围还会扩大。

为保证"中亚经济专门计划"的顺利实施，区域咨询委员会建立了合作基金，并负责基金的管理和分配。合作的资金主要来源于三个方面：

成员国、国际金融组织和其他投资者，特别是欧洲复兴开发银行、亚洲开发银行和联合国开发计划署。由于项目资金主要来自欧洲，所以"中亚经济专门计划"名义上由联合国经社理事会的两个区域委员会负责实施，但实际执行的却是欧盟。该计划也因此成为欧盟扩大其影响、实现其全球战略布局的一部分①。

第三节 联合国开发计划署"丝绸之路区域合作项目"

联合国开发计划署认为，中亚国家能否融入国际经济体系，越来越取决于这些国家扩大区域间和区域内经济合作的能力。区域合作对于帮助实现降低贫困、促进增长与平等等千年发展目标（MDG）具有至关重要的作用。为帮助改善丝绸之路区域有关贸易和运输的政策和法律环境，促进政府部门和私营业界进行富有成果的对话，进一步增强私营业界在贸易和运输领域里的投资力度，帮助扩大丝绸之路区域吸引外资的力度和广度，提高丝绸之路区域的旅游发展水平，联合国开发计划署设计了"丝绸之路区域合作项目"，最终目标就是要深化和进一步促进区域合作，以便帮助该地区实现降低贫困和促进经济增长与平等的千年发展目标。这个项目有三个相互关联的重点领域：贸易与运输、投资和旅游②。

"丝绸之路区域合作项目"共分两个阶段。第一阶段（2000～2005年），主要任务是建立国家间协调机制，确立了哈萨克斯坦、乌兹别克斯坦、吉尔吉斯斯坦、塔吉克斯坦和中国之间的区域合作框架，并且将此项目纳入各成员国的政府工作项目之中。第二阶段（2005年3月～2007年），主要任务是复兴丝绸之路沿线国家在贸易、投资和旅游三个重点经济合作领域内的传统优势。启动资金为100万美元。在旅游方面，项目成员将联合世界旅游组织共同开发旅游项目。现正在同各国政府一道研究设立一种多国别的旅游签证。持有这种签证，可以在短时间内一次访问几个成员国。在投资领域，项目成员将与联合国贸发会议合作，以便利用其技术手段吸引资金。

成员国于2006年6月在中国西安举办了首届投资论坛，10月在乌兹

---

① Арсен Вартанян "Программа СПЕКА——новая региональная инициатива ЕС в Центральной Азии"，"Новые рынки" №5，2001г.

② 联合国开发计划署：《丝绸之路区域合作项目》，http：//ch. undp. org. cn/modules. php? op = modload&name = News&file = article&catid = 8&topic = 35&sid = 59&mode = thread&order = 0&thold = 0。

别克斯坦塔什干市举办了首届市长论坛。在贸易领域，成员国希望通过减少贸易阻碍和密切工商界交流等方式促进成员国间的贸易增长。另外，该项目和上海合作组织也建立了对话机制。

第四节　北约与中亚国家的"和平伙伴关系计划"

中亚国家与北约的接触起始于 1992 年。独立后的中亚国家纷纷被邀请参加"北大西洋合作委员会"①，但双方的正式合作则始于 1995 年中亚国家加入北约"和平伙伴关系计划"。东欧剧变和苏联解体后，面对原苏东地区强大的军事力量威胁，美国和北约的应对策略主要有二：（1）发展苏东国家的民主与人权，促使这些国家的国防和军事力量被文官控制，保证其处于可控制和可预测的状态；（2）加强与苏东国家的军事合作，帮助其按照北约的模式和标准进行现代化改造，努力将其纳入北约的防务轨道，提高其国防自主能力，减少其对俄罗斯的军事联系和军事依赖，防止俄罗斯再度崛起与西方抗衡。在这样的思路指导下，美国在 1993 年 10 月 20 日举行的北约国防部长非正式会议上提出"和平伙伴关系计划"（英文：The Partnership for Peace，PfP；俄文：программа "Партнерство ради мира"，ПРМ），北约部长理事会于当年 12 月 2 日决定接受，1994 年 1 月 10 日在北约布鲁塞尔首脑会议上获得正式通过。

"和平伙伴关系计划"的主要内容有：（1）关于伙伴关系的性质：它是伙伴国成为北约正式成员国前的过渡阶段。（2）关于伙伴关系的对象：所有前苏东成员国和欧安组织成员国均可在自愿基础上与北约建立和平伙伴关系。（3）关于伙伴国的条件：必须承认西方的民主和人权标准，并尊重现有边界；伙伴国的国防部长应由文官出任；向北约开放军事设施；提高国防预算透明度；向北约总部的政治和军事机关派出联络员。（4）关于合作方式：北约不向伙伴关系国提供安全保障，但伙伴国可及时与北约磋商，寻求解决办法；北约正式邀请前华沙条约组织国家和欧洲中立国家参加"和平伙伴关系计划"，通过双边谈判，关系亲疏可根据各

---

① 苏联解体后，北约于 1991 年 12 月提议成立"北大西洋合作委员会"，以加强同前苏东国家的联系。1997 年 5 月 30 日，在葡萄牙的辛特拉改称"欧洲—大西洋伙伴关系理事会"，成为北约与和平伙伴国及其他非成员加强政治磋商和军事合作的论坛，使伙伴国能够单独或以小组的形式就相互关心的政治和安全问题与北约成员国进行直接对话。欧洲—大西洋伙伴关系理事会在布鲁塞尔北约总部设立常设秘书处，委员会成员国的外长和国防部长每年各举行两次部长级会议。

国意愿和国情区别对待；伙伴国组成联合特遣队，由北约提供必要的智慧、后勤和情报保障，并在军事演习、维和、危机控制等方面进行合作和政治磋商。（5）关于合作的内容：涉及政治对话、联合防空、边防合作、防务合作、防止核武器和生化武器扩散、打击有组织犯罪（禁毒、非法移民、武器走私等）、反恐、紧急救灾、医疗救助、人道主义援助、维持和平、军事演习与训练、人员培训、提供装备和财政援助等诸多领域。

和平伙伴关系计划是北约自成立后首次提出向东扩展的举措。截至2008年初，北约"和平伙伴关系计划"共有29个成员国①。从其诞生之日起，该计划就被认为是北约适应冷战后国际新格局变化的工具，是北约东扩的过渡形式，同时也是避免过于刺激俄罗斯的折中方案，目的是消化冷战成果，向苏东国家进行渗透，压缩俄罗斯的战略空间。"和平伙伴关系计划"出台后，尽管俄罗斯表示强烈不满和反对，但因力不从心，只能被迫面对苏东国家纷纷加入的现实。在此情况下，为打破西方的孤立，减少该计划可能对国家安全造成的损害，俄罗斯也于1994年6月加入该计划。中亚国家很重视同北约的合作，并且由双边逐渐扩大到多边领域。1994年5月10日，土库曼斯坦在中亚国家中首先参加北约"和平伙伴关系计划"，之后不久，哈萨克斯坦、吉尔吉斯斯坦、乌兹别克斯坦分别于5月27日、6月2日和7月13日先后加入该计划。塔吉克斯坦于2002年2月20日加入，成为最后一个加入该计划的中亚国家。

为了同北约保持经常联系，哈萨克斯坦和乌兹别克斯坦分别于1998年3月和1999年2月在北约总部布鲁塞尔设立代表处。北约于2004年7月伊斯坦布尔峰会期间同意设置"高加索和中亚地区事务代表"职位，加强同这两个对北约具有重要战略意义地区的联系。随后罗伯特·西蒙斯（Robert F. Simmons）于8月被任命为第一任代表，职责是代表北约同这两个地区的伙伴国成员开展合作，监督项目执行情况，向北约组织报告并提出合作建议。

---

① 具体是：罗马尼亚、立陶宛、爱沙尼亚、乌克兰、斯洛伐克、保加利亚、拉脱维亚、阿尔巴尼亚、摩尔多瓦、格鲁吉亚、斯洛文尼亚、阿塞拜疆、芬兰、瑞典、土库曼斯坦、哈萨克斯坦、吉尔吉斯斯坦、俄罗斯、乌兹别克斯坦、亚美尼亚、白俄罗斯、奥地利、马其顿、瑞士、爱尔兰、塔吉克斯坦、塞尔维亚、波黑和黑山。马耳他于1995年4月26日加入，但后于1996年10月30日退出。波兰、匈牙利和捷克三国分别于1994年2月2日、2月8日和3月10日加入，但后于1999年3月12日正式加入北约后退出该计划。塞尔维亚、波黑和黑山三个巴尔干国家于2006年12月14日正式加入北约"和平伙伴关系计划"。

中亚国家与北约"和平伙伴关系计划"的合作内容有很多，均是针对某个伙伴国的国情而相应地制定具体合作内容，没有统一格式。不过对中亚国家来说，除相互访问外，最值得关注的有联合军事演习、提供军事援助和租用军事基地三个方面。与此同时，为提升合作层次，进一步深化与有意愿且有能力的伙伴关系国合作，北约还与部分伙伴国在"和平伙伴关系计划"框架内推出了"计划与分析进程计划"（The Partnership for Peace Planning and Review Process，PARP）、"作战潜力构想计划"（Partnership for Peace Operational Capabilities Concept，OCC）和"单独伙伴行动计划"Individual Partnership Action Plans，IPAPs）等。

（一）军事演习

军事演习大体上分为"中亚维和营"例行演习和其他名目的非例行演习两大类。在北约的帮助下，哈、吉、乌三国于1995年成立"中亚维和营"，并于1996年参加了在美国路易斯安那州举行的北约联合军事演习，从而将维和营的活动纳入北约的安全体系。从1997年开始，代号为"中亚维和营"的演习成为北约与中亚成员国的例行演习，每年一次，目的是提高伙伴国解决地区突发事件的能力。其他的非例行演习名目繁多，比如2003年3月美、吉的"平衡网络"联合军演，2003年4月的美、乌等20国"费尔干纳—2003"联合救灾演习，2005年7月美国与中亚国家的"和平之盾—2005"军演，2003～2010年美、哈每年都在哈萨克斯坦举行"草原之鹰"军演等。

（二）租用军事基地

2001年阿富汗战争期间，中亚国家向美国和北约开放领空、提供机场和加油等技术保障。作为向阿富汗运送兵员和物资的军事基地，美国和北约在中亚共启用了6个机场，其中，乌兹别克斯坦2个（汉纳巴德和铁尔梅兹），塔吉克斯坦3个（库利亚布、杜尚别、艾尼），吉尔吉斯斯坦1个（玛纳斯）。除法国帮助塔吉克斯坦维修艾尼机场外，其余被选中机场的设施和跑道维修费用由美国支出。

2005年10月，乌兹别克斯坦因美国对"安集延事件"持批评态度而要求美军撤出汗纳巴德基地。但北约的德国士兵仍使用乌阿边境附近的铁尔梅兹机场，主要是航空维护人员，为进出阿富汗的德军运输机进行维修保养。据德军透露，经过几年的建设，铁尔梅兹空军基地可起降大约10架大型运输机。2008年3月初，乌兹别克斯坦同意美国使用乌境内的空军基地向阿富汗转运美军官兵。但美军只能乘坐德军运输机，才能在铁尔梅兹空军基地停留。这意味着美军运输机、战斗机和武装直升机等作战飞机都不能在铁尔梅兹空军基地停留。

2009 年 2 月 19 日，吉尔吉斯斯坦议会通过了政府提交的关于废除美军租用玛纳斯空军基地协议的法案，要求美军在 8 月 18 日之前全部撤离基地。不过当年 6 月 22 日，吉政府与美国签署一项经吉向阿富汗转运物资的协议，有效期 1 年，协议使原来的玛纳斯空军基地的性质转变为"中转中心"，美方可继续使用设于吉境内的玛纳斯国际机场，但年租金从原先的 1740 万美元提升至 6000 万美元；美国政府还出资 3700 万美元为基地建新停机坪和仓库，出资 3000 万美元为基地安装新导航系统。美国还承诺向吉方提供 2000 万美元的发展资金、2100 万美元的反毒品走私资金以及 1000 万美元的反恐资金。2010 年 4 月 7 日，吉尔吉斯斯坦首都比什凯克发生大规模骚乱，总统巴基耶夫被迫逃往南部老家。反对派随后成立临时政府，宣布接管国家政权，要求巴基耶夫辞职。临时政府领导人奥通巴耶娃 4 月 13 日接受采访时表示，美国租用玛纳斯机场的协议于当年 7 月到期后将"自动"延长一年。

（三）美国对中亚的军事援助

自加入"和平伙伴关系计划"后，中亚国家从北约得到大量军事援助（见表 6 - 1），这主要表现为提供资金、技术和装备、培训人员等多种形式，目的是按照北约的理念、标准和模式改造中亚国家的军队，使其逐步与北约的军事体制接轨，减少对俄罗斯的依赖。由于北约提供的援助费用主要由美国承担，因此，北约对中亚的军事援助实际上就是美国对中亚的军事援助。阿富汗战争后，美国对中亚国家的军事援助总体上逐年递减，2002 ~ 2008 年分别为 5867 万美元、2055 万美元、2525 万美元、1090 万美元、945 万美元、853 万美元和 724 万美元。其中哈萨克斯坦始终是援助的重点对象，而乌兹别克斯坦在 2005 年以前一直是美国援助最多的中亚国家，但 2005 年以后（含）则几乎为零。2009 年和 2010 年又有所增加，主要投在哈萨克斯坦和吉尔吉斯斯坦两国。可见美乌两国间的军事合作程度在削弱，而哈萨克斯坦则上升为美国在中亚的第一军事合作伙伴。

（四）"计划与分析进程计划"

这一计划是北约针对个别愿意进一步深化合作的伙伴国所作的分析评估。每一期计划时效为两年。合作期间，同意参加该计划的伙伴国需要向北约提供有关本国军事和国防方面的信息资料，包括国防政策、国防预算、国防管理体制中的民主化状况（比如文官的作用）、对"和平伙伴关系计划"的态度与合作情况、对今后合作的设想等，内容十分广泛。北约将对

表 6 - 1　美国对中亚国家的军事援助预算统计

单位：万美元

		哈萨克斯坦	吉尔吉斯斯坦	塔吉克斯坦	土库曼斯坦	乌兹别克斯坦	合计
2002 财年	总额	564.3	1160	395.9	38.8	3708.7	5867.7
	其中：IMET	89.3	60	25.9	38.8	88	302
	FMF	475	1100	370	—	3620.7	5565.7
2003 财年	总额	400	510	35	115	995	2055
	其中：IMET	100	110	35	45	120	410
	FMF	300	400	—	70	875	1645
2004 财年	总额	420	720	110	115	1160	2525
	其中：IMET	120	120	40	45	160	485
	FMF	300	600	70	70	1000	2040
2005 财年	总额	595.7	302.3	84.4	108.3	0	1090.7
	其中：IMET	99.7	103.9	34.8	38.9	—	277.3
	FMF	496	198.4	49.6	69.4	—	813.4
2006 财年	总额	445.5	297	84.1	59.4	59.4	945.4
	其中：IMET	99	108.9	34.6	29.7	59.4	331.6
	FMF	346.5	188.1	49.5	29.7	—	613.8
2007 财年	总额	458.5	258.5	62	64.5	9.5	853
	其中：IMET	108.5	108.5	37	39.5	9.5	303
	FMF	350	150	25	25	—	550
2008 财年	总额	300	270	124	30	—	724
	其中：IMET	100	120	56.5	30	—	306.5
	FMF	200	150	67.5	—	—	417.5
2009 财年	总额	535.8	167.2	102.2	41.9	0	847.1
	其中：IMET	85.8	87.2	28.2	26.9	0	228.1
	FMF	450	80	74	15	0	619
2010 财年	总额	378.5	450	210	235	20	1293.5
	其中：IMET	78.5	100	60	35	20	293.5
	FMF	300	350	150	200	0	1000

注："国际军事教育与培训"（International Military Education and Training, IMET）；"对外军事资金"（Foreign Military Financing, FMF）。

资料来源：Congressional Budget Justification for Foreign Operations, FY2004, FY2005, FY2006, FY 2007, FY2008, FY2011, Request by Region: South and Central Asia, http://www.state.gov/s/d/rm/rls/cbj/. 其中，2010 年为预估值。

这些资料进行分析，并对计划伙伴国的国防能力及其与北约合作的意愿程度等进行评估。评估的结果将为北约决定是否与该伙伴国开展进一步合作提供决策依据。第一轮计划与分析进程计划始于 1994 年 12 月，共有 15 个伙伴国参加；第二轮计划于 1996 年出台，共有 18 个伙伴国参加。第 7 轮（2006～2008 年度）共有 19 个伙伴国参与。中亚国家中，哈萨克斯坦和乌兹别克斯坦于 2002 年 6 月、吉尔吉斯斯坦于 2007 年分别加入"计划与分析进程计划"，但主要涉及维和和反恐领域。

（五）"作战潜力构想计划"

该计划目的是加强伙伴关系国自身的国防能力以及同北约的协同作战能力。波黑战争后，北约意识到只有加强同伙伴国的协同联系才能更好地维持地区稳定与和平，发挥北约的作用，为此，北约成员国于 1999 年 4 月的华盛顿峰会上提出此议题，并从当年秋季举行的国防部长会议开始启动此计划。"作战潜力构想计划"的参加国需同意将本国的部分军事资源通过"和平伙伴关系计划"等合作机制而纳入北约指挥体系，以便成员国能够共享彼此的军事能力和军事资源，在北约的统一协同下提高维护和平的战斗力。因为参与国并不是北约的正式成员国，所以计划采取个案处理方式，参与国部队只是在训练或发生突发事件时协同，而不是完全归入北约指挥体系。为增强参与国间的协同能力，"作战潜力构想计划"的主要措施有：组建多国协同部队；在和平时期加强训练和演习；建立情报分析和反馈机制，建立联络官机制等。目前在中亚国家中只有哈萨克斯坦于 2004 年 1 月 6 日加入北约"作战潜力构想计划"，并派出"中亚维和营"中的哈国部队参与活动。2005 年 3 月，北约在哈首都阿斯塔纳建立"中亚事务联络官办事处"和"信息分析中心"。

（六）"单独伙伴行动计划"

该计划出台于 2002 年 11 月北约布拉格峰会，是北约在"计划与分析进程计划"评估基础上，针对某个伙伴国的具体国情，经过与其谈判后签署的双边合作规划。该计划需要北约与伙伴国具体协商，确定具体的合作项目和领域，主要涉及政治与安全、军事与国防、公众信息、科技与生态、紧急救灾、行政改革等领域。北约则对计划项目提供咨询意见和财政援助，同计划伙伴国开展政治对话。合作期限为 2 年，结束后需要就新项目重新谈判。截至 2008 年初，与北约签署"单独伙伴行动计划"的和平伙伴国只有 5 个：格鲁吉亚（2004 年 10 月 29 日）、阿塞拜疆（2005 年 5 月 27 日）、亚美尼亚（2005 年 12 月 16 日）、哈萨克斯坦（2006 年 1 月 31 日）和摩尔多瓦（2006 年 5 月 19 日）。此外，波斯尼亚、黑塞哥维那和黑山于 2008 年初开始与北约就单独伙伴行动计划启动商谈①。

(七)"虚拟丝绸之路"项目（The Virtual Silk Highway Project）

为加强中亚和高加索国家的信息安全，提高信息技术和装备水平，2001 年 10 月 29 日于格鲁吉亚举行的北约科学委员会（NATO Science Committee）会议上，北约、高加索三国（格鲁吉亚、亚美尼亚、阿塞拜疆）和中亚五国决定投资 350 万美元启动"虚拟丝绸之路计划"，目的是在高加索和中亚建立"科研和教育宽带网络"，将八国的计算机网络通过北约信息体系相互连接，以便快速交流和共享信息。

第五节　亚洲相互协作与信任措施会议

亚洲相互协作与信任措施会议（英文：Conference on Interaction and Confidence-Building Measures in Asia，CICA；俄文：Совещание по взаимодействию и мерам доверия в Азии，СВМДА；简称亚信会议），是一个在部分亚洲国家之间讨论加强合作、增强信任措施的多边论坛。

在 1992 年 10 月第 47 届联合国大会上，哈萨克斯坦总统纳扎尔巴耶夫提出成立亚信合作机制的倡议，目的是要在亚洲大陆上建立起有效的、综合性的安全保障机制。此倡议一经提出，就得到包括中国在内的多个亚洲国家的支持，联合国、欧安组织、阿拉伯国家联盟等国际组织也表示欢迎。

1993 年 2 月，纳扎尔巴耶夫在大西洋合作委员会会议上再次提出这一构想，并将其进一步细化为四个阶段：第一阶段（1992～1995 年）：组织亚洲各国专家、学者、外交官参加研讨会，就实现亚洲地区整体安全亟待解决的问题和面临的困难进行充分酝酿，并在此基础上筹建亚信国际会议。第二阶段（1995～1998 年）：召开亚洲国家相当级别领导人参加的多边安全会议，建立欧洲安全会议式的全亚洲安全机构。第三阶段（1998～2000 年）：巩固亚信会议机制在亚洲安全事务中的地位，并在亚洲安全体系与欧安会之间建立起联系，在此基础上构建跨亚欧两大洲的常设安全合作机制。第四阶段（2000～2005 年）：建立起统一的欧亚安全与合作体系，进而向美、非各大洲扩展，最终形成全球性的集体安全体系。

在实际操作中，自提出倡议到首次元首峰会，亚信的发展大体上经历了四个阶段：专家论证、外长协调、确定原则和举行峰会。

---

① NATO, Individual Partnership Action Plans, http：//www. nato. int/issues/ipap/index. html.

1993 年 3 月至 1996 年 2 月是专家论证阶段。在这一阶段，哈萨克斯坦学术界和外交界邀请许多亚洲国家的专家到阿拉木图等城市参加有关亚信的学术研讨活动。在哈方的积极推动下，参会代表首先以多数票形式通过决议，表示支持纳扎尔巴耶夫总统提出的亚信构想，并强调建立一个安全机制对维护亚洲乃至整个世界的安全与稳定具有重要意义。在 1994 年 10 月的第三次亚信专家会议上，决定成立筹备外交部长会议特别工作小组。截止到第一次副外长会议前，哈萨克斯坦就亚信议题共举行了 3 次专家组会议和 4 次特别工作小组会议。

1996 年 2 月至 1999 年 9 月是副外长级外交协调阶段。1996 年 2 月，亚信的第一次副外长级会议在阿拉木图召开。各国代表均结合本国国情，对亚信的发展前景提出建议，并研究 1997 年下半年召开外长会议的可能性。不过，此时大部分亚洲国家对亚信会议的兴趣和重视程度都不高，对召开外长会议的建议反响并不热烈，1997 年 12 月 3 日召开的仍然是副外长级会议。会议通过了《亚信会议声明》，一致承认在亚洲建立共同行动机制的重要性，呼吁亚洲国家开展政治对话、促进裁军和实现地区安全。

1999 年 9 月至 2001 年 1 月是外长级确定基本原则阶段。1999 年 9 月和 11 月，在阿拉木图接连举行了亚信成员国的第一次和第二次外长级会晤，来自中国、俄罗斯、土耳其等 16 个成员国的外长或副外长、部分国家的观察员，以及联合国、欧安组织等国际组织的代表出席会议。会议通过了《成员国相互关系原则宣言》，确定亚信的基本原则是：尊重成员国主权和权利；保障成员国领土完整；不干涉成员国内政；以和平手段解决争端，拒绝使用武力；实行裁军和军控；在社会、经贸和人文领域开展合作；尊重联合国宪章和国际法基本原则，尊重基本人权等。外长会议和《成员国相互关系原则宣言》为亚信机制奠定了初步的法律基础。

2001 年 1 月至 2002 年 6 月是筹备元首峰会阶段。在外长会议成果基础上，从 2001 年初开始，哈萨克斯坦相继派出外长、副外长等总统特使，向多国元首及联合国秘书长安南递交纳扎尔巴耶夫的亲笔信，提出于 2001 年 10～11 月间在阿拉木图召开亚信第一次国家元首和政府首脑会议的倡议。但由于在这期间发生了"9·11"事件，哈政府决定将会议推迟。2002 年 3 月起，哈萨克斯坦重新推动峰会事宜，希望在亚信倡议提出 10 周年之际，召开第一次峰会。2002 年 6 月 4 日，亚信成员国第一次领导人会议在哈萨克斯坦阿拉木图举行。与会各成员国领导人发表了旨在增进亚洲和平、安全与稳定的《阿拉木图文件》和《关于消除恐怖主义和促进文明对话的宣言》，反映了成员国致力于促进地区和平、安全与稳定的良好愿望。前者重申亚信的宗旨和原则，即通过相互对话和协商解决彼此的矛盾纠纷，后者强调尊重多样文明，通过各文化间的相互交流，增进理解和友谊，从而从根本上铲除恐怖主义的产生根源。

自第一次峰会后，亚信会议的机制化建设走上正轨。2004 年 10 月 22 日，亚信举行第二次外长会议，通过了《亚信程序规则》和《亚信秘书处财务规则》，对各级别会议的组织和决策、吸收新会员和观察员、组织的对外关系、工作语言、会议主席国的地位和作用、组织的财务管理等都做出了详细规定，有助于进一步规范亚信会议的各项工作。2006 年 6 月 17 日，亚信第二次元首峰会在哈萨克斯坦阿拉木图举行，通过了《元首宣言》和《秘书处协定》，强调应恪守联合国宪章的宗旨和原则，呼吁亚洲各国加强合作，共同应对非传统威胁和挑战，并在反恐、防扩散、打击跨国犯罪、禁毒、经贸、能源及交通、通信等基础设施领域加强合作，促进不同文明之间的对话，防止地区冲突。此次峰会期间，韩国被接纳为亚信正式成员。2008 年 8 月 25 日，亚信第三次外长会议在阿拉木图举行，通过了《修改〈亚信会议秘书处协定〉的议定书》、《第三次外长会议总结文件》、《第三次外长会议宣言》等文件。会议期间，还吸收约旦和阿拉伯联合酋长国为正式成员国。2010 年 6 月 8 日，亚洲相互协作与信任措施会议成员国元首和政府首脑会议在土耳其伊斯坦布尔举行。会议通过了《亚信论坛秘书处及其工作人员、成员代表特权与豁免公约》；决定自本次峰会起，由土耳其接任主席国，任期两年；决定接纳越南、伊拉克为成员国，吸收孟加拉国为观察员国，这标志着成员国对亚信进程的认同和参与程度不断加大。会议各方一致表示，将严格遵循亚信论坛的宗旨和原则，根据 2004 年通过的《"亚信"信任措施目录》，稳步推进经济、生态、人文和应对新挑战、新威胁等领域信任措施的落实工作，特别是落实好已商定的禁毒、能源安全、信息技术、中小企业、旅游等领域的合作构想和行动计划，不断深化成员国之间的交流与合作。

目前，亚信会议设有元首会议、外长会议、高官会、秘书处、专业工作组和专家联席会议。元首峰会每 4 年举行一次，外长会议每两年举行一次，高官会每年举行一次。秘书处位于哈萨克斯坦阿拉木图市，在执行主任领导下工作，经费主要来自成员国、法人和个人自愿捐款。执行主任由担任亚信主席国的成员国从本国公民中推荐，经成员国外长协商一致后任命，任期 4 年。主席国为哈萨克斯坦，任期至 2010 年，秘书处执行主任是哈萨克斯坦的扬多什·阿萨诺夫，副主任来自土耳其。工作语言为英语和俄语。2007 年 12 月，亚信获得联合国大会观察员资格。

截至 2010 年初，亚信共有 22 个成员国和 9 个观察员。成员国有哈萨克斯坦、乌兹别克斯坦、吉尔吉斯斯坦、塔吉克斯坦、俄罗斯、阿塞拜疆、印度、巴基斯坦、蒙古、中国、阿富汗、伊朗、以色列、巴勒斯坦、泰国、韩国、土耳其、埃及、约旦、阿联酋、越南、伊拉克。观察员有：美国、日本、澳大利亚、越南、印度尼西亚、黎巴嫩、马来西亚、乌克兰、孟加拉国。此外，联合国、欧安会和阿盟等国际组织也参与亚信的各项活动。成员国总面积约 4000 万平方公里，其中 89% 位于亚洲，72% 位于欧亚大陆，人口约 28 亿，约占世界总人口的 45%。

近些年，亚信会议主要关注五个方面的问题：（1）地区的军事政治形势，比如裁军、领土或领海争端等；（2）应对新的挑战和威胁，比如"三股势力"、跨国犯罪等；（3）区域经济合作；（4）人文合作；（5）生态环保。冷战后，领土争端、民族矛盾、宗教纠纷等热点问题在亚洲层出不穷；当军事对抗在全球范围内逐渐降温时，国际社会又遇到以非传统方式对安全构成的威胁；全球化抹杀了国界，在给我们的生活带来开放和相互依赖的同时，也带来诸如毒品及武器的非法买卖、宗教极端主义、分裂主义、恐怖主义和国际有组织犯罪等新问题。而亚信会议的宗旨和目标，就是针对上述问题，通过协商等和平的方式，帮助争端国家解决纠纷，增进相互了解和信任；并在政治互信的基础上，促进亚洲国家加强区域合作，发展经济和人文，增加交流沟通，提高民众生活水平，让各国人民和睦相处，懂得珍惜和平的发展环境，这是解决争端的根本途径。与此同时，保护生态，遏制环境恶化，是提高生活品质、保证可持续发展的重要条件。可见，亚信会议关注的这五个方面的问题，相互间紧密关联，环环相扣，只有综合解决，通盘考虑，才能比较彻底地实现地区安全与稳定。

从亚信会议最初的构想和操作程序看，哈萨克斯坦想参照欧安会议模式，建成亚洲自己的安全合作体系，将持有不同立场观点，甚至彼此间存在矛盾冲突的国家聚集在一起，通过协商和对话化解矛盾，防止军事冲突。欧洲曾是两次世界大战的策源地，第二次世界大战后，欧洲各国为了防止出现新的对抗，促进政治经济一体化，成立了欧安会组织，对欧洲的安全与发展起到重大的推动作用。但与欧洲相比，亚洲是一个更多民族、更多文化和更多冲突的地区，局部地区甚至长年动荡和战乱。欧安组织的成功并不代表此模式同样适应亚洲。另外，凭借哈国现有力量和影响力，对地区内现有的许多突出矛盾和冲突，尚不具备足够的制约和调解能力，由其出面参照欧安组织模式推动和组织亚信会议机制，确实有些勉为其难，很难按照预想的方向有效地推动机制进程。实践中，大国或热点地区挑起的话题常常占据会议的大部分时间，使很多预定的程序议题得不到充分讨论。不过，亚信会议所倡导的宗旨和原则，迎合了亚洲国家和地区努力避免冲突、致力于发展的需求，各大国出于发展与哈萨克斯坦双边关系的考虑，也都对哈萨克斯坦出面组织这一机制给予热情的支持或者从不重视到重视。这些都是亚信成立至今不仅没有消失，反而愈加完善的主要原因。

亚信会议是哈萨克斯坦提升国际地位和国际影响力的重要手段。随着国力日增，哈萨克斯坦欲当世界大国的愿望也越来越强烈。近年来，哈萨克斯坦不遗余力地推动亚信建设，始终将其视做提升本国国际地位和形象、维护区域稳定与安全的重要手段，置于外交优先地位。早在 1997 年，纳扎尔巴耶夫就提出 2030 年前发展战略，对哈国未来进行了战略规划。但 1998 年俄罗斯金融危机曾一度影响该战略实施。2004 年，纳扎尔巴耶夫提出将建设 "有竞争力的国家"；当年 11 月，又在新一届议会成立大会上称哈国应进入世界最具竞争力国家前 50 强行列，并将此目标在 2006 年国情咨文中加以明确。事实上，在国际实践中，如果没有一定的国际影响力，就很难谈得上 "世界前 50 强"。哈萨克斯坦恰恰利用了亚洲国家共同关心或感兴趣的问题，将亚洲国家凝聚到一起，在显示哈国接待和组织能力的同时，也向世界阐明哈国的立场和观点，从而得以迅速地扩大该国的影响力。

第六节　突厥语国家元首会议

1992 年 5 月，在土耳其总统厄扎尔倡议下，土耳其、阿塞拜疆、中亚四国共 6 个操突厥语国家的元首在土耳其首都安卡拉举行会晤，开启了突厥语国家元首不定期会晤机制，商讨多边合作、地区问题和国际形势等。乌兹别克斯坦总统卡里莫夫自 1995 年起便没有参加过任何一届突厥语国家首脑峰会。现有机构有成员国合作理事会（秘书处在伊斯坦布尔）、突厥文化和语言联合会（比什凯克）、突厥国家议会大会（巴库）、突厥委员会研究院（阿斯塔纳）。

1992 年 5 月，突厥语国家元首第一次会晤时，讨论了成员国间加强政治经济合作的问题，发表了《安卡拉宣言》。会议期间，土耳其总统提出建立突厥联盟的想法，由于中亚国家不太热心而未能通过。

1994 年 10 月 18～19 日，第二次首脑会议在土耳其伊斯坦布尔举行，会议讨论了纳卡冲突、塔吉克斯坦内战、波黑战争以及里海大陆架等问题。

1995 年 8 月 28 日，第三次成员国元首会议在吉尔吉斯斯坦首都比什凯克举行，会议讨论了加强合作特别是打击贩毒等有组织犯罪的问题，发表了《比什凯克宣言》。

1996 年 10 月 21 日，第四次成员国元首会议在乌兹别克斯坦首都塔什干举行，主要讨论了成员国间的经济贸易和文化合作问题，发表了《塔什干宣言》。

1998 年 6 月 9 日，成员国元首在哈萨克斯坦首都阿斯塔纳举行第五次会议，发表了《阿斯塔纳宣言》。2000 年 4 月 8 日，成员国在阿塞拜疆首都巴库举行第六次元首会议，重点讨论了能源合作以及建设欧亚交通走廊等问题。

2001 年 4 月 26～27 日，成员国元首在土耳其伊斯坦布尔举行第七次会议，重点讨论了三个问题，即从阿塞拜疆的巴库到土耳其地中海沿岸城市杰伊汉的输油管线的建设、在阿塞拜疆同亚美尼亚两国之间关于纳卡领土纠纷问题上支持阿塞拜疆立场以及成立突厥语系高峰会秘书处。此次高峰会引人注目的是，乌兹别克斯坦总统没来参会，而是改派最高会议议长与会，土耳其当地媒体评论说，此举说明六国合作机制还没有完全建立起来。此外，高峰会名为突厥语国家高峰会，但会场使用突厥语时，只有土耳其和阿塞拜疆总统能听得懂，其他四国得借助翻译才能听得懂，因而有人说突厥语系高峰会有点名不副实。

2006 年 11 月 17 日，成员国首脑第八次会议在土耳其南部城市安塔利亚举行，乌兹别克斯坦和土库曼斯坦元首没有参加此次会议。会议强调突厥语国家应在反恐、防止大规模杀伤性武器扩散、打击走私等方面采取共同行动，消除威胁欧亚地区和平与稳定的因素；还应在经济、文化、运输和旅游等领域加强合作。会议认为，土耳其加入欧盟有利于欧亚政治、经济与社会发展，塞浦路斯问题应在联合国框架内解决。哈萨克斯坦总统纳扎尔巴耶夫提议召开突厥语国家议会大会，作为各国立法机构进行交流与合作的民主论坛。2009 年 9 月 29 日，首届突厥语国家议会大会在阿塞拜疆首都巴库举行。来自阿塞拜疆、哈萨克斯坦、吉尔吉斯斯坦和土耳其四个成员国的代表参加了会议，会议通过了《巴库声明》，并选举阿塞拜疆执政党"新阿塞拜疆党"青年组织主席哈桑诺夫为秘书长。

2009 年 10 月 3 日，突厥语国家第九次峰会在阿塞拜疆纳希切万举行。土耳其、阿塞拜疆、哈萨克斯坦和吉尔吉斯斯坦四国首脑签署了《成立突厥语国家合作委员会的协定》，与会的乌兹别克斯坦和土库曼斯坦（称自己是中立国）没有签字。合作理事会将由国家总统理事会、外长理事会、高层官员委员会、各国均派两名代表参加的学者代表委员会以及秘书处五个机构组成。学者代表委员会的职能主要是为理事会的活动提供咨询。理事会秘书处将设在伊斯坦布尔。

2010 年 9 月 16 日，第十届突厥语国家元首峰会在伊斯坦布尔举行。峰会主要讨论两个问题：（1）商讨突厥语国家合作理事会的具体细节问题。土耳其大使阿肯基将担任为期三年的首任秘书长职务。（2）2010 年 4 月吉尔吉斯斯坦事件的影响。此外，峰会还决定成立突厥实业理事会、在巴库成立突厥文化保护基金会、宣布阿斯塔纳为 2010 年突厥文化首都、推动教育合作等。为使推动土耳其语成为共同语言，在峰会前一天召开的外长级会议则全部使用土耳其语进行。

第七节　美国的"大中亚计划"①

作为一个世界大国，美国的利益遍布全球。尽管它与中亚国家并不接壤，但为了维护国家利益，更好地推行美国的对外政策，提高美国的国际影响力和国际形象，美国仍然关注中亚地区。通常，美国与中亚国家的合作方式有两种：一是通过支持联合国系统的有关机构和国际金融组织，间接地同中亚国家开展合作；二是以双边形式给予中亚国家财政援助。美国政府每年都对一些发展中国家提供政府援助。政府援助的主要形式包括提供优惠或无息贷款、无偿援助、人道主义援助等，其中以无偿援助、人道主义援助居多。实施政府援助的主要部门有国务院、国际开发署、农业部、能源部、国防部等。

美国国际开发署对外援助的主要形式包括：人员培训（如培训海关缉私人员）；资助科研项目（如开展民主人权研究）；提供技术咨询（如提供金融改革方案）；援助具体项目（如防治艾滋病）和人道主义援助（实物为主）。值得关注的是，开发署所有的计划都直接通过公司或非政

---

① 美国国务院新闻局：《二十一世纪的美国外交政策：地区性问题——南亚和中亚事务》，《美国参考》，http：//usinfo. state. gov/journals/itps/0906/ijpc/sca. htm；S. Frederick Starr：*A Partnership for Central Asia*，Foreign Affairs，July/August 2005，http：//www. securityforum. ru/library/lib_art. asp? art_id = 79，http：//www. foreignaffairs. org/20050701faessay84412/s-frederick-starr/a-partnership-for-central-asia. html；Richard A. Boucher：US Policy in Cetnral Asia：balancing Priorities（PartII）.，Assistant Secretary of State for south and Central Asian Affiars，Statement to the House International Relations Committee Subcommittee on the Middle East and Central Asia，april 26，2006；Richard A. Boucher：*Remarksat Electricity Beyond Borders*：*A Central Asia Power Sector Forum*，Assistant Secretary for South and Central Asian Affairs，Istanbul，Turkey，June 13，2006，Http：//www. state. gov。

府组织实施，而不是直接给予受援国政府资助。技术支持也主要提供给议会，以便加强监督力度，同时还可提高其制衡行政权力的能力。

美国国际开发署进行对外援助的领域主要有：民主改革、社会改革、经济改革、安全和执法、人道主义援助等。在支持民主改革领域，援助的目的是为了推行民主价值观，提高民主意识，强化民主机制建设，用制度保障民主。常采用的方式有：支持新闻和言论自由；进行人权研究；支持非政府组织活动；人员培训，赴美留学，召开研讨会；监督选举；反腐败等。在支持社会改革领域，援助的目的是为了提高民众的健康水平和生活质量；提高民众的自治能力。常采用的方式有：支持社区建设，支持健康、教育、环保项目等。在支持经济改革领域，援助的目的是为了促进市场机制改革；建立与西方接轨的自由贸易体制；维护宏观经济稳定，改善投资环境。常采用的方式有：支持区域一体化合作；发展中小企业；扶持私营部门；促进海关、金融领域的改革；支持入世等。在支持安全与执法领域，援助的目的是为了配合美国的全球安全战略，支持阿富汗重建；保障受援国的边界安全，提高独立自主的能力。常采用的方式有：联合打击恐怖主义；防止大规模杀伤性武器的扩散；维护边境安全；打击洗钱、走私和贩毒等有组织犯罪；提高执法装备水平；改革执法体系，提高执法水平等。人道主义援助主要是食品、药品、医疗设备等实物援助，目的在于帮助各国应对紧急突发事件。除上述领域外，对外援助还包括一些通过政府机关实现的私人捐赠，这其中不乏各中亚国家在美国的侨民进行的捐赠。

从援助的金额和种类来看，几乎每年都是五大部分：（1）促进民主；（2）经济社会改革；（3）安全与执法；（4）人道主义援助；（5）跨部门援助。但各个部分的具体援助额，则是根据美国政府对外政策需要而调整，比如"9·11"后、"颜色革命"前，安全与执法领域援助较多，而"颜色革命"后则是支持经济社会改革方面的援助较多。这种现象同时也说明，美国政府对外政策的总目标和总内容变化不大，始终是民主、经济和安全三大任务，但各个目标之间的排序却因时因地调整，时而经济援助最多，时而安全援助最多。

2005年中亚"颜色革命"后，中亚国家对美国等西方国家在中亚地区大力推动民主的行为十分警惕，纷纷倒向俄罗斯寻求合作，使美国在中亚的利益受到影响。特别是当年7月乌兹别克斯坦要求美军撤出其汗纳巴德空军基地，使阿富汗战争以来美国在中亚取得的战略优势受到很大冲击。地缘政治变化促使美国重新思考其中亚战略，整合各种可以借助的多边和双边合作方式和合作资源，开始推行所谓的"大中亚计划"。

2005 年 8 月，美国约翰·霍普金斯大学中亚问题专家斯塔尔向美国政府提出"大中亚合作与发展伙伴关系计划"建议，主张美以阿富汗为中心发展与包括中亚五国和阿富汗在内的"大中亚"地区国家的伙伴关系，通过推动中南亚在政治、安全、能源、交通等领域的合作，建立一个由亲美的，实行市场经济和世俗政治体制的国家组成的新地缘政治版块，从而实现美国在广大中亚和南亚地区的战略利益。2005 年 7 月，乌兹别克斯坦要求美军撤出其汗纳巴德空军基地后，美国务卿赖斯随即在 10 月访问了吉尔吉斯斯坦、哈萨克斯坦、塔吉克斯坦三国和阿富汗，目的是对美国的中亚政策进行一次综合评估和总结。此访之后，斯塔尔的这一政策主张在美国国务院推出的中亚政策新框架中开始有明显体现。2006 年初，美国国务院调整了地区局的划分，将中亚从欧洲局并入南亚局，改名为南亚和中亚事务局，任命原国务院发言人里查德·鲍彻（又译为包润石）为助理国务卿。赖斯对记者发表谈话说，南亚和中亚在她的全球事务优先排序中位居前列，并称中亚和南亚不再是"危机之弧"，而是"机会之弧"，"但必须在南亚地区做出艰苦努力"。机构调整使"同样一批专家和外交官同时关注这两个地区。"虽然国务院没有正式冠以"大中亚"战略之名，而是一个推动中亚和南亚之间区域合作的"新模式"（a new paradigm），或为中亚和南亚"地区一体化"倡议，由于它是从一个新的角度对美国在"大中亚"区域的政策做了一次综合调整，制定了新的目标，并为此设计了一系列的政策举措，因而普遍被外界称为"大中亚"战略，在具体到中南亚区域合作项目时则称为"大中亚"计划。

美国的中亚战略内容主要有三个：安全合作、商业和能源利益以及政治和经济改革。三者是一个统一的整体，并相互促进。美国将同时寻求实现三种利益。安全合作就是反恐、防扩散、反毒品走私等；经济合作就是促进中亚和南亚地区一体化，改善交通和能源基础设施；民主与政治改革就是建立并完善西式民主。

2006 年 4 月，美国国会举行听证会，重点讨论"大中亚"战略。同月，美国牵头在喀布尔举办由中亚五国和阿富汗、巴基斯坦等国的代表参加的"大中亚伙伴关系、贸易和发展"国际研讨会。5 月中旬，美国牵头在杜尚别召开"中亚毒品与安全问题"国际研讨会。6 月中旬，美国又在伊斯坦布尔召开大中亚国家代表会议。9 月，哈萨克斯坦总统纳扎尔巴耶夫访问美国并与布什会见，双方均强调两国在反恐、能源、贸易等领域的合作。与此同时，各项援助与合作项目都在积极推进。在交通方面，除帮助阿富汗建设环线公路外，美国出资 3650 万美元由美工程兵在阿塔边界的喷赤河上修建连接两国的大桥，使阿与中亚国家之间的交通更为便利。美国与世界银行、亚洲开发银行以及日本共同支持建设一条从哈萨克斯坦阿拉木图经吉尔吉斯斯坦的奥什、塔吉克斯坦杜尚别、阿富汗喀布尔、坎大哈通往巴基斯坦的高速公路。在能源及运输方面，美国支持塔吉克斯坦和吉尔吉斯斯坦将电力出口到阿富汗以及巴基斯坦、印度。为推动该项目的实施，美派代表参加了巴、塔、吉、阿四国于 5 月上旬在伊斯兰堡召开的跨国电力贸易会议，以推动四国同意成立联合工作实体，加紧落实并进一步磋商技术和融资方面的问题。6 月，美再次提议中亚国家在伊斯坦布尔召开中南亚电力合作会议。此外，美还决定向塔吉克斯坦政府提供 80 万美元，帮助其与美国 AES 能源公司合作更新现有的电力网，争取使塔能在 2008 年底向阿富汗输电。在油气管道方面，美积极推动筹建一条从土库曼斯坦经阿富汗通往巴基斯坦的天然气管线（TAP）。管线计划长达 1700 公里，耗资约 35 亿美元，预计年输气量约 300 亿立方英尺。印度对该管线非常感兴趣，希望它最终通往本国，成为土—阿—巴—印管线（TAPI）。在安全领域，美国向中亚国家提供大量援助，以确保苏联武器专家的工作内容由军事转为民用科研项目，还向各国边防部队及海关人员提供防扩散方面的培训和设备；支持在哈萨克斯坦成立的"中亚地区信息协调中心"发挥更大作用；帮助阿富汗在与中亚国家和伊朗边界地区建立新的边防检查站。在经济体制改革方面，美国决定通过国际开发署提供 350 万美元用于帮助中亚国家建立"透明和有竞争力的"能源市场和资本市场；单独或通过欧安组织等机构向中亚国家提供各种改革所需的技术援助，并增加教育和培训方面的投入，比如在中亚国家开设美国学校，向青年人提供奖学金，支持与各国政府间互换留学生项目，资助中亚国家有前途的中青年政府官员和企业家到南亚去学习等。

第八节　欧盟与中亚国家的"塔西斯计划"

苏联解体后，国际格局和国际环境较之冷战时期发生了很大变化，欧洲的地缘政治环境得到极大改善，为了巩固和消化这一结果，增强在世界的影响力，实现周边地区的稳定与安全，欧共体（1995 年后升级为欧盟）重新调整其全球战略。通过加大对外援助力度和建立"伙伴关系"等方式，逐渐在西欧地区之外形成"东扩"成员国、"睦邻关系"成员国和

"伙伴关系"成员国三层安全与合作网①。

苏东剧变后，欧盟对外关系中的一项重要举措便是与包括前苏东国家在内的一些国家签订《伙伴关系协定》，确定欧盟与这些国家的合作内容、合作方式以及"合作为主，不结盟、不对抗"的关系性质。在此基础上，欧盟推出"东扩"政策，即以加入欧盟为条件，推动中东欧国家依照欧盟标准进行政治、经济、文化等各方面改革，最终实现"欧洲化"。申请加入欧盟的条件是：在政治上，中东欧国家需有稳定的制度以便能够保障民主、法治和人权以及保护少数群体的利益；在经济上，申请国必须有功能完善的市场经济体系以便适应欧盟市场竞争要求；在一体化方面，申请国必须有能力承担欧盟成员的各种义务，包括坚持政治、经济和货币联盟目标；在司法方面，申请国必须接受欧盟法律，并且有合适的行政和司法结构以执行欧盟法律。在完成上述"欧洲化"所必需的各方面改革后，欧盟将会对其评估，然后决定接受它们成为欧盟正式成员。2004 年 5 月 1 日，爱沙尼亚、拉脱维亚、立陶宛、波兰、捷克、斯洛伐克、匈牙利、斯洛文尼亚、马耳他和塞浦路斯 10 个国家在完成各自国内批准程序后，正式成为欧盟成员。欧盟的成员国数量也从 15 国变为 25 国。

吸收新成员壮大了欧盟实力，但同时也带来诸多问题，引发欧盟关于下一步发展"是继续扩大规模，还是在现有基础上消化吸收"的思考。在此背景下，欧盟于 2003 年 3 月推出（2004 年 5 月正式公布）"睦邻政策"（EU neighborhood policy）②，又于 2007 年 9 月 3 日在布鲁塞尔欧盟总部召开了首届欧洲睦邻政策大会。对象国包括欧洲东部、南高加索、地中海南岸、北非及中东地区等欧盟周边的 16 个国家③。通过签订自由贸易协定、伙伴合作协定等方式，欧盟许诺向这些"睦邻关系"国家开放市场，并提供财政支持，促进其政治、经济与社会改革。根据欧盟委员会提供的数据，2007 ~ 2013 年，欧盟将向睦邻政策框架国家提供 120 亿欧元

---

① Overview of the EU's relations with Eastern Europe & Central Asia, http://ec. europa. eu/external_relations/ceeca/index. htm.

② European Commission, *The Policy*: *What is the European Neighbourhood Policy?* http://ec. europa. eu/world/enp/policy_en. htm; Commission of the EU, *European Neighbourhood Policy strategy paper*, Brussels, 12.5.2004, COM （2004） 373 final, http://ec. europa. eu/world/enp/pdf/strategy/strategy_paper_en. pdf.

③ 这 16 个国家分别是：格鲁吉亚、亚美尼亚、阿塞拜疆、乌克兰、摩尔多瓦、白俄罗斯、突尼斯、阿尔巴尼亚、埃及、摩洛哥、利比亚、以色列、约旦、叙利亚、黎巴嫩、巴勒斯坦。

的援助，此外，还与欧洲投资银行联手，设立了名为"欧洲睦邻与伙伴机构"的综合基金，为睦邻政策框架国家提供资助。作为回报，这些国家必须改善人权与法治状况，推行所谓的良政，以及打击恐怖主义、毒品与人口走私等。实施"睦邻政策"的目的主要有两个：（1）既能与对象国发展互利合作，又可免去吸收其为正式成员的负担；（2）保障欧盟"后院地区"的稳定，扩大欧盟在这一地区的影响，进而推动这一地区的稳定与发展，将其纳入欧盟的发展轨道。睦邻政策表明，"扩员"不再是欧盟周边外交的首选，取而代之的是谋求与周边国家发展特殊伙伴关系，在欧盟周边建立缓冲区。

显然，中亚国家位于欧盟"周边缓冲带"的外围。虽然其重要性以及得到的援助额暂时还无法同"睦邻政策"成员国相比，但鉴于"9·11"和独联体"颜色革命"后欧亚大陆地缘政治形势的新变化，其地位近年来在欧盟的对外战略中逐渐上升。欧盟认为，尽管中亚地区远离欧洲，但欧盟在此仍有很多利益，具体表现如下：

第一，援助和支持中亚国家的发展，符合欧盟的国际关系原则。欧盟在对外关系中一直大力推广欧盟的发展模式和生活方式，倡导全世界"和谐、繁荣、民主、人权、充分就业、安全与稳定"，赞同联合国的"千年目标"，因此，支持中亚等新独立的发展中国家的发展，会使欧盟的国别、地区和全球三个层次的对外合作目标和谐统一。

第二，中亚地区的安全形势对欧盟产生严重影响。欧盟认为，在当前新国际环境中，与欧盟爆发军事冲突的可能性很小，影响欧盟的安全因素主要来自非传统安全特别是从阿富汗经中亚和俄罗斯到达欧洲的毒品、非法移民、有组织犯罪和恐怖主义等①。只有加强同中亚国家的合作，改善边境管理，才能切断犯罪通道，提高欧洲的安全。另外，中亚地区不仅与俄罗斯和中国接壤，还毗邻伊朗和阿富汗等敏感地区，当美国、俄罗斯、中国、日本、印度和伊朗等大国都在积极发展与中亚关系的时候，欧盟自然不甘人后。

第三，能源安全。随着经济和社会发展，国际能源需求越来越大。在新兴替代能源开发出来之前，石油和天然气等仍然是能源消费主体。目前，欧洲约1/4的天然气来自俄罗斯，2004年，约42.6%的石油及其制

① Commission of the European Communities, *A Secure Europe in a Better World*: *European Security Strategy*, Brussels, 12 December 2003, http：//ue. eu. int/uedocs/cmsUpload/ 78367. pdf.

品来自俄罗斯①。中亚和里海地区的油气资源丰富，是欧盟实现能源多元化、减少对俄罗斯依赖的战略后备区之一。

第四，扩大欧盟的影响，扩展欧盟的市场。通过各种援助，欧盟将其先进的管理和生产模式传授给中亚国家，甚至逐渐将中亚国家纳入自己的技术标准体系。从长远看，随着欧盟东扩步伐逐步向前推进，现在远在天边的中亚国家将距离欧盟越来越近。因此，及时与其建立良好关系，探索合适的合作方式，巩固合作基础，可以为未来合作打下坚实的基础。

为了实现在中亚地区的战略利益，欧盟主要采取两种方式：一是建立"伙伴关系"，开展友好合作；二是提供各种援助，帮助中亚国家按照欧盟的标准转轨。1991～2006 年末，欧盟向中亚国家提供的各类援助共计13.86 亿欧元（落实到位的有 11.32 亿欧元），其中通过"塔西斯计划"提供了 6.50 亿欧元，人道主义援助 1.93 亿欧元，粮食安全援助 2.34 亿欧元，特别财政援助和塔吉克斯坦国家重建援助 3.08 亿欧元。随着能源需求的增加以及上海合作组织的快速发展，中亚在欧盟对外战略中的地位也有所提高。2007 年 6 月，欧盟通过《2007～2013 年中亚援助战略》，准备再向中亚国家提供 7.19 亿欧元的援助。

欧盟对中亚国家的援助起始于"塔西斯计划"。1990 年 12 月 14～15日，在罗马召开的欧共体（1995 年后升级为欧盟）理事会会议决定向前苏联提供援助，以支持其社会稳定和体制改革。1991 年 7 月 15 日，欧共体理事会通过第 2157/91 号决议，决定正式实施此项计划，苏联解体后称为"对独联体国家的技术援助计划"，又称为"塔西斯计划"②。援助的对象主要是独联体国家③，目的是增强独联体国家的独立生存发展能力，包括：（1）维护地区安全与稳定；（2）支持行政体制和经济体制改革，改善制度和法治环境，提高政府工作效率；（3）发展经济，支持基础设

---

① 中国国土资源部信息中心：《俄罗斯天然气资源形势及政策分析》，http：//www.lrn.cn/bookscollection/magazines/maginfo/2006maginfo/2006_9/200612/t20061205_9143.htm；谁是油气消费大户——解读 2005 BP 世界能源统计，2005 年 7 月 7 日《石油商报》。

② Technical Aid to the Commonwealth of Independent States——TACIS, Council Regulation (EEC, Euratom) No 2157/91 of 15 July 1991, formally published in the Official Journal L 187/1of24 July 1991；The EU's relations with Eastern Europe & Central Asia, http：//ec. europa. eu/external_ relations/ceeca/tacis/index. htm.

③ 目前"塔西斯计划"的援助对象共有 13 个，包括 12 个独联体成员国（亚美尼亚、阿塞拜疆、白俄罗斯、格鲁吉亚、哈萨克斯坦、吉尔吉斯斯坦、摩尔多瓦、俄罗斯联邦、塔吉克斯坦、土库曼斯坦、乌克兰以及乌兹别克斯坦）。蒙古国于 1993 年初也被列入"塔西斯计划"的受惠国名单。

施建设和私营部门的发展, 减少贫困, 提高生活质量; (4) 评估转轨的社会后果并尽可能减少转轨痛苦; (5) 发展区域合作, 既包括成员国间的一体化合作, 也包括成员国同欧盟间的合作, 解决那些超出一国范畴, 需要地区国家共同致力解决的问题, 比如交通和能源等基础设施网络、生态和自然环境、边境和海关管理、教育、科技和文化合作等。简而言之, 就是希望独联体国家保持社会稳定, 同时促进它们按照西方标准进行改革。俄罗斯学者认为, 除上述目标外, "塔西斯计划" 还有一个重要目的是增强独联体国家走向欧洲和国际社会的能力, 帮助它们摆脱对俄罗斯的依赖, 削弱俄罗斯在独联体的影响, 防止俄罗斯重新恢复帝国。

伴随着 "塔西斯计划" 的执行以及伙伴关系的确定, 欧盟针对东欧、俄罗斯、乌克兰、南高加索和中亚等不同地区的不同特点, 逐渐形成了不同的援助规划。各个地区规划的结构大体分为三个层次, 即每隔 5 ~ 7 年制定一次长期 "区域战略"、每 3 年制定一次中期 "合作纲要", 每 1 ~ 2 年制定一次短期 "年度具体合作项目"。中期合作纲要和年度合作计划是在区域战略规划指导下, 针对成员国及其所在地区制定的、具体的国别 (双边) 和地区 (多边) 合作规划。应当指出的是, 在 "塔西斯计划" 启动之初, 欧盟并不具备成型的各个区域战略。而是在合作进程中, 结合国际形势和自身需求的发展变化, 逐渐形成了针对不同地区的不同战略。而且, 各地区的援助战略都是在与该地区国家签订伙伴关系协定后出台。比如, 第一部《俄罗斯共同战略》于 1999 年 6 月 4 日公布, 第一部《中亚援助战略》公布于 2002 年 10 月 30 日。

欧盟《中亚援助战略》确定了欧盟在中亚地区的战略总目标主要有三个: 一是维护地区安全与稳定; 二是推动实现联合国 "千年目标"; 三是密切中亚国家之间以及中亚国家同欧盟间的合作关系, 特别是在交通、能源、生态和高等教育等领域。在这三大目标指导下, 具体的援助项目按照合作方式划分, 可分为多边 (区域共同参与) 和双边 (按照国别) 两种。若按照合作类型划分, 可分为技术援助 ("塔西斯计划")、人道主义援助、粮食安全和特别财政援助四大类。其中, 后三者的援助主要针对塔吉克斯坦和吉尔吉斯斯坦两国。实践中, 为了使援助发挥更大效益, 欧盟通常不支持对象国参与规划中的所有合作项目, 而是由各国选择其中的几项, 以便根据国情尽可能地集中使用资金。

欧盟在中亚地区的多边援助项目, 主要是解决区域成员共同面临的或者需要共同解决的问题。多边援助项目涉及 7 个领域, 分别是: (1) 交通, 如欧洲—高加索—亚洲运输走廊技术援助计划 (TRACEKA); (2)

能源，如通往欧洲的跨国油气运输计划（INOGATE）；（3）教育，如高等教育合作计划（TEMPUS）；（4）执法安全，如边境管理、打击跨国有组织犯罪、难民管理等；（5）核安全，如欧盟与哈、乌两国签订了《和平利用核能协议》；（6）环境资源管理，主要致力于水资源治理、大气环保和保护生物多样性；（7）卫生保健，如消灭艾滋病、结核病和疟疾计划。

欧盟对中亚国家的双边援助项目，则是依据各对象国的具体特点，解决欧盟和各对象国最关心的问题。总体来说，通常涉及 6 个领域，分别是：（1）体制改革，目的是支持成员国行政、法律和经济体制改革，提高政府工作效率和透明度，改善贸易和投资环境；（2）宏观财政金融稳定，目的在于减少欧盟债务、保持汇率稳定，保证成员国经济稳定发展；（3）人权保护，如支持司法改革、新闻自由、护法机构改革、预防冲突；（4）减贫和提高生活质量，约 60% 的"塔西斯计划"都直接与此有关，比如发展农业，建设网络基础设施，解决转轨过程中的社会问题等；（5）粮食安全，目的在于提高粮食产量和农业竞争力；（6）人道主义援助，目的在于减少自然灾害和国内动乱造成的不利后果；（7）与欧盟的政治对话，促进双方了解，增进友谊。

"塔西斯计划"启动至今，欧盟理事会共通过两份《中亚援助战略》，即 2002 年 10 月 30 日的《2002～2006 年中亚区域援助战略》和 2007 年 6 月 22 日的《2007～2013 年中亚区域援助战略》①。第二份战略出台至今，欧盟正积极地与各中亚国家具体协商，以便在该战略指导下修改或补充《伙伴关系协定》中规定的具体合作内容。与第一份战略相比，第二份《中亚援助战略》反映了欧盟在中亚地区的三个新动向：第一，要求中亚国家稳定的现实需求逐渐超过对民主人权的追求，并成为第一需求。与哈、土、塔三国的合作增多。第二，能源安全与合作逐渐赶超交通领域合作。"欧亚运输走廊计划"目的是让中亚国家摆脱对俄罗斯的依赖，而能源计划则是让欧盟摆脱对俄罗斯的依赖。这些新动向使欧盟与美国的中亚政策更加接近。第三，加大投资援助力度。2007～2013 年计划向中亚地区提供 7.19 亿欧元的援助，约为 2002～2006 年援助额的一倍。其中 30%～35% 用于区域多边合作，包括发展交通网络、环保、边境和移民管理、打

---

① European Community, *Regional Strategy Paperfor Assistance to Central Asia for the period 2007 - 2013*, http：//ec. europa. eu/external_relations/ceeca/c_asia/07_13_en. pdf; *Central Asia Indicative Programme（CAIP）2007 - 2010*, http：//ec. europa. eu/external_relations/ceeca/c_asia/nip_07_10_en. pdf.

击有组织犯罪、教育和科技等；40%～45%用于减少贫困和提高生活质量；20%～25%用于政府和经济体制改革等（见表6-2）。

欧盟做此调整的主要原因是，独联体一些国家发生"颜色革命"后，国际形势发生了变化。以往，因现实战略需求不大，欧盟在中亚比美国更重视中亚的民主进程和人权保护状况。而美国作为"世界领导人"，出于全球战略考虑，需要借助中亚的地缘战略遏制中国和俄罗斯。欧盟也因此常常抱怨美国在中亚地区实行"双重标准"，即一方面推动该地区的民主运动，支持中亚的民主团体和反对派；另一方面又出于阿富汗反恐和能源等国家利益，容忍中亚现政权的一些专制行为。2005年5月，乌兹别克斯坦"安集延事件"后，欧盟于当年10月便通过了对乌的武器禁运等制裁措施。但是独联体"颜色革命"后，俄罗斯利用能源大棒威胁并制裁疏俄亲美的独联体国家，让欧盟更加意识到能源多元化的重要性，对乌兹别克斯坦采取的制裁措施反而把它推向了俄罗斯怀抱，使俄罗斯在中亚地区的地位和影响更加牢固，这种结果不符合欧洲的利益。在此背景下，欧盟不得已放弃早先过于看重人权的做法，转而采取更加灵活务实的态度。

表6-2 1991～2006年"塔西斯计划"对中亚国家援助额

单位：万欧元

年份＼援助额国别统计	乌兹别克斯坦	哈萨克斯坦	吉尔吉斯斯坦	土库曼斯坦	塔吉克斯坦	中亚共计
	16895	16850	10795	6435	6925	65000
1992	1880	2060	920	880		
1993		1400	1000			
1994	1500	1400		800	400	
1995	1000	1500	800	400	400	
1996	2800					
1997		2400	1300	1150		
1998	2900					
1999		2400	1200	900		
2000	1540					
2001		1500	1000			
2002	1230	540	830	230	1070	
2003	970	660	750	150	970	
2004	1100	700	620	220	960	
2005	925	340	1525	575	1735	
2006	850	1150	750	350	1450	

续表

人道主义援助 国别统计 年份	乌	哈	吉	土	塔	中亚共计
			2840		16510	19350
1992					30	
1993			360		740	
1994			630		980	
1995			800		1610	
1996			390		1410	
1997			280		1490	
1998			180		1670	
1999			210		1880	
2000					1500	
2001					1200	
2002					1000	
2003					1000	
2004					800	
2005					600	
2006					600	

粮食安全 国别统计 年份	乌	哈	吉	土	塔	中亚共计	
	120		12120	210	10980	23430	
1995~1996 FEOGA			470	210	1590		
1996			1000		1720		
1997			850		550		FEOGA = EAGGF，即英文"农业援助基金"的缩写（European Agricultural Guidance and Guarantee Fund），1996年后项目称为粮食安全
1998			850		410		
1999			850		340		
2000			1000		900		
2001			1000		370		
2002	120		1000		400		
2003			1000		800		
2004			900		800		
2005			900		800		
2006			900		900		

续表

国家\国别统计\年份 (重建)	乌	哈	吉	土	塔	中亚共计
	750			200		550
1999					400	
2000					150	
特别技术支持			200			
特别财政援助\国别统计\年份	乌	哈	吉	土	塔	中亚共计
	30070	5870	2490	2270	4490	14950
1993		960	2130	4430	4780	
1994		1530	140	60		
1995	5870					
2000					6000	1992~1995 年的贷款已经全部还清
2001					1400	
2003					700	
2004					700	
2005					0	
2006					700	

资料来源：Европейское Сообщество《Региональный стратегический документ по содействию Центральной Азии на период 2007 – 2013гг.》，http：//www. donors. kg/upload/docs/reports_and_studies/EC_RegionalStrategy_2007 – 2010Rus. pdf。

总体上，欧盟加大对中亚国家的援助力度，将促进中亚国家的发展，但欧盟在中亚地区加大能源投入，将使该地区的资源争夺更加激烈。另外，欧盟先进的管理模式以及多年来积聚的人脉潜力，使其成为中亚地区极具实力的地缘政治竞争者，这将在一定程度上改变以俄、美、中为主导的竞争格局。

在实施"塔西斯计划"过程中，欧盟获得了很多经验教训，为其后的深入合作打下了良好基础。1999 年 7 月 1 日，欧盟与中亚哈、吉、乌三国签订了双边的《伙伴关系合作条约》，另外还分别于 1998 年 5 月和

2004 年 10 月 11 日与土库曼斯坦和塔吉克斯坦签订了《伙伴关系合作条约》，但塔、土两国至今未完成国内批准程序，致使这两个合作条约至今不能生效。不过，这并未影响它们与欧盟的合作①。《伙伴关系合作条约》通过法律条文的形式，将欧盟与中亚国家的合作纳入法制化和规范化轨道，并确定了欧盟与中亚国家的重要合作领域：一是欧盟与中亚的政治对话；二是经济贸易关系；三是各领域的具体合作项目。同时，条约的签署也表明欧盟与中亚国家间的合作方式逐渐由过去的"需求推动型"向"对话合作型"转变，即随着中亚国家独立自主能力的提高，它们与欧盟合作时也越来越看重平等互利原则。

---

① The European Union and the Republic of Kazakhstan Partnership and Cooperation Agreement, http://ec. europa. eu/external_relations/ceeca/pca/pca_kazakhstan. pdf.

第七章　中亚五国与国际合作机制

第一节　哈萨克斯坦与国际合作机制

一　双边合作机制

（一）与俄罗斯签订的合作协定与协议

在哈萨克斯坦的对外关系中，俄罗斯被置于最优先的地位。哈萨克斯坦认为，与俄罗斯的关系是"最主要的"、"战略性的"。之所以如此，是由地缘、历史、经济、军事、民族等因素决定的。因此，哈萨克斯坦与俄罗斯在政治、安全、军事、经济、文化等领域与俄罗斯签署了大量的合作协定与协议文件。

1. 在政治方面

两国高层互访不断，最高领导人每年会面和电话协商多达一二十次。两国还签署了大量的政治合作文件。1992 年 5 月 25 日，两国签署了《哈俄友好合作互助条约》。这是哈萨克斯坦独立后与外国签订的第一个确定双边关系的文件。该条约规定，一旦签约一方受到侵略，另一方应给予必要的包括军事上的援助。1994 年 3 月，纳扎尔巴耶夫访问俄罗斯，此行共签署 22 个文件，其中包括《哈俄关于进一步加深经济合作和一体化条约》。1995 年 1 月，哈俄两国总统在莫斯科签署了《哈俄扩大和加深两国关系宣言》、《哈俄关于哈萨克斯坦常住俄罗斯的公民和俄罗斯常住哈萨克斯坦的公民的法律地位条约》、《哈俄关于简化办理到对方居住手续的协议》等文件，以法律形式解决了困扰两国民族关系的棘手问题。两国关系继续向新的高度发展。1996 年 3 月，哈萨克斯坦与俄罗斯、白俄罗斯、吉尔吉斯斯坦签署了《关于加深经济和人文领域一体化条约》。同年 4 月，俄罗斯总统叶利钦访问哈萨克斯坦，与纳扎尔巴耶夫总统签署了两国希望加强政治和经济合作的联合声明。哈俄两国总统还就有争议的里海划分问题签署了《关于在利用里海方面合作的联合声明》和其他一系列文件。1998 年 7 月 6 日，纳扎尔巴耶夫总统在莫斯科与叶利钦总统签署了《哈俄永久友好和面向 21 世纪条约》，两国政治关系达到新高度。同年 10 月 12 日，叶利钦总统访问哈萨克斯坦，哈俄签署了《1998 ~ 2007 年哈俄经济合作条约》、《哈俄划定两国国界备忘录》等文件。

2000 年普京当选新一届俄罗斯总统。之后，哈俄关系进入新的阶段。纳扎尔巴耶夫总统与普京总统保持密切接触。两人保持经常性会面和通电话。

2. 在安全方面

哈萨克斯坦独立后就军事合作与俄罗斯进行过多次谈判，旨在解决两国共同防御、俄罗斯驻哈萨克斯坦军队的地位、军事设施利用、核武器处理、军工生产以及军队装备与军事干部的培训等问题。1992 年 5 月 15 日，哈萨克斯坦加入了以俄罗斯为核心的独联体《集体安全条约》；1999 年，该条约到期后，在乌兹别克斯坦等国不再续签的情况下，哈萨克斯坦仍然继续成为该条约的成员国；2002 年，在包括哈萨克斯坦在内的参加国的同意下，该条约改名为《独联体集体安全条约组织》。1992 年 5 月 25 日两国签署的《哈俄友好合作互助条约》第 4、第 5 条涉及军事与安全合作的内容。1994 年 5 月 28 日，哈俄签署了《哈俄军事合作条约》。这些条约使得哈俄两国具有同盟国的性质。目前，在哈萨克斯坦领土上仍驻有少量俄军，以保卫卫星发射场等特殊设施。哈萨克斯坦边界线由哈俄两国共同组建的边防部队防守。哈萨克斯坦的领空受俄罗斯保护。在哈萨克斯坦宣布加入《核不扩散条约》和将核武器撤往俄罗斯之后，俄罗斯对其作出了不使用核武器的安全保证。哈萨克斯坦还接受和使用大量来自俄罗斯的先进武器装备。21 世纪，纳扎尔巴耶夫总统与普京总统之间保持经常性接触，两国在政治领域密切合作。2004 年、2005 年，普京总统连续两年把当年首次出访国家定为哈萨克斯坦。2005 年 1 月 12 日，普京总统开始对哈进行为期两天的正式访问，此后第五天，即 1 月 17 日，纳扎尔巴耶夫总统又对俄罗斯进行了正式友好访问，此举创下两国元首互访密度之最。2008 年 5 月 22 日，俄罗斯新任总统梅德韦杰夫上任后的首次出访也选择了哈萨克斯坦，凸显哈萨克斯坦与俄罗斯的密切关系得到延续。该次访问期间，双方签署了一系列双边合作文件，包括：关于两国政府间在研究与和平利用太空领域进行合作的协议，关于使用和发展俄罗斯全球导航卫星系统"格洛纳斯"的合作协议，关于俄纳米技术公司与哈"卡泽纳稳定发展基金会"的合作协议，以及俄外经银行向哈开发银行提供 3 亿美元授信额度的协议。2010 年 5 月，纳扎尔巴耶夫总统签署法律，哈萨克斯坦将拜克努尔航天发射场的租期延长至 2050 年，这标志着哈萨克斯坦和俄罗斯在航天领域的合作得到进一步巩固。

3. 在经济合作领域

哈俄关系也极为密切，其特点之一就是哈萨克斯坦经济对俄罗斯的经济依附性很大。独立初期，哈萨克斯坦消费的 67% 的石油、29% 的石油制品、2/3 的木材及其制品、90% 的机器制造产品、60% 的日用产品，来自俄罗斯。同时，哈萨克斯坦也是俄罗斯的重要原料和农产品供应国。1992 年 5 月 25 日，两国签署了《哈俄友好合作互助条约》，对两国经济合作作出了方向性和原则性规定。1994 年 3 月双方签署《哈俄关于进一步加深经济合作和一体化条约》，该条约大大提高了两国经济合作的水平。1996 年 3 月，哈萨克斯坦与俄罗斯、白俄罗斯、吉尔吉斯坦签署了《关于加深经济和人文领域一体化条约》。1998 年 10 月，哈俄签署了《1998～2007 年哈俄经济合作条约》，该条约对 1998～2007 年的哈俄经济合作具体方向、操作方式等作出了详细规定，对进一步促进哈俄经济合作起到了务实有效的作用。2007 年 10 月，哈萨克斯坦与俄罗斯、白俄罗斯签署了欧亚经济共同体框架下成立关税同盟等方面的文件，这意味着哈萨克斯坦又向俄罗斯倡导的欧亚一体化迈出了一步。哈萨克斯坦还努力维护与俄罗斯在能源领域的传统合作，并积极开展两国在核能领域的合作。2007 年 5 月，哈俄两国签署了关于共同建立国际铀浓缩中心的政府间协议。对于俄罗斯与西方的里海能源之争，哈萨克斯坦 2007 年 12 月正式宣布将与俄、土签署滨里海天然气管道协议。2006 年，哈俄贸易额为 130 亿美元。2007 年，哈俄贸易额达到 163 亿美元，比上年增长 27%。俄罗斯一直是哈萨克斯坦最大的贸易伙伴。2010 年 6 月，哈萨克斯坦下院通过《关于缔结关税同盟条约的法令》，这表明，哈俄向经济一体化道路迈进一步，两国经贸关系将更加密切。

4. 在文化合作方面

哈萨克斯坦的历史决定了其与俄罗斯在文化、教育等方面的合作要胜于与其他国家的合作。在哈萨克斯坦，全天都能看到俄罗斯的电视台节目，在大街上很容易买到俄罗斯的报纸，包括《消息报》、《共青团真理报》等。哈萨克斯坦每年都有大批的学生前往俄罗斯求学。俄罗斯还为哈萨克斯坦培养急需的外交官和军事干部。俄语在哈萨克斯坦极为普遍。两国签署的人文合作条约主要有《关于加深经济和人文领域一体化条约》等。

（二）与中亚国家签订的合作协定与协议

哈萨克斯坦由于地缘、经济、历史、民族、文化等原因，十分重视与中亚其他国家的关系。从该国外交方针来看，中亚国家仅被排在俄罗斯之后，处于相当优先的地位。

1. 在政治合作方面

哈萨克斯坦奉行与中亚国家睦邻友好的政策。通过与乌兹别克斯坦和吉尔吉斯斯坦签订《哈乌友好合作互助条约》（1992 年 6 月 24 日）、《哈吉友好互助合作条约》（1993 年 7 月 8 日），与土库曼斯坦签订《友好关系与合作条约》（1993 年 5 月 19 日），与塔吉克斯坦签订《哈塔关系基础条约》（1993 年 10 月 19 日），以及 1998 年 1 月哈、乌、吉三国签署的《永久友好条约》，1998 年 10 月哈乌兹别克斯坦签署的《永久友好条约》，从而为彼此间的关系奠定了法律基础。2006 年 9 月，乌总统卡里莫夫访哈，两国政府签署了一系列文件，包括联合声明和 2006～2010 年哈乌经济总体合作规划、发展旅游协议和人文协议等。

哈萨克斯坦领导人与中亚各国领导人保持密切的接触，每年都要在各种场合会面多次，他们就共同关心的双边和地区问题进行磋商和协调立场，解决国家之间存在的矛盾和摩擦。令世人关注的是，近年来，哈萨克斯坦积极推动中亚国家联盟的建设并付诸实践。2007 年 4 月，哈萨克斯坦总统纳扎尔巴耶夫访问吉尔吉斯斯坦，两国签订了一系列双边协议。其中有两国领导人联合声明，关于吉—哈两国最高合作委员会和两国外长合作委员会地位的决议，关于组建两国边境地区国际中心的协议，关于两国政府相互承认对方第三国公民旅游签证协议，以及关于两国文化和信息部合作协议。吉尔吉斯斯坦等国领导人基本都积极回应哈萨克斯坦推动中亚国家联盟的努力。

2. 在经济合作方面

哈萨克斯坦努力推行与中亚国家经济一体化的政策。1994 年 1 月 10 日，哈萨克斯坦与乌兹别克斯坦签署了《建立统一经济空间条约》；吉尔吉斯斯坦于同年 1 月 16 日宣布加入该条约；同年 4 月 30 日，哈、乌、吉三国重新签订了《建立统一经济空间条约》。1998 年 3 月，塔吉克斯坦也正式加入该条约。此后，该组织改名"中亚经济共同体"。2001 年 11 月 27～28 日，纳扎尔巴耶夫总统赴塔什干出席中亚经济共同体元首会晤，讨论区域经济合作和地区安全问题。会议通过联合声明，决定将中亚经济共同体改称为"中亚合作组织"。

（三）与欧洲国家签订的合作协定与协议

1. 与德国签订的协议、协定

在欧洲国家中，哈萨克斯坦首先注重与德国的关系。一方面是由于德国是欧洲经济强国，德国实行的社会市场经济模式引起哈的极大兴趣；另一方面是因为独立之初的哈萨克斯坦还生活着 90 万德意志人，两国在历史上曾经有千丝万缕的联系。

哈萨克斯坦总统纳扎尔巴耶夫称，在欧洲"首先考虑联邦德国"。1992 年 9 月，纳扎尔巴耶夫访问德国，与德国签署了《哈德关系联合声明》、《大规模发展经济、工业、科技合作计划》等文件。2001 年 10 月，纳扎尔巴耶夫访问德国，与德国总统及国防部长举行会谈，双方讨论了阿富汗局势，并商定德国扩大对哈萨克斯坦的投资。1994 年，德国在哈萨克斯坦的外贸出口额中仅占 2.3%，1999 年这一比例则上升到 5.9%，哈德贸易已经 6.2 亿美元。2005 年，哈德贸易额为 44 亿美元，而 2006 年达到 54 亿美元，比上年增长 23%。根据哈萨克斯坦海关公布的有关数据，2008 年哈德双边贸易额为 31.8 亿美元。德国成为哈萨克斯坦最重要的经贸伙伴之一，在哈进口国中居第三位。

早期，德国政府还通过政府或者民间渠道向哈萨克斯坦提供财政援助。德国与哈萨克斯坦的经济技术合作侧重于机器制造、化工、日用产品生产等，在能源领域却较少见到德国投资，这与美国有很大不同。

哈德关系的一个重要问题是移民问题。哈萨克斯坦独立初期，国内约有 94 万日耳曼人，到 2007 年时只剩下约 30 万人，减少了 60 多万，其中大多数移居德国。德国不希望哈萨克斯坦的德意志人大量移居，曾表示愿意帮助哈萨克斯坦的德意志人改善处境。哈德经贸关系十分密切，到 2010 年 7 月，德国公司向哈萨克斯坦累计投资达 30 亿美元，哈萨克斯坦公司向德投资达 40 亿美元，2010 年仅哈德经济论坛上两国企业就签署了超过 20 亿欧元的合同。

2. 与法国签署的协议、协定

法国也是哈萨克斯坦非常重视的国家，是纳扎尔巴耶夫总统访问次数较多的欧洲国家之一。1992 年 9 月，纳扎尔巴耶夫总统正式访问法国，与法国总统密特朗签署了《哈法友好、互相谅解和合作条约》。此后，两国领导人在多种双边和多边场合会面，两国政治关系发展良好。

哈萨克斯坦与法国的经济关系也在加强。哈萨克斯坦独立初期，法国向该国提供了三笔赠款，总额达到 2930 万法郎，用于购买计算机设备、里海地区饮用水净化和经济改革。哈法两国的贸易额也增长迅速，2007 年，法国在哈萨克斯坦出口贸易中位居第五位，达到 8.2%。2008 年，法国在哈进口国中居第九位，占哈进口总额的 2.1%；在哈出口国中居第五位，占哈出口总额的 7.6%。法国有些大公司参与哈萨克斯坦石油、天然气的开发以及化工和运输领域的建设工作。2009 年 10 月，法国总统萨科齐访问哈萨克斯坦，双方签署了价值 60 亿美元的石油、天然气和核能协议，从而使法国成为哈萨克斯坦的关键投资者之一。

3. 与英国签署的协议、协定

英国同样是哈萨克斯坦在欧洲的外交重点国家之一。1991 年 10 月，在哈萨克斯坦独立前夕，纳扎尔巴耶夫就以共和国总统身份访问英国，并受到英国方面的热情接待。1994 年 3 月 20 日，纳扎尔巴耶夫正式访问英国，两国签署了《哈英友好合作联合声明》等文件。2004 年，哈萨克斯坦与英国在哈境内举行为期 10 天、代号为 "草原之鹰—2004" 的联合军事演习，引起俄罗斯等国的高度关注。2009 年 9 月，"草原之鹰—2009" 军演规模扩大，不仅有哈萨克斯坦、英国和美国三国军人参加，还吸引了土耳其、巴基斯坦等国军事观察员到场观摩。

英国是哈萨克斯坦的重要贸易伙伴，哈英两国贸易额 1994 年即达到 1.31 美元，并逐年稳步提高，1998 年达到 6.93 亿美元。2007 年，英国在哈萨克斯坦的合资和独资企业达 200 多家，主要集中在能源、采矿、交通运输和社会基础设施建设领域。其中，英国石油公司、意大利 "阿吉普" 公司与哈方合作开发的卡拉卡纳克油田项目投资较大，仅前期开发就投入了 3.2 亿美元。英国石油公司和壳牌公司还参与了里海大陆架开发集团，从事哈萨克斯坦石油、天然气的开发工作。

4. 与意大利签署的协议、协定

1994 年，纳扎尔巴耶夫总统正式访问意大利，哈意两国总统签署了《哈意相互关系原则联合声明》等文件。哈意经贸额在哈萨克斯坦对外贸易中位居前列。哈意贸易总额 1994 年为 1.3 亿美元，1998 年增长到 5.82 亿美元。2008 年，意大利与哈萨克斯坦的贸易额已经达到 131.6 亿美元，是哈当年仅次于俄罗斯的第二大贸易伙伴。2007 年 10 月，意大利总理普罗迪率领庞大的政府与企业代表团对哈萨克斯坦进行了为期三天的访问，随同访问的企业家有 200 多人。意大利最大的国有控股工业集团芬尼梅卡集团与哈萨克斯坦展开谈判，包括提供 200 公里输油管线的安全监控装备，出售 25 架 A109 和 A139 直升机，哈萨克斯坦邮政系统的自动化改造，以及航天技术合作。2007 年，意大利在哈萨克斯坦注册的合资和独资企业有 60 多家，主要从事农产品、皮毛、化工、制药、建材生产。意大利 "阿吉普" 等公司是较早参与哈萨克斯坦石油、天然气开发的西方国家大公司。

（四）与美洲国家签订的合作协定与协议

1. 与美国签署的协议、协定

哈萨克斯坦与美洲国家发展关系的重点放在美国和加拿大，与拉丁美洲国家往来较少。其中，美国是哈萨克斯坦外交的优先国家，也是总统访问最多的国家之一。哈萨克斯坦希望通过与美国合作，在经济上引进美国的先进技术和资金；在军事上借助与美国的合作，确保国家的独立、领土的完整与安全。

在政治方面，哈萨克斯坦独立以来，纳扎尔巴耶夫总统多次正式访问美国。1992 年 3 月 17～23 日，纳扎尔巴耶夫总统首次访问美国，两国签署了《哈美贸易合作协议》等文件。哈萨克斯坦在获得美国对其安全提供保证后，同意签署《核不扩散条约》。1994 年 2 月 14～16 日，纳扎尔巴耶夫总统第二次正式访问美国，与美国总统克林顿和副总统戈尔等人会见，并签署了《民主伙伴关系宪章》以及其他涉及军事、科技、经济方面的文件。1997 年 11 月，纳扎尔巴耶夫总统第三次正式访美，两国就加深合作发表了联合声明。哈媒体称，纳扎尔巴耶夫总统此次访问"使得哈萨克斯坦成为中亚国家第一个与美国建立战略合作伙伴关系的国家"。1999 年，纳扎尔巴耶夫总统再次访美。其间，他参加了哈美混合委员会会议，与克林顿总统举行了会谈，并签署了总额达 7.5 亿美元的经贸合作协议。2001 年 12 月，纳扎尔巴耶夫访美时与美国总统签署了反映"新相互关系"的《联合声明》。"9·11"事件发生后，哈萨克斯坦迅速对美国作出声援，参加"国际反恐联盟"，并表示向美国军用飞机提供空中走廊和军用机场。2002 年 7 月 10 日，哈副外长阿布谢依托夫和美国驻哈大使奈别尔在阿斯塔纳正式签署《哈美两国政府间关于哈向美国空军提供阿拉木图国际机场条件的谅解备忘录》。根据该备忘录规定，哈方将向美方提供阿拉木图国际机场作为美空军紧急迫降和加油的备用机场。2006 年，纳扎尔巴耶夫访问美国，双方发表了联合声明，并签署了一系列贸易、投资等领域的合作文件。2008 年 12 月，纳扎尔巴耶夫总统签署有关"批准哈美政府间谅解备忘录"法案，美空军穿越哈萨克斯坦领空时，哈萨克斯坦将为其提供导航服务。哈萨克斯坦期待扩大与美国经济领域的合作，并希望在入世和成为欧安组织轮值主席国等问题上得到美国支持；而美国则希望进一步加强与哈的能源和军事合作，使哈成为美国在中亚新一轮渗透的立脚点。

在经济合作方面。从哈萨克斯坦建国 20 年的实践看，哈萨克斯坦与美国发展关系的落脚点是经济合作。1992年3月，在纳扎尔巴耶夫访美期间，两国签署了《美哈贸易合作协议》等文件，1995年3月，哈萨克斯坦总理卡热格尔金在访美期间与美国签署了《贸易投资与经济合作宣言》等文件，进一步扩大了发展双边经贸关系的法律基础。2006年5月，在美国副总统切尼访哈期间，哈美两国签署了两国政府2010年经济合作纲领，哈美将在生物技术、航天和建立科研中心、推动高科技发展等方面加强合作。2010年11月，哈萨克斯坦与美国完成加入世贸组织的谈判。

哈萨克斯坦拥有丰富的自然资源尤其是石油资源，这引起美国石油公司的极大兴趣。1992年哈美两国就建立"田吉兹—谢夫隆"合资公司达成协议，这是一项投资巨大的工程，计划40年间投资200亿美元。该项目目前总体运转良好。美国几家大型跨国石油公司，如谢夫隆公司、埃索石油公司、美孚石油公司、科诺索石油公司等在哈萨克斯坦都设有分公司。哈萨克斯坦油气工业对本国工业产值的贡献率占1/3，30%的税收和40%的外汇来自油气工业。在这方面，美国的石油公司作出了相当的贡献。而在贸易领域，两国的贸易额并不大，但是逐年增长，如1994年双边贸易额为1.84亿美元，到1999年则达4.29亿美元，2004年为8.358亿美元，2005年达到18.7亿美元，2008年为25.1亿美元。2007年，美国在哈萨克斯坦的直接投资接近200亿美元，美国在哈萨克斯坦注册的合资和独资企业接近400家，有驻哈代表处100多个。

2. 与加拿大签署的协议、协定

加拿大是哈萨克斯坦在美洲的另外一个合作伙伴。哈加两国于1992年4月10日正式建立外交关系。哈加双方比较看重经贸领域合作。1992年7月，双方签署《经贸合作宣言》。1995年3月，哈萨克斯坦总理卡热格尔金正式访问加拿大，与加方签署了《哈加政府贸易协定》等文件。双方贸易额一直不是很大，历年均没有超过1亿美元。近年来，哈萨克斯坦与加拿大签署了相关协议，两国在能源、核材料、航空领域的合作逐步加大。

（五）与亚洲国家签订的合作协议与协定

哈萨克斯坦独立后，虽然声称自己是"欧亚国家"，但是积极参与亚洲事务，表现出对属于亚洲国家的认同。

1. 与日本签署的协议、协定

在亚洲国家中，除中国外，日本是哈萨克斯坦最为重视的国家之一。这是由于日本是世界经济强国之一，是亚洲经济实力最强的国家。

在政治领域，双方领导人接触频繁，两国关系正常发展。1994年4月和 1999 年 12 月，纳扎尔巴耶夫两次访日。在 1999 年的访问中，纳扎尔巴耶夫总统与日本总理大臣小渊惠三商定，双方建立"战略合作伙伴关系"。

经济合作领域是双方加强关系的主要途径。1992 年 1 月 26 日，哈萨克斯坦与日本签署联合声明，表明双方在贸易、能源、农业、矿产品利用等方面合作的立场并同意成立哈日贸易混合委员会。日本向哈萨克斯坦提供 2.2 亿美元贷款。此后，哈萨克斯坦又多次获得日本贷款。2007 年 4 月，日本经济产业大臣甘利明再次访问哈萨克斯坦，与哈签署了在核能领域建立战略伙伴关系的声明、《日哈关于在哈萨克斯坦建造轻水反应堆核电站的合作协议》、《日哈关于共同研发核能技术的合作备忘录》等重要文件，日本方面承诺将向哈萨克斯坦原子能公司提供 5 亿美元贸易投资保险。2010 年 3 月，哈萨克斯坦与日本政府签署了两国原子能合作协定。日本还参与了哈萨克斯坦著名冶金企业——卡拉干达钢铁联合企业和德鲁日巴火车站的改造，同时开始投资石油开发。有 16 家日本公司在哈设立办事处。哈萨克斯坦对日本出口的商品主要是工业原料，从日本进口的商品主要是家用电器、机器设备和交通工具。

2. 与韩国签署的协议、协定

飞速发展的韩国经济引起世界各国的关注，也使哈萨克斯坦对它的治国经验产生很大兴趣。由于哈萨克斯坦生活着数万名朝鲜族人，这也为韩国企业较快进入哈萨克斯坦的市场创造了条件。

1992 年 1 月 28 日，哈韩建交。1995 年 5 月，纳扎尔巴耶夫总统访问韩国，与韩国领导人签署了《哈韩相互关系和合作基本原则宣言》及其他两个文件。韩国外长、国会代表团等曾访问哈萨克斯坦，但是更多的则是大公司的代表团。2004 年，韩国总统卢武铉访哈，双方发表联合声明，将加强在能源和矿产资源、新一代通信技术、核能、教育、文化、旅游和体育等领域的交流与合作。2009 年 5 月，韩国总统李明博访问哈萨克斯坦，两国签署协议，定位于"战略合作伙伴关系"，并签署了 39 项谅解备忘录，2010 年 4 月，纳扎尔巴耶夫总统访问韩国，两国签署了在石油、天然气、化工、机械制造、核能、铀矿开采等方面的 20 多项合作协议。

哈萨克斯坦与韩国经贸关系十分密切，1996 年双方贸易额即达到 2.66 亿美元。2003 年哈韩贸易额为 3.7 亿美元，比上年增长 86%。2007 年，韩国在哈萨克斯坦共注册 100 多家合资和独资企业，包括大宇、三星电子在内的一些韩国大公司和哈萨克斯坦均有密切合作。哈萨克斯坦著名的有色金属企业——热兹卡兹甘有色金属冶金联合企业就由三星公司管理。到 2007 年，韩国在哈萨克斯坦投资超过 20 亿美元。韩国在哈的投资领域主要是服务业、采矿、通信和电子产品。

3. 与印度签署的协议、协定

哈萨克斯坦重视与印度的关系，特别是在经济方面。1992 年，哈印建交。同年 2 月，纳扎尔巴耶夫首次出访印度，这也是他作为国家总统的首次出访。哈印两国签署了《哈印相互关系原则宣言》。此后，纳扎尔巴耶夫多次访问印度，印度高级官员也频繁访问哈萨克斯坦。在印度核试验问题上，哈萨克斯坦曾公开表示反对。2002 年 6 月，印度总理瓦杰帕伊访问哈萨克斯坦，与哈总统纳扎尔巴耶夫会谈后签署了包括军事技术合作备忘录在内的一系列政府间协定。

哈印经贸关系不断发展，尤其是哈萨克斯坦油气资源的开发引起了印度极大兴趣。2005 年，印度石油和天然气部长艾亚尔访问哈萨克斯坦，并出席第五次印哈联合委员会会议，会议就两国石油、天然气开发进行了深入讨论，印度石油天然气公司计划在哈萨克斯坦重新设立办事处。该公司还计划和其他印度公司一起，参与管道合同的竞标。2010 年 5 月，哈萨克斯坦和印度两国政府签署了核能战略合作协议。根据该协议，印度将参与哈萨克斯坦方面建设小型压力重水反应堆，并使用哈萨克斯坦开采的铀。

4. 与土耳其签署的协议、协定

土耳其被认为是哈萨克斯坦的战略伙伴。哈萨克斯坦领导人对土耳其的发展模式，即经济市场化、政治民主化、宗教世俗化很感兴趣；民族、语言、风俗相近，这也密切了两国关系。早在哈萨克斯坦独立之前，1991 年 3 月 15 日，哈萨克斯坦就与土耳其签署了《哈土相互关系原则与目标宣言》。纳扎尔巴耶夫总统 1994 年 10 月正式访问土耳其期间与土耳其领导人签署了《哈土友好合作条约》。2001 年，哈土政府间经贸合作委员会第二次会议在阿斯塔纳举行，讨论扩大两国经贸合作问题并签署相关合作协议。当年 8 月 3 日，土耳其武装力量总参谋部军事技术代表处在哈设立。该代表处主要负责协调两国在军事领域的合作。哈萨克斯坦刚刚独立时，土耳其就向哈提供了 2 亿美元的贷款；1998 年再次向哈提供 3 亿美元贷款。土耳其企业蜂拥进入哈萨克斯坦，到 2007 年，土耳其在哈萨克斯坦有合资和独资企业近 600 家，是在哈萨克斯坦开办合资和独资企业最多的国家。哈土贸易额 1994 年就达到 1.35 亿美元，此后稳步增长，2007 年达到 20 亿美元，2008 年达到 28.7 亿美元。2007 年 12 月，土耳其总统居尔访问哈萨克斯坦并与纳扎尔巴耶夫总统举行会谈，两国签署了长期经济合作计划以及该计划在 2008～2009 年度的实施方案。根据该方案，双方贸易额到 2010 年要达到 50 亿美元，而从长期来看将达到 100 亿美元。

5. 与伊朗签署的协议、协定

哈萨克斯坦高度重视与伊朗的关系。这主要是基于伊朗首先是里海沿岸国家，同时还是哈萨克斯坦最近的出海口，也被哈萨克斯坦看成是伊斯兰世界政治和经济进程中最有声望和重要的参与者。纳扎尔巴耶夫 1992 年 10 月正式访问伊朗，与伊朗签署了《哈伊互相谅解和合作宣言》。1996 年 5 月，纳扎尔巴耶夫再次正式访伊，哈伊两国签署了《哈伊进一步发展和深化合作宣言》。1996 年 1 月，伊朗副总统访哈期间，双方签署了一系列经济合作文件。2007 年 10 月 15 日，纳扎尔巴耶夫总统访问伊朗并与伊朗总统艾哈迈迪—内贾德举行会谈，两国签署了四项合作协议和一项联合公报。合作协议包括：两国国家图书馆之间的合作、两国海上运输组织及扩展里海旅游业的合作。与此同时，伊朗的阿米尔—阿巴德港与哈萨克斯坦的阿克套港也将作为"姐妹港"展开更广泛的合作，其中包括伊朗的安泽里港和哈萨克斯坦的阿克套港的合作。2009 年 4 月，伊朗总统内贾德访问哈萨克斯坦。两国政府签署了体育合作备忘录、医疗卫生合作备忘录等多项双边合作协议。

两国贸易额在逐步扩大。1994 年，两国贸易额为 2440 万美元，到 1999 年增长到 1.08 亿美元，2006 年突破 20 亿美元，2007 年达到 30 亿美元。两国官员的共同目标是将两国贸易额增加到 100 亿美元。目前，伊朗在哈萨克斯坦有合资和独资企业 100 多家。伊朗是哈萨克斯坦最近的出海通道，哈萨克斯坦铁路已经实现经过土库曼斯坦与伊朗相通。目前，哈萨克斯坦正在积极推动修建通向伊朗方向的输油管道，以解决本国石油经过伊朗出口的问题。

二 多边合作机制

哈萨克斯坦参与了如下主要国际合作机制：

1. 联合国

1992 年 3 月 2 日，哈萨克斯坦加入联合国，成为世界大家庭中平等的一员，并积极参加联合国的活动。1992 年 10 月，在哈萨克斯坦首次参加的联合国第 47 次大会上，纳扎尔巴耶夫总统就该国对外政策发表了演讲。1995 年，纳扎尔巴耶夫总统再次赴纽约参加联合国成立 50 周年庆典，并发表演讲。1997 年 2 月，纳扎尔巴耶夫在访美期间再次拜访联合国总部，会见了联合国秘书长加利。在联大发言中，纳扎尔巴耶夫总统提出了建立联合国维和基金、联合国预防外交地区中心、联合国中亚委员会的倡议，其倡议如今大都已经实现。

哈萨克斯坦还积极参加联合国下属机构的活动，包括联合国亚太经社委员会、联合国欧洲经济委员会、联合国开发计划署、联合国儿童基金会、联合国教科文组织、联合国工业发展组织、联合国贸易和发展会议、国际原子能机构、联合国国际环境规划等组织，听取这些组织的政策咨询和获取物质帮助。

哈萨克斯坦还成为联合国所属的一些专门机构的成员，包括世界卫生组织、国际劳工组织、世界旅游组织、红十字会和红新月会国际委员会、国际海事组织等。

2. 独联体

1991 年 12 月 21 日，哈萨克斯坦作为创始国，签署《阿拉木图宣言》、《独立国家联合体协议议定书》等文件；1993 年 1 月 22 日，签署《独联体章程》；1994 年 10 月 21 日，签署独联体跨国经济委员会、支付同盟和关税同盟协定；1995 年 5 月 26 日，签署《保卫独联体外部边界条约》；1999 年 2 月，续签《集体安全条约》。哈萨克斯坦参加了独联体的几乎所有国家元首和政府首脑会议。不过，独联体的运转情况令各成员国均感到失望，哈萨克斯坦主张加强独联体经济一体化，纳扎尔巴耶夫还曾提出建立欧亚联盟的建议。在独联体机制运行不畅的情况下，哈萨克斯坦更加重视独联体范围内与各成员国发展双边关系，借此恢复旧有的经济联系，克服共同的困难。

3. 伊斯兰会议组织

由于地理上的便利、文化上的相近、风俗习惯上的相似，再加上经济上的相互需要，哈萨克斯坦对邻近伊斯兰国家组建的地区性国际组织不仅很感兴趣，而且很快就加入这些组织，其中，伊斯兰会议组织是哈萨克斯坦较早加入的地区国际组织之一。1991 年底，哈萨克斯坦派代表参加了在塞内加尔举行的伊斯兰会议组织首脑会晤和伊斯兰发展银行年度会议。1995 年 12 月 12 日，在几内亚德克纳克里举行的伊斯兰会议组织外长会议上，哈萨克斯坦被接纳为该组织正式成员国。哈萨克斯坦领导人多次出席伊斯兰会议组织的各种会议。尽管占有一些天时、地利、人和的优势，但是伊斯兰会议组织对哈萨克斯坦的吸引力和影响力十分有限。其原因是：该地区伊斯兰国家经济实力有限，在国际事务中处于下风；各伊斯兰国家在国际上分属不同的集团，有的追随美国和西欧大国，有的与俄罗斯有特殊的关系，都无力在地区中发挥领导性作用；哈萨克斯坦与伊斯兰国家对发展"伙伴"关系的理解不同，后者在政治合作中热情很高，而前者在经济上期望更大，发展关系时很难"合拍"。另外，哈萨克斯坦等对伊斯兰教介入政治和"泛突厥"思想持反对态度。

4. 突厥语国家首脑会议

该组织与伊斯兰会议组织相似。哈萨克斯坦领导人多次参加该机制活动，但是该机制影响力也较为有限。

5. 中西亚经合组织

哈萨克斯坦1992年11月正式加入中西亚经合组织。哈与该组织保持了密切合作。纳扎尔巴耶夫总统曾于1996年5月14~15日参加中西亚经合组织第四次高峰会议，并签署了阿什哈巴德联合宣言。哈与该组织在经济、文化等方面开展了广泛的合作。

6. 欧盟与欧安组织

同欧盟、欧安组织的合作是哈萨克斯坦外交的一个战略方向。哈萨克斯坦认为，欧洲数百年来一直是世界政治、经济和文化中心之一，同欧洲的国际组织发展合作与伙伴关系有良好的国内基础和前景，这样还可以有效地平衡俄罗斯的影响，为哈萨克斯坦进入国际舞台创造条件。

哈萨克斯坦同欧盟、欧安组织的来往比较密切。欧盟和欧安组织的领导人和代表多次访问哈萨克斯坦，哈萨克斯坦领导人也多次参加欧盟和欧安组织的高峰会议。1995年1月，哈萨克斯坦与欧盟签署《伙伴合作关系协定》。1995年6月9日，欧盟委员会提出对中亚五国共同立场的报告，强调欧盟在该地区的政治、经济利益，支持各国正在进行的政治、经济改革，建立真正的民主机制。

1992年1月，欧安会部长理事会第二次会议决定，吸收哈萨克斯坦为正式成员国。同年2月，哈萨克斯坦签署了加入欧安会的协议。1995年欧安会改名欧安组织后，哈萨克斯坦进一步加强了与该组织的联系，纳扎尔巴耶夫总统多次出席欧安组织国家首脑会晤。2010年，哈萨克斯坦成为欧安组织轮值主席国。同年12月，欧安组织第七次首脑会议在哈萨克斯坦首都阿斯塔纳召开并发表《阿斯塔纳宣言》，哈萨克斯坦与欧安组织的合作达到空前水平。

7. 北约"和平伙伴关系计划"

哈萨克斯坦独立以后，十分重视与北大西洋公约组织的合作。哈萨克斯坦认为，北约不仅仅可以在军事上提供援助，还可以在其他许多方面提供帮助：（1）保证本国的独立和安全，利用北约抵消俄罗斯的军事、政治压力；（2）为本国的经济和军事建设寻求更多援助。

1994年5月27日，哈萨克斯坦加入北约设立的"和平伙伴关系计划"。时任北约秘书长的维尔纳、索拉纳、罗伯逊先后访哈，纳扎尔巴耶夫总统也访问过北约总部。1996 年 7 月，哈萨克斯坦与北约签署两项协议：前者有关情报交换；后者确定相互保证伙伴国军人在本国境内的地位。1997 年 10 月，北约与来自哈萨克斯坦等国的军人共同举行"1997 中亚维和营"的军事演习。此后，哈萨克斯坦多次参与北约"和平伙伴关系计划"框架内的类似军事演习。1998 年，哈萨克斯坦还在北约正式开设代表处。哈领导人认为，哈与北约的合作关系进入了新阶段。

2006 年 1 月，哈萨克斯坦与北约签订"单独伙伴关系计划"，这使得哈成为中亚地区第一个与北约签订具有军事性质合作协议的国家。也是继格鲁吉亚、阿塞拜疆和亚美尼亚三国后，在独联体范围内第四个与北约签订"单独伙伴关系计划"的国家。"单独伙伴关系计划"包含了广泛的政治及军事内容，其中包括：北约帮助哈实现军事力量的现代化改装；双方加强在反恐领域的合作；双方在立法机构的信息互换；睦邻友好；与其他国际组织合作等。"单独伙伴关系计划"甚至包括在哈国内实行政治改革的内容，包括反腐败、保护人权、推进民主及其他领域的合作等。这表明哈萨克斯坦与北约的合作进入更高水平。

8. 欧亚经济共同体

欧亚经济共同体最早起源于哈萨克斯坦总统纳扎尔巴耶夫的欧亚联盟思想。欧亚经济共同体成立于 2000 年 10 月 10 日，其前身为 1996 年俄、白、哈、吉四国为促进相互经济合作而创建的关税同盟。该组织成立后积极谋求实现区域经济一体化，并与联合国、欧盟、欧安组织、国际关税联盟、上海合作组织建立正式合作关系，在地区经济发展的舞台上扮演着越来越重要的角色。作为发起国和创始国，哈萨克斯坦对该组织的发展十分积极。该组织在统一关税联盟、建立统一交通空间、建设统一能源市场、金融合作、建设统一社会经济空间以及协调成员国入世等方面进行了大量合作。但是，欧亚经济共同体各成员国经济结构和发展水平差别较大，各国从维护自身利益出发，不可能在所有问题上达成一致。不过，该组织近两年来活动趋于积极，据俄罗斯提供的数据，2006 年，欧亚经济共同体国家之间的贸易额为 363 亿美元，而到 2007 年则突破了 900 亿美元大关。2008 年 1 月，欧亚经济共同体国家间委员会第 20 次政府首脑会议召开，本次会议共签署了 9 份海关联盟国际条约草案。

9. 亚信会议

亚信会议是哈萨克斯坦积极推动的一个有关安全问题的多边论坛，其宗旨是在部分亚洲国家之间讨论加强合作、增强信任的措施。成立亚信会

议这一多边论坛的倡议是哈萨克斯坦总统纳扎尔巴耶夫 1992 年 10 月在第
47 届联合国大会上提出的，其主要目的是要在亚洲大陆上建立起有效的、
综合性的安全保障机制。倡议一经提出，就得到了包括中国在内的多个亚
洲国家的支持，联合国、欧洲安全与合作组织、阿拉伯国家联盟（阿盟）
等国际组织也表示欢迎。哈萨克斯坦政府把推进亚信会议机制的任务提高
到外交优先地位。1993 ~ 1994 年间，哈举办了一系列由部分亚洲国家代
表参加的专家级会议。1999 年 9 月，在哈萨克斯坦的阿拉木图市举行的
亚信会议首次外长级会议成为亚信会议进程中的里程碑。会议通过了
《亚信会议成员国相互关系原则宣言》。2002 年 6 月 4 日，第一次亚信会
议成员国领导人会议在哈萨克斯坦首都阿拉木图举行，与会各国领导人发
表了旨在增进亚洲和平、安全与稳定的《阿拉木图文件》和《关于消除
恐怖主义和促进文明对话的宣言》。2006 年 6 月 17 日，亚信会议成员国
领导人第二次会议在哈萨克斯坦阿拉木图举行，与会领导人通过了亚信会
议成员国领导人第二次会议宣言。

10. 各种国际金融组织

哈萨克斯坦独立后很快加入国际货币金融组织、世界银行、欧洲复兴
开发银行、亚洲开发银行等国际金融组织。在加入这些世界性和地区性的
国际金融组织后，哈萨克斯坦从这些金融机构不断获得贷款和援助。这些
贷款和援助对于建国之初的哈萨克斯坦来说显得尤其珍贵。据哈方资料显
示，仅到 1995 年，哈从国际金融机构获得的援助和贷款就达 20 亿美元。
哈经济改革工作也得到了上述组织专家的帮助。

第二节　乌兹别克斯坦与国际合作机制

乌兹别克斯坦是中亚地区地缘政治状况非常复杂的国家。一方面，它
位于中亚的中心，人口数量最大，是中亚区域一体化必不可少的参与者；
另一方面，它是双重内陆国，在交通、通信、水资源等方面又严重依赖周
边国家。因此，乌兹别克斯坦非常重视国际合作，希望借此获得外界的帮
助和国际社会的认同，但同时又保持谨慎，以免陷入大国地缘政治争夺的
旋涡中。

一　双边合作机制

与多边合作相比，乌兹别克斯坦明显偏好双边合作。乌总统卡里莫夫
指出，乌兹别克斯坦融入国际社会的具体方向是：与发达国家建立紧密的

联系；加强与主要国家在经济、金融和人文领域的合作；深化与美国等主要大国的多方面关系；努力发展和加强与欧洲主要国家的关系；同欧盟实施伙伴和合作协议；同亚洲国家首先是日本、韩国和中国发展多方面关系；与俄罗斯发展历史传统、经济和文化联系①。

（一）安全领域

乌兹别克斯坦在历史上是中亚地区伊斯兰文明的中心，独立后乌境内的宗教极端势力和恐怖主义势力相对活跃，给本国及周边的安全带来威胁。独立以来，乌兹别克斯坦境内发生了多起爆炸和恐怖袭击事件。另外，阿富汗问题以及与此相关的毒品和武器走私、跨国有组织犯罪以及生态问题，与邻国在水资源、边界、民族等问题上的纠纷都导致乌兹别克斯坦安全形势不容乐观。因此，乌政府把安全合作看做对外合作的重要方向。

1. 与俄罗斯的合作

俄罗斯是乌兹别克斯坦的重要合作对象。乌兹别克斯坦最担心的是阿富汗及中亚地区的安全威胁扩散到本国。它同其他中亚国家都没有能力独自解决安全和经济发展领域的问题，因此需要俄罗斯的帮助。中亚合作组织最终被纳入欧亚经济共同体证明了这一点。截至2009年初，两国共签署各种条约和协议232项。

1992年3月20日，俄罗斯承认乌兹别克斯坦独立，同年7月13日在塔什干开设使馆。1992年5月底，乌总统卡里莫夫访俄，同俄领导人签订两国为期10年的友好合作条约，包括提供集体安全协助。1994年3月，卡里莫夫总统首次正式访俄，与叶利钦总统就加强两国全面合作关系问题举行会谈。双方签署关于乌俄发展和加强两国全面合作关系的声明、关于1992年所签署的两国友好合作条约的补充条约、两国调整军事和经济一体化的协议，还签署了关于乌俄两国航空运输协议、关于相互提供武装力量的物资技术保障的原则协议、取消双重征税的协议。1996年1月25日，俄外长普里马科夫、国防部长格拉乔夫同时访乌，与乌外长科米洛夫讨论了塔吉克斯坦局势以及在平等基础上加强双边合作的问题，双方签订了两国外交部合作计划。乌兹别克斯坦担心塔吉克斯坦内战殃及本土，希望塔尽快恢复和平并建立稳定的政权。为此，乌积极劝说俄罗斯一起干预塔内战。乌兹别克斯坦在同俄罗斯军事合作促成塔和平过程中发挥了积极作用。为了避免中亚地区新的冲突和威胁，两国军事合作后来变成

① Г. А. Хидоятов, Основы дипломатии, Ташкент, 2002, С. 321.

包括哈萨克斯坦、吉尔吉斯斯坦在内的防御协议。因此，最早倡导建立军事伙伴关系的不是俄罗斯，而是乌兹别克斯坦。1999 年 9 月，俄国防部长谢尔盖耶夫抵达塔什干，与卡里莫夫总统讨论了吉尔吉斯斯坦南部局势问题，卡里莫夫总统希望俄积极参与解决吉南部危机。1999 年 12 月普京访乌期间，乌俄签署了加强军事合作的条约，确定了军事技术合作的未来前景，指出要建立俄乌军事技术现代化联合企业，在俄罗斯培训乌航空和国防技术领域的专家。2000 年 3 月，乌兹别克斯坦加入俄罗斯创建的独联体联合空防系统。同年 5 月，俄罗斯空军总司令科尔努科夫访乌，目的是加强军事技术特别是在防空系统方面的合作。2001 年 5 月 3 ～ 6 日，卡里莫夫总统对俄罗斯进行国事访问。双方签署了边界合作条约等文件。2001 年 10 月，俄国防部向乌派出作战小组，其主要任务是保持与美国在乌作战部队的联系。俄乌两国就联合使用空军和防空体系达成协议，共同维护两国的领空安全。两国的特种部门就打击非法极端组织进行合作。2002 年 1 月，俄外长伊万诺夫访乌。双方讨论了地区安全问题，决定进一步发展政治、经济和安全领域的合作。同年 7 月 6 ～ 7 日，卡里莫夫总统参加了在哈萨克斯坦港口阿克套举行的俄罗斯—中亚非正式峰会，与俄总统普京举行了会晤，就中亚安全形势、阿富汗重建和国际反恐问题进行磋商。2004 年，在乌兹别克斯坦的倡议下，俄罗斯成为中亚合作组织的正式成员。该组织的优先方向是发展经济贸易领域的多边合作，重点是合理利用中亚水资源和能源、打击恐怖主义和非法毒品贸易。两国关系中的最重大事件是，2004 年 6 月 16 日双方签署战略伙伴关系条约，以及 2005 年 11 月 14 日双方签署联盟关系条约。2004 年，两国在独联体举行的"阻击—2004"军事演习中进行合作。2005 年 9 月，俄罗斯与乌兹别克斯坦在距离乌首都塔什干 250 公里的"法里什"（Фариш）山地军事训练场举行了两国历史上首次联合反恐演习。2005 年 11 月 14 日，乌俄两国签署结成联盟的条约以及经济合作、在打击贩毒方面合作等协议。2008 年 9 月，普京总理访乌，卡里莫夫总统破例亲自到机场迎接。俄乌双方就能源合作、军事技术合作和经济合作达成一致。2009 年 12 月 22 日，俄罗斯外交部长拉夫罗夫访问乌兹别克斯坦。双方签订了外交部门之间的合作计划。拉夫罗夫表示，俄罗斯重视与乌兹别克斯坦深化经济合作，支持乌兹别克斯坦关于中亚水资源利用问题上的立场①。2010 年 4 月 20 日，卡里莫夫总统正式访问俄罗斯，两国政府签署 2010 – 2012 年军事技术合作协

---

① Center For Political Studies of Uzbekistan, Uzbekistan Central Asia, IV – 2009, p7.

助实施办法清单相互谅解备忘录①。

2. 与美国的合作

乌兹别克斯坦与美国的安全合作起步较晚，合作方式主要是军事援助、军官交流、培训、组织研讨会等。从 1997 年起，美国武装力量人员开始积极参加由乌兹别克斯坦、哈萨克斯坦和吉尔吉斯斯坦建立的中亚维和营的活动。从 1996 年起，美国每年都划拨一定的财政援助用于促进乌兹别克斯坦军队的发展。2000 年，美国武装力量中央司令部总司令、美国国务卿新独立国家事务特别顾问、美国中央陆军总司令等先后访问乌兹别克斯坦，他们表示将资助乌军官到美国军校进修，向乌军方提供人道主义援助，帮助乌抵抗恐怖分子入侵。同年 11 月，乌国防部长访美，双方签署了关于进一步发展军事技术合作的协议。美国向乌提供援助以打击大规模杀伤性武器、毒品走私和恐怖主义。2000 年，美国把"乌伊运"列入恐怖组织名单，关闭了该组织的银行账户并宣布其非法。2001 年"9·11"事件为乌美关系的进一步发展提供了契机。美国决定对阿富汗采取军事行动。乌兹别克斯坦在中亚国家中率先表示向美国开放领空和提供空军基地。同年 10 月 5 日，美国国防部长拉姆斯菲尔德访乌。两国签署的乌美联合声明指出，如果乌安全和领土完整受到直接威胁，乌美两国政府将立即就采取相应措施进行协商。2001 年 10 月 7 日，双方签署了一项打击恐怖主义的合作协议。美国军队开始进驻乌议纳巴德空军基地。为了奖赏乌兹别克斯坦在反恐联盟中的作用，美国把对乌援助增加了 3 倍。1992~2001 年美国对乌援助总额为 2.63 亿美元，而 2002 年仅一年援助额就达到 1.6 亿美元。美国还向国际组织施加压力，要求它们恢复对乌援助项目。2001 年 9 月，美国国会通过决定给乌兹别克斯坦提供 2500 万美元用于购买武器和军用物资的决议。2005 年 2 月，美国向乌兹别克斯坦安全、海关等部门提供价值约 75 万美元的设备。"安集延事件"后，乌美关系恶化，美国被迫撤出议纳巴德空军基地，双边安全合作明显减少。据美国国际援助署公布的数据，2007 年美国对乌援助仅 1552 万美元，其中用于和平与安全领域的援助为 69 万美元。2008 年乌外交明显西倾。卡里莫夫总统在俄罗斯和哈萨克斯坦之后提出，允许美国利用其境内铁路向阿富汗运送后勤物资。另外，2007 年乌方还同意延长美国飞机使用乌领空的协议。目前，双方主要在阿富汗问题、预防大规模杀伤性武器和生物武器扩散等方面开展对话。2009 年 4 月 3 日，乌美签订协议，乌兹别克斯坦允

---

① Center For Political Studies of Uzbekistan, Uzbekistan Central Asia, Ⅱ - 2010, p3.

许北约军队过境乌兹别克斯坦领土向阿富汗运送食品、药品和其他非军用物资。2009 年 8 月，美军中央司令部彼得雷乌斯访问乌兹别克斯坦。两国国防部代表在塔什干签署军事技术合作协议。

3. 与中国的合作

中国与乌兹别克斯坦之间的安全合作主要是在上海合作组织框架下开展起来的。1999 年双方签署了《中华人民共和国和乌兹别克斯坦共和国引渡条约》、《中华人民共和国公安部和乌兹别克斯坦共和国内务部合作协议》。2000 年，双方签署《中华人民共和国和乌兹别克斯坦共和国国防部合作协定》。2003 年，双方签署《中华人民共和国和乌兹别克斯坦共和国关于打击恐怖主义、分裂主义和极端主义的合作协定》。2004 年 6 月 14～16 日，胡锦涛主席对乌进行国事访问。两国元首签署了《中华人民共和国和乌兹别克斯坦共和国关于进一步发展和加深两国友好合作伙伴关系的联合声明》，两国有关部门签署了《中华人民共和国政府与乌兹别克斯坦共和国政府关于禁止非法贩运和滥用麻醉药品和精神药物的合作协议》等文件。2005 年 5 月 25～27 日，卡里莫夫总统对中国进行国事访问。双方签署了《中乌友好合作伙伴关系条约》，双方有关部门还签署了《中乌关于海关互助的协定》等 14 个双边合作文件。

（二）经济领域

1. 与俄罗斯的合作

俄罗斯是乌兹别克斯坦最大的贸易伙伴。独立以来，双方签署了 40 多个经济合作文件。最基础的双边文件是 1992 年 11 月 13 日双方签署的贸易关系协议。负责经济合作的是双方政府间经济合作委员会。1998 年 5 月 5～8 日，卡里莫夫总统对俄罗斯进行国事访问，两国领导人签署联合声明以及两国在航空领域继续进行合作的协议。双方一致同意由两国总理亲自领导乌俄联合委员会，以加强经济合作。双方还签署了《用于伊尔—76МФ 飞机以及伊尔—76ТФ 飞机及其改装产品在联合制造、批量生产和供货方面继续合作的条约》。同年 10 月 11～12 日，叶利钦总统首次正式访乌。两国签署《1998～2007 年俄乌经济合作条约》等 10 项合作文件。1997 年首家俄乌联合银行——亚洲投资银行在乌成立。2000 年 5 月，新上任的俄罗斯总统普京首访定在乌兹别克斯坦，两国政府签署了公路运输和加强两国地方行政机构合作等文件。2001 年初，在乌政府和俄驻乌使馆的努力下，建立了"俄罗斯商业中心"，该中心的目的是支持发展乌俄两国各地区之间的经济贸易联系。2001 年 12 月，乌俄签署为期 25 年的天然气开采合同。根据合同，所开采天然气的 45% 将由俄公司支配，这意味着俄将在乌兹别克斯坦未来的天然气出口管道铺设问题上拥有重要的发言权①。2002 年 12 月，两国签署天然气出口协议。根据协议，2005年乌兹别克斯坦向俄罗斯天然气工业股份公司提供 80 亿立方米天然气，自 2007 年起每年向该公司提供 100 亿立方米天然气②。2003 年乌兹别克斯坦天然气公司与俄罗斯天然气工业股份公司签订了战略合作协议。双方还协商共同开采乌境内的天然气。2004 年 6 月 16 日，在卡里莫夫总统倡议下，两国总统签署了乌俄战略伙伴关系条约。乌总统表示要扩大俄罗斯在乌经济中的份额，向俄开放乌天然气市场，乌得到俄罗斯 10 亿美元的投资③。2008 年 1 月，俄罗斯有约 334 家乌兹别克斯坦参与投资企业。在乌兹别克斯坦登记的俄罗斯投资的企业和公司代表处有 144 家。2007 年，双边贸易额为 40.38 亿美元。乌兹别克斯坦向俄罗斯出口的商品主要是能源、机器设备、棉纤维、蔬菜水果。俄罗斯向乌出口的商品有交通工具、机器设备、黑色金属及其制品、医药以及其他工业产品、棉制品、化学产品和木材等。2010 年 4 月，卡里莫夫总统访问俄罗斯期间，双方签署《乌兹别克斯坦国家海关委员会与俄罗斯联邦海关总署之间关于组织实验预报信息议定书》。2010 年 1~9 月俄罗斯与乌兹别克斯坦贸易额为 45.404 亿美元，占乌兹别克斯坦对外贸易总额的 29.3%，俄成为乌最大贸易伙伴。

2. 与美国的合作

1994~1995 年，乌兹别克斯坦与美国签订关于鼓励和保护投资协议、避免双重征税协议、两国公民自由往来备忘录等多项合作文件。1996 年卡里莫夫总统访美期间，乌兹别克斯坦与美国公司、银行签署了多项合作协议。其中包括：在布哈拉开采天然气矿的保险保证、在费尔干纳建立生产润滑油合资企业、向塔什干飞机制造联合企业投资用于技术改造、成立为农业企业提供服务的合资企业、建立石油、天然气合资企业、关于在乌兹别克斯坦东部开采金矿等协议和议定书，以及关于在投资、银行领域进行合作的备忘录等。1997 年 12 月，乌总理苏尔丹诺夫率领由政府部门、银行领导人组成的代表团访问美国，与大通曼哈顿银行签订了扩大双方业务往来的协定。2003 年两国贸易额为 3.352 亿美元。美进出口银行共对

---

① 孙文中：《美俄争夺中亚地区的前景展望》，《和平与发展》2002 年第 3 期。

② Дина Малышева，"Россия-Узбекистан：от партнерства к союзу"，http：//www. novopol. ru/article4092. html. 15 ноября，2005.

③ Г. Народное Слово（Узбекистан），17 июня 2004 г.

乌兹别克斯坦 44 个项目提供了贷款，总金额 15 亿美元。美国的大公司和金融机构参与了乌兹别克斯坦 24 个项目的实施，总金额为 23.83 亿美元。这些项目主要是发展采矿、石油、天然气、农业、食品和交通基础设施。据乌方统计，2008 年 1 月，乌兹别克斯坦共有 318 家美资企业。2007 年，乌美贸易额约为 1.96 亿美元。

3. 与中国的合作

中乌之间经济合作开始早，发展快。1992 年 1 月 3 日，中国外经贸部部长李岚清访乌期间，双方签署了《中华人民共和国和乌兹别克斯坦共和国政府经济贸易协定》，并就互设商务代表处换文。同年 4 月 17～23 日，乌外经贸部副部长卡里耶夫率团访华，同粮油食品进出口总公司签订了合作协议。1994 年 4 月 18 日，中国国务院总理李鹏访乌。双方签署关于中国向乌兹别克斯坦提供商品贷款协定、民用航空运输协定以及中国贸促会和乌兹别克斯坦外经部合作协议等文件。同年 10 月 24 日，卡里莫夫总统对中国进行了国事访问。双方签署了《中华人民共和国和乌兹别克斯坦共和国关于相互关系基本原则和发展与加强互利合作的声明》和中乌领事条约。1996 年 7 月 2～3 日，江泽民主席访乌。双方签署《中华人民共和国和乌兹别克斯坦共和国联合声明》、铁路运输合作协定、避免双重征税的协定及向乌兹别克斯坦提供无偿援助的换文。1998 年 2 月 18 日，中、乌、吉三国签署政府间汽车运输协定。2004 年 11 月 9～12 日，中乌政府间经贸合作委员会第六次会议在北京举行。双方签署了《关于中国政府同意在无偿援助项下提供医疗设备和电脑教学设备的换文》、《中国进出口银行与乌兹别克斯坦外经国民银行三亿美元优惠出口买方信贷总协议》等文件。2005 年，双方签署《中华人民共和国政府与乌兹别克斯坦共和国政府经济技术合作协定》、《中华人民共和国政府向乌兹别克斯坦共和国政府提供优惠贷款的框架协议》、《中华人民共和国政府和乌兹别克斯坦共和国政府扩大经济贸易、投资和金融合作备忘录》。2008 年 6 月 30 日，中乌天然气管道开工仪式在乌举行。据中国海关总署统计，2008 年 1～11 月中乌双边贸易额 14.98 亿美元，同比增长 48.9%。2009 年 12 月 4 日，中乌经贸合作委员会第八次会议在北京举行。双方签署了《中乌长期贸易协议补充议定书》和《乌兹别克斯坦农村电信网改造项目贷款协议》。2010 年 6 月 10 日，中国国家开发银行与乌兹别克斯坦对外经济活动银行签署了 7500 万美元授信协议。根据乌兹别克斯坦方面统计，2010 年 1～9 月，中乌贸易额为 13.07 亿美元，同比下降 16.7%，位于俄罗斯之后①。

（三）文化领域

俄罗斯在乌兹别克斯坦首都塔什干设立了外交部下属的对外科学文化中心。2004 年乌兹别克斯坦在莫斯科设立乌文化艺术论坛。俄罗斯普列汉诺夫学院、罗蒙诺索夫国立大学以及库布金国立石油天然气大学陆续在乌设立分校。在乌俄教育合作框架下，近 10 年内乌方有 1000 多名学生获得奖学金免费在俄罗斯接受教育。此外，两国还在天文学研究领域开展合作。2010 年 4 月，卡里莫夫总统访问俄罗斯期间，两国签署了《2010 ～ 2012 年文化人文领域合作纲要》。

乌美之间的文化合作主要通过美国向乌提供人道主义援助、教育交流、培训等方式实现。两国关系一度恶化，殃及文化领域，很多文化合作项目暂停。近两年，两国关系转暖。2008 年美国恢复了对乌"富布赖特"教育交流计划。2010 年 12 月初，美国国务卿希拉里访问乌兹别克斯坦，双方签订了《乌兹别克斯坦和美利坚合众国政府间科学技术合作协议》②。

随着中乌之间的相互了解加深，两国之间的文化合作逐步扩大。1999 年双方签署《中华人民共和国外交学院与乌兹别克斯坦共和国外交部世界经济与外交大学合作协议》、《中华人民共和国教育部与乌兹别克斯坦共和国高等和中等专业教育部教育合作协议》、《中华人民共和国旅游局和乌兹别克斯坦共和国国家旅游公司旅游合作协议》。2005 年中国与乌兹别克斯坦签署《中华人民共和国文化部和乌兹别克斯坦共和国文化部2004 ～2007 年文化交流计划》、《中华人民共和国司法部与乌兹别克斯坦共和国司法部合作协议》、《中华人民共和国教育部与乌兹别克斯坦共和国高等与中等专业教育部关于合作建设塔什干孔子学院的协议》。2008 年3 月，为支持乌"青年年"活动，中国驻乌使馆向乌兹别克斯坦中国民族文化中心捐赠一批文化体育用品。2010 年 6 月 8 日，中国驻乌兹别克斯坦大使于洪君在接受媒体采访时指出，乌兹别克斯坦多所重点高校已经开设汉语专业，目前学习汉语的在校生接近 2000 人。

二　多边合作机制

乌兹别克斯坦对于多边合作非常谨慎。消除来自阿富汗及周边的安全威胁是乌兹别克斯坦开展多边合作的主要动力。乌总统卡里莫夫多次呼吁

---

① http://uz. mofcom. gov. cn/article/jmxw/201011/20101107250897. htm.

② http://uz. mofcom. gov. cn/article/jmxw/201012/20101207297774. htm.

国际社会携手解决阿富汗问题。他指出："乌兹别克斯坦不仅目的明确地让本国政治范围内的一切现有潜力行动起来，而且还积极利用国际机构的机制，过去和将来都支持和促进旨在和平解决和防止同我们共和国毗邻的国家的军事政治冲突的任何努力和实际步骤。这就是我国整个战略的一个主要方面的思想和实质。"① 他利用联合国、欧安组织等舞台多次提出解决阿富汗问题的倡议。2000 年 12 月 15 日，乌兹别克斯坦通过了反恐法。乌兹别克斯坦还积极参加独联体、上海合作组织框架内以及国际反恐联盟内的反恐行动。乌兹别克斯坦是联合国 11 项反恐公约和两项反恐意向书的参加国②。

（一） 与独联体国家的多边合作机制

1. 独联体

1991 年 12 月 21 日，乌兹别克斯坦领导人参加了在阿拉木图举行的前苏联 11 个加盟共和国首脑会晤，签署了《关于建立独立国家联合体协议的议定书》和《阿拉木图宣言》等 6 个文件，作为创始国成为独联体的一员。1992 年 1 月 4 日，乌兹别克斯坦最高苏维埃批准参加独联体协议和议定书，宣布承认独联体其他国家。乌兹别克斯坦领导人参加了历次独联体首脑会晤，几乎在独联体通过的所有文件上签了字。乌兹别克斯坦强调，独联体应该是一个磋商性的协调机构，主张独联体各成员国完全平等，支持经济一体化，但反对政治上和军事上继续保持过去的关系和建立超越国家联合体的机构，对俄罗斯的独联体政策持批评态度。乌兹别克斯坦未参加独联体内的五国关税联盟，尽管它在五国关税联盟成立前就与哈萨克斯坦、吉尔吉斯斯坦签署了三国关税联盟议定书。1997 年 6 月 7 日，哈萨克斯坦、吉尔吉斯斯坦和俄罗斯、白俄罗斯四国议会间委员会就开放边境达成协议草案，允许其公民不用签证和过海关便可出入四国边境。乌兹别克斯坦对此坚决反对，认为"过分深入的"一体化会使共和国丧失独立地位。

2. 独联体集体安全条约组织

1992 年 5 月 15 日，乌兹别克斯坦与俄罗斯等六国在塔什干签署独联体集体安全条约。乌兹别克斯坦参加独联体集体安全条约后，对于俄罗斯加强独联体军事一体化的举动并不支持。1996 年乌兹别克斯坦没有在建

---

① 〔乌〕伊斯拉姆·卡里莫夫：《临近 21 世纪的乌兹别克斯坦安全的威胁、进步的条件和保障》（中文版），国际文化出版公司，1997，第 25 页。

② 参见乌兹别克斯坦政府网站。

立独联体国家安全和情报机关跨国委员会文件上签字。然而，1998 年阿富汗"塔利班"势力威胁到中亚地区，地区面临着恐怖主义、宗教极端主义、毒品走私等多种安全威胁。乌兹别克斯坦决定与俄罗斯等国在地区安全领域加强合作。1998 年 10 月，俄罗斯总统叶利钦访问乌兹别克斯坦期间，在塔吉克斯坦的参加下，三国签署了《俄罗斯、塔吉克斯坦和乌兹别克斯坦全面合作声明》，几乎涉及内外事务合作的所有领域，这被认为三国由此结成了"军事政治联盟"。1999 年 2 月，乌兹别克斯坦宣布不再续签独联体集体安全条约。在独联体首脑会议前夕，乌兹别克斯坦政府宣布退出独联体集体安全条约。1999 年末，由于大规模恐怖活动的出现，以及俄罗斯的独联体政策积极化，乌兹别克斯坦又开始改善与俄罗斯的关系，有选择地参加了独联体框架下的军事合作。2006 年 6 月 23 日，独联体集体安全条约组织理事会决定，恢复乌兹别克斯坦成员国资格。同年 7 月，独联体集体安全条约组织秘书长尼古拉·博尔久扎宣布，乌兹别克斯坦武装力量参加独联体集体安全条约中亚地区集体快速反应部队[1]。2009 年 2 月 4 日，独联体集体安全条约组织成员国首脑在莫斯科举行的特别峰会上一致同意组建集体快速反应部队。有报道说，乌兹别克斯坦同意在非经常性参与的情况下，派遣本国部队参加集体快速反应部队的个别行动。而其余各成员国则同意在俄罗斯境内设立集体快速反应部队的常驻地[2]。乌兹别克斯坦最终未在有关组建集体安全条约组织快速反应部队的协议上签字。

3. 欧亚经济共同体

1994 年 4 月，乌兹别克斯坦、哈萨克斯坦和吉尔吉斯斯坦三国总统在伊塞克湖畔会晤，签订了在 2000 年前建立中亚统一经济空间的条约。1995 年和 1996 年，三国加强在军事领域的合作，多次举行联合军事演习。1997 年三国签订永久友好与合作条约。1998 年，塔吉克斯坦加入中亚统一经济空间条约。之后该组织改名为中亚经济共同体。2002 年 2 月，在乌兹别克斯坦总统倡议下，乌、哈、吉、塔四国总统会晤，把中亚经济共同体改为中亚合作组织。该组织成员国定期举行议会主席、安全部门领导人以及商界代表的会晤，确定了成员国协调代表，直接对各国元首负责。协调代表的工作是提高组织的工作效率，为支持和促进部门之间的合作创造条件，监督通过文件的执行情况和分析形势。2005 年，哈萨克斯

---

① Г. Деловой партнер（Узбекистан）. 6 июля 2006.

② http：//news. xinhuanet. com/mil/2009 - 02/05/content_ 10765857. htm.

坦提出使中亚合作组织并入欧亚经济共同体，塔、吉、乌三国领导人表示同意。2005 年 10 月，乌兹别克斯坦申请加入欧亚经济共同体。2006 年 1 月 25 日，乌兹别克斯坦正式加入该组织。2008 年 10 月 16 日，乌兹别克斯坦向欧亚经济共同体秘书处递交正式照会，表示将暂停在该组织内的活动。

（二）上海合作组织

2000 年 7 月 4 日，乌兹别克斯坦作为观察员参加了上海五国在杜尚别举行的会晤。乌兹别克斯坦表示希望加入该组织，因为该组织致力于在欧亚建立广泛的安全合作区，并且上海五国机制在安全领域的合作日见成效。2001 年 6 月 15 日，中、俄、哈、吉、塔、乌六国元首共同签署了《上海合作组织成立宣言》，宣布六国组成的地区合作组织正式成立。2002 年 6 月 7 日，六国元首在俄罗斯的圣彼得堡举行会晤，签署了《上海合作组织宪章》等重要文件。乌兹别克斯坦加入上海合作组织后参加了元首会晤、总理会晤、国防部长会晤、外长会晤、贸易部长会晤等活动。2003 年，在例行的高层会晤中完成了上海合作组织作为国际组织形成的程序，通过了把地区反恐中心移到塔什干的协议。2004 年，上海合作组织地区反恐机构在塔什干成立。2004 年 6 月 17 日，上海合作组织成员国元首会晤在乌兹别克斯坦首都塔什干举行。六国元首签署或批准了《上海合作组织观察员地位条例》、《上海合作组织成员国关于合作打击非法贩运麻醉药品、精神药物及其前体的协定》、《上海合作组织特权与豁免公约》、关于将上海合作组织成立日——6 月 15 日定为"上海合作组织日"的决议以及峰会政治文件——塔什干宣言。峰会期间，还签署了《上海合作组织成员国外交部协作议定书》以及中华人民共和国、乌兹别克斯坦共和国与上海合作组织常设机构的东道国协定等文件。2005 年 7 月 5 日，上海合作组织在哈萨克斯坦首都阿斯塔纳举行的元首会晤上通过了《元首宣言》和《上海合作组织成员国合作打击恐怖主义、分裂主义和极端主义构想》等文件。2006 年 3 月，上海合作组织成员国在乌兹别克斯坦境内举行了代号为"东方—反恐 2006"的联合演习。2006 年 6 月 15 日，上海合作组织成员国元首理事会第六次会议在上海召开。六国元首签署了上海合作组织成员国元首理事会关于批准《上海合作组织成员国打击恐怖主义、分裂主义和极端主义 2007 年至 2009 年合作纲要》的决议、《关于在上海合作组织成员国境内组织和举行联合反恐行动的程序协定》、《关于查明和切断在上海合作组织成员国境内参与恐怖主义、分裂主义和极端主义活动人员渗透渠道的协定》。2010 年 6

月 11 日，上海合作组织元首理事会第 10 次会议在塔什干举行。会议批准了《上海合作组织接收新成员条例》和《上海合作组织程序规则》等重要文件。

（三）与西方国家的合作机制

1. 欧盟

1992 年乌兹别克斯坦与欧盟开始接触，双方签署了《政府间相互谅解备忘录》。1994 年 11 月 16 日，乌兹别克斯坦与欧盟建立外交关系。1995 年 1 月，欧盟委员会乌兹别克斯坦外交委员会在布鲁塞尔开始办公。1996 年 6 月，乌兹别克斯坦总统卡里莫夫在佛罗伦萨与欧盟签署了伙伴和合作协议。这为双方在贸易、投资、环境保护、反恐和打击非法毒品贸易等领域合作创造了可能，也为乌兹别克斯坦发展与欧盟成员国的关系奠定了法律基础。1999 年 7 月 1 日，该协议被欧盟 15 个成员国以及欧洲议会通过并正式生效。乌兹别克斯坦与欧盟的合作分政治和经济两个方面。在伙伴和合作协议的框架内，双方共同设立了合作理事会、合作委员会、贸易委员会、司法委员会、国内事务委员会和议会合作委员会。欧盟与乌兹别克斯坦通过这些机构定期举行政治对话。自 1999 年起"乌兹别克斯坦—欧盟合作委员会"开始运作，以协调双边行动。委员会每年在布鲁塞尔召开一次例会，讨论地区形势、乌经济改革进程和提供经济、文化、教育及科技援助的问题。截至 2005 年 2 月，该委员会已召开了 6 次会议。欧盟委员会建立了"支持实施伙伴和合作协议"的特别项目，以促进双方更紧密的政治、经济和文化联系。该委员会的工作包括三部分：第一，促使乌兹别克斯坦的经济法律与欧洲的法律准则协调一致；第二，支持乌兹别克斯坦贸易政策改革和为乌加入世界贸易组织做准备，实施措施标准化准则，保护知识产权，提供运输、法律和金融服务，扶持农业发展等；第三，加强机制化和信息工作。欧盟与乌兹别克斯坦合作的领域还包括：深化经济现代化进程，支持独立、主权和领土完整，发展社会民主化。双方合作的重要方向之一是技术援助计划（ТАСИС）。"安集延事件"发生后，由于乌兹别克斯坦拒绝国际社会对该事件进行调查，2005 年 11 月欧盟宣布暂时部分终止与乌兹别克斯坦的合作，并对乌采取制裁措施，禁止向乌出售武器，不允许乌部分政府官员访问欧洲国家。乌政府对此反应激烈，宣布对欧盟国家实行严格签证制度，中断部分合作，双方关系降到历史新低。2008 年 10 月 13 日，欧盟宣布取消对乌制裁。

2. 北约

1992 年 3 月 10 日，乌兹别克斯坦代表出席了在比利时布鲁塞尔召开的北约合作委员会特别会议。1995 年 7 月 13 日，乌兹别克斯坦加入了北约"和平伙伴关系计划"。1995 年 8 月和次年 8 月，乌兹别克斯坦两次参加了在美国举行的北约与伙伴关系国军事演习。1997 年和 1998 年，北约在"和平伙伴关系计划"框架内在乌兹别克斯坦领土上举行了多国联合军事演习。1999 年 2 月，乌兹别克斯坦在北约总部所在地布鲁塞尔正式设立代表处。2000 年 7 月，北约秘书长罗伯逊访问乌兹别克斯坦。同年 9 月，乌兹别克斯坦派兵参加北约在哈萨克斯坦组织的"中亚维和营——2000"军事演习。"安集延事件"发生后，北约发表声明谴责乌兹别克斯坦使用武力镇压抗议者，并表示支持联合国提出的对于该事件进行独立调查的呼吁。北约还警告乌兹别克斯坦，该国同北约联盟的关系取决于其是否致力于尊重基本人权。北约还宣布制裁乌兹别克斯坦。同年 11 月 22 日，乌兹别克斯坦对于北约的举动作出反应，宣布自 2006 年 1 月 1 日起禁止北约的一些欧洲成员国使用其领空和领土执行与在阿富汗维和行动相关的军事任务。2009 年 2 月 25 日，卡里莫夫总统指出，乌兹别克斯坦已与北约达成协议，允许北约过境乌兹别克斯坦向北约驻阿富汗军队运送非军用补给物资。

3. 欧安组织

1992 年 1 月 30 日，在欧洲安全与合作组织的布拉格外长会议上，乌兹别克斯坦作为苏联的继承国之一，成为该组织成员。同年 7 月，乌兹别克斯坦的代表参加该组织的工作。1992 年，卡里莫夫总统参加了欧安会的一系列会议并签署了欧安会的"最后文件"和巴黎宪章。欧安组织与乌兹别克斯坦经常举行政治对话和国际学术会议。1993 年 4 月，欧安会主席、瑞士外长伍格拉斯率代表团访问乌兹别克斯坦，乌方对欧安会在中亚乃至独联体为解决"热点"问题进行的和平努力表示支持。1994 年，乌兹别克斯坦在维也纳建立其在欧安组织的代表处。1995 年 7 月 1 日，欧安组织在乌兹别克斯坦首都塔什干设立联络处，作为欧安组织在整个中亚地区的观察站。2000 年改为塔什干中心，专门负责欧安组织在乌事务。欧安组织塔什干中心的工作有三个方面的内容：（1）政治军事领域，包括实施政治体制改革计划，改革议会和政党，支持大众传媒。2003 年 12 月，塔什干中心针对记者开设了免费网吧。欧安组织 2004 年的任务主要是研究议会选举，包括研究相关的法律，观察政党和政治组织的行为，与相应的部门和机构保持对话；定期举行会议和培训，邀请各界代表讨论议会选举等问题；打击毒品贸易和武器走私，打击资助恐怖主义的活动，加强边界控制，培训护法机关的工作人员以及完善国家的立法；改革警察局；完成在 1999 年维也纳文件框架下关于军事领域信任以及支持青年主动性的行动公约；安全合作是该组织的工作重点。双方合作项目中最有效的是针对边界和海关工作人员进行的提高职业能力的培训。（2）经济和生态领域，欧安组织支持中小贸易以及与环境保护有关的计划。近年来，欧安组织对于经济领域的关注逐渐增强。在该组织的参与下，在乌兹别克斯坦实施了一系列支持中小贸易的项目，培训年轻人的管理技能，实施保护环境的计划等。（3）人文领域，实施司法惩戒体系的改革计划，提倡人权，鼓励妇女参加社会政治生活。

（四）其他国际合作机制

1. 联合国

1992 年 3 月 2 日，乌兹别克斯坦被联合国接纳为正式成员。1992 年 9 月和 1993 年 3 月，乌兹别克斯坦两次致信联合国秘书长加利，呼吁国际社会关注中亚"热点"问题，实现地区的稳定与安全。1992 年 6 月 10 日，乌兹别克斯坦签署联合国发展纲要。根据 1992 年 11 月 16 日乌兹别克斯坦政府与联合国的协议，1993 年 1 月在塔什干开设了联合国常设代表处，联合国的下属机构也纷纷在乌兹别克斯坦建立分支机构①。1993 年，乌兹别克斯坦在联合国纽约总部设立了本国的常设代表处。乌兹别克斯坦积极参加联合国的各种组织，如教科文组织、世界卫生组织、开发计划署等，并在国内建立了联合国教科文组织事务教育和文化问题国家委员会。据国际文传电讯报道，联合国计划 2010～2015 年在乌兹别克斯坦实施规模达 1 亿美元的发展纲要。发展纲要涉及四个方面：保障经济的良好运行状况，提高社会服务质量，解决环保问题，提高管理水平。

2. 中西亚经济合作组织

1992 年 2 月 16～17 日，乌兹别克斯坦政府的代表应邀出席了在伊朗首都德黑兰召开的第一届中西亚国家经济合作组织首脑会议。在这次会议上，乌兹别克斯坦被接纳为正式成员国。此后乌兹别克斯坦领导人参加了所有中西亚经合组织国家首脑会晤。2000 年 6 月，乌兹别克斯坦参加在伊朗举行的中西亚国家经济合作组织第六届首脑会晤和部长理事会第 10 次会议。会议批准了有关削减成员国之间关税和非关税壁垒的建议，以促进该组织成员国之间贸易的发展。乌总统发言指出，该组织的合作重点是经济，而不是政治。在国际形势变化的条件下，该组织必须进行改革，取消一些不

---

① 孙壮志、苏畅、吴宏伟编著《乌兹别克斯坦》，社会科学文献出版社，2004，第 231 页。

合实际的计划。他强调了解决阿富汗问题和毒品问题对于各成员国合作的重要意义，建议成立反毒品扩散机构。

3. 突厥语国家元首会议机制

1992 年，土耳其倡议举行第一届突厥语国家元首会晤。阿塞拜疆、哈萨克斯坦、吉尔吉斯斯坦、土库曼斯坦和乌兹别克斯坦作为成员国参加会议。1996 年 10 月在塔什干举行了第四次突厥语国家元首会议，六个突厥语国家元首共同发表了加强地区和平、安全和社会经济进步的塔什干宣言，强调发展传统的合作关系，复兴"丝绸之路"，共同维护地区的稳定和安全。2001 年 4 月，乌兹别克斯坦议长哈利洛夫参加在伊斯坦布尔举行的第七届突厥语国家元首最高级会议。乌兹别克斯坦总统卡里莫夫没有参加第六届和第七届会议。有媒体分析认为，他的缺席反映了其对于土耳其支持乌兹别克斯坦持不同政见者做法的不满。

4. "古阿姆"组织

1999 年 4 月，乌兹别克斯坦总统卡里莫夫在美国华盛顿参加北约成立 50 周年庆祝活动期间，与"古阿姆"四国领导人达成协议，加入该组织。2000 年 9 月 7 日，在美国纽约参加联合国千年首脑大会期间，格鲁吉亚、乌克兰、阿塞拜疆和摩尔多瓦四国总统和乌兹别克斯坦代表举行会晤，商定加强以自由贸易原则为基础的经贸关系，扩大在所有领域的互利合作关系，就进一步加强贸易联系及共同关心的问题交流了看法，并通过进一步加强多边合作的备忘录。2001 年 3 月，该组织会议未能成功举行，并暴露出内部存在问题。然而，最终于 2001 年 6 月雅尔塔举行的最高级会议取得了丰硕的成果。五国总统签署了《雅尔塔宪章》，内容包括组织的目标和多边合作原则，以及会议定期制。此举标志着"古阿姆"非正式集团成为一个正式组织。乌兹别克斯坦对于该组织的工作有很多批评意见。2002 年 6 月 14 日，乌兹别克斯坦以"'古阿姆'不能有效发挥在中亚地区的作用"为由宣布退出"古阿姆"组织。随后又表示并未退出，只是暂停参与该组织的活动。2005 年 5 月 5 日，乌兹别克斯坦宣布正式退出"古阿姆"组织。

三 国际合作机制的影响

乌兹别克斯坦在中亚地区具有特殊地位，人口最多，市场容量最大，而且许多资源和生产部门具有十分重要的意义，比如，乌兹别克斯坦黄金储量占世界第四位，棉花产量占世界第五位，出口额占世界第二位。乌兹别克斯坦还拥有较强的科技实力。乌兹别克斯坦与其他中亚四国都接壤，中亚地区的交通、能源、水资源、自由贸易、海关、边界等很多问题的解决都离不开乌兹别克斯坦。因此，对于很多国际合作机制来说，乌兹别克斯坦都是重要和特殊的参加者。

乌兹别克斯坦通过参加上述国际合作机制，达到了三个目的：其一，提高了国际地位。例如，2008 年 4 月，卡里莫夫总统参加了北约在布加勒斯特举行的峰会并提议北约利用本国领土向阿富汗运送非军事物资。另外，他在提议成立协调解决阿富汗问题的 "6 + 3" 小组，即在原有联合国支持的阿富汗六个邻国加上俄罗斯和美国的基础上，把北约也拉进协调小组。卡里莫夫总统的举动客观上促使西方和俄罗斯更加重视乌兹别克斯坦，提升了乌与西方的关系。其二，获得经济合作的机会与经济利益，包括贷款、援助和贸易。例如，2008 年 6 月 13 日，中国进出口银行与乌兹别克斯坦外经银行在北京签署上海合作组织 9 亿美元优买贷款项下 "费尔干纳—马尔基兰供水" 和 "费尔干纳土壤改良" 项目贷款协议，两个项目贷款金额合计 5345 万美元。其三，在一定程度上促进了本国领土安全。乌兹别克斯坦通过参加与北约、美国、独联体、上海合作组织等合作框架下的反恐活动，使长期活跃在本国境内以及中亚地区范围内的宗教极端势力在一定程度上受到打击和束缚，大大减轻了国防压力，促进了国内的政治稳定和经济社会发展。

由于各种原因，乌兹别克斯坦参加一些国际合作机制的情况不是很稳定。这在客观上对于乌方是不利的。首先，反复参加或退出国际合作机制的外交实践很容易被国际社会解读为外交政策不确定、外交利益不明的结果。对于乌兹别克斯坦自身的国际信誉也不利。其次，反复参加和退出一些国际合作机制势必造成相关各方的人力和资源浪费，甚至使一些合作项目前功尽弃。最后，有的国家或国际组织根据自身的利益，不理解和不顾及乌兹别克斯坦的国情，在与乌进行合作时附加了一些条件，结果对乌内政进行干涉，实行贸易保护主义，使用经济杠杆达到政治目的，以保护宗教信仰和保护少数民族等为由鼓励地方分离主义和宗教政治化。这些都损害到乌的国家利益。

第三节　吉尔吉斯斯坦与国际合作机制

吉尔吉斯斯坦非常重视对外合作，努力创造有利于国内稳定和发展的国际和地区环境。独立以来，吉尔吉斯斯坦与 100 多个国家建立外交关系，参加了 71 个国际组织①。截至 2001 年，吉与其他国家和国际组织签署的协议超过 2500 份②。吉尔吉斯斯坦对外合作的主要目标是，追求安全保障，引进外资，争取经济援助。

一　双边合作机制

吉尔吉斯斯坦《独立宣言》称，为赢得国际社会的承认和支持，该国愿同世界各国建立和发展富有成效的双边和多边联系与合作。由于历史传统、经济联系等原因，对外关系的重点首先是俄罗斯，其次是中亚近邻和独联体其他成员国。吉尔吉斯斯坦对外双边合作主要体现在安全、经济和文化等领域。

（一）安全领域

吉尔吉斯斯坦的军事基础薄弱，安全防御能力有限，因此，发展安全合作的主要目的是巩固国家安全。具体来说，主要完成如下任务：扩大和深化与友好国家军事力量之间在双边和多边基础上的联系；发展在独联体和集体安全条约组织框架下的军事领域一体化进程；巩固同上海合作组织成员国在联合打击新安全威胁与挑战领域的合作；通过军事技术合作更新该国武装力量技术装备；在保障相互信任措施方面履行国际义务；在武装力量建设以及计划、举行和全面保障运用军队方面采取联合行动并交流经验。在双边合作方面，吉尔吉斯斯坦主要与俄罗斯、美国、中国等国家发展双边安全合作，以巩固双边伙伴关系。

1. 与俄罗斯的合作

俄罗斯是吉尔吉斯斯坦对外双边合作的首要对象。两国的合作是全方位的，其中安全合作是双边合作的重点之一。1992 年 6 月，吉尔吉斯斯坦与俄罗斯签署《友好、合作和互助条约》，奠定了各方面合作的法律基础。2000 年，双方签署《永久友好、联盟和伙伴关系联合声明》。2003 年 10 月，根据两国政府签署的协议，俄罗斯在吉首都比什凯克近郊建成坎特空军基地。由于吉方拖欠俄罗斯大量债务，吉政府未要求俄军事基地支付租金。俄罗斯军方为了使关闭 10 年之久的坎特机场恢复功能，共投入 2.19 亿卢布（1 美元约合 29.9 卢布）的维修费，另外，俄罗斯每年还要向基地投入 1.3 亿卢布来维持它的正常运转。俄驻吉空军基地满员编制

---

① 具体情况参见吉尔吉斯斯坦外交部官方网站，http：//www. mfa. kg/international - organi-
　　zations/international - organizations - 2_ru. html。
② O. 伊布拉伊莫夫：《吉尔吉斯斯坦百科全书》（俄文版），比什凯克，2001，第 258 页。

为 500 名官兵，共拥有包括歼击机、强击机、直升机和运输机等约 20 架军用飞机。俄罗斯通过增兵不断扩大在吉的军事存在。坎特空军基地是集体安全条约组织集体快速反应部队在中亚地区的重要组成部分，在紧急情况下，该基地可在两小时内获得兵力增援。2004 年秋，两国在该基地举行大型军事演习。2009 年 8 月 1 日，俄罗斯总统梅德韦杰夫和吉尔吉斯斯坦总统巴基耶夫签署关于增加俄罗斯在吉尔吉斯斯坦驻军数量的备忘录。俄罗斯还有意在吉尔吉斯斯坦南部建立第二个军事基地。此意向遭到乌兹别克斯坦的反对，没有实现。

除建立军事基地外，两国的安全合作还包括提供军事援助、培训军事人员、提供军事技术和设备，以及开展军事演习。吉俄两国军事合作大大促进了吉的国防改革和军队建设。2006 年，双方签署无偿军事技术援助协议。根据协议，俄方在 2006~2008 年向吉提供总额 2700 万美元的军事援助。俄方还将为吉方军用飞机和直升机等装备的改造和维修提供帮助。近年来，已有 800 多名吉军人在俄军事院校接受培训。俄方向吉赠送两架米—8 和米—24 直升机。吉防空部队获得俄方提供的价值 1500 万卢布（1 美元约合 27 卢布）的军事技术支持。有消息称，2007 年吉尔吉斯斯坦向俄罗斯采购总价值约 250 万美元的军事装备及军用零部件。俄罗斯允诺向吉尔吉斯斯坦投资 20 亿美元实施已经通过论证的项目，并继续向吉方提供直升机等军事装备。

2. 与美国的合作

吉尔吉斯斯坦与美国的安全合作也很密切，特别是 1994 年吉加入北约"和平伙伴关系计划"后，与美国的军事合作不断加强。吉军士兵两次应邀赴美参加维和演习。2000 年，吉派代表参加在华盛顿召开的中亚国家反恐大会。美国国务卿奥尔布赖特访吉，向吉提供 300 万美元的军事援助。"9·11"事件后，美国加强对吉军事援助，逐步扩大向吉直接提供弹药、激光瞄准器、夜视设备、山地设备和通信设备的数额，主要用于装备吉的特种部队和边防部队。2001 年 12 月，吉与美国签署"开放"比什凯克玛纳斯机场的政府协议①。同年 12 月，美军进入玛纳斯机场，并将其作为国际反恐联盟部队驻吉临时基地。基地驻有 1500 名官兵和约 30 架

---

① 该协议也允许英国、加拿大、法国、丹麦、德国、西班牙和韩国等反恐联军进驻玛纳斯机场。玛纳斯机场是前苏联的轰炸机基地，其跑道是中亚地区最长的，能支持美国空军的 C-5、C-17、KC-135 以及战术作战飞机起降。在"阿富汗持久自由行动"中，美军将该机场作为支持阿富汗行动的战略后勤中心。

军用飞机。美国根据使用情况每年向吉政府支付 300 万~1750 万美元的租金。两国根据军事合作计划在吉首都比什凯克近郊多次举行联合军事演习。同年，美国向吉提供 400 万美元的援助，用于购买军事设备。2002 年 4 月，美国国防部制定了 2004~2009 年对吉援助 15 亿美元的计划，准备扩建马纳斯基地，并使吉具备与美军联合作战的能力。2001~2003 年美国分别向吉军队提供 35 万、60 万和 120 万美元资金以培训吉军事人员。2008 年 3 月 14 日，美、吉双方代表在吉签署"千年挑战"框架协议。根据协议，美将提供 1590 万美元援助用于吉司法改革，以加强吉司法机关执法力度、提高诉讼效率、惩治腐败。2008 年 7 月 15~24 日，按照吉武装部队与美军中央司令部制订的双边军事合作计划，"地区合作—2008"联合反恐演习在吉首都比什凯克举行。演习的目的是使参与地区反恐合作的国家进一步加强和完善相互协作机制，以联合应对恐怖活动造成的各类灾难。除了美吉两国人员外，阿富汗、哈萨克斯坦、巴基斯坦等国的军方代表也参加此次演习。俄罗斯和土库曼斯坦派出观察员观看了演习。2010 年 3 月，美军中央司令部司令彼得雷乌斯对吉尔吉斯斯坦进行工作访问。双方讨论了美国在吉尔吉斯斯坦建立玛纳斯中转中心的有关问题及其他军事技术合作问题。

3. 与中国的合作

吉尔吉斯斯坦与中国是友好邻邦。在两国政府的努力下，边界问题得到圆满解决。目前两国关系中不存在任何障碍，两国在安全等领域的合作不断加强。1992 年 1 月 5 日，中国外经贸部部长李岚清、外交部副部长田曾佩访问吉尔吉斯斯坦，与吉方签署中吉建交联合公报。1996 年 7 月 3~4 日，吉与中国签署国界协定，1999 年，双方签署《中吉国界补充协定》。2002 年 6 月双方签署《睦邻友好合作条约》。2004 年 9 月两国签署《中吉国界线勘界议定书》。在上海合作组织框架下，两国的安全合作不断深化。2002 年 12 月 10~16 日，吉外长艾特玛托夫正式访华。中吉两国签署《中吉关于打击恐怖主义、分裂主义和极端主义的合作协定》。2002 年 10 月 10~11 日，中国与吉尔吉斯斯坦在两国边境举行联合反恐军事演习，这是中国军队第一次与外国军队举行联合军事演习。演习的目的是检验两国边防部队快速反恐反应及合作，演练消灭恐怖分子基本战术，提高边防军反恐作战能力①。2004 年 9 月 21~22 日，温家宝总理对

---

① 郑羽主编《中俄美在中亚：合作与竞争（1991~2007）》，社会科学文献出版社，2007，第 503 页。

吉进行正式访问。双方签署《中吉政府联合公报》、《中吉 2004 年至 2014 年合作纲要》。2010 年，吉尔吉斯斯坦南部发生民族冲突后，中国政府向吉尔吉斯斯坦提供了价值 500 万元人民币的援助。

（二）经济领域

经济合作是吉尔吉斯斯坦对外双边合作的重要领域，经济外交也是吉外交的一个重要特点。独立以来，吉尔吉斯斯坦在对外经济合作方面取得显著成绩。如果说，2002 年吉尔吉斯斯坦引进外国直接投资 1.157 亿美元，那么 2005 年外国直接投资增长到 2.01 亿美元，2007 年则增长到 4.36 亿美元。美国、俄罗斯、中国、土耳其、加拿大是吉尔吉斯斯坦主要的投资国。

独联体国家是吉尔吉斯斯坦主要的贸易伙伴，1999 年以前与独联体国家的贸易额占对外贸易总额的一半以上，主要的贸易伙伴是俄罗斯、哈萨克斯坦、乌兹别克斯坦和乌克兰。1999 年以后，与非独联体国家的贸易额超过与独联体国家的贸易额。变化的主要原因是与独联体国家的双边合作机制出现困难：贸易条件恶化、通货膨胀、复杂的结算体系、关税、原材料价格上涨等。这样，吉尔吉斯斯坦把贸易方向转到邻近的亚洲，主要的贸易伙伴是中国和土耳其。西方主要的贸易伙伴是美国和德国。美国主要向吉提供粮食作为人道主义援助物资，德国主要向吉出口交通工具和设备。从 1995 年起吉与英国的贸易活跃起来，英国主要从吉进口锑。从 1997 年起吉与瑞士的贸易积极化，同年双边贸易额占吉外贸总额的 26.9%。

吉尔吉斯斯坦主要出口商品包括贵重金属、电力、棉花、烟草、有色金属等。吉尔吉斯斯坦 72% 的贵重金属出口到德国；80% 的电力出口到乌兹别克斯坦，14% 的电力出口到哈萨克斯坦；40% 的棉花出口到俄罗斯、白俄罗斯等独联体国家，其余 60% 的棉花出口到德国、伊朗等非独联体国家。吉 2007 年对外贸易额是 5 年前的 2.7 倍，其中与独联体和欧亚经济共同体成员国的贸易额占总贸易额的 60%。目前，吉与 118 个国家保持贸易往来。

1. 与俄罗斯的合作

俄罗斯是吉尔吉斯斯坦最大贸易伙伴和最重要的经济技术合作伙伴。1992 年 10 月 8 日，吉与俄罗斯签署自由贸易协议。1996 年 3 月 14 日，双方达成动力系统一体化协议，在能源生产、传输和分配方面实行统一的政策，建立合资企业以及共同制定协调电能和热能税收政策方面的法律文件。吉"发电站"公司与俄罗斯国际电站公司签署供电合同，从 2004 年

8月起吉开始向俄罗斯出售电能。2000年7月27日，双方签署《2000～2009年经济合作协定》。双方还建立了政府间委员会。2007年6月，吉政府总理担任政府间委员会主席。2006年12月7日，吉与俄罗斯莫斯科市签署2007～2009年经贸、科技和文化合作共同计划。2007年5月，吉政府与俄罗斯天然气工业股份公司签署在吉能源产地进行勘探活动共同原则的协议。2007年5月，吉电站与俄罗斯两家股份公司签署合作经营的协议，这两家公司根据协议将向吉卡姆巴拉金水电站项目投资。鉴于双方经济关系不断加强，吉在俄罗斯的叶卡捷林堡开设总领事馆。2007年前9个月，吉与俄罗斯贸易额约8.5亿美元，同比增长60.9%。其中吉向俄出口1.6亿美元，同比增长52.7%；进口6.86亿美元，同比增长63.0%。吉向俄罗斯出口的商品主要包括：针织服装、纺织品、玻璃、棉花、烟草、蔬菜、水果、糖及糖果、电子机械、设备。吉从俄罗斯进口的商品主要包括：石油产品、木材及其制品、黑色金属、机械设备、电子机械、仪器仪表、药品、橡胶及其制品、陆路交通工具、饮料、纸张和纸板、洗涤用品、黑色金属制品、塑料及其制品[1]。目前，俄罗斯有666家企业在吉注册，其中，207家为俄独资，459家为吉俄合资。经营领域涉及加工业、贸易、服务、货运、通信、信贷投资等。据称，上述企业中实际经营仅占总数的1/3。2009年2月，吉尔吉斯斯坦总统巴基耶夫访问俄罗斯期间，两国签署了俄罗斯向吉尔吉斯斯坦提供20亿美元长期贷款及向吉提供1.5亿美元无偿援助的战略性协议，同时还免除了吉1.8亿美元债务，用以换取吉尔吉斯斯坦大型军工企业——"达斯坦"公司48%的股份[2]。

2. 与中亚邻国的合作

与中亚邻国发展经贸合作在吉对外关系中占有重要地位。吉把中亚看做连接东西方的桥梁，是铸造周边睦邻安全带（俄罗斯＋独联体＋中国，欧安组织＋欧洲组织＋美国）中的重要一环，睦邻友好关系对于维护吉的安全与独立至关重要。1991年，吉与哈萨克斯坦、乌兹别克斯坦和土库曼斯坦签署友好合作条约以及在经济、科技和文化领域合作的协议。1996年，吉与塔吉克斯坦签署类似协议。1994年4月30日，吉与哈萨克斯坦、乌兹别克斯坦共同签署建立统一经济空间（中亚经济联盟）的条

---

① 中国驻吉尔吉斯斯坦大使馆经商处网站，http：//kg.mofcom.gov.cn/index.shtml。
② 吴宏伟著《2009年中亚政治经济形势与未来发展趋势》，载吴恩远主编、孙力副主编《俄罗斯东欧中亚国家发展报告（2010）》，社会科学文献出版社，2010，第85页。

约。1997 年 1 月 10 日，三国签署永久友好条约。1998 年 3 月，塔吉克斯坦加入统一经济空间。1998 年 7 月 17 日，该组织更名为中亚经济共同体。2002 年 2 月 28 日，又更名为 "中亚合作组织"。2005 年，中亚合作组织并入欧亚经济共同体。

3. 与美国的合作

美国是吉尔吉斯斯坦重要的经济伙伴，也是主要投资和援助国之一。1992 年 5 月 8 日，美国与吉尔吉斯斯坦签署《双边贸易协定》，1993 年 1 月 19 日两国签署《双边投资协议》。美国为吉建立股票市场提供资助，指导吉进行市场机制建设，帮助吉与世界银行、欧盟和世界贸易组织建立最初的联系。美国还对吉提供核不扩散援助。美国商务部在吉开设了大型出口控制训练讲座。1997 年美对吉制订了人道主义援助规划，在吉实施 11 年来，共向吉提供了 7000 多万美元的援助资金和设备，包括医疗器械、食品、服装、生活用品等。2002 年，美国向吉直接投资 2010 万美元，占当年外国向吉直接投资的 17.4%。同年，双边贸易额达 8350 万美元。美国在吉登记注册的合资、独资企业有 300 多家，其中 80 家左右处于运营状态。美国还积极推动吉与周边国家发展经济合作，在其推动下，2006 年 10 月，吉尔吉斯斯坦与阿富汗、巴基斯坦签署了 1000 兆瓦电力购销规划的谅解备忘录。

4. 与中国的合作

中国在吉尔吉斯斯坦对外经济合作中占有重要地位。两国经济合作成果显著。1992 年 1 月 5 日，中国外经贸部部长李岚清率团访吉，双方签署了两国政府经济贸易协定、鼓励和相互保护投资协定、中国向吉提供商品政府贷款协定。双方还就互设商务代表处换文。1992 年 5 月 12 ~ 16 日，吉总统阿卡耶夫对中国进行正式访问。双方发表联合公报并签署经贸、教育、卫生、广播电视、航空运输、旅游等领域的合作文件。1994 年 4 月 22 ~ 25 日，李鹏总理对吉进行正式访问。双方签署了中国向吉提供政府贷款协定、关于建立中吉政府间经贸合作委员会协定、向吉赠送一般物资的换文、中国贸促会和吉工商会合作协议、两国政府文化合作协定、关于互换两国领事条约批准书等文件。1995 年以来，中吉政府间经济贸易合作委员会共举行 7 次会议。1995 年 10 月，吉与中国签署进出口商品质量认证协定。1996 年 7 月，中吉双方签署了民用航空运输协定、海关互助与合作协议、气象科技合作协议、银行合作协议和关于向吉赠送一般物资的换文等文件。1996 年 9 月，双方签署了《中华人民共和国政府和吉尔吉斯共和国政府关于开放边境口岸及其管理制度的协定》。1998

年，双方签署两国政府经贸合作协定以及中国向吉提供政府贴息贷款的框架协定。2002 年 6 月，吉总统阿卡耶夫对中国进行工作访问。双方签署《中吉能源领域合作协定》、《中吉避免双重征税协定》。1996 年 7 月 27 ~ 29 日，中国国家民航总局副局长鲍培德率团访吉，与吉国家航空公司总裁奥鲁兹巴耶夫会谈并签署合作谅解备忘录。2000 年 3 月 20 日，中吉双方签署关于中国加入世界贸易组织的双边协议①。2007 年前 9 个月，吉与中国贸易额约 2.89 亿美元，同比增长 70%。其中吉向中国出口 5050 万美元，同比增长 76.6%，从中国进口 2.39 亿美元，增长 69%。吉向中国出口的主要产品是毛皮和废金属；从中国进口的主要产品是工业设备、电子设备、非贵重金属制品、陆路交通工具、合成纤维织物、黑色金属制品、家具、照明设备、陶瓷制品、无机化学产品、科学和控制、光学、测量和照相设备，以及化学材料、蔬果、肉类、米、服装鞋帽、淀粉、玩具等②。2009 年 10 月，吉尔吉斯斯坦前总理丘季诺夫访华期间，两国签订了关于比什凯克—纳伦—吐尔尕特公路修复项目，中国向吉尔吉斯斯坦方面提供 2 亿美元优惠贷款的协议。中国还决定向吉尔吉斯斯坦提供 8000 万元人民币的无偿援助。据中国海关总署统计，2009 年，中吉双边贸易额为 52.76 亿美元，同比下降 43.5%。

5. 与其他国家的合作

吉尔吉斯斯坦与其他国家的经济合作也取得很多成绩。日本是吉重要的赞助国。日本在欧亚外交框架下开展对吉外交。吉独立 10 年内，日本向吉提供 6 笔援助，总额 2 亿多美元。吉国内设有日本中心、日本政府国际合作和对外贸易代表处。吉日委员会积极促进双边经济合作。韩国和马来西亚给予吉经济改革很多帮助。吉与土耳其的合作积极发展，双边经济贸易合作越来越紧密。双方在协商的基础上解决了债务问题。吉也重视与巴基斯坦、印度和伊朗之间的政治和经济合作。2003 年 12 月 20 ~ 22 日，吉与伊朗签署贸易协定和关于贸易特惠备忘录等文件。吉与印度签署避免双重征税协议、在民航方面相互谅解备忘录。2007 年，吉与哈萨克斯坦在贸易、投资领域合作取得丰硕成果。双边贸易额超过 5 亿美元，吉近一半投资来自哈。目前在吉有 400 家哈独资和参股企业。2007 年，双方共同创建投资基金会，其中哈投资 1 亿美元，吉投资 2000 万美元，旨在为双方重点合作项目进行投资。此外，阿拉木图—伊塞克湖

---

① 参见刘庚岑、徐小云编著《吉尔吉斯斯坦》，社会科学文献出版社，2005，第 296 页。

② 中国驻吉尔吉斯斯坦大使馆经商处网站，http：//kg. mofcom. gov. cn/index. shtml。

公路建设方案已经确定，哈正准备为卡姆巴拉金水电站项目经济技术论证进行投资。

（三）文化领域

通过对外文化合作，吉尔吉斯斯坦开设了很多与外国合办的中高等学校。如吉与土耳其合办的"玛纳斯"大学和一些中学，与俄罗斯合办的吉尔吉斯—俄罗斯斯拉夫大学，与美国合办的吉尔吉斯—美国大学，与乌兹别克斯坦合办的吉尔吉斯—乌兹别克高级工学院和奥什吉尔吉斯—乌兹别克大学等。对外教育和文化交流日益活跃。根据吉与德国科学院的交流计划，吉每年有大约25名大学生和研究生赴德国高等学校进修，并享受该国提供的助学金。土耳其政府针对吉尔吉斯斯坦设立教育资助计划，为吉学生提供助学金，帮助他们在土国内进修。土耳其还资助吉国内主要媒体，鼓励它们到土国内采访和拍摄，宣传土耳其文化。1992～1997年，吉尔吉斯斯坦每年派50名研究生、60名大学生和100名中学生到美国留学。吉与印度签署了在文化、艺术、教育、新闻、旅游和体育领域合作的协定书。2003年10月，伊朗在吉尔吉斯斯坦举办文化周。

吉尔吉斯斯坦与中国的文化交流不断加强。1992年3月21～31日，吉文化部长纳扎尔玛托夫访华，双方签署文化合作协定。1994年，吉与中国签订文化合作协定。1995年10月23～27日，吉总理朱马古洛夫正式访华。双方签署了中吉政府科学技术合作协定、进出口商品质量认证协定和中吉1995～1999年教育合作协定。1996年7月，中吉双方签署了气象科技合作协议。2001年5月19日，吉教育文化部长莎尔舍科耶娃访华，同教育部部长陈至立签署中吉教育合作协定。1997年8月4日，国家体委副主任张发强访吉，与吉方签署中吉体育合作协议。2002年6月，双方签署《中吉公民往来协定》和《中吉相互承认学历和学位证书协定》。2007年"中国文化日"活动在吉尔吉斯斯坦成功举办。2008年，孔子学院在吉尔吉斯斯坦比什凯克人文大学成立。"吉尔吉斯斯坦文化日"活动在北京举行。2009年，中国中央电视台俄语频道在吉尔吉斯斯坦落地开播。

二　多边合作机制

吉尔吉斯斯坦积极发展同国际和地区组织的联系，是很多国际和地区组织的成员国，如独联体、集体安全条约组织、欧亚经济共同体、上海合作组织、欧安组织、中西亚经济合作组织、伊斯兰会议组织、联合国、国际红十字会。该国与欧盟和北约签署了合作协议及计划，还参加了一些国际组织制订的地区合作计划，如国际金融组织的中亚地区合作计划、联合国中亚经济专门计划等。

（一） 与独联体国家的多边合作机制

1. 独联体

吉尔吉斯斯坦非常重视在独联体内的合作，认为是其多边合作领域最重要的方向。1991 年 12 月 21 日，吉在阿拉木图签署建立独联体协议的意向书，加入独联体。在独联体框架下，1993 年 9 月 24 日，吉与其他成员国共同签署建立经济联盟协议。1994 年 4 月 15 日，吉作为成员国签署了关于建立自由贸易区协议和相关的补充修改协议。独联体内拥有不同领域的合作机构约 78 个，目的主要是促进经济一体化，扩大人文合作以及促进独联体地区稳定与安全。吉基本上参加了独联体框架下的全部机构。截至 2001 年，吉在独联体框架下签署的文件多达 1000 多份，其中在元首委员会框架下签署的有 400 多份，在总理委员会框架下签署的有 700 多份。吉签署这些文件的目的是，在独联体框架下逐渐形成有利于经济稳定发展和实施重要经济改革的条件，分阶段地建立共同经济空间、海关与货币联盟，以及商品、服务、资本和劳动力的共同市场。2006 年，吉与独联体国家贸易额为 13.7 亿美元，同比增长 40%。其中向独联体国家出口 3.79 亿美元，同比增长 25%，进口 9.91 亿美元，同比增长 44.5%。

独联体在军事领域一体化方向的重要成果之一，是 1992 年 2 月 14 日成立的独联体国家国防部长委员会。该委员会的功能是讨论军事政策、军事合作的原则性问题，就实施独联体国家国防部相关协议和开展军事合作进行磋商。为了保障各成员国国防部长委员会与独联体其他机构之间的协作，委员会建立常设机构——秘书处。阿塞拜疆、亚美尼亚、白俄罗斯、哈萨克斯坦、吉尔吉斯斯坦、俄罗斯、塔吉克斯坦、乌兹别克斯坦 8 个国家的国防部长参加了该委员会。另外，摩尔多瓦、土库曼斯坦、乌克兰三国的国防部长成为该委员会的观察员。2006 年，格鲁吉亚停止参加该委员会框架下的活动。委员会还建立了一些临时性的工作机构，包括武装司令委员会、军事技术委员会、降水业务协调委员会、度量业务协调委员会、地形测量协调委员会、通信协调委员会、培训机关领导人委员会、运动委员会等。所有这些机构根据国防部长委员会制订的计划开展工作。在独联体成员国军事合作框架内，联合防空体系和联合通信体系得到不断完善。保障航空安全，实施空中、地面和海上目标识别体系计划是合作重点。独联体国家国防部长委员会未来合作的方向是军事政策、军事及军事技术、军事科学、社会法律和人文领域①。

2. 独联体集体安全条约组织

吉重视与集体安全条约组织成员国发展军事政治、军事技术方面的合作，希望建立统一国防空间和保障集体军事安全。1992 年 5 月 15 日，亚美尼亚、哈萨克斯坦、乌兹别克斯坦、吉尔吉斯斯坦、俄罗斯共同签署独联体集体安全条约，每 5 年条约自动延期，1993 年，阿塞拜疆、格鲁吉亚和白俄罗斯相继加入。1999 年，阿塞拜疆、格鲁吉亚和乌兹别克斯坦退出。2005 年，乌兹别克斯坦重新加入。根据集体安全委员会的决议，2002 年 5 月，集体安全条约参加国的合作机制转变成集体安全条约组织。2003 年 9 月 18 日，关于集体安全条约组织的法律地位的协议和章程生效。2003 年 12 月 2 日，联合国大会通过决议给予集体安全条约组织大会观察员地位。根据组织的章程建立了管理机构体系，包括一系列由外交部、国防部、安全委员会秘书、武装力量总司令等官员参加的协商和执行机构。最高机构是集体安全委员会，由各成员国首脑组成。常设机构是秘书处和联合司令部。联合司令部负责起草集体安全条约在军事领域的建议和决议。2001 年 5 月 25 日，在埃里温通过了集体安全委员会关于中亚地区集体安全快速反应集体力量的决定。快反部队的总部设在吉首都比什凯克，其主要职能是协调和提高地区国家集体反恐能力。在 1999 年和 2000 年吉尔吉斯斯坦面临国际恐怖势力渗透的情况下，该组织表现出应有的重要性和行动效率。成员国的政治支持和军事技术援助对于吉尔吉斯斯坦保障边界安全起到了重要作用。吉参加了集体安全条约组织在塔吉克斯坦的维和行动以及历次军事演习。

3. 欧亚经济共同体

吉尔吉斯斯坦支持参加和促进独联体范围内的经济一体化。欧亚经济共同体即是一例。1995 年 1 月，俄罗斯、白俄罗斯、哈萨克斯坦建立海关联盟。1996 年 3 月 29 日，吉与上述三国签署了关于加入海关联盟的条约和《加深经济和人文领域一体化条约》。1997 年 7 月 21 日，吉议会批准该条约。1999 年，吉与其他三国以及同年加入的塔吉克斯坦一起签署了新的海关联盟及统一经济空间条约。2000 年 1 月 14 日，吉议会批准该条约。为了使海关联盟在法律上成为国际上承认的组织，2000 年 10 月 10

---

① 参见吉尔吉斯斯坦外交部官方网站，http：//www. mfa. kg/cis – summit/kyrgyztsan – in – cis – 3_ru. html。

日，海关联盟更名为欧亚经济共同体。2006 年 1 月，乌兹别克斯坦正式加入欧亚经济共同体。

2007 年 12 月，欧亚经济共同体举行专家会议，目的是审视欧亚经济共同体一体化委员会和政府间委员会就中亚合作组织的文件与欧亚经济共同体法律基础的适应性问题作出决议的执行情况，重点讨论有关经济贸易政策、能源政策、生态问题、社会人文问题、交通政策以及市场基础设施等问题。此外，专家会议还讨论《欧亚经济共同体建立统一交通空间的构想》，目的是确定完成成员国在交通领域一体化进程中的任务的统一方式。在欧亚经济共同体框架下，吉同成员国的贸易额占对外贸易总额的1/2，2006 年吉外贸总额约为 27. 27 亿美元，其中与欧亚经济共同体成员国的贸易额约为 13. 08 亿美元。

（二）上海合作组织

1996 年吉尔吉斯斯坦开始参加"上海五国"会晤。同年 4 月 26 日上海五国元首会晤，吉尔吉斯斯坦总统阿卡耶夫签署了《中华人民共和国和哈萨克斯坦共和国、吉尔吉斯共和国、俄罗斯联邦、塔吉克斯坦共和国关于在边境地区加强军事领域信任的协定》。1997 年 4 月 24 日，上述国家签署《关于在边界地区相互缩减武装力量的协定》。根据该协定，各方建立联合监控小组，该小组每年都制订计划在协定规定地区开展检查活动。1999 年 8 月，"上海五国"会晤在吉首都比什凯克举行。2000 年，上海五国在杜尚别峰会上更名为上海论坛。在此基础上，2001 年 6 月 15 日成立上海合作组织。吉尔吉斯斯坦认为，在上海合作组织框架下的合作是其全球外交的重要组成部分，尤其重视在该组织框架下的安全合作。吉作为成员国参加签署了《打击恐怖主义、分裂主义和极端主义上海公约》、《上海合作组织宪章》、《上海合作组织成员国元首宣言》和《关于地区反恐怖机构的协定》等文件①。2003 年 8 月 6 ~ 12 日，中、俄、哈、吉、塔五国武装力量在中哈边境举行了代号"联合—2003"的联合反恐军事演习。2007 年 6 月 27 日，上海合作组织成员国国防部长在比什凯克签署关于开展联合军事演习的国家间协定。在此基础上，2007 年 8 月，在中国和俄罗斯境内顺利开展了上海合作组织框架下的首次联合军事演习"和平使命—2007"。2007 年 8 月 16 日，上海合作组织成员国元首峰会在吉尔吉斯斯坦首都比什凯克举

---

① 参见吉尔吉斯斯坦外交部官方网站，http：//www. mfa. kg/sco-summit/bishkek-summit - 4_ru. html。

行，签署了《上海合作组织成员国长期睦邻友好合作条约》、《比什凯克宣言》，批准了《上海合作组织成员国保障国际信息安全行动计划》。

（三）与西方的合作机制

吉尔吉斯斯坦把与欧盟、欧安组织、北约的合作看做实现与发展民主国家一体化的重要途径。

1. 与欧盟的合作

1995 年 2 月 9 日，吉尔吉斯斯坦与欧盟签署伙伴关系与合作协定，1999 年协定获批准生效。在此之前，双方合作的基础是 1996 年签署的关于临时贸易和贸易措施的协定。欧盟在推动吉加入世界贸易组织方面发挥了重要作用。双方建立了部长级政治对话、专家论坛，以及合作理事会、合作委员会、议会间合作委员会等合作机制。上述合作机制几乎每年开一次会。另外，欧盟还根据其制订的计划与吉开展合作关系，如"塔西斯计划"、欧亚大陆桥计划、欧洲国际油气运输计划，以及指令性计划、针对吉尔吉斯斯坦的行动计划和辅助计划等。辅助计划包括教育、科学和统计领域的跨欧洲高等教育合作计划。在安全领域，欧盟还在吉实施中亚毒品行动计划①和中亚边界管理计划②。欧盟在吉水资源和农业生产，以及国际标准与义务、资助社会领域工作人员和非政府组织方面都制订了相应的计划。1991～2006 年欧盟通过"塔西斯计划"、民主与人权计划、食品安全援助计划、灾害预防计划和欧盟金融援助计划，共向吉援助 2.74 亿美元。近几年，欧盟成为吉最大的贸易伙伴。

---

① 2001 年 1 月欧盟制订"中亚毒品行动计划"（CADAP），目的是支持中亚四国（除土库曼斯坦外）打击毒品走私活动。毒品行动计划主要由欧盟毒品流通与消费监控中心（EUMCDD）管理。2002 年 10 月，欧盟与除土库曼斯坦之外的中亚四国在欧委会地平线毒品小组框架下（CFHDG）签署该计划。监控中心的工作包括：防止毒品扩散；加强边界控制；信息交流；收集情报；预防犯罪。监控中心为中亚国家提供设备，负责培训大型机场工作人员，培训土库曼斯坦和哈萨克斯坦海关的工作人员，以及为中亚国家毒品监控处（DCA）提供帮助。监控中心还与"塔西斯计划"中高加索和东欧地区打击贩毒的项目进行合作。

② 边界管理计划更多的是对于"9·11"事件作出的反应。边界管理计划的前身是费尔干纳谷地边界管理计划。2003 年，欧盟开始实施"欧盟支持边界管理计划"（BOMCA），目的是加强边界防卫，简化合法贸易和过境运输。2004 年 2 月，欧委会将毒品行动计划与边界管理计划合二为一。2002～2006 年，两个计划总预算 3850 万欧元。边界管理计划推行过程中遇到很多困难。该计划本身设定的目标是中亚国家之间的边界，而毒品援助计划的重点是中亚国家与阿富汗之间的边界。按照边界管理计划的要求，需要在中亚各国边界纠纷地区设立边防哨所和检查站，但这势必给当地居民生活带来不便。2002 年，吉塔边界的巴特肯—伊斯法拉地区就发生了当地居民攻击检查站的事情，结果检查站最终没能继续工作。

2. 与北约的合作

吉尔吉斯斯坦与北约发展全方位定期合作。1994 年 6 月 1 日，吉参加北约 "和平伙伴关系计划"，主要目的是在军事人员培训和军事工业方面得到北约的帮助。在 "和平伙伴关系计划" 框架下同北约成员国发展军事领域的相互协作是吉对外军事合作的重要方向。吉国防部与北约在军事领域的合作方式包括参加军事演习、国际会议以及互访。1994～2008 年吉国防部共派出 500 多名军人参加在 "和平伙伴关系计划" 框架下的活动，包括维和、语言培训、打击恐怖主义和毒品走私等。1995 年 11 月 15 日，吉、哈、乌三国领导人决定建立维和营。1996 年中亚维和营参加在美国路易斯安那州举行的北约 "和平伙伴关系计划" 框架下的联合军演。1997 年 9 月 15 日，在 "和平伙伴关系计划" 框架内中亚维和营与北约 500 名空降兵在哈萨克斯坦奇姆肯特市举行联合演习。演习后，在乌兹别克斯坦首都塔什干召开了由北约、乌兹别克斯坦、吉尔吉斯斯坦、塔吉克斯坦军事专家参加的会议，讨论了北约与中亚国家强化军事合作的问题。1998 年 9 月在乌、吉境内举行了 "中亚维和营—1998" 大规模维和演习，部分北约 "和平伙伴关系计划" 成员国参加了该演习，其中美国派出了 3000 人的空降兵部队。1999 年和 2000 年北约组织的 "中亚维和营" 联合军演分别在美国、哈萨克斯坦举行。此外，2003 年 3 月，美国和吉尔吉斯斯坦进行了 "平衡网络" 联合演习。同年 4 月，乌、俄、美、德、英、白俄、吉等 19 国的 1000 名士兵举行了 "费尔干纳—2003" 的国际联合救灾演习。2005 年 7 月，包括中亚国家在内的北约 "和平伙伴关系计划" 成员国又举行了代号为 "和平之盾—2005" 的多国联合军事演习。2007 年，吉采取重要步骤深化和扩大同北约的合作，通过决议加入 "计划与分析进程" （ΠΑΡΠ）计划。该计划的目标是扩大吉同北约在各领域的合作，包括根据国际标准调整军事力量，参加国际维和行动。2008 年 5 月，北约总部计划举行 "26 + 1" 谈判，即吉与其他 26 个北约成员国之间的谈判，目的是就吉加入 "计划与分析进程" 计划问题进行最终表决。

3. 与欧安组织的合作

1992 年 1 月 30～31 日，吉被欧安组织吸收为成员国。吉参加了欧安组织框架下所有领域的合作，努力完成该组织设定的标准，包括发展民主机构和建立公民社会。吉与欧安组织的合作主要是 1999 年在维也纳公约框架内开展核查工作，以及国防部官员参加欧安组织框架下的培训课程。吉国防部每年都在境内指定地区开展三次检查活动，在维也纳公约框架下开展一次评价活动。

（四）其他国际合作机制

1. 中亚区域经济合作计划

1997 年该机制成立。在国际金融机构（亚洲发展银行、欧洲复兴与发展银行、国际货币基金组织、伊斯兰发展银行、世界银行、联合国开发计划署）的支持下，从 1997 年起吉参与实施中亚区域经济合作计划。该机制的成员国包括阿富汗、阿塞拜疆、哈萨克斯坦、中国、吉尔吉斯斯坦、蒙古、塔吉克斯坦、乌兹别克斯坦。土耳其和巴基斯坦表示希望参加该计划。在中亚区域经济合作计划框架内建立了四个委员会：贸易、海关、交通和能源政策委员会。未来该机制还将建立旅游、农业、生态和社会政策的委员会。该机制设立部长会议机制，负责管理和计划上述委员会的活动，确定未来计划。2007 年 6 月吉政府令规定吉经济发展和贸易部副部长 C. 穆甘别托夫担任贸易政策委员会负责人和计划协调人。2005 年 11 月，该组织在比什凯克召开第四次成员国部长会议。2007 年，在乌鲁木齐召开第五次部长会议，确定了一揽子行动计划和中长期战略发展方向。各方一致同意建立中亚区域经济合作计划的研究机构。

2. 中西亚经济合作组织

1992 年 2 月 16～17 日，吉成为中西亚经济合作组织成员国。1995 年 3 月 14～15 日，在巴基斯坦召开的第三届首脑会议上，吉同阿塞拜疆等五个成员国签署经济合作组织过境贸易协议，允许彼此的货物在通过它们的领土时不征收进出口关税。

3. 联合国

1992 年，吉尔吉斯斯坦独立后加入联合国。每年吉都派代表团参加联合国大会，并努力使秘书长和联合国的各个机构关注吉国内的问题。吉参加了联合国框架下的很多机构，如联合国开发计划署、儿童基金会、民众基金会、教育科学和文化组织、食品及相关组织、难民事务最高委员会管理局、世界卫生组织、国际劳工组织等。独立 10 年内，联合国针对吉实施了几十个计划，以促进吉各个领域的发展。吉国防部官员参加了联合国在塞拉利昂、利比亚、苏丹、东帝汶、埃塞俄比亚、科索沃等国家和地区的维和行动。

4. 世界贸易组织

1998 年 12 月 20 日，吉尔吉斯斯坦成为独联体国家中首个世界贸易组织成员。自加入世界贸易组织以来，吉外贸重点由独联体市场转向世界贸易组织成员国市场。

5. 国际金融组织

1992 年 6 月，吉加入欧洲复兴开发银行。截至目前，欧洲复兴开发银行在吉电信、能源、银行、资源开发、建筑、旅游等领域执行 59 个项目，总贷款额 2.02 亿欧元。该行在吉中远期投资的主要方向是扩大对私营中小企业的贷款，主要包括农业、自然资源和服务等领域。基础设施建设也是该行在吉的重点投资方向，主要包括对电力、天然气、水资源利用、城市交通等项目的贷款。亚洲开发银行向吉提供贷款 4.52 亿美元。吉还参加了世界银行和国际货币基金组织。2008 年 5 月，世界银行宣布将向吉提供 900 万美元无偿援助，以支持吉发展农业。截至 2007 年，吉欠该行的债务总额已超过 5 亿美元。吉与国际红十字会的合作包括国防部军官和比什凯克高等武装力量军事学校的学员参加关于《国际战争和武装冲突法》以及人文领域权利的培训和研讨会。

三 国际合作机制的影响

21 世纪是国际社会相互依存度空前增长的时代，也是国际合作机制蓬勃发展的时代。对于现代民族国家来说，无论其大小和年轻与否，参与国际合作机制都是寻求独立、发展与安全，以及实现与国际社会良性互动的必由之路。具体而言，对于大国来说，国际合作机制提供了通过利用自身资源和国际影响来巩固和扩展利益的合法途径，实际上是用所谓的民主途径实现主动控制的目的。对于小国来说，国际合作机制意味着通过让渡部分权益获得更广泛利益的机遇与风险。这里的利益既包括本国范围内的政治、经济和安全利益，也包括参与解决与该国有关的地区和国际问题，并在其中尽可能地获得主动权和控制权。

对于吉尔吉斯斯坦而言，参与国际机制尤其重要。这既包括传统的双边合作机制，也包括地区范围的合作机制以及世界范围的合作机制。吉尔吉斯斯坦是年轻的中亚小国，地区安全环境复杂，自身政治、经济和安全体系都十分脆弱，在缺乏外援的情况下，自我保障和自我发展的目标较难实现。因此，吉尔吉斯斯坦独立伊始即参加到各种合作机制中。在这种情况下，国际合作机制可以为吉尔吉斯斯坦以及中亚地区提供网状结构的发展扶持和安全保障。通过参与国际合作机制，吉尔吉斯斯坦获得了经济发展所需的投资、援助、技术，以及与国际经济体系一体化的机遇；同时也获得了安全援助、武器、技术装备、人员培训等领域的帮助。所有这些，在很大程度上促进了吉国家的独立、安全与发展。然而，参与国际合作机制势必给吉带来一些风险。因为任何国家和国际组织向别国让渡机会与利益都附带背后的目的，有时这些国家和国际组织的目的与吉目标一致，有时则恰恰相反，就可能损害吉的利益。

在政治领域，吉尔吉斯斯坦由于自身的历史背景、政治文化等因素，形成具有本国特色的权威主义政治体制。这种体制有其自身的局限性，但是它形成于本土文化，容易被大众所接受。对于国家独立初期统一规划，奠定政治、经济、外交等各项事业发展的基础，维护国家安全和社会稳定，是有效的。一些大国为了在吉及中亚地区建立符合自身利益的政权，利用国际合作机制干涉吉国内的政治生活，经济援助附带政治标准，在吉强行推进民主化进程。结果，一方面，客观上推动吉"小步"民主化，采取更多的民主形式；另一方面导致国家政治体系内部出现分裂，政局动荡，破坏宪政民主进程，危害国计民生。2005 年 3 月，吉尔吉斯斯坦发生所谓的"郁金香革命"，阿卡耶夫总统坦言政变与美国势力有关。美国插手吉政治的结果是政权更迭，局面一度失控，犯罪和骚乱事件频发。吉国家和民众财产遭受损失，经济受到影响，一些外资公司离开，大批俄族居民离境。动乱导致反对派上台，但是国家在政治民主化方面却未见发生变化。而且，吉国内以暴力方式推翻政权的实践鼓舞了中亚其他国家的反对派和宗教极端势力，从而对其他国家的政局产生负面影响①。

在经济领域，吉尔吉斯斯坦是中亚国家中与国际经济体系融合最快的国家，这突出表现在它加入世界贸易组织的速度上。通过参与国际合作机制，吉获得大量的贷款、投资和援助，以及与国际经济体互动的机会。外来投资和对外贸易额逐年增长，对外经济合作包括劳务合作、技术援助等越来越活跃。国内基础设施建设有了很大起色，民众有了更多的就业机会。这在很大程度上促进了国内经济发展和社会稳定，也提高了吉在国际舞台上的地位与影响。与此同时，不可否认的是，吉以原料生产为主的经济结构在对外经济合作中不但没有改善，反而加剧了经济结构的单一性和不平衡性。在对外贸易和经济合作不断增长的同时，对于外部力量和市场的依赖也在不断增加。

在安全领域，吉尔吉斯斯坦是中亚地区也是独联体地区唯一向俄罗斯和美国这两个战略利益相互矛盾的国家提供军事基地的国家。可见其安全领域相当低的自我保障度以及相当高的对外合作开放度。吉这样做的目的是，利用外交平衡获取尽可能多的安全保障和利益，包括获得资金方面的

① 参见赵会荣《大国博弈——乌兹别克斯坦外交战略设计》，光大出版社，2007，第158～160 页。

援助、获得武器装备和技术，提高边界防守能力，提高打击非传统安全威胁的能力，军官培训，参加军事演习等。另外，吉通过调动国际合作机制，促进解决与切身利益息息相关的中亚地区安全问题，包括打击宗教极端势力、恐怖组织，协商解决阿富汗问题，以及地区水资源和生态问题。在吉的倡议下，很多讨论地区安全问题的国际会议在吉首都比什凯克召开，这在客观上提升了吉在中亚地区的影响力。然而，任何国家在广泛参与国际合作机制的同时，自身的独立性无一例外会受到影响，小国尤其如此。与相互竞争的国家开展安全合作，参与不同的国际安全合作机制，特别是允许外国军队进驻，这无疑给本国的安全带来一定风险。

在文化领域，吉尔吉斯斯坦积极利用各种教育、科学和文化交流机制，努力宣传本国优秀的文化遗产，利用国外资助改善教育和科研条件，提高教育水平。通过合作办学、资助留学等形式培养人才，提高国民素质。同时，教育和文化合作也使外国思想渗透有了便利的途径，使传统文化面临各种外来思潮的冲击。

无论如何，闭关锁国是没有出路和前途的。参与国际合作机制，走国际政治经济体系一体化道路是吉尔吉斯斯坦的必然选择。从利弊关系看，只要吉在所参与的国际合作机制中坚持维护自身的利益，并处理好各种合作机制之间的关系，利应该大于弊。

第四节　土库曼斯坦与国际合作机制

一　双边合作机制

（一）与俄罗斯签订的协议、协定

1. 政治领域

1992 年 4 月 8 日，土库曼斯坦与俄罗斯正式建交。土库曼斯坦独立后一直很重视发展与俄罗斯的关系，将俄罗斯作为其外交的重点和优先发展方面。土库曼斯坦对俄罗斯在经济和军事方面的依赖性都很大，这是由历史、经济等原因造成的。土库曼斯坦出口创汇主要靠天然气，但是现有的输气管道必须经过俄罗斯，受俄罗斯制约。而独立后本国军事力量十分薄弱，因而不得不与俄罗斯合作保卫边界。

土库曼斯坦独立后，土领导人与俄罗斯领导人互访不断，政治关系基本良好，但是也存在争端。1992 年 7 月，尼亚佐夫总统访俄，签订了《土俄友好合作条约》，宣布两国为"战略伙伴"，并签署了其他 12 个重

要合作文件。同年，俄罗斯总统叶利钦访土，两国签订了《关于在保卫土库曼斯坦边境方面的合作及过渡时期土领土上俄罗斯边防军地位的条约》。1993 年 12 月 23 日，两国签署了《关于土俄联合守卫土库曼斯坦国家边境条约》、《解决双重国籍问题协定》和《保护移民权利协定》等。到 1998 年，土俄之间共签署了多达 80 个国家间条约和协定。

土俄之间的争端主要集中在里海油气开发、土天然气出口控制权、俄罗斯边防军的撤离等问题上。这些问题与摩擦影响到土俄关系，但是，最终总能在谈判中得到妥协或解决。从整体上看，两国政治关系正常，两国领导人保持密切的联系，高层互访不断，双方也都把对方作为本国外交的优先方向之一。

2. 安全领域

土库曼斯坦非常珍惜来之不易的独立地位，尤其重视维护国家安全。由于历史和经济等原因，土库曼斯坦在独立之初尤其重视与俄罗斯在安全领域的合作。1993 年 9 月，俄国防部长格拉乔夫访土，当时的尼亚佐夫总统同他就土领土上的俄边防军和两国军事合作问题举行会谈，并签署了有关协议。协议规定，从 1994 年起土方承担其国土上全部军队的费用与供给。土方希望延长俄军在土的服役期，并帮助训练本国军队。同年 12 月，尼亚佐夫总统与叶利钦总统签署了有关共同保卫土边界、俄驻土边防军地位的协定。1999 年，俄边防军司令、外长、国防部第一副部长等军政要员先后访土，两国在多次磋商后，就共同保卫土边界条约和俄边防军撤离问题达成协议。同年 11 月 25 日，土库曼斯坦宣布退出土俄边界条约。28 日，俄边防军撤出土库曼斯坦。由于土库曼斯坦外交上奉行中立原则，此后，它多次以观察员等身份参加由俄罗斯主导的地区国家联合军事演习，尤其在反恐领域，与俄罗斯仍然保持紧密合作。

3. 经济领域

苏联时期，土库曼斯坦是能源和原材料供应地之一。独立后，土库曼斯坦想改变这种状况，但是这绝非短时期里能轻而易举做到的。两国经济关系经常出现矛盾和摩擦。如 1992 年，俄罗斯价格自由化的浪潮冲击土库曼斯坦，导致其食品价格飞涨。土方对此极为不满，并采取相应措施，提高天然气价格，要求俄罗斯以提高的价格购买土天然气，俄方则取消了对土食品和消费品供应的优惠。1993 年 7 月，俄罗斯发行新版卢布，使留在卢布区的土库曼斯坦蒙受了重大损失。在土方提出与俄罗斯建立新型卢布区时，俄罗斯又以十分苛刻的条件回绝。1993 年 11 月，两国因石油管道问题发生争执，结果俄方关闭了土库曼斯坦输往欧洲的天然气管道，致使土方天然气出口锐减，1994年，土外贸出口减少了66%，使其经济形势变得十分严峻。整个20世纪90年代，土俄经济矛盾的焦点之一是在能源领域的利益之争。

尽管两国矛盾不断，但是土俄贸易额在独联体国家中一直居土外贸总额中的首位。而且，随着21世纪开始，俄罗斯和土库曼斯坦经济形势都发生明显好转，这为两国加强合作、缓解矛盾提供了契机。1998年，两国贸易额为1.61亿美元，而到2000年达到13.19亿美元。2001年12月，土俄签署了为期25年的天然气开发合同。2006年1月，尼亚佐夫总统访俄，与普京总统商定继续推进两国能源合作。同年9月，土与俄天然气工业公司签订2007~2009年1500亿立方米天然气购销合同，俄继续保持土天然气最大进口国地位。2006年，土俄贸易额达到33.7亿美元，到2007年，两国贸易额超过40亿美元。据土方资料显示，到2008年，土库曼斯坦有82家俄罗斯参股的企业，俄方公司正在该国落实总额为2.84亿美元的114个项目。2009年12月，土库曼斯坦和俄罗斯签署一系列经济合作文件。其中包括扩大能源和机械制造领域合作的政府间协议。

（二）与中亚国家签订的协议、协定

由于历史上土库曼斯坦与哈萨克斯坦、乌兹别克斯坦、吉尔吉斯斯坦、塔吉克斯坦等中亚国家在政治、经济、文化、宗教等方面有着密切联系，独立后，土库曼斯坦十分重视同中亚国家发展关系。土库曼斯坦与中亚国家高层往来频繁，签订了一系列政治、经济等方面的合作条约和协议。但鉴于其外交恪守中立立场和出于本国经济利益考虑，土库曼斯坦既不参加中亚联盟，也不赞同在中亚建立统一的经济空间，而只强调发展双边合作。

1. 与哈萨克斯坦签署的协议、协定

土哈两国于1992年10月5日建交。1993年5月18~20日，哈萨克斯坦总统纳扎尔巴耶夫访土，签署了两国友好合作关系条约。1997年2月，尼亚佐夫总统访哈，双方签署了关于里海地位、建立南北运输走廊、建设里海海底管道等方面合作的17项文件。1999年，双方签署了关于成立两国政府间经贸混合委员会的协议、两国边界划分备忘录和两国文化合作等双边文件。2001年7月5~6日，尼亚佐夫总统访哈期间，土哈两国总统签署了两国划界条约、保护国境合作条约、海关合作条约、合作打击违反税法行为的协议以及相互承认关于教育、学位和学历文件的协定五项合作文件。2006年11月，时任副总理的别尔德·穆罕梅多夫参加独联体峰会，与哈等国签署了中亚无核区条约。在经贸关系方面，哈方一直是土库曼斯坦在中亚国家中最大的贸易伙伴。

2. 与乌兹别克斯坦签署的协议、协定

土库曼斯坦与乌兹别克斯坦有长达 1600 公里的边界线。两国 1993 年 2 月 7 日建交。1992 年 4 月 21 日,土乌签署两国友好合作条约和 1992～1995 年经济、文化合作的政府间协议。1996 年 1 月,卡里莫夫总统访土,两国签署了友好合作和互助条约、关于鼓励和保护投资以及航空运输合作等政府间合作协议。同年 11 月,尼亚佐夫总统访乌,两国签署了扩大和加深两国全面合作的联合声明和建设两国经贸、科技、文化合作委员会等协议。2000 年 9 月,卡里莫夫总统访土期间,双方领导人签署了两国国界划界条约及一系列合作文件。截至 2007 年,双方签署了 123 个双边文件,建立并启动了经贸、科技和文化合作混合委员会机制。由于双方经济实力的限制,双方的贸易额一直不大,2007 年,双方贸易额为 6880 万美元。2010 年 10 月,乌兹别克斯坦总统卡里莫夫访问土库曼斯坦,两国政府签署了乌土联合声明,并签订了 2011～2013 年乌土人文合作规划,双方还计划加强在交通领域的合作。

3. 与塔吉克斯坦签署的协议、协定

土库曼斯坦与塔吉克斯坦于 1993 年 1 月 27 日建交。1993 年 1 月,塔元首拉赫莫诺夫(后改为拉赫蒙)访土,与尼亚佐夫总统会谈,双方签署了《外交部互相合作议定书》、《商业与运输业、经贸合作协定》等文件。塔吉克斯坦内战期间,土库曼斯坦利用中立国地位为塔吉克斯坦实现和平积极斡旋,曾在土首都阿什哈巴德三次召开由塔吉克斯坦政府和反对派参加的有关解决塔吉克斯坦问题的国际会议。在经贸方面,双方贸易额较低。2010 年 3 月,土库曼斯坦总统别尔德·穆罕梅多夫访问塔吉克斯坦。两国签署联合声明以及关于在通信和信息化领域开展合作的协议等 6 个文件。

4. 与吉尔吉斯斯坦签署的协议、协定

土库曼斯坦与吉尔吉斯斯坦于 1992 年 10 月 5 日建交。两国领导人利用各种场合保持密切联系,政治关系良好。在经济关系方面,两国签订了贸易协定、经济合作协定等多项双边合作文件。但是土吉贸易额也一直不大,在土库曼斯坦同中亚国家贸易中长期居末位。

(三)与独联体其他国家签订的协议、协定

苏联解体后,土库曼斯坦同亚美尼亚、格鲁吉亚、阿塞拜疆、乌克兰、白俄罗斯、摩尔多瓦等独联体国家都建立了外交关系,并相互开设大使馆。土库曼斯坦同这些独联体国家交往主要着重于经济方面开展互利合作,同时也有较密切的政治关系。

1. 与亚美尼亚

1992 年 10 月 9 日，土库曼斯坦与亚美尼亚建交。1993 年，两国签署友好合作条约、经贸合作协议等 12 个文件，文件主要对土方向亚方供应天然气作出了规定。1994 年，土方因为亚美尼亚拖欠天然气款一度暂停向其输送天然气。1997 年，亚美尼亚总统彼得罗相再次访土，双方将两国关系提升为战略伙伴关系，并签署了关于两国继续合作基础的备忘录、避免双重征税协议、调节有关清偿亚美尼亚拖欠土库曼斯坦天然气债务问题的议定书。2000 年，亚美尼亚新总统首次访土，双方签署了关于重新调整亚方所欠土方天然气债务的联合备忘录以及其他条约。根据协议，2001～2004 年期间，亚方偿还了土方天然气欠款 1270 万美元。两国还积极讨论和推进经伊朗通往亚美尼亚的天然气管道建设项目。

2. 与格鲁吉亚

1992 年 7 月 16 日，土格建交。1993 年，双方签署了为期 10 年的友好合作条约等协议。1995 年，因格鲁吉亚拖欠天然气款，土库曼斯坦停止向其提供天然气。此后，尼亚佐夫总统连续两年访问格鲁吉亚，双方共签署了 30 多项合作协议。1998 年，双方签署了领事条约、关于免除双重征税的条约、关于市场合作组织协议等 9 项合作文件。21 世纪以来，两国关系正常发展，石油、天然气领域是两国合作的主要方面，两国贸易额的主要构成也以能源为主。

3. 与阿塞拜疆

1992 年 6 月 9 日土阿建交后，两国之间既有合作又有摩擦。双方除了有天然气债务外，还存在领土纠纷。两国在里海的谢尔达尔、阿泽里和奇拉格三处油田的归属问题上存在分歧，迄今尚未解决。

4. 与乌克兰

1992 年 10 月 10 日，土乌建交。双方关系主要表现在经贸方面，而焦点也是天然气供应问题。乌克兰每年需要从土库曼斯坦进口大量的天然气，而土方则需要从乌克兰购买工业制品、食品和日用品。这种互补对双方有利。但是，由于乌克兰独立后深陷经济危机，财政困难，无力偿还欠款以及价格因素，土方多次中断天然气供应。两国曾于 1996 年签署军事合作条约，但是这无助于天然气摩擦的解决。1998 年，乌总统库奇马访土期间，双方签署了一系列协议，发表了联合宣言，宣布两国建立"经济战略伙伴关系"。但土于 1999 年又因乌欠款问题停止向乌供气。2001 年尼亚佐夫总统访乌，双方签署了两国 10 年长期合作协议和为期 5 年的天然气供应协议。该年土乌贸易额达到 15 亿美元，超过美国、俄罗斯、土耳其和伊朗，跃居第一。2002 年，库奇马总统再次正式访土，双方签署了进一步发展国家间关系协定。2009 年 9 月，乌克兰总统尤先科访问土库曼斯坦，两国政府发表联合声明并签署相关合作协议。

（四）与欧洲国家签订的合作协议、协定

土库曼斯坦重视并积极发展同西欧国家和欧盟的关系。为了大力引进西方资金和技术，该国特别注重发展同德国、英国、法国、意大利等国以及欧盟的关系。

1. 与英国签署的协议、协定

1992 年 1 月 23 日，土英建交。1993 年 4 月 3 日，尼亚佐夫总统访问英国。1995 年，尼亚佐夫再次访英。当年，两国签署的主要协议有：英国向土库曼斯坦提供 4300 万美元贷款协定；关于成立两国石油、天然气综合体协议；关于相互保护投资及关于空中航线的政府间协议；关于两国在教科文领域合作的协议；关于在能源领域相互信任与合作的备忘录；关于建立两国工业贸易委员会的协定等。1999 年，英国"壳牌"公司同土库曼斯坦签署《关于壳牌公司和土政府勘探、开采碳氢能源的战略联盟协议》等文件。2007 年，英国能源部长威克斯访问土库曼斯坦，两国签署关于允许英国的能源公司开采土库曼斯坦碳氢化合物资源的谅解备忘录。2008 年 4 月，秋明英国石油公司与土库曼斯坦成立了一个工作小组，双方开始合作勘探土库曼斯坦油田。自独立以来，英国一直是土库曼斯坦对外贸易的主要国家之一。

2. 与法国签署的协议、协定

1992 年 3 月 6 日，两国建交。1994 年，法国总统密特朗访土，土法签署了两国友好互助条约、相互保护投资协定、两国外交部合作协议等文件，并一致同意由法国企业承建土库曼斯坦的许多大型项目。1996 年，法国同德国等国的六家公司向土库曼斯坦提供 5 亿美元贷款，用于改造元首市的石油加工厂。2000 年，法国"布伊克"公司与土签署了一项价值 1.8 亿美元的建筑合同。2005 年 10 月，尼亚佐夫总统签署命令，批准该公司与土库曼斯坦一项多达 2670 万欧元的合作项目。

3. 与德国签署的协议、协定

1992 年 3 月 6 日，两国建交。德国是土库曼斯坦的主要投资国之一，是其重要的经济伙伴。1994 年，德国在土对外贸易额中占首位。1997 年，尼亚佐夫访德，双方签署了投资、航空和文化合作的政府间协定。访问结束后，尼亚佐夫在德国接受心脏手术。同年 11 月，德意志银行在土库曼斯坦设立代表处。这是欧洲大银行在土库曼斯坦开设的第一家代表处。

1999 年，德国天然气公司与土签署了年除硫能力为 30 亿立方米的大型天然气除硫装置项目；西门子公司获得在土铺设通信光缆、改造电话交换台等多个大宗项目。2002 年 7 月，尼亚佐夫总统会见来访的德国企业家代表团，双方签署了有关能源合作、机械产品制造、矿产开发、光缆以及铁路电气化等合作协议，尼亚佐夫总统还倡议双方制定《2010 年以前土库曼斯坦与德国长期合作战略规划》。2007 年，土库曼斯坦总统别尔德·穆罕梅多夫会见德国联邦经济与技术部部长格罗斯，双方就德国进口土库曼斯坦天然气问题进行了探讨。德国希望能直接获得土方出口的天然气，而不是通过俄罗斯转口。

（五）与美洲国家签订的合作协议、协定

1. 与美国签署的协议、协定

土库曼斯坦视美国为与西方国家开展外交的头号重点国家。一方面，土认为美国在当今世界政治格局中起着举足轻重的作用，利用美国可以平衡本国周边大国的影响力，良好的土美关系还可以提高自身地区和国际影响力；另一方面，土认为与美国的良好合作可以获得更多的经济利益。1992 年 4 月 10 日，两国建交。此后，两国高层互访不断，双方政治关系不断发展。1998 年 3 月，美国文化中心在土成立。同年 4 月，土库曼斯坦还与美国签署了有关防御问题的联合声明等 10 多个文件。美国贸易部贸易和投资顾问、总统和国务卿里海能源开发特别顾问、能源部长、国务院代表团等相继访土。2007 年 6 月 20 日，土库曼斯坦总统别尔德·穆罕梅多夫在阿什哈巴德会见了美国中央司令部司令——海军上将威廉·法伦，双方讨论了土美两国在巩固地区安全方面进行协调合作的问题。

2001 年"9·11"事件后，土库曼斯坦恪守中立国立场，竭力避免使自己卷入美国对阿富汗采取的任何军事行动，并表示，其基地"不供非人道主义军事行动"使用，这引起了美国的不满。实际上，美国在与土库曼斯坦的经济合作中也常常提出人权、民主等政治条件，遭到土库曼斯坦的反对。

2. 双方经贸关系发展迅速

到 1996 年，双方贸易额即达到 4.39 亿美元，双方在经贸领域的合作主要在能源领域。1997 年和 1998 年，两国明显加强在能源方面合作的步伐。1997 年底，成立了以美国为首的铺设土—阿—巴天然气管道工程的国际财团。1998 年 4 月，尼亚佐夫总统访美，与美国签署了能源合作协定等 15 项合作文件。2008 年，美国欧亚地区能源外交协调员马恩两次访问土库曼斯坦并受到别尔德·穆罕梅多夫总统接见，双方讨论的重点话题为能源合作。2010 年 8 月，美国多家石油企业与土库曼斯坦签订协议，从而获得多块油气田的开发竞标权。美国投资是土库曼斯坦的最大外国投资之一，土美贸易额一直居于土库曼斯坦对外贸易的前列。

（六）与亚洲国家签订的合作协议、协定

1. 与伊朗签署的协议、协定

伊朗是土库曼斯坦开展外交的重点国家之一，在其外交中占有重要地位。土伊两国关系源远流长，接壤边界长达 1700 公里。土库曼斯坦是内陆国家，无出海口，伊朗可以为其提供通向波斯湾的通道，是其不必通过俄罗斯走向国际市场的另外一条捷径。1992 年 2 月 18 日，两国建交。1992 年 5 月，伊朗总统拉夫桑贾尼访土，两国总统进行会谈。这一年，两国签署的协议和合作项目多达 30 多个。1995 年，尼亚佐夫总统三次访伊。双方签署了联合声明、两国外交部领事合作议定书、两国海关和边检合作备忘录、经贸合作谅解备忘录等。1997 年，两国总统进行了四次会晤。至 1998 年，双方签署了多项合作协议和条约，主要有《友好合作条约》、《边界问题协议》、《经贸合作协定》、《军队友好关系声明》、《航空协定》、《铁路运输合作协定》、《电力合作协定》、《旅游协定》、《过境及运输货物海关合作备忘录》、《石油天然气领域合作备忘录》、《科技合作协定》等。1998 年，尼亚佐夫再次访伊，双方同意成立油气、贸易和卫生、交通通信、经济和银行事务、能源和水利及文件起草等合作委员会，还签署了政治备忘录。进入 21 世纪，两国关系发展顺利而平稳，双方高层联系十分密切，在里海问题、能源合作以及地区问题上保持密切合作。2002 年，双方签署了友好合作条约和长期经贸、科技和文化合作协定。但是，双方在能源合作领域的矛盾近年来有所增加。随着国际能源价格的高涨，土库曼斯坦也要求提高对伊朗出口天然气的价格，双方的价格之争导致 2007 年 12 月底土方停止向伊方供气，直到 2008 年 4 月 25 日，双方经过艰苦谈判才达成新协议，伊朗提高了天然气价格，土方恢复对伊朗输送天然气。根据协议，土库曼斯坦将向伊朗日供 3000 万立方米天然气。

在经贸关系方面，伊朗在投资数额、建合资企业数量、对土贸易占独联体国家以外国家比重等方面都名列前茅，有的年份甚至占据首位。伊朗投资占土库曼斯坦外国总投资的近 30%。两国外贸额也长期居土库曼斯坦外贸的前五位。截至 2010 年，在土库曼斯坦注册的伊朗公司共有 144 家。双方企业完成项目数十个。2010 年 1 月，伊朗总统访问土库曼斯坦，两国签署了一系列双边文件，包括两国文化部间、外交部间的合作协议和两国政府间关于单方面进行航空摄影的合作协议。

2. 与土耳其签署的合作协议、协定

土耳其是土库曼斯坦外交重点国家之一。两国不仅同属伊斯兰国家，而且同属突厥语族。两国1992年2月29日建交后，关系迅速发展。1994年6月，尼亚佐夫总统访问土耳其，双方签订了经贸、交通运输、避免双重征税、铺设天然气管道、输电和互免签证等协定。1995年1月，尼亚佐夫再次访问土耳其，并在安卡拉主持召开了出口土库曼斯坦天然气国家间委员会会议。1996年，尼亚佐夫两次访问土耳其，双方签署了《两国发展长期合作基本方向备忘录》、《进一步扩大和加深全面合作的联合声明》及环保、教育、公路建设等多项协议。1997年5月和10月，土耳其总统和总理相继访问土库曼斯坦，双方把友好合作关系上升为战略合作伙伴关系并签署了铺设自土库曼斯坦穿越伊朗和土耳其、通往欧洲的天然气管道协议。1999年，两国签署了《关于购销天然气协定》。2000年，根据尼亚佐夫倡议，每年的1月12日被定为"两国友谊日"。当年10月，土耳其新总统塞泽尔访问土库曼斯坦期间，两国还成立了经贸合作混合委员会，制定了两国至2010年发展合作文件。2003年12月，根据土库曼斯坦、土耳其和伊朗签署的协议，土库曼斯坦通过伊朗开始向土耳其供电，2007～2010年间，土库曼斯坦每年将向土耳其出口6亿千瓦时的电能，价格为3.4美分/千瓦时。2008年3月，土库曼斯坦总统别尔德·穆罕梅多夫访问土耳其，双方签署了涉及科学和文化领域的合作协议。截至2008年，土耳其在土库曼斯坦注册的公司接近500家，参与建设的项目有100多个，有5000多名土耳其工人在土库曼斯坦工作。两国贸易额也居于土库曼斯坦外贸前列，甚至有时居首位。

3. 与阿富汗签署的协议、协定

阿富汗是土库曼斯坦邻国，两国于1992年2月12日建交后关系平稳发展。1995年土库曼斯坦成为永久中立国之后，利用中立国地位多次参与调解阿富汗冲突，协调国际社会敦促冲突双方进行政治对话，积极发挥维和作用。2002年3月，土阿领导人宣布，土阿边境将成为"世代友好睦邻边境"，并签署了两国政府能源合作协议。同年4月19日，土阿第一条输电线建成。同年6月9日，尼亚佐夫宣布，他与巴基斯坦总统穆沙拉夫和阿富汗临时政府主席卡尔扎伊已经签署了铺设经阿富汗到达巴基斯坦的天然气管道协定。土阿双方还签署了在电力、教育和医疗领域的一系列合作文件。2008年4月28日，土库曼斯坦总统别尔德·穆罕梅多夫对阿富汗进行正式友好访问，并与阿富汗总统卡尔扎伊进行了会谈，两国签署了一系列扩大双边合作关系的文件，包括两国在交通、科学、文化、艺术

等领域开展合作的政府间协定。2010 年 12 月，土库曼斯坦与阿富汗一道参与签署了土库曼斯坦、阿富汗和巴基斯坦、印度四国政府间框架协议，决定开始修建连接四国的天然气管道。

4. 与印度签署的合作协议、协定

两国 1992 年 4 月 20 日建交。同年 4 月 18 日，尼亚佐夫总统访印，双方签署了有关合作文件。1994 年，双方签署了一项土库曼斯坦经伊朗同印度进行经贸合作的协议。1995 年，印度总理拉奥访土，双方签署了加强经济和政治合作的五项协议。根据协议，印度于 1995 年和 1996 年两次向土提供共计 1550 万美元的贷款。印度长期以来致力于从中亚获得新的能源通道尤其是土库曼斯坦的天然气，双方为此长期进行接触。随着印巴关系改善，2006 年起，印度积极参与土—阿—巴—印天然气管道的建设，但是目前该项目阻力重重。2008 年 4 月，土印之间签署了油气谅解备忘录。这项油气备忘录涉及两国今后在油气生产、加工和运输方面的合作，其中包括可能建造一个液化天然气加工设施。2010 年 5 月，土库曼斯坦别尔德·穆罕梅多夫访问印度，双方签署关于教育交流规划、经济技术协定、科技合作协定等 10 多项合作文件。

5. 与日本签署的协议、协定

日本是地处亚洲的发达国家，土库曼斯坦对其十分重视。双方的合作主要在经济领域。1992 年 4 月 22 日，两国建交。两国很快成立经济合作联合委员会。1996 年，日本与法、德等国的六家公司向土库曼斯坦提供了 5 亿美元贷款，用于支持土私人企业。1997 年，日本政府向土提供45.05 亿日元贷款用于土铁路运输现代化建设。同年 12 月，土日签署1.65 亿美元的两笔贷款用于土两家大型企业建设。1998 年，日本再次同意提供 10 亿美元贷款。中亚最大的"丰田汽车中心"在土库曼斯坦首都阿什哈巴德开业。2008 年 5 月，土库曼斯坦—日本经济合作委员会在阿什哈巴德举行常会，土库曼斯坦政府和日本机械公司签署了"日本小松"和"伊托乔合作"项目协议。根据协议，土库曼斯坦将大量进口日本机械产品。2009 年 12 月，土库曼斯坦总统别尔德·穆罕梅多夫访问日本，两国签署了双边框架协议。2010 年，两国政府又签署了总额超过 450 亿日元的贷款协议。

二 多边合作机制

独立后，土库曼斯坦根据中立、开放的外交方针，外交活动十分活跃。它积极参与国际事务，迄今已经加入了联合国、欧安组织、中西亚经

济合作组织、伊斯兰会议组织、不结盟运动、欧洲复兴开发银行、世界银行、国际货币基金组织、亚洲开发银行等40多个国际和地区性组织。

1. 联合国

1992年3月2日，土库曼斯坦加入联合国。1995年12月，尼亚佐夫赴纽约参加联合国成立50周年纪念大会。同年12月12日，联合国大会一致通过了关于土库曼斯坦永久中立的决议，使该国成为国际社会公认具有永久中立地位的国家。1993年3月17日，土库曼斯坦加入联合国教科文组织。1999年，土库曼斯坦利用中立地位在其境内召开联合国禁毒署关于中亚国家在禁毒领域开展合作的国际研讨会等大型会议。土还积极参与联合国对于阿富汗问题的调停与解决。2002年，土总统接见来访的联合国关于裁军问题副秘书长D.达纳帕拉。尼亚佐夫强调，为了使中亚摆脱核武器，为了和平与互相理解，土准备进行任何形式的合作。同年9月，联合国秘书长安南访土，高度评价了土作为中立国在发展地区合作中的作用，赞扬土对恢复阿富汗经济建设给予的人道主义援助。目前，联合国若干国际组织在土库曼斯坦设立了代表处，这些组织是：联合国开发计划署、联合国儿童基金会、联合国难民署、国际移民组织、国际货币基金组织、世界银行等。2007年12月，联合国预防性外交中亚地区中心在土库曼斯坦首都阿什哈巴德成立。联合国预防性外交中亚地区中心是在联合国的倡议下建立的第一个地区中心，其主要宗旨是研究分析、跟踪调查涉及中亚地区局势发展的广泛问题，并向联合国秘书长提供相应的调研信息，以及协调信息的交换等事宜。

2. 独联体

1991年12月21日，土库曼斯坦作为创始国加入独联体。独联体成立后，土库曼斯坦支持独联体的存在和发展。土库曼斯坦视独联体为协商机构，主张在平等互利的基础上发展同独联体国家的关系，但是不赞成把独联体办成超国家机构，主张加强各国的双边联系和合作。土虽然加入了独联体经济联盟，但是反对搞独联体集体安全条约，拒绝签署《独联体章程》，不参加不符合其中立立场并损害本国主权和经济利益的独联体一体化和中亚一体化。土库曼斯坦既不参加独联体集体安全条约，也不支持建立独联体自由贸易区的建议。1996年6月，土库曼斯坦还退出了原独联体国家互免签证的协议，开始对独联体国家实行签证制度。

尽管土库曼斯坦不参加独联体的这些内部组织，但是土库曼斯坦高度重视发展与独联体国家的双边关系，在经济方面，独联体国家一直是土库曼斯坦最主要、最大的贸易伙伴。2009年4月，独联体国家外长会议在土库曼斯坦首都阿什哈巴德召开。

3. 北约"和平伙伴关系计划"

在中亚五国中，虽然土库曼斯坦最早与北约签署"和平伙伴关系计划"协定，但是从中立国立场出发，土库曼斯坦不参加北约的任何军事行动，包括美国从 1997 年开始在中亚举行的军事演习。1997 年 8 月，尼亚佐夫总统签署批准 1997~1998 年土库曼斯坦在北约"和平伙伴关系计划"内的年度计划协议，该协议规定土库曼斯坦只能参加提供人道主义援助和救灾活动。2004 年 3 月，尼亚佐夫签署与北约"单独伙伴计划"的命令，从而在形式上提高了土库曼斯坦与北约的合作水平。不过，土库曼斯坦与北约的合作还是十分有限的，土拒绝美国和北约在土驻军、建立军事机构和针对第三国的军事设施。

4. 欧盟与欧安会

1994 年，欧共体向土提供 1000 吨肉类的人道主义援助。1995 年向土提供 1000 万美元贷款，用于土经济转轨。1995 年欧共体改名欧盟后，当年向土提供 3500 万美元和 180 万欧洲货币单位的贷款，用于土发展私人企业和农业。1997 年再次提供 25 万美元贷款。1998 年欧盟代表团访土期间，双方签署《伙伴与合作协定》，并决定向土提供 1400 万欧洲货币单位的食品援助。同年，尼亚佐夫总统访问欧盟总部期间还签署了伙伴合作计划阶段性协议。21 世纪，随着俄罗斯与欧洲在能源领域的合作不断出现问题，欧盟积极寻求直接从土获取天然气，因此，打通从土库曼斯坦经里海、阿塞拜疆通往欧洲的管道一直是双方探讨的问题。2008 年 4 月，土库曼斯坦与欧盟达成协议，将于 2009 年起每年向欧盟提供 100 亿立方米的天然气。2009 年 4 月欧洲议会批准《土库曼斯坦—欧盟贸易协定》。能源合作将是土欧合作的重要方向。

1992 年 2 月 5 日，土库曼斯坦被欧安会接纳为成员国（后欧安会改名"欧安组织"）后，每年参加该组织举行的会议。1998 年 4 月，欧安组织执行主席访土。欧安组织拟把土库曼斯坦首都作为地区会晤和会议中心之一。1999 年初，欧安组织驻土代表处正式成立。但双方一直未能就签署土与欧安组织互相谅解备忘录达成一致。此后，欧安组织轮值主席多次访问土库曼斯坦。2001 年，双方还就土外交部和欧安组织加强交流问题达成协议。2006 年，欧安组织轮值主席、比利时外长德古特，欧安组织少数民族问题高级专员艾克尤斯，欧盟中亚特使及欧洲议会代表团先后访土，就政治、安全、民主、人权及能源等问题与土开展对话。2007 年 3 月，欧安组织秘书长马克·佩兰·德·布利夏姆鲍特访问土库曼斯坦并与新总统别尔德·穆罕梅多夫会见，双方表示将在维护地区安全、打击毒品走私、保护国家边境等具有战略意义的领域加强合作。2010 年 12 月，土库曼斯坦总统别尔德·穆罕梅多夫出席欧安组织峰会。

欧盟和欧安组织在向土方提供帮助的同时，往往敦促土进行政治和社会改革，尤其是在人权和民主等领域，土对此有所警惕。

5. 中西亚经济合作组织

中西亚经济合作组织创建于 1985 年，最初的目的是通过在科技和文化领域的积极合作来实现经济的高度发展。目前，其成员国有 10 个，涵盖了中东、高加索和中亚国家，包括土耳其、伊朗、阿富汗、巴基斯坦、阿塞拜疆、吉尔吉斯斯坦、塔吉克斯坦、乌兹别克斯坦、哈萨克斯坦和土库曼斯坦。1992 年 2 月 17 日，土库曼斯坦加入中西亚经济合作组织。该组织每两年举行一次会议，土库曼斯坦积极参加历次会议。虽然该组织有地缘相近、历史相仿、文化相似等优势，但是由于没有大国加入，各国实力有限，加之各国水平不同、利益也不同，该组织的影响力还比较有限。不过，该组织在地缘和资源等方面占据很大优势，是一个比较有前景的地区性组织。土库曼斯坦参与该组织活动主要期待获得更多的经济利益。

6. 伊斯兰会议组织

伊斯兰会议组织成立于 1970 年 5 月，目前已经有 57 个成员国，遍布亚、非、欧三大洲。1992 年 3 月 2 日，独立后的土库曼斯坦加入伊斯兰会议组织。由于各种原因，该组织影响力有限，土库曼斯坦更加重视发展与组织内成员国的双边关系。

7. 不结盟运动

不结盟运动是一个松散的国际组织。冷战结束后该组织实际上已经失去了继续存在的价值，各国的重心也纷纷从政治领域转向经济领域。1995 年 10 月 16 日，土库曼斯坦加入不结盟运动，成为该组织第 113 个成员国。

8. 其他国际金融或贸易组织

为了参与世界经济，土库曼斯坦重视同国际金融或贸易机构建立和发展关系。1992 年 9 月 1 日，土库曼斯坦加入欧洲复兴开发银行。同年 9 月 22 日，加入国际货币基金组织。此外，它还加入了世界银行、亚洲开发银行等国际金融组织或者贸易组织。加入这些组织，为土库曼斯坦获得贷款和援助，增加贸易机会，扩大进出口等带来了实际利益。仅欧洲复兴开发银行 1994～1997 年间，就向土库曼斯坦提供了多笔巨额贷款。1994 年，欧洲复兴开发银行向土提供 8000 万美元贷款用于公路建设和扶持中小企业。1995 年向土提供 3500 万美元贷款。1996 年增加贷款 300 万元用于资助私人企业。1997 年 12 月，土与该行签署协议，再次获得 8000 万美元贷款用于交通基础设施建设。2009 年 12 月，伊斯兰开发银行与土库曼斯坦签订向土库曼斯坦提供 10 亿美元贷款协议。2010 年 2 月，亚洲开发银行与土库曼斯坦签订向土库曼斯坦提供 2.25 亿美元贷款协议，亚洲开发银行还计划在土库曼斯坦设立常设代表处。

第五节　塔吉克斯坦与国际合作机制

一　双边合作机制

（一）与俄罗斯签订的合作协定与协议

塔吉克斯坦与俄罗斯具有特殊关系。独立以来，塔在维护国家独立与主权、保卫国家安全与维护国内稳定以及经济发展、实现民族和解等方面都需要依靠俄罗斯。塔始终把发展同俄罗斯的战略合作伙伴关系放在首位，主张同俄罗斯发展"兄弟式的友好合作关系"和"同盟关系"，并与俄罗斯在各个领域签署了一系列合作协定及协议。

在政治领域，两国高层互访频繁。截至 2008 年，塔俄双方签署的协议和协定超过 100 多个，其中国家与政府间协议 74 个，部门间协议 29 个。另外还有几十个正在研究和准备签署的合作文件。1992 年 4 月，俄外长科济列夫访塔，签署了两国建交协议。同年 5 月，塔吉克斯坦在独联体塔什干首脑会议上同俄罗斯等国签署了《集体安全条约》。同年 7 月，俄罗斯副总理绍欣访塔，双方讨论了关于签订两国友好合作互助条约等问题。同年 9 月，俄代总理盖达尔访塔，双方签订了一系列文件。1993 年 5 月 24 日，塔国家元首拉赫莫诺夫访俄，同俄总统叶利钦签署了 7 个全面调整两国关系的文件。1995 年 2 月，塔总理卡里莫夫访俄，塔俄签署了《关于深化经济合作和发展经济一体化的协议》。同年 9 月，塔总统访俄，两国元首签署了具有战略联盟性质的《关于塔俄进一步巩固和扩大全面合作的宣言》。1998 年 1 月，俄罗斯总理切尔诺梅尔金访塔，同塔总统举行会谈，着重讨论了两国的经济合作问题，其中包括塔偿还俄约 3 亿美元债务以及俄向塔提供包括用于军事目的在内的新贷款等问题。双方签署了包括打击破坏税法和民防军事技术合作协定以及两国国防军事技术合作协定等。同年 10 月 12 日，塔吉克斯坦与俄罗斯、乌兹别克斯坦签署了"三国联盟"条约，以抵御该地区伊斯兰激进主义和宗教极端主义。1999年5月，拉赫莫诺夫总统和俄总理斯捷帕申会晤时表示，将进一步扩大和加深与俄罗斯的战略伙伴和同盟关系。1999年11月，俄总理普京率领政府代表团参加塔总统就职仪式，普京与拉赫莫诺夫总统进行了会谈，并就解决两国债务问题达成一致。两国议会还批准了塔总统1999年4月访俄时与叶利钦总统签署的《俄罗斯在塔吉克斯坦军事基地的地位和驻军条件的条约》，为俄罗斯在塔驻军合法化提供了法律依据。2001年2月，塔国防部长海鲁洛耶夫访俄，双方签署了《塔俄军事与军事技术合作协定》，同年4月，俄紧急救灾部长绍伊古访塔，双方签署了《塔俄紧急救灾部2001～2005年民防、预防和救灾合作协定》。2004年10月，俄罗斯总统普京访问塔吉克斯坦，塔俄签署了在塔吉克斯坦建立俄罗斯永久军事基地的协议，该协议标志着塔俄政治与军事关系达到新高度。同年12月，塔俄双方签署了关于俄边防军向塔边防军移交881公里塔与阿富汗边界防务的证书。2007年9月，塔俄议会莫斯科第二次论坛召开期间，两国签署了两国议会间合作协议。2008年1月，塔俄在莫斯科召开两国政府间经济合作委员会联席会议并签署了《两国军事技术合作特别议定书》，双方将根据协议进一步加强军事技术合作。2008年8月，俄罗斯总统梅德韦杰夫与塔吉克斯坦总统拉赫蒙签署联合声明，指出，"俄罗斯与塔吉克斯坦计划在未来加强军事和军事技术合作，以保障国家和地区安全。同时，在这些领域提高合作效率"。

塔吉克斯坦视俄罗斯为国家安全的重要盟友。在塔内战中俄罗斯始终站在合法政府一边，俄驻塔第201摩托化步兵师是支持合法政府和抵御外来侵犯的重要力量。早在1992年，塔就加入了由俄罗斯主导的《集体安全条约》。塔高度重视与俄罗斯在打击"三股势力"、非法毒品走私以及大规模杀伤性武器等领域的合作，与俄罗斯签署一系列的合作协议和文件。1994年7月，俄罗斯边防军司令尼古拉耶夫访塔，与塔签署了一系列保障独联体南部共同边界的协议，还与塔签署了建立边防军联合司令部的协议。1994年12月，塔俄双方还签署了关于俄罗斯军人在塔国法律地位的协议，该协议为俄军人在塔军事行动进一步提供了法律保障。1999年4月，拉赫莫诺夫总统访俄，塔俄两国总统签署了《俄罗斯联邦与塔吉克斯坦共和国面向21世纪的联盟协作条约》。2000年，塔俄议会批准了关于俄在塔军事基地地位和驻军条件的条约。2004年，塔俄再次签署协议，俄获得在塔永久驻军权。塔吉克斯坦认为，"俄罗斯在塔吉克斯坦的军事存在客观上是本地区保持稳定的稳定性因素和集体安全体系不可分

割的一部分"。2008 年 9 月，塔、俄双方在塔南部境内举行代号为"中心
—2008"的联合战术演习，俄第 201 军事基地、塔内务部和国家安全委员
会共有 1500 名军人参加演习。

塔俄经济关系密切。塔吉克斯坦独立的最初几年，俄罗斯每年向塔政
府提供的经济援助达数千亿卢布。俄罗斯是塔最重要的贸易伙伴。独立初
期，塔对外贸易 80% 是对俄罗斯。1995 年 2 月，塔总理卡里莫夫访俄，
签署了《关于深化经济合作和发展经济一体化的协议》。2002 年 12 月，
塔俄签署关于债务重组协议，俄罗斯把塔吉克斯坦所欠债务还款优惠期推
至 2017 年。2003 年 5 月，塔俄签署关于塔授权俄天然气工业公司开采塔
境内天然气的协议。2004 年 10 月，俄总统普京访塔，两国签署《关于俄
罗斯参与桑格图德电站建设方式及股份的政府协议》，俄方为桑格图德电
站投入 2.5 亿美元，并承诺 2008 年前建成。2008 年 6 月，塔俄再次签署
关于授权俄罗斯天然气工业公司勘探塔境内四处天然气田的协议，根据协
议，俄将投资 5 亿美元用于勘探工作。目前，俄罗斯是塔最重要的经济合
作伙伴之一，2008 年，塔俄经贸额超过 10 亿美元。2009 年，受国际金融
危机影响，塔俄贸易额有所下降，全年双边贸易额为 8.98 亿美元，占塔
吉克斯坦外贸总额的 25.1%。俄罗斯在塔投资额为 0.67 亿美元，占在塔
外国投资的 42.1%。

（二）　与中亚国家签署的协议与协定

塔吉克斯坦高度重视与中亚其他国家的关系，自独立以来与这些国家
签署了一系列政治、军事、经济、技术、文化等诸多领域的合作文件。

1991 年 12 月，在土库曼斯坦首都阿什哈巴德召开的中亚五国首脑会
议上，塔吉克斯坦与土库曼斯坦、乌兹别克斯坦、吉尔吉斯斯坦和哈萨克
斯坦签署了五国"友好合作条约"。1996 年 8 月，拉赫莫诺夫总统赴阿拉
木图参加哈萨克斯坦、乌兹别克斯坦、吉尔吉斯斯坦三国经济联盟会议，
被该组织接纳为观察员国。1997 年 2 月，塔吉克斯坦与哈、乌、吉、土
四国元首在哈萨克斯坦首都阿拉木图举行会议，通过《阿拉木图宣言》。
1998 年 3 月，塔总统拉赫莫诺夫参加哈、吉、乌三国元首会议，签署了
加入中亚经济联盟的一系列协议，塔成为《建立统一经济空间条约》的
第四个成员国。同年，塔、哈、乌、吉四国总统还签署了中亚四国关于进
一步加深地区一体化的声明、有关建立国际水力资源财团、成立有价证券
市场等文件。1999 年 6 月，塔、哈、乌、吉四国元首在比什凯克举行会
晤，吸收塔吉克斯坦为中亚合作与开发银行成员国。2000 年 4 月，塔、
哈、乌、吉中亚经济共同体四国元首在塔什干举行会晤，签署了关于联合

打击恐怖主义、宗教极端主义、有组织跨国犯罪和其他威胁地区稳定与安全行为的条约。同年8月，塔、吉、乌三国安全会议秘书在吉尔吉斯斯坦签署《关于相互合作保护三国主权的备忘录》，并成立三国联合指挥部。

塔哈关系良好，双方合作不断加深。1993年10月，塔吉克斯坦与哈萨克斯坦签署了《塔哈关系基础条约》，哈萨克斯坦积极参与维护中亚地区的安全与稳定，为调解塔吉克斯坦内战进行了积极的外交斡旋。1994年，塔吉克斯坦与哈萨克斯坦签署经贸合作协议。1995年，两国签署了非贸易支付协议以及赔偿国家贷款规则协议。1995年11月，两国签订经济部门领导级的自由贸易协议草案和停止自由贸易制度备忘录。1999年12月，双方签署了有关发展经济合作的协定。2007年9月，哈萨克斯坦总统纳扎尔巴耶夫对塔吉克斯坦进行正式访问，双方签署了包括贸易投资、航空、文化、教育和农业方面的五个双边政府文件。双方达成协议拟投资1亿美元建立合作投资基金。其中大部分将由哈方投资，主要投资方向是塔能源和农业领域，以及小型水电站的建设和参加塔方的各项招标。2008年5月，两国又签署了经济合作纲要、环境保护协议、塔能源和工业部与哈能源和自然资源部合作备忘录、旅游和体育合作备忘录、成立两国直接投资基金会等8个文件。

塔乌关系波折较多，但总体平稳。1994年2月和11月，塔吉克斯坦总统拉赫莫诺夫两次访问乌兹别克斯坦，与乌兹别克斯坦总统卡里莫夫举行会谈，签订了塔乌两国1994年经济贸易合作协议，发表了关于双方合作关系的联合声明。1996年两国签署经贸合作协定。1997年1月，两国领导人签署两国间过境货物、乌向塔提供天然气和通信服务的互相结算方式政府间协定。1998年，两国总统签署就双方货运、提供天然气、相互结算和清偿债务等问题的协议，还签署了文化和科技等方面合作协议共五项政府间文件。1999年1月，双方签署乌向塔供应天然气协定。同年5月，双方签署关于两国联合打击恐怖主义、宗教极端主义以及非法贩毒的协定。2000年6月，塔乌签署了永久友好条约、引渡、划定国界备忘录等文件。2001年2月，塔乌签署了《关于卡伊拉库姆水库管理制度协定》和《关于2001年塔吉克斯坦偿还乌兹别克斯坦债务的协定》。同月，双方还签署了《2001年两国合理利用水资源协定》和《2001年两国国际运输、物资技术相互结算协定》。2003年3月，塔总理阿基洛夫率政府代表团访问乌兹别克斯坦，两国签署一系列关于电力运输、天然气供应、道路过境等多项合作协议。2005年12月，塔乌签署关于乌向塔输送总量达20亿度的电力供应协议。2008年1月，塔乌再次签署天然气供应协议，该协议提高了乌对塔的天然气出口价格。

塔吉克斯坦与吉尔吉斯斯坦关系良好。1996 年 7 月，吉尔吉斯斯坦总统阿卡耶夫访塔，两国签署了国家关系基础协定及一系列双边合作文件。2000 年 1 月，塔总理阿基洛夫访吉，两国签署在自由贸易、鼓励和相互保护投资以及教育、科技和旅游领域合作的一系列政府间协定。同年 4 月，两国签署《关于进一步扩大和深化塔吉合作备忘录》。2002 年 10 月，塔吉双方签署《塔吉科技合作协定》。2004 年，塔吉两国达成关于共同兴建连接两国的巴特肯—卡尼巴达姆高压输电网的协议。双方企业还签订了一系列的合同，如扩大玻璃、精矿、锑生产与供应，兴建和修复小型水电站、变电站等。2007 年 9 月，塔吉克斯坦总统拉赫蒙对邻国吉尔吉斯斯坦进行了正式访问。双方签署了有关移民、文化、农业和档案四个方面的政府协议。

塔吉克斯坦与土库曼斯坦关系正常。两国共同参加了本地区多个国际机制。在独联体空间内的合作较为密切，两国对咸海问题、水资源开发与利用、能源合作等均十分关注，尤其是两国能源合作十分密切，近年来塔与土在电力等方面的合作日益加强。2007 年 10 月，土库曼斯坦总统对塔进行两天的正式友好访问。塔土两国签署了有关双边友好、合作协议；政府间经贸和科技协议；文化艺术合作协议；教育合作协议；相互鼓励和保护投资协议以及农业合作 6 个协议。

（三）　与欧洲国家签署的协议和协定

与德国签署的协议、协定。在欧洲各国中，塔吉克斯坦尤为重视与德国的关系，尤其是在经贸领域的合作。1991 年，塔吉克斯坦独立初期，德国就率先在塔设立使馆，是当时第一个在塔设立使馆的西方国家。塔驻德使馆是塔在国外设立的第一个使馆。

塔吉克斯坦内战结束后，塔与德国在教育、卫生、电力、通信等方面的合作逐步加强。2002 年，德国技术合作协会与塔政府土地资源委员会签署合作协议，准备实施合理利用帕米尔土地资源项目。德国还计划年内在塔实施一些项目：投入 230 万欧元，建立专家研究基金；投入 140 万欧元，在哈特隆州、罗什特山谷地区实施粮食安全保障项目；投入 140 万欧元，在巴德赫尚自治州实施粮食安全保障项目；投入 150 万欧元，向杜尚别市医院提供医疗设备等。2003 年 3 月，德国政府向塔提供数额为 660 万欧元的无偿援助，所拨款项用于实施塔加尔姆地区、舒罗阿巴德地区的经济发展规划。根据双方达成的协议，德国专家参加塔方人员的技术培训，部分款项拨给阿加汗基金会，由该基金会实施扶持山区发展项目。

2003 年 6 月，德国实业界代表团访问塔吉克斯坦，双方洽谈并签署多项具体合作项目的协议。2004 年 12 月，德国经济合作与发展部中亚和高加索问题研究所所长沃里夫甘率团访塔并举行了塔德政府间的定期会晤，双边签署了德参与努列克水电站的改造协议。根据该协议，德允诺拨款 2000 万欧元用于电站改造项目，其中 700 万欧元为无偿援助，1300 万欧元为贷款，年息 0.75%，贷款期限 40 年，头 10 年免息，该项目于 2005 年开始运作。2005 年 6 月，塔德签署了两份总价值 2650 万欧元的德塔政府合作协议，一份是努列克水电站配电设施改造协议，主要用于更换或改造旧的 220/500 千伏配电设备；另一份是 265 万欧元的技术合作协议。2008 年 7 月，塔吉克斯坦财政部与德国复兴信贷银行（KfW）签署 "努列克水电站 220 千伏配电装置改建" 项目贷款协议，贷款总额为 2500 万欧元。2009 年 5 月，德国驻塔大使与塔吉克斯坦经济发展和贸易部部长签署了两份金融及技术合作的协议，德国将向塔吉克斯坦提供总额达 3600 万欧元的无偿援助。据塔财政部统计，塔德建交以来德国共向塔吉克斯坦投资和提供援助超过 1 亿欧元，主要投资和援助领域为：改建医疗卫生体系和学校，提高教师专业水平，支持私有中小企业的发展，以及提供紧急人道援助等。

塔吉克斯坦与法国也保持较为密切的关系。2001 年 11 月，为支持阿富汗 "反恐" 战争，塔法签署一系列军事合作协议，以加强军事合作。法国军用飞机开始入驻塔吉克斯坦杜尚别机场，200 名法国军事人员进驻该军事基地，法国还获准通过塔吉克斯坦向阿富汗运送维和部队。2002 年 12 月，塔法两国在巴黎签署了法塔《国内安全合作协议》，以加强两国在缉毒和反恐怖斗争中的合作。2006 年 2 月，法国 "阿里斯顿" 电力公司与塔吉克斯坦商定并签署协议，法将承建塔奥尔布顿水电站。奥尔布顿水电站设计装机容量为 12 万～16 万千瓦，年发电量 7.6 亿度，投资金额 1 亿美元。2006 年 5 月，根据塔法签署的协议，法国增加在塔吉克斯坦的军事基地人员达到 300 人。2008 年 8 月，塔吉克斯坦与法国在杜尚别签署政府间《关于建设杜尚别国际机场航站楼的投资协议》。

（四）与美国签署的协议、协定

1992 年 2 月 19 日，塔吉克斯坦与美国建交。塔吉克斯坦视美国为西方最重要的战略伙伴，自独立以来一直重视与美国发展政治、经济、军事等全面关系。"9·11" 事件后，两国交往日益密切。2001 年 12 月，塔美签署在反恐斗争中采取共同行动的协议。根据协议，塔吉克斯坦对美国开放领空并提供库洛布机场，以支持美军在阿富汗展开反恐行动。2003 年 2

月，塔与美就美国空军继续使用塔境内库利亚布等三个军事基地等问题展开新一轮谈判，同年5月，两国签署军事协议，美国无偿培训塔军人和武装其边境巡逻部队。2002年2月20日，塔吉克斯坦在中亚国家中最后一个加入北约"和平伙伴关系计划"，与美国及北约军事安全关系得以巩固和发展。

经济合作是塔吉克斯坦的外交重点，对美外交亦是如此。1992年，根据塔美协议，美向塔提供为期30年的1000万美元贷款。老布什执政期间，美国又向塔提供了500万美元的无偿援助。克林顿任总统后，美国向塔提供了2500万美元的人道主义援助。小布什执政期间，美国每年均向塔吉克斯坦提供数额不等的各种形式的经济援助，仅2003年，美国就向塔吉克斯坦提供了近1亿美元的各种援助。近年来，美国继续对塔提供经济援助。2008年8月，美国驻塔大使与塔外长签署了关于美向塔提供无偿援助协议，其主要内容是美方向塔方提供1340万美元无偿援助用于加强安全和维护法制。2008年，美国共计向塔提供约3100万美元的援助。2009年，美国对塔援助计划略微减少，但也达到2000万~2900万美元。美国一直是塔吉克斯坦的最大援助国。

2002年8月，塔美双方签署了关于塔吉克斯坦采用国际会计标准的谅解备忘录，塔同意美国国际开发署代表美国政府就掌握和推广国际财务统计标准向塔吉克斯坦提供技术帮助。同年，两国签署协议，美国普拉格玛咨询公司向塔提供入世技术支持，它利用自身所掌握的入世经验，积极帮助塔政府按照世贸组织的规则改造政府机构、完善相关法律法规和改善贸易投资环境。该公司协助塔政府制定了新《许可证法》和《投资法》，并简化了《新公司注册程序》等。2006年4月，塔代表团访美，双方签署了合作协议，美国COMSAP公司将投资5000万美元勘探塔吉克斯坦索格德州艾尼区的金、银矿。

（五）与亚洲国家签署的协议、协定

1. 与伊朗签署的协议、协定

塔吉克斯坦与伊朗两国在语言、文化、经济和宗教等方面有着密切关系。1996年12月，塔伊两国政府签署了经济、文化、教育等10项合作协定。1997年，塔议长访伊，两国签署议会间谅解备忘录。2002年12月，塔吉克斯坦、伊朗及阿富汗三国交通部长举行会议并就三国口岸建设达成协议。2003年12月，塔伊签署《关于桑格图德水电站建设谅解备忘录》。伊朗将参与桑格图德水电站工程建设，主要负责工程技术和设计方案；而桑格图德水电站建设项目的第一期安佐布隧道工程也由伊朗索比尔

建筑公司承建，伊政府为此拨款 3000 万美元。2006 年 2 月，塔吉克斯坦、阿富汗、伊朗三国能源部长在杜尚别签署了能源合作协议，计划建设由塔吉克斯坦经阿富汗到达伊朗，然后通向巴基斯坦及其他国家的 500 千伏高压输变电线。2006 年 6 月，塔工业部与伊朗驻塔大使签署了塔伊合资成立拖拉机组装协议。合资双方是塔吉克斯坦胡默公司（前塔吉克动力设备厂）和伊朗拖拉机制造公司，其中塔吉克斯坦占 49% 的股份，伊方占 51% 的股份，伊朗总投资 1000 万美元。根据协议规定，企业生产初期所需组件全部从伊朗采购，最终塔方实现自主化生产。2007 年 5 月，塔伊达成协议，伊朗向塔吉克斯坦贷款 5500 万美元用于建造乔尔马格扎克隧道及其连接线，该项目于 2007 年底开工，由伊朗公司承建。同月，塔伊签署关于在塔境内组装伊朗产"萨曼特"牌轿车的意向书，伊方伊朗—胡特鲁公司投入 20% 的资金建立汽车生产线，其余 80% 资金由塔自筹。2008 年 5 月，塔吉克斯坦—伊朗第七届双边经贸混委会达成协议，伊朗 2008 年将向塔出口 2000 辆小轿车，品牌是伊朗产标致— 405 和萨曼德。

2. 与阿富汗签署的协议、协定

塔吉克斯坦与阿富汗有着 1030 公里的共同边界线，而且，从历史、民族、边界、宗教、安全等因素看，阿富汗对塔吉克斯坦有着重要影响。塔吉克斯坦十分重视与阿富汗的关系。早在塔内战时期，塔阿冲突十分严重，持续不断，塔阿两国的外交活动大多是围绕解决边界冲突进行的。1992 年 7 月 15 日，塔代总统伊斯坎达罗夫访问阿富汗，双方签署了进一步发展双边关系的议定书。同年 8 月，两国外长发表联合公报，双方愿意通过谈判和其他政治手段和平解决现有问题。1993 年 12 月，阿富汗总统拉巴尼访塔，双方签署了《塔阿友好合作睦邻条约》、《塔阿边界条约》、《关于在阿境内的塔难民返回家园的协定》等 7 个文件。1996 年，在俄罗斯的参与下，两国达成在边境地区阿富汗一侧开辟 25 公里安全区协议。1997 年 5 月，阿富汗总统拉巴尼再次访塔并和正在塔访问的伊朗总统拉夫桑贾尼举行三方会谈并签署联合备忘录。截至 1997 年底，滞留阿富汗境内的塔吉克斯坦难民全部回国。"9·11"事件之后，塔吉克斯坦采取措施，向塔与乌兹别克斯坦、吉尔吉斯斯坦和阿富汗交界的边境地区调集部队，加强防范。2002 年，塔吉克斯坦与阿富汗、伊朗签署有关口岸建设协议。2003 年 6 月，三国达成关于旅客和货物国际运输的协议，寻求落实从伊朗查巴哈尔港经阿富汗到塔吉克斯坦边境的地面项目的方法。2006 年 2 月，塔、阿、伊三国签署能源合作协议，设立专门工作组，计划建设一条从罗贡水电站和桑格图德水电站经过阿富汗的昆都士和赫拉特，到达伊朗麦什德的高压输电线。

3. 与巴基斯坦签署的协议、协定

塔吉克斯坦独立初期，巴基斯坦是支持塔吉克斯坦反对派的国家之一，1992年1月，塔总统纳比耶夫访问巴基斯坦，巴方允诺向塔提供贷款建设罗贡水电站和喀喇昆仑公路，由于塔内战，该协议未能实施。同年6月，塔政府代表团访巴，双方签署了经济、贸易、文化交流协定。1994年3月，塔总统拉赫莫诺夫访问巴基斯坦，双方签署了两国外交部合作协定、相互保护投资协定和关于巴基斯坦向塔提供2000万美元商品贷款等文件。2004年5月，塔总统拉赫莫诺夫对巴基斯坦进行了为期两天的正式访问，访问的主要目的是寻求能源领域的合作，双方签署了关于塔巴供电合同和巴基斯坦投资建设塔吉克斯坦罗贡水电站的协议。2005年4月，巴基斯坦水利和能源部长涅卡托姆率团访塔，就双方早已关注的建设高压输电网和电力进口事宜与塔吉克斯坦能源部进行了会谈，并签署了《塔吉克斯坦与巴基斯坦两国在能源领域合作的谅解备忘录》。2009年9月，塔巴两国政府签署多项协议，以加强双边经贸合作，包括在双边商界建立联合经济论坛以及特惠贸易协定等。

4. 与印度签署的协议、协定

2002年，印度国防部长访问塔吉克斯坦，并签署了一项双边协议。根据协议，印度在法科尔建立军事基地。根据对等原则，印度将负责塔陆军和空军人员培训，更新塔方的一些设备，包括向塔方提供直升机和武器。2002年2月，印度空军参谋长访塔，之后印决定向塔提供1亿美元以修复杜尚别近郊的法霍尔军用机场并部署了军事人员。2003年11月，印总理访塔，两国签署一系列经济、安全等合作协议。2006年8月，塔总统访印，两国达成多项合作协议，内容涉及扩大经贸合作、打击有组织犯罪、非法买卖毒品和枪支、洗钱及组织和支持恐怖活动等问题。双方还就能源合作签署了备忘录，进一步研究建设塔罗贡水电站、达什基朱姆水电站、中小型梯级水电站和改造瓦尔佐布水电站问题。此外，双方还达成协议，塔支持印成为联合国安理会常任理事国，印答应在入世方面为塔提供技术援助。2007年8月，塔印双方签署印度政府向塔吉克斯坦政府提供1300万美元无偿援助的协议，该援助用于瓦尔佐布1号水电站的改建工程。2007年10月，塔印双方签署了塔吉克斯坦与印度政府间经贸—科技合作协议并举办经贸论坛。2009年9月，根据两国协议，印度一家企业在塔吉克斯坦投资1600万美元兴办水泥厂，以填补塔吉克斯坦国内巨大

的水泥市场缺口。

5. 与日本签署的协议、协定

塔吉克斯坦与日本的合作主要在经贸领域。2001 年 8 月，根据塔日签署的协议，日本向塔吉克斯坦提供了 1600 万美元的无偿援助，主要用来购买农业技术设备等。2003 年 5 月，日本向塔提供第二笔无偿援助，金额为 800 万美元，由联合国开发署代购塔春播所需的农用化肥、柴油燃料和供水管道等物资。2006 年 5 月，日本向塔提供 260 万美元，用于改善对塔吉克斯坦妇女和儿童的健康保护。2006 年 12 月，塔吉克斯坦举办"中亚＋日本"对话会议，塔向日本推荐总价值约 4 亿美元的三个合作项目。2007 年 4 月，塔日达成合作协议，日本政府为塔提供无偿援助修复塔杜斯基—下喷赤河公路。日本公司为该项目总承包商，工程分为两期，第一期工程 12.04 公里，第二期工程 15.4 公里。一期工程所需资金约为500 万美元。2007 年 12 月，日本通过亚洲开发银行向塔提供 236.9 万美元的无偿援助，用于塔东北部地区偏远农村交通基础设施的建设。2009年 1 月，日本驻塔临时代办与塔外交部长签署杜斯狄—下喷赤河公路二期改造协议，日本政府将拨款 1500 万美元完成该公路的二期工程改造。

二 多边合作机制

塔吉克斯坦主要参与如下国际合作机制：

1. 联合国

塔吉克斯坦于 1992 年 3 月 2 日加入联合国。塔领导人多次参加联合国会议。1996 年 10 月，塔外长在联合国第 51 次大会上代表政府签署了全面禁止核武器条约。1995 年初，联合国安理会正式成立联合国驻塔吉克斯坦观察团，同年 4 月，联合国秘书长加利任命斯马特·基塔尼为塔吉克斯坦问题特使。1997 年，安理会审议了塔吉克斯坦问题，通过了四项决议并发表了多项主席声明。在联合国的敦促下，经过几年的谈判，1997年 6 月 27 日，塔吉克斯坦双方终于签署了民族和解总协定。从 1996 年起，联合国开发计划署在塔实施"恢复、重建和发展"计划，迄今为止已经执行完毕和正在实施的项目超过 1000 个，总金额达数千万美元。2002 年 12 月，在联合国国际红十字基金会的支持下，在哈特隆州对学生采取传染病预防措施。为此，在州内瓦赫什区、博赫塔尔区及科尔霍扎兹区的 45 所学校修建新的卫生设施。同月，联合国粮食计划署继续对拉什塔山区居民提供粮食援助。2003 年 12 月 23 日，联合国大会宣布启动 2005～2015 国际生命之水十年计划。该计划是根据塔总统拉赫莫诺夫的倡议实施的，141 个国家的代表对此表示积极支持。2008 年 9 月，联合国开发计划署决定向塔提供 3000 吨重油，用于杜尚别热电厂冬季的供暖之用。

2. 独联体

1991 年 12 月 21 日，塔吉克斯坦以创始国身份加入独联体。塔、俄等 10 国领导人在阿拉木图会晤并通过了《阿拉木图宣言》和《关于武装力量的议定书》等文件。1992 年 5 月，塔吉克斯坦签署独联体《集体安全条约》。塔吉克斯坦重视发展与独联体国家的关系，积极参与独联体活动，参与独联体历次会议，签署了独联体一系列协议。塔吉克斯坦还先后加入了独联体经济联盟、集体安全体系、独联体五国（塔、俄、白、哈、吉）"欧亚经济共同体"和独联体四国（塔、乌、哈、吉）"中亚经济共同体"。1994 年 10 月，签署独联体跨国经济委员会、支付联盟和关税同盟协定。1996 年，拉赫莫诺夫总统两次参加独联体国家首脑会议，会议通过了《关于加强支付同盟和海关联盟的协议》、《关于预防武装冲突和恐怖活动在独联体境内扩散构想的协议》、《关于建立独联体国家内务部长委员会的决定》、《独联体集体维和部队条例》等一系列文件。2001 年 5 月，塔、俄、白、哈、吉五国在白俄罗斯首都明斯克举行欧亚经济共同体跨国委员会第一次会议，宣布欧亚经济共同体正式成立，并发表联合声明。2001 年以来，塔吉克斯坦参加了几乎所有在独联体和集体安全组织框架下的政治、军事、安全、经济、文化、外交等各项活动，签署了大量的合作协议与协定。

3. 伊斯兰会议组织

塔吉克斯坦于独立后的 1992 年加入该组织。由于该组织成员多、成分复杂，成员大多为发展中国家，经济实力有限，而且利益各不相同，所以该组织很难发挥很大作用，塔吉克斯坦更加注重与组织内各成员国的双边合作。2010 年 5 月，第 37 届伊斯兰会议组织外长会议在塔吉克斯坦首都杜尚别召开。

4. 中西亚经合组织

中西亚经合组织成立于 1985 年，总部设在德黑兰，现有巴基斯坦、土耳其、伊朗、塔吉克斯坦、土库曼斯坦、乌兹别克斯坦、吉尔吉斯斯坦、哈萨克斯坦、阿塞拜疆和阿富汗 10 个成员国，其宗旨是促进各成员国之间的经济合作。塔吉克斯坦于 1992 年加入该组织。该组织拥有 3.3 亿人口，年国内生产总值达 1 万多亿美元。2007 年，该组织进出口总额为 5000 多亿美元，而其成员国之间的贸易额仅为 330 亿美元。内外贸易的巨大反差，说明该组织未能在经济上将各成员国凝聚起来。该组织已经制定实现经济一体化、建立自由贸易区的《中西亚经合组织 2015 年》长远规划。鉴于其现状，中西亚经合组织要实现这一目标，成为世界经济格局中的一极，任重道远。2004 年，塔吉克斯坦曾举办该组织第八次峰会，本次会议重要成果是宣布设立阿富汗战后重建基金。

5. 欧盟与欧安组织

欧盟和欧安组织是塔吉克斯坦外交的重点方向之一，而且塔吉克斯坦早在独立之初的 1992 年就加入了欧安会（后改名为欧安组织）。从 1992 年起，欧盟开始实施对塔吉克斯坦的援助项目，截至 2003 年，欧盟累计向塔提供了 1.45 亿欧元的人道主义援助。援助的主要方式是以提供物资为主，主要商品为粮食、食品、日用品、药品和医疗设备等。2003 年 12 月，欧盟大使访塔，开始为《塔吉克斯坦与欧盟合作伙伴关系协定》做草签前的准备工作。2004 年 10 月 15 日，塔吉克斯坦总统拉赫莫诺夫访问卢森堡期间与欧盟 25 国签署《合作伙伴条约》后，同年 10 月 21 日欧盟又派团访塔，以进一步探讨经济合作事宜，并同时召开塔欧第四次经贸混委会会议。此次混委会上通报了欧盟制订的《2005～2006 年援塔吉克斯坦指导性纲要》主要内容。该纲要确定了此阶段欧盟援塔优先方向，并特别规定，为支持塔国实施的"减贫战略"，欧盟将每年向塔拨专款 600 万欧元，用于支持塔索格德州和哈特龙州的经济恢复，以及边境排雷和缉毒项目。2004 年 12 月，"欧盟与塔贸易、商务和经济合作协议"项目签字仪式在塔首都杜尚别举行。2006 年，欧盟与塔签署两项无偿援助协议，总金额 1550 万欧元。其中，第一项协议金额 850 万欧元，用于保证塔的粮食安全。第二项协议金额 700 万欧元，用于偿还塔部分外债。2006 年 12 月，欧盟宣布未来三年将向中亚国家提供 3 亿欧元的援助，塔吉克斯坦将获得其中 8000 万欧元用于减贫计划。2007 年 7 月，欧盟向中亚五国外长介绍了在刚刚结束的欧盟峰会上通过的欧盟对中亚发展新战略。中亚新战略主要包括中亚地区的稳定和安全、向中亚提供经济援助、消除贫困和建立与中亚更加紧密的合作关系。欧盟与中亚将在经济、交通、能源、环境、教育等领域进行广泛的合作。2007～2013 年，欧盟对中亚五国的援助将增加一倍，达到 7.5 亿欧元。自 2008 年起，每两年欧盟将对中亚新战略的实施进行一次评估。

6. 欧亚经济共同体

2002 年 11 月 18～21 日，在莫斯科举行欧亚经济共同体成员国中央银行领导人大会。塔国家银行副主席朱马·埃肖夫参加了大会。大会研究了关于最大限度简化欧亚经济共同体成员国公民携带现汇手续问题，以及与非贸易银行间转账和支付的问题。2003年2月下旬，欧亚经济共同体成员国间首次经济论坛在莫斯科召开。塔总理阿基洛夫率政府代表团参加了本次论坛并作重要发言。2004年11月，欧亚经济共同体国家中央银行行长委员会第11次会议在塔吉克斯坦首都杜尚别召开，塔吉克斯坦、白俄罗斯、哈萨克斯坦、吉尔吉斯斯坦和俄罗斯（该组织全部五个成员国）的中央银行负责人与会。会议签署了相关合作协议。2006年4月，在明斯克召开的欧亚经济共同体一体化委员会会议上，与会各国达成协议，对共同体国家生产的产品将使用统一的流通商标。此举在很大程度上简化了商品在欧亚经济共同体市场上的流通和销售，同时也能证明商品符合各成员国制定的标准。2007年10月6日，欧亚经济共同体六国首脑在杜尚别举行了欧亚经济共同体首脑峰会。会上各国就有效利用中亚地区水资源和建设共同能源市场的计划达成协议。2008年7月，欧亚经济共同体成员国代表在塔吉克斯坦首都杜尚别签署了《建立绿色走廊协议》，主要目的是加强成员国之间在水果、蔬菜进出口领域的合作，在成员国境内进行自由的水果、蔬菜贸易，对消费者和供货商建立优惠的市场。

7. 各种国际金融组织

塔吉克斯坦十分重视与国际金融组织的合作，积极开展包括与世界银行、欧洲银行、欧洲复兴开发银行、亚洲开发银行、国际货币基金组织等众多国际金融组织的合作。塔吉克斯坦经过内战，国内经济遭到极大破坏，资金短缺，寻求国际资金援助是塔外交的重中之重，这些经济援助大多用于基础设施建设、减贫计划、医疗卫生、社会保障等领域。国际金融组织的援助对于塔吉克斯坦社会政治稳定和经济恢复起到了十分重要的作用。例如，据塔卫生部公布，2004~2010年，共有19家国际金融机构和27个国际组织向塔吉克斯坦提供1.21亿美元用于发展塔吉克斯坦的卫生体系，目前共有54个投资项目正在执行，其中2657万美元资金为贷款。又如，2007年12月，在塔首都杜尚别举行了欧洲复兴发展银行向塔提供2070万美元贷款的签字仪式，这些资金主要用于帮助塔建立农业发展资金的机制。同月，世界银行向塔提供1050万美元援助款用于发展私有经济和完善社会保障。具体目标是：放宽对私有经济的各方面政策，提高国有企业运作的透明度，完善保护投资的法制建设以及在医疗卫生、社会保障领域进行改革。还如，2010年9月，塔吉克斯坦政府与亚洲开发银行签署协议，亚行将向塔吉克斯坦提供1.43亿美元用于建设塔吉克斯坦境内两条220千伏输变电线路，旨在帮助塔吉克斯坦实现能源独立并向其他国家出口电力，等等。

第八章　中亚地区发展与地区合作的关系

中亚五国在发展的过程中，广泛参与地区合作和国际事务，取得了突出的成绩，也遇到了许多困难和挑战。中亚国家的对外交往，离不开国家实力、社会状况、历史传统、自然环境、地缘政治等一系列因素的制约。中亚五国社会政治经济状况有比较大的差异，这导致它们的国家定位和外交方针都有明显的不同。其中哈萨克斯坦和乌兹别克斯坦是中亚的大国，经济相对发达，更希望在地区事务中发挥较大的作用；而其他三个中亚国家也根据自己的需要，广泛、积极地参与国际活动。中亚五国政治经济体制还处在逐步完善的过程中，维护国家和地区安全的能力比较弱，内部的凝聚力不强。对它们来说，亟待解决的任务主要包括以下几个方面：第一，维护国家主权和巩固国家独立；第二，保卫国家的安全和领土完整；第三，发展本国经济，实现经济上的独立；第四，开展广泛的国际合作，确立适当的国际地位。

这些任务的完成都离不开地区合作，也就是说，中亚国家参与地区合作，必须首先为上述几项任务服务，重点还是解决国内的稳定和发展问题。中亚各国在国内政策与发展模式方面存在一定的差异，如在政治和社会体制方面，有的国家很稳定，有的国家则经常调整变化；经济改革也不同步，有些政策有很大差异。中亚国家国内政策和社会发展的"独特性"，加之国际环境和地缘因素的作用，使中亚五国在处理自身发展和地区合作的关系时，不能脱离本国的现实需求和国家利益，这也使不同的中亚国家具有不同的政策出发点和原则。

第一节　中亚国家发展模式与国际合作

中亚国家独立后，面临着如何建设现代民族国家的紧迫任务，由于国情不同，选择了不一致的发展道路，形成了较为独特的发展模式。一方面，中亚五国通过发展经济、加强国防，努力增强本国的综合实力；另一方面，也希望能够推进地区内的磋商与合作，协调彼此的内外政策，走一条联合自强之路，扩大国际影响。这主要是因为中亚国家都不够强大，获得国际上的尊重也需要一个过程。中亚国家利用各种国际舞台展示自己，阐述本国关于地区问题的看法和主张，解释国内的政策，介绍本国经济发展情况，力求在国际事务中有所作为。

一　中亚五国的地区属性和政治作用

苏联解体后，中亚五国的独立使国际上对这个地区有了新的认识。但并非一开始"中亚"就成为五国的代名词。以前的"中亚"更多地代表着一个独特的文化区域，面积比较广，界限也比较模糊。在苏联时期，"中亚"作为行政区域一般只包括除哈萨克斯坦以外的另外四国。20世纪90年代初，俄罗斯和中亚国家的学者习惯上还称中亚五国为中亚国家与哈萨克斯坦。哈萨克斯坦认为自己是"欧亚国家"。从地理及居民构成上来看，哈萨克斯坦的确具有跨欧亚两洲的特点。而土库曼斯坦则认为自己应该是"西亚国家"。从资源构成、气候状况上看，这种提法也有一定的依据。但五国之间密切的历史和文化联系，政治制度、经济发展的相似，民族宗教的交叉混合，在许多方面有共同点。国际上逐渐认同"中亚"作为政治和地区概念时，特指脱胎于苏联的五个穆斯林占多数的国家，为了区别于以前的概念，称之为狭义上的"中亚"，文化上的"中亚"是广义的概念。

冷战结束以后，处于美、苏争夺前沿的中亚开始独立发展，但其面临的国际形势是非常复杂的。此时世界上只剩下美国一个超级大国，国际局势呈现一超多强的政治格局。以美国为首的西方国家为了保持自己的优势地位，千方百计加强自己的国际影响，用有利于自己的标准来处理国际事务，甚至不惜使用强权和武力。因此，冷战后国际形势虽然总体上逐步走向缓和，但不稳定、不确定的因素没有减少。可以说，世界政治格局依然是复杂多变的，充满许多旧有的矛盾和新产生的对抗和冲突。中亚地区因为处于国际竞争非常激烈的亚欧大陆的中心，更是如此。

中亚在国际政治当中的位置，是由一些基本因素决定的：第一，中亚五国是苏联的加盟共和国，在意识形态方面与俄罗斯等独联体国家有一定的一致性，传统上仍与俄罗斯有更密切的关系，不属于西方阵营；第二，中亚国家是新独立的主权国家，希望国际政治秩序能公平合理，从而为自己创造进入国际社会的良好条件；第三，中亚国家都属于发展中国家，国力不强，希望世界朝多极化方向发展；第四，中亚五国都是内陆国家，与海洋距离遥远，长期处于比较封闭的状态，希望与周边国家发展同样友好的关系；第五，中亚国家位于亚欧大陆的中心，与大陆上的重要国家或重要地区相连、相望，既容易受国际竞争的制约和束缚，也容易与这些国家建立和发展关系，从而在地缘政治中处于相对重要的地位。

中亚地区在世界政治中并不具有主导作用，但它们作为一种变量，可在国际政治格局的变化中起到重要作用。由于地理上的特殊性，在许多大国的地缘战略中，中亚五国有自己的一席之地。在国际和地区事务中，中亚国家可以发挥独特的作用。由于五个独立民族国家的出现，五国又不断推动地区政治经济合作，中亚成为一个新的地区性政治集团的代名词。它既是亚洲的新成员，也是伊斯兰世界的新成员，同时还是发展中国家的新成员，其国家属性、地区属性具有多重性。中亚国家之间在国家发展、对外关系、文化传统方面也不一致，从而使这个集团或地域不会是独立的、封闭的，容易受外部力量的牵制和影响。

中亚五国广泛参与国际政治生活，积极发表自己关于地区和国际问题的见解和主张，它们在国际政治事务中能够发挥的作用主要包括以下几个方面：

第一，作为发展中国家，它们推进多极化进程，是支持建立国际政治新秩序的一支新生力量。中亚五国经济实力有限，尚未完成工业化，农业在国民经济中占有重要地位，农村人口占居民的多数（哈萨克斯坦除外），属于发展中国家和相对落后的国家，因此，它们在国际政治中支持"大小国家一律平等"，主张建立公正合理的国际政治新秩序。

第二，它们是地区内的平衡因素，奉行不依附于某个国家的政策。同时能够克服来自俄罗斯和伊斯兰世界消极的或片面的影响，起到推进地区政治多元化的作用。中亚地区从政治上说是有多重属性的地区，历史上与伊斯兰世界和俄罗斯有着非常紧密的联系，作为新独立国家，它们的政策取向对地区内传统的力量对比有直接的影响。由于中亚国家奉行平衡的政策，既不依附于"北方"，也不依附于"南方"，对地区政治格局的稳定起着不可替代的作用，有利于不同国家独立选择自己的发展道路。

第三，它们是国际合作的推动者。因为它们与俄罗斯、美国、中国、欧洲国家、东亚国家、南亚国家、西亚国家都能够对话。中亚五国非常重视与国际社会的一体化，通过不同方向的频繁外交活动提高本国的国际地位。在中亚五国外交的优先方面中，可以发现，它们是"近"、"远"方并重，尤其是能够在中亚地区发挥一定的影响或能给它们一些帮助的国家。由于中亚五国独立时间不长，是多民族、多文化、多宗教地区，同时又位于亚欧大陆陆路交通的中心，历史上和现实中都与周边和世界上众多的国家、民族、文化建立过联系，而且近代以来也没有与任何国家为过敌。独立后以大陆上的"纽带"和"桥梁"自居，对外交往没有任何意识形态色彩，非常务实。推进"全方位"外交，这对与不同国家和地区建立合作关系是有利的。而且中亚五国的参与，又使以往的国际合作在空间上有了更大的拓展余地。

第四，它们是反对极端民族主义和宗教极端主义，维护地区和平与稳定，调解地区内冲突的一支重要力量。中亚五国所在的地区，周边形势非常复杂，跨国毒品、武器走私猖獗，存在着许多不稳定因素。阿富汗曾经历过20余年的战争，目前依靠北约的帮助勉强维持国内局势，但塔利班依旧在南部很活跃，国家重建的道路仍很漫长。民族分裂主义、宗教极端势力都利用中亚国家独立不久，立法、执法有许多漏洞之机，把中亚作为新的活动基地和扩张影响的"跳板"。中亚五国在阿富汗问题、打击民族分裂主义、宗教极端势力、国际恐怖主义和跨国犯罪活动方面处于最前沿，五国政府也非常重视与其他国家和国际组织进行合作，提出一系列维护地区稳定的倡议，并采取了不少切实的措施。

第五，它们参加不同的国际组织并发挥其独特的作用，可以作为一种活跃的新力量的代表和国际交往中不可分割的组成部分，扮演的角色不是无关紧要的。中亚五国独立后很快就成为不少国际组织的新成员，而且是一些新的或正在形成的地区性合作机制的创始国。在参加国际组织和国际协调机制的过程中，中亚五国都有比较明确的立场，争取有自己的发言机会，就国际组织的建设、改革和国际合作机制的完善提出自己的主张。比如，在联合国、欧安组织、伊斯兰会议组织的大会上，它们不断提出一些加强地区合作、扩大国家间互信的倡议，表明本国关于一系列国际问题和地区问题的立场和看法。

中亚地区的政治地图是有其独特之处的。（1）各国政治文化传统的相似性：中亚各国脱胎于前苏联的加盟共和国，而在19世纪中叶以前，又都是伊斯兰教国家，氏族宗法观念对其政治有很长时间的影响；（2）各国在体制建设方面的摇摆性：中亚国家自觉或不自觉地都要建立民主政体，但同时又要加强以总统为核心的中央政府的权力，甚至是总统个人的权威，用自上而下的控制来避免社会的动荡；（3）国家实力的不平衡性：中亚各国强弱分明，经济、军事、国际影响力差距明显；（4）大国竞争造成的不稳定性：外部力量对中亚地区的压力始终是难以排除的；（5）周边地区的吸引或矛盾形成发展方向的不确定性。

中亚各国究竟是借助中国走向亚太，还是借助伊斯兰邻国重温伊斯兰文明的复兴；是借助俄罗斯再创欧亚"联合体"的辉煌，还是借助美国等国家完全投向西方？即便是大体上能够作出明确的选择，但具体的道路仍旧千差万别。伊斯兰邻国中，土耳其、伊朗、巴基斯坦各不相同；西方大国里，美国、英国、法国、德国也有自己的考虑。中亚国家实际上要在多元、多重的格局中寻找平衡，同时又不可能完全平衡，当各方利益出现巨大差异甚至冲突的时候，中亚国家就不得不调整政策。这种调整究竟是获益还是导致危机，对于中亚国家来说都是一次次的考验。

二 中亚国家社会发展模式的形成

中亚国家在独立初，都仿效西方的政治体制确定了三权分立和多党制的原则，明确要走社会取向的市场经济道路，但也充分考虑本国的文化传统和基本国情，在构建政治和经济体制时不断根据实际情况进行调整。因为客观条件的变化，国内形势的发展，以及外部环境的限制，这使中亚国家在选择发展模式时经常会出现一些摇摆，目前中亚国家仍处在探索阶段，继续寻找适合自己的发展道路。

中亚地区经过近 20 年的发展，在巩固主权、政治和法律制度建设、经济改革、开展对外联系、维护国家的稳定与和平等方面均取得了一定的成绩。中亚各国不断扩大国际交往，得到了国际社会的广泛承认；社会经济一步步走上正轨，在坚持世俗化、现代化的道路上积极构建合理的政治和经济管理体系。但中亚各国也遇到了一系列难题，今后的挑战将更加巨大。中亚国家在选择适合自己的发展道路时，也经常受到外部因素的影响，各种国际机制的存在和外部因素的影响，对中亚国家政治、经济体制的变化有一定的引导作用。

（一）政治上保持基本稳定，但不确定因素增多

中亚五国独立后确立了以总统制为核心的政治体制，尽管塔吉克斯坦一度实行过议会制，但这实际上都是在激烈的政治斗争中妥协和折中的产物，最终还是不断加强总统个人的权力，这也是中亚国家政治制度转型要坚持的东西。吉尔吉斯斯坦 2010 年 4 月动乱后又改为议会制，实际上这也是政治危机过后的无奈选择。在国家的结构形式方面，中亚五国都采用单一制，保持中央集权的特征，改变了苏联时期的联邦制色彩。政府、议会的结构经过调整，基本理顺了行政和立法的关系，也注重推动本国的民主进程。坚持了议会的职业化和总统的全民直选，同时对政治上的反对派

有严格的限制，反对舆论的绝对自由。中亚国家走过的发展道路很明显是首先要保证政治上的稳定，然后才是经济的增长。以此为出发点，确立了具有本国特色的政权体制和决策方式，保证了国内的稳定和有序。经过努力，多党制逐步被纳入有利于政局稳定的轨道，政党的作用被逐步弱化。由于延长了总统任期，中亚国家领导人的执政时间都很长，多数领导人可望执政 20 年以上。

近几年来，中亚国家在国家政治体制方面不断进行"改进"，一方面是迫于来自美国等西方国家的压力；另一方面还是要巩固总统的权力，反对派借机发难，政局中的不稳定因素增加。

哈萨克斯坦、乌兹别克斯坦、塔吉克斯坦等国把总统任期延长至 7 年，多数中亚国家的议会由一院制改为两院制。反对派在吉尔吉斯斯坦非常活跃，曾于 2002 年 3 月举行一系列抗议活动，从南部发展到首都比什凯克，当年 5 月，政府被迫宣布集体辞职；2005 年 3 月，反对派利用议会选举之机指责政府舞弊，组织示威者冲击总统府，迫使阿卡耶夫出逃，政权旁落；2010 年 4 月，吉再次出现政权更迭，反对派又推翻了巴基耶夫政权。2002 年 12 月，土库曼斯坦反对派策划了一次刺杀总统尼亚佐夫的事件，尽管尼亚佐夫毫发未损，但对一向稳定的政局造成了直接冲击。哈萨克斯坦的反对派在 2005 年的总统大选前也活动频繁。中亚国家政治领域存在的风险主要是：体制上仍旧比较僵化保守，政党发育很不成熟，政权的社会基础比较薄弱，极端主义在一些地区有影响，政治斗争比较尖锐，特别是吉尔吉斯斯坦表现尤为明显。西方的政治压力、国内的地区差异、民族不和、社会分化、贫困和腐败问题，这对政局稳定极为不利。

从中亚国家的社会基础来说，维护中央政权特别是总统个人的权威是适合的，否则可能造成混乱甚至割据。中亚国家独立后，坚持世俗化的政治制度，而下层则出现了伊斯兰教迅速复兴的状况，大量贫困人口是其社会基础。尽管领导人的稳定对政局的稳定是有利的，但这种稳定如果没有社会公平、和睦作为支撑，就是比较脆弱的。中亚国家非常重视社会领域的投入，对教育、医疗、体育、社会保障投入较多，取得一定的效果。通过提高工资、助学金、退休金等措施，缓和了社会矛盾。"颜色革命"在中亚受阻，这反映这个地区的政治进程、文化传统具有独特性。

目前，中亚多数国家领导人控局能力较强，执政基础比较稳固，这反映在支持总统的政党在议会、政府和社会上占据压倒性优势上。哈祖国党和"阿萨尔"党合并，塔人民民主党、土民主党影响很大。领导人个人的威信还是较高。反对派出现分化，内部矛盾重重，对当局难以构成挑战。民族宗教政策比较符合国情。吉尔吉斯斯坦仍是中亚的热点地区，国内政治局势在 2006 年再次发生动荡。议长辞职，议会对政府的不信任投票导致多名部长以上官员提出辞职，反对派上街举行大规模抗议活动等一系列事件使议会与巴基耶夫总统及新政府之间的矛盾日益凸显。根据议会通过、总统已经签字生效的宪法修正案，2010 年以后的吉尔吉斯斯坦将成为议会—总统制国家。2007 年，吉总统巴基耶夫创立光明道路党，并在当年 12 月的议会选举中获胜，但国家的政治生活并未走向有序，民众对当局的不满加上各种政治势力的激烈斗争导致 2010 年出现了更大规模的骚乱，巴基耶夫下台，作为反对派的奥通巴耶娃当选过渡时期总统，国家改行议会制。2007 年 8 月哈萨克斯坦议会选举和当年 12 月乌兹别克斯坦总统选举均在平静中完成，现任总统的地位再次得到加强，这反映出目前多数中亚国家的政治体制还是比较稳定的。

中亚各国政治体制在形式上模仿西方，但实际上集权一直是不变的选择。中亚各国现有政治体制将继续保持，总体局势在一定时期内能够保持基本稳定。多数现任国家领导人会长期执政，反对派力量较弱甚至没有生存之地。中亚国家的执政模式一直受到西方国家的批评，欧洲委员会和欧安组织对中亚国家的政治进程评价比较低，并且一直和美国共同向中亚国家施加压力，这也造成中亚国家与西方主导的国际机制矛盾较多，难以完全融入。

（二）经济上初步摆脱困境，但差距拉大

中亚五国独立后都坚持发展市场经济，努力与国际经济接轨。因为与其他苏联共和国经济联系的中断，加上经济政策的失误，中亚五国很快都陷入了严重的经济危机。因为过于激进的市场改革，哈萨克斯坦和吉尔吉斯斯坦生产急速下滑，经济秩序混乱；乌兹别克斯坦和土库曼斯坦没有急于放开价格，采取渐进的方式向市场经济过渡。因此，当时曾经有中亚国家经济发展出现"两种模式"的说法。实际上，哈、吉两国是受到俄罗斯经济改革和经济形势的影响和冲击，缺乏自我保护意识和手段而造成经济危机的；乌、土两国也同样面临恶性通货膨胀、生产急剧萎缩的问题。到 20 世纪 90 年代后期，多数中亚国家经济跌到谷底，开始回升，生产有所恢复。只有塔吉克斯坦因为长期内战，经济陷于崩溃状态，随着实现"民族和解"，国内实现最终和平，到 20 世纪 90 年代末才走出经济上的困境。经济改革在中亚国家主要依靠大规模的私有化来推动。各国的方式并不相同，地区发展不平衡，很多居民生活水平比较低，对政府的政策缺乏信心。

经济结构的畸形是中亚国家一直努力解决的发展难题。由于国际能源和原料价格的一路走高，中亚国家为了尽快摆脱经济困境，加大了资源开发和原料出口的力度，这也使加工能力不足的问题愈发非常突出。近些年来，中亚国家的经济发展已经拉开了明显的距离，根据世界银行对全球186 个经济体 2008 年 GDP 的排名，中亚国家中哈萨克斯坦一枝独秀，以1322 亿美元高居第 52 位，已接近哈萨克斯坦总统提出的进入世界 50 强目标。乌兹别克斯坦以 279.2 亿美元排名第 84 位；土库曼斯坦约 183 亿美元列第 99 位；塔吉克斯坦位列第 141 位（51.34 亿美元）；第 144 位为吉尔吉斯斯坦（44.2 亿美元）。哈萨克斯坦 2009 年的人均国内生产总值已经达到 8500 美元，而塔吉克斯坦和吉尔吉斯斯坦尚不到 800 美元，相差 10 倍多。外债和贫困人口在不少中亚国家中所占比例已超过了警戒线。如吉尔吉斯斯坦 2002 年平均月工资只有 9.5 美元，月通货膨胀率高达12%，70%的工厂停工，一半的劳动力失业或隐性失业[①]。到 2010 年 9月，外债余额有 26.18 亿美元，占 GDP 的 62.2%。塔吉克斯坦的外债余额到 2010 年 10 月也高达 17.9 亿美元，国内投资状况不断恶化。经济实力最强的哈萨克斯坦外债余额到 2010 年 3 月已经达到 1107.3 亿美元，占GDP 的 103%。

中亚地区经济的发展主要受制于国际竞争力不足和地区一体化进程缓慢，甚至可以说已经失败了，这也使中亚国家不敢贸然全面对外开放。吉尔吉斯斯坦是个反面的例子。作为第一个发行本国货币、第一个加入世界贸易组织的中亚国家，其经济却一蹶不振，反而由于内乱变成最为贫困的中亚国家。连经济状况不错的哈萨克斯坦也痛感危机四伏，迟迟不能完成加入世贸组织的谈判，对外经济合作并不是十分顺利。哈萨克斯坦总统纳扎尔巴耶夫在他的著作《关键的十年》当中，忧心忡忡地谈到社会经济的威胁相当严峻，恐怖主义的根源实际上就是贫困，甚至提出全球化给中亚地区带来了新的安全问题[②]。

中亚经济近些年的快速增长主要得益于国际市场能源、矿产品以及原材料价格一路走高。改善投资环境和吸引外资是当前中亚国家经济工作的重点。哈萨克斯坦总统在 2006 年国情咨文中提出，未来 10 年要使哈萨克斯坦迈进世界前 50 名最具竞争力国家行列。为此，哈制定了"2015 年国

---

① Виктория Панфилова，Денег много не бывает，Независимая газета，11 октября 2002 г.

② Н. А. Назарбаев，Критическое десятилетие，издательство《Атамура》，2003 г. С. 37 – 39，С. 115.

家发展战略"。哈应成为国际市场上重要的矿物原料、粮食产品和制成品的生产国和供应国,同时还要成为连接欧洲、亚太及东南亚经济体的过境运输桥梁。要使哈成为重要的工业品和农产品供应国并成为中亚地区的现代服务中心和地区创新中心,哈萨克斯坦根据联合国的"千年发展目标",制定了适合本国实际情况的2007~2015年国家发展战略,即经济增长率不低于7%,还制定了"水电兴国"和"交通兴国"战略。哈萨克斯坦总统在2006年国情咨文中强调,吸引投资、改善商贸环境、发展农业及革新是哈经济发展的优先方向,而吸引投资又是最为关键的任务。2006年乌兹别克斯坦确定了经济改革六个优先方向,分别是:继续深化预算和税收改革,简化税收程序,减轻税负;继续优化经济结构,创造引资条件;扩大私营经济成分,营造良好的经营环境;保障就业,提高人民生活水平;促进出口,合理有效地使用外汇;节约能源。

中亚各国重视发展优势产业,增强加工能力,推动经济改革,鼓励技术创新,大力吸引外资,取得了一些成效。但影响经济发展的问题是:工业增长乏力,基础设施陈旧,经济结构依然单一,缺乏竞争力,投资环境差,外贸难题多。有的国家外债负担重。中亚国家间的经济摩擦增多。中亚国家间的经济差距和引发的矛盾;剩余劳动力的持续增长和贫困问题的加剧,特别是在人口稠密的乌、吉、塔三国交界的费尔干纳地区,有1000多万人口①。当地社会经济落后,失业和贫困人口所占比例非常高;咸海等地区生态环境恶化,水资源分配不均,大型水电站年久失修造成水资源的流失。

中亚各国经济发展的优先方向不同,对外依赖性很强,受地缘状况、经济结构的限制,多数中亚国家的经济困难会持续相当长的时间。只有哈萨克斯坦情况比较特殊,依靠资源的优势可以取得主动。中亚国家参与国际合作的重要目的之一是寻求经济上的帮助,尽快发展本国经济,因此,中亚各国对国际经济和金融组织非常重视,争取资金支持。随着经济发展水平差距的拉大,中亚国家对地区合作的立场也出现较大距离,哈萨克斯坦非常活跃,要依靠不断提升的经济实力扮演地区"领袖"的角色。

(三) 安全上加强跨国合作,但形势依然严峻

中亚地区在安全上面临很多威胁,非传统安全因素将长期存在。其中最突出的是来自阿富汗的毒品走私和其他跨国犯罪活动。"三股势力"的

---

① Damir Gabbasov, "The Islamic factor and Kazakhstan's national security," CENTRAL ASIA AND THE CAUCASUS (Sweden), №5, 2002.

问题仍然很严重，"乌兹别克斯坦伊斯兰运动"死灰复燃，伊斯兰"解放党"急剧膨胀，"东突独"势力蠢蠢欲动，打击这些恐怖、极端和分裂势力是长期的任务；边界问题尚未最终解决；领导人之间有分歧。中亚安全最严重的威胁并不是来自政治层面，而是作用力更强的经济层面。

中亚地区在未来 10 年内可能出现动荡的原因中，政治因素是必须要考虑到的，但这种政治混乱更多的是来自社会领域。比如，吉尔吉斯斯坦有大约 3000 个非政府组织，社会秩序比较混乱，一些地方和少数民族不服从中央，国家有失控的危险。2010 年 4 月的政治动乱使国家政权近于瘫痪，但在随后半年多的时间里局势逐步得到控制，同时也得到了外部的帮助，因为强大的邻国不希望这里混乱不堪。1992 年塔吉克斯坦内战爆发后，俄罗斯、乌兹别克斯坦积极干涉，保证了塔吉克斯坦政权的交接。中亚地区的石油开发到底会使各国繁荣、稳定还是引发更激烈的矛盾，取决于大国关系的互动和地区安全机制的建立。处理不当的话，中亚完全有可能"中东化"，因为中亚不乏各种复杂的民族、宗教矛盾、极端主义思想和行为，自古以来就是战乱比较频繁的地区。

"9·11"事件以后，中亚地区出现双重的安全体系：俄罗斯领导的，哈、吉、塔三国积极参与的集体安全条约组织；北约框架内以北约"和平伙伴关系计划"为核心的合作。不稳定性增加，外部的影响更大了。中亚地区安全的出路在于建立有效的跨国合作机制。对此，各国已达成广泛共识。但如何进行合作，却有很大的分歧。应该明确的是，中亚地区的安全是建立在发展的基础之上的，首先要解决的是经济问题，而不是由哪些外部力量来主导安全机构。跨国合作需要经济与安全并重，才有生命力，才真正符合该地区各国的根本利益。

中亚国家内部的安全威胁使这些国家无法更多地关注地区以外的问题。存在的大量贫困人口、跨国犯罪、极端势力、生态危机、边界和资源引发的矛盾，都使中亚各国政府颇为头痛；中亚国家政策的不稳定和摇摆导致彼此之间的分歧加深；阿富汗的形势并未完全改观，周边环境没有得到根本性的改善。中亚地区安全问题远远超出了政治、军事安全的范畴，已经扩展到了经济、社会等领域。中亚国家需要的是内部的团结，切实的经济改革和发展，良好的周边环境，以便于进一步加强与邻近国家的合作。

由于仅靠自身的力量很难消除安全隐患，因此，中亚地区内各国之间及与一些大国的安全合作得到各国重视。中亚国家领导人普遍意识到，它们面临着许多对地区和本国安全与稳定能够产生致命威胁的因素，如地区性的武装冲突、宗教极端势力和民族极端势力泛滥、跨国犯罪、大国沙文主义、生态危机等。中亚国家都参与了众多区域合作组织和国际机制，欢迎通过大国介入和开展安全对话来保证地区的长期和平。中亚国家认为，地区安全具有涵盖面广、联系紧密、刻不容缓、形势复杂等特点，需要一种多边合作的保障机制。目前，中亚地区多边安全合作机制的作用还相当有限，虽然已启动了多种安全合作，但缺乏协调，难以真正保障地区的长期稳定。而且，过分急迫地参加甚至"揠苗助长"般推动区域合作，导致短时间内出现不少地区政治、经济安排，结果是作用力和反作用力相抵消，真正的成效可想而知。

三　中亚五国之间密切的合作关系

独立前后，中亚五国在很大程度上保持了政治上的一致性。如1991年在俄罗斯、乌克兰、白俄罗斯三个斯拉夫共和国宣布成立独联体后，中亚五国首脑紧急会晤，共同决定以创始国身份加入独联体。五国领导人都十分重视加强彼此之间的政治经济关系，哈领导人认为，稳定发展和继续扩大同中亚国家首先是同乌兹别克斯坦和吉尔吉斯斯坦的合作，具有"区域性战略意义"。这具体表现在经济合作、利用燃料动力和水资源方面、在天然气管道、运输干线的建设和使用方面，奉行协调一致的政策。目前具有特殊意义的是，中亚国家面临一些共同的威胁，如阿富汗战争等，因此，巩固中亚地区的和平与稳定需要各国共同作出努力。

中亚五国之间政治合作首先基于经济关系难以分割。建国初期，各国经济发展水平相差不大，多年以来一直有着统一的生产和技术标准。乌兹别克斯坦的天然气供应如果受阻，哈萨克斯坦、吉尔吉斯斯坦部分地区的经济和居民生活就会受到很大影响；若没有吉尔吉斯斯坦的电力供应，哈萨克斯坦、乌兹别克斯坦等国一些高耗能的工业企业将会停产；而哈萨克斯坦价格优惠的粮食也是吉尔吉斯斯坦、乌兹别克斯坦等国保证食品供应所必不可少的。

苏联时期形成的交通网络，实际上把中亚五国牢牢地绑缚在一起。中亚国家的领土多被高峻的山岭和广袤的沙漠所隔断，有不少地区同外界的联系只能借助于邻近的国家。从吉尔吉斯斯坦北部到南部，从土库曼斯坦的塔沙乌兹州到其他地区，从塔吉克斯坦的北部到西南部，无论公路还是铁路，都要经过乌兹别克斯坦领土；从乌兹别克斯坦的中心地区到霍利兹姆州，则只有一条穿过土库曼斯坦的铁路相连；而吉尔吉斯斯坦首都比什凯克和乌兹别克斯坦首都塔什干是通过一条跨越哈萨克斯坦南部的铁路线相连接的。

除上述传统上形成的各种经济联系以外，促使中亚国家之间建立更为密切合作关系的，还有一些独立初期面临的相似难题。这主要有如下几个方面：

第一，经济形势的恶化使各国感到只有恢复原有的经济联系，才能减轻向市场经济过渡的压力，稳定本国的生产。经济联系的中断使中亚国家工农业生产一度大幅度下滑，各国都认为，如果硬性地割断本国与其他独联体国家的有机联系，带来的损失有些是无法挽回的。另外，独立后中亚国家之间产生了一些经济和贸易上的矛盾，如支付、债务和供货等问题，这都需要协调。

第二，来自俄罗斯和其他国家的经济政治压力迫使中亚国家联合起来，并不断加强与其他独联体国家的联系，以摆脱在独联体和国际社会中的不利地位。

第三，中亚五国独立后在政治领域遇到了一系列共同的问题，需要彼此协调立场。如中亚五国还面临着伊斯兰教影响扩大特别是宗教极端主义介入政治的问题，这也要求各国统一立场，以免引起新的政治冲突。

第四，一些地区性问题也促使中亚各国加强合作。如塔吉克斯坦内战爆发后，中亚各国迅速作出反应。局势平稳后，五国经常接触，决定采取共同措施，维护塔吉克斯坦的稳定和地区安全。生态问题也是中亚国家所共有的。多数中亚国家自然条件较差，干旱缺水，需要引河水灌溉，位于不同国家境内的上下游地区如何协调，以及兴修水利、治理污染等问题都需要中亚各国的一致努力。目前比较突出的问题还有联合制止国际毒品走私、防止阿富汗战争向境外蔓延等问题。

中亚国家的领导人经常进行接触，协调对国内外政策和地区问题的看法。各国通过发表联合声明和签署合作协议，一方面可以提高各国的国际地位，在地区事务中发挥一定的作用；另一方面可以及时解决双边关系中出现的问题，增强彼此间的团结。

1991～1993年是中亚五国合作的第一个阶段。在这一阶段，各国主要是协调立场，在国与国平等的基础上重新确定双边关系。各国在国际上往往通过"集体"的面目出现，如同时参加一些国际组织，集体参与国际活动等。1991年初，乌兹别克斯坦总统卡里莫夫访问吉尔吉斯斯坦，并与吉领导人签署两个共和国之间的友好合作条约。1991年4月，乌兹别克斯坦和土库曼斯坦签署了友好合作条约。同年8月，塔吉克斯坦和土库曼斯坦签订了国家间关系条约，条约规定，在政治、经济、文化、生态和社会政治生活等方面，在严格平等的基础上进行互利合作。1992 年 6 月，乌兹别克斯坦与哈萨克斯坦签订两国友好合作、相互援助条约。同年 9 月，吉尔吉斯斯坦和乌兹别克斯坦签订两国友好合作和互助条约。1993 年 4 月，乌兹别克斯坦总统卡里莫夫访问土库曼斯坦，两国领导人讨论了在各个领域的双边合作问题。同年 5 月，吉尔吉斯斯坦和乌兹别克斯坦两国领导人会晤时强调，两国人民不仅有数百年水乳交融的历史，而且在语言、文化、传统习惯上彼此相近，应该加强合作①。哈萨克斯坦、乌兹别克斯坦两国总统于 1993 年 7 月在阿拉木图举行会晤，开始讨论中亚地区一体化的问题，并签署哈乌两国 1994～2000 年经济一体化协议等文件。同年 8 月，乌兹别克斯坦总统卡里莫夫回访吉尔吉斯斯坦，签订乌吉两国 1994～2000 年发展与加深两国经济一体化的宣言，强调双方将加快发展在经济领域内的一体化，同时签署的还有一项两国相邻各州的互助协定。

1994～1997 年，是中亚国家合作的第二个阶段。哈萨克斯坦、乌兹别克斯坦、吉尔吉斯斯坦成立了中亚联盟。塔吉克斯坦谋求加入，但土库曼斯坦对中亚一体化没有兴趣，五国之间的双边合作继续发展。

1994 年 2 月和 11 月，塔吉克斯坦领导人拉赫莫诺夫两度访问乌兹别克斯坦，发表关于双方合作关系的联合声明。1994 年 4 月和 1996 年 1 月，乌兹别克斯坦总统卡里莫夫两次访问土库曼斯坦，发表关于两国合作关系的联合声明，签署乌土两国友好合作与互助条约、关于鼓励和保护投资、航空运输、海关合作等政府间协议。1995 年 9 月，哈萨克斯坦总统纳扎尔巴耶夫访问乌兹别克斯坦，除双边关系以外，两国领导人还讨论了关于咸海地区的生态环境问题。1997 年 6 月，乌兹别克斯坦总统卡里莫夫首次正式访问哈萨克斯坦，为了强调独立国家的地位和符合国际惯例，特意冠之以"正式"的国事访问。双方签署两国在投资保护、贸易自由、铁路运输、环境保护以及电力和邮政等领域的 10 余项合作文件。两国总统签署了关于进一步加深全面合作和哈乌友好关系的联合声明。

尽管中亚五国提出了面向西方和东方、减少对俄罗斯的依赖、加强经济独立的目标，但实际上俄罗斯仍是中亚国家主要的经济伙伴和经济一体化的首选国家。中亚五国都参加了俄罗斯主导的独联体。但是，独联体运转不佳，俄罗斯无意为中亚国家的经济"输血"。为克服由于经济联系中断出现的危机，中亚国家只好尝试部分"恢复"地区内的多边合作。1993 年 9 月，哈萨克斯坦、吉尔吉斯斯坦和乌兹别克斯坦三国签署《建

---

① Правда Востока（Узбекистан），29 Мая 1993 г.

立多边伙伴关系协定》。1994 年 1 月 10 日，哈乌两国总统签署了在中亚
建立统一经济空间条约，决定成立中亚联盟。中亚联盟是最早在独联体范
围内崛起的区域性经济合作组织之一。1 月 16 日，吉尔吉斯斯坦加入该
条约。同年 4 月底，哈、乌、吉三国领导人签订了在 2000 年以前建立中
亚统一经济空间的条约。1994 年 7 月 8 日，三国元首在阿拉木图会晤，
就经济和政治一体化问题达成一致，签订一系列协议和议定书。1995 年 2
月，哈、吉、乌三国总统签署成立跨国理事会、总统委员会、总理委员会
的协议以及建立中亚合作与开发银行的协定。1996 年是哈、吉、乌三国
一体化计划的具体实施阶段，三国总统和总理多次会晤，商讨加快实施经
济一体化的步骤。同年，俄罗斯和塔吉克斯坦作为观察员参加了中亚联盟
的活动。

　　1998～2004 年是中亚地区一体化的实践阶段，双边交往也更加频繁。
1998 年 1 月上旬，在土库曼斯坦首都阿什哈巴德举行中亚五国首脑非正
式会晤，会上签署了一项联合声明，强调在 20 世纪的最后几年和 21 世纪
友好合作的基本原则，包括巩固独立与国家建设，加深互利友好睦邻合作
关系。五国领导人对塔吉克斯坦和阿富汗局势的正常化给予特别的关注，
准备采取切实的步骤。1998 年 3 月 3 日，塔吉克斯坦、乌兹别克斯坦、
吉尔吉斯斯坦三国外长在塔首都杜尚别会晤，主要讨论了经济合作与地区
安全问题，强调要加强联合行动，共同打击这一地区的宗教极端活动。土
库曼斯坦虽然无意参加中亚联盟，但对地区的长期合作也很关心，加之阿
富汗局势的变化，地区内极端势力、恐怖主义的出现，五国的合作更加密
切。1998 年 1 月，塔吉克斯坦总统拉赫莫诺夫对乌兹别克斯坦进行工作
访问，签署五项政府间合作文件。同年 10 月底，哈萨克斯坦总统纳扎尔
巴耶夫访问乌兹别克斯坦，双方签署具有同盟性质的两国永久友好条约。
2000 年 4 月，哈萨克斯坦总统纳扎尔巴耶夫访问乌兹别克斯坦。同年 6
月，哈萨克斯坦总统纳扎尔巴耶夫访问塔吉克斯坦，签署了关于进一步发
展两国关系的联合声明。同年 6 月，乌兹别克斯坦总统首次正式访问塔吉
克斯坦，双方签署了永久友好条约，以及引渡、划定国界备忘录等文件。
2000 年 9 月，乌兹别克斯坦总统卡里莫夫对土库曼斯坦进行了正式访问，
同土总统尼亚佐夫签署了两国国界划界条约及一系列合作文件。同月，卡
里莫夫对吉尔吉斯斯坦进行正式访问，签署了一系列政府间合作文件。

　　1998 年 3 月 26 日，哈、吉、塔、乌四国总统签署了关于塔吉克斯坦
加入中亚统一经济空间条约的议定书，塔吉克斯坦成为该组织第四个成员
国。中亚联盟正式更名为中亚经济共同体。1999 年 6 月，中亚经济共同

体决定吸收乌克兰、格鲁吉亚和土耳其三国作为观察员。2000 年 6 月 14 日，中亚经济共同体四国元首签署一体化发展战略和建立统一经济空间行动纲领的决议。四国总统确定了一体化发展的四个阶段，即建立自由贸易区、关税联盟、货币收支联盟和统一劳动资本市场。近几年，中亚国家间经济发展的差距开始拉大，哈萨克斯坦的人均国内生产总值是塔吉克斯坦、吉尔吉斯斯坦、乌兹别克斯坦的 8 ～ 10 倍。各国经济改革的进展也各不相同，地区内部的一体化前景更加暗淡。2002 年 2 月 28 日，中亚经济共同体更名为中亚合作组织，更加注重政治和安全合作。

尽管中亚五国领导人认为，中亚的一体化有其坚实的基础，如经济发展的起步水平相当，面临的社会问题和经济问题相似，有统一的运输、动力网络和水利系统，存在着一系列共同的威胁等。五国政府对中亚地区的合作与发展提出了不少建议，也签署了许多双边和多边协议，关于中亚一体化，到 1997 年就已经拟订了 53 个具体方案，"一体化"进程在不断签署的文件中取得了"重要进展"。实际上，中亚各国在经贸领域的合作一直"磕磕绊绊"，缺乏资金和互补性，使得中亚经济共同体的运转非常艰难。为保护本国的经济利益，各方都不肯在关税等方面作出实质性让步。突出的例子是土库曼斯坦，它打算用出口天然气"致富"，不愿意让"穷邻居"分享，因此，对中亚乃至独联体的一体化都若即若离。另外，共同体在经济上的支撑较弱。哈乌贸易额 1992 年为 26 亿美元，1995 年降为 4.23 亿美元，2001 年减为 2.04 亿美元，10 年降到 1/10。哈吉贸易额 1995 年为 2.02 亿美元，2000 年只有 9000 万美元。归纳起来，不利于中亚国家之间发展关系的因素主要有以下几个方面：

第一，建设独立的民族国家和实现"一体化"不易同步进行。在经济上向市场经济过渡的同时，中亚各国还要在政治上建立完备的独立国家体制。为了保证完全获取独立，中亚五国采取了一系列不同的政治经济政策，通过了一系列不同的法律。这种以"分"为主的做法很难与以"合"为主的"一体化"协调统一。在本国的政治经济体制尚处于变动之中、结构改造尚未完成的条件下，想在行动上做到协调一致是比较困难的。

第二，各国国内民族主义情绪的增长也不利于彼此之间建立密切的关系。在苏联解体和各国独立的过程中，中亚地区的民族主义情绪逐步高涨。随着主体民族地位的上升，其心理上不愿意再接受任何形式的"倒退"。即使仅仅打算在经济上恢复旧有的联系，也会招致民族主义势力的反对，从而动摇其领导人"争取民族独立"的形象和威望。中亚各国实际推行的种种政策，如把主体民族的语言定为国语，在干部任命等方面向主体民族倾斜，客观上又不断加强民族主义在政治和经济生活中的影响，从而给中亚国家建立联盟制造了新的障碍。

第三，中亚国家自身经济上的困难也使各国无力为建立经济联盟作出贡献。哈、吉、乌三国虽然是积极的倡导者和实践者，但囿于各自的利益和难题在经济交往中经常出现矛盾。如三国都财政紧张，外汇短缺，外贸渠道不畅。因此，三国在建立经济联系的过程中多考虑自己的需要，如加强出口，更多地换回外汇和资金等，这种目的在中亚统一经济空间中是难以达到的。

第四，中亚国家之间的金融、贸易体制间难以协调。1993 年和 1994 年，中亚的吉、土、哈、乌四国发行了本国货币，由于储备不足，币值不稳，与其他货币的汇率经常变动，因而建立统一的货币空间在中亚尚不具备条件，更谈不上建立统一的金融体系。如乌兹别克斯坦的货币苏姆尚不能自由兑换，并且乌政府不愿签署关于相互兑换本国货币的协议。而资源条件稍好的国家则力求自我保护。

第五，俄罗斯和其他外部因素不断牵制中亚各国走向联合。从中亚各国现有的经济结构和对俄罗斯的依附关系来看，目前无法彻底摆脱俄罗斯的影响。对于俄罗斯来说，不希望中亚建立依附于某个"外部力量中心"的地区性集团。中亚各国对俄罗斯和独联体的态度也各不相同，这也影响了中亚各国在政策上保持一致。与美国、北约关系的发展也使中亚国家拉开了距离。

第六，中亚各国之间的矛盾也妨碍了一体化的发展。中亚国家领导人对以何种方式实现合作与一体化有分歧，对双边关系内容的归宿也有不同的理解。各国国内政策的出发点有差异。哈萨克斯坦总统纳扎尔巴耶夫想使各国走向政治、经济大联合，并以此作为样板来实现他关于"欧亚联盟"的构想。而乌兹别克斯坦领导人卡里莫夫想通过中亚的一体化确立乌地区性大国的地位。

2004 年以后，中亚的一体化陷入困境，虽然国家间关系继续发展，但也经常出现摩擦和问题，务实和互利成为中亚国家间合作的主线。2004 年 10 月，俄罗斯总统普京参加在杜尚别举行的中亚合作组织峰会，签署俄加入中亚合作组织的备忘录，宣布俄正式加入中亚合作组织，俄罗斯同时承诺对中亚国家提供经济援助。中亚的区域经济合作又回到俄罗斯主导的层面上，重返"起点"。2005 年 10 月，中亚合作组织圣彼得堡峰会作出决定，该组织与俄罗斯主导的另外一个区域经济合作组织——欧亚经济共同体合并。中亚区域内部的一体化进程走到了终点。

2005 年 4 月, 吉尔吉斯斯坦新领导人访问哈萨克斯坦时, 争取哈的援助成为主要目的。中亚国家之间因为非法移民、水资源利用、边界划分产生的矛盾也比较多。经济水平、资源结构的巨大差异以及政治关系的复杂化, 限制了中亚国家双边关系的正常发展。如 2005 年 8 月乌兹别克斯坦天然气输送公司宣布, 拒绝按合同向吉尔吉斯斯坦出口天然气, 吉方认为, 这与 7 月末吉将 439 名乌籍难民转交罗马尼亚事件有关, 这反映出双边关系的不和谐。2007 年 9 月, 在哈萨克斯坦总统纳扎尔巴耶夫访问塔吉克斯坦时, 哈总统呼吁中亚国家成立地区经济联盟, 他指出, 中亚所面临的粮食问题缘于气候变化和地区一体化水平不高, 而哈萨克斯坦能够保障所有中亚国家的小麦需求。他建议中亚各国应努力加强区域合作, 以解决能源和粮食供应问题。他认为成立中亚经济联盟不会对独联体、欧亚经济共同体等其他组织构成妨碍。塔总统拉赫蒙对纳扎尔巴耶夫的倡议表示支持, 但其他中亚国家没有直接响应。2008 年全球金融危机爆发后, 哈萨克斯坦经济受到重创, 虽然中亚国家强调共同采取反危机措施, 但实际上各种矛盾进一步激化, 地区合作陷入困境。

总之, 中亚国家的合作并非一帆风顺, 甚至产生了一些矛盾, 出现了波折, 但中亚国家毕竟在外部条件不利、国内基础欠佳的情况下, 顺利实现了国内的稳定和地区的和平, 这在很大程度上得益于五国在经济、政治、安全等各种问题上经常协调立场, 共同应变。开展区域合作, 同样对地区的稳定和经济的恢复有积极作用。有些区域合作机制, 得到了较快的发展, 国际影响力也逐步提高。

第二节　中亚国际合作机制中的大国因素

由于国力有限, 中亚国家在各种国际合作机制中无法发挥主导作用, 经常处于比较被动的地位。中亚地区特殊的地理位置和丰富的战略资源, 吸引了很多大国的关注和投入, 中亚国家非常重视与大国的合作关系。而全球性和地区性大国同样也认识到了中亚在战略位置、资源开发、地区安全等方面的重要性, 都试图对中亚施加影响, 使中亚地区的形势朝着有利于自己的方向发展。大国对中亚的政策、大国在中亚的竞争格局、大国在中亚的短期和长期利益, 对中亚地区的稳定和发展都非常重要。中亚国家在对外关系上立足于发展经济和维护安全, 富国和邻国是重点。中亚国家在处理与大国的关系时努力维持 "平衡", 希望在国际舞台上得到更多的支持和帮助。区域内部的一体化进程受阻, 今后将以大国为主导, 没有大国参加的地区性国际组织重要性下降。大国关系的态势对地区内的政治经济合作影响深远，地缘政治形势非常复杂，美国和俄罗斯等大国在中亚的竞争加剧。

一 中亚在大国关系当中的重要性

冷战以后，大国关系处于调整当中，与过去直接进行军事对抗不同，大国之间通过谈判、接触、合作解决国际问题成为一种主流。大国关系的缓和与发展直接促成了国际局势朝着总体上和平的方向变化。尽管大国之间发生冲突特别是军事冲突的可能性非常小，但大国之间的矛盾、竞争却更加突出。在关系到切身利益的一些地区矛盾甚至趋于白热化。科技的高速发展和经济全球化使各大国的联系增多，相互依存度更高，同时也使大国间的竞争进入了更高的层次，首先是综合国力的较量。这种较量没有硝烟，但时间和空间的跨度更广。失败者很难再重整旗鼓，因此更加残酷。对大国实力的考验，一方面是科技水平的考验；另一方面是资源潜力的考验，而能否长期、持续发展也是非常关键的。

对于大国关系的变化，学者们的评价不一。一般的看法是，现实主义成为大国关系的基调；多极化加快发展，大国关系更趋复杂；主要大国的实用主义倾向有所发展①。实际上，大国关系在世界上不同区域的表现方式不尽相同。大国之间的分歧也绝不仅仅是对"单极世界"还是"多极世界"的认识不同。世界经济的增长和国际贸易的发展，使各大国的力量普遍得到了提升。美国的经济实力更加强大，牢牢控制科技的制高点；欧盟随着欧元区的启动，宏观调控的能力更强，一体化步伐更快，经济也达到一个新水平；俄罗斯在普京执政后，采取一系列刺激经济发展的措施，加之能源价格的上涨，国力恢复很快；已成为经济大国的日本急欲施展政治抱负；印度也想利用经济实力的增长发挥更大的作用；中国的崛起和在全球格局当中地位的上升更是有目共睹。这种状况既使大国的作用和大国关系的重要性增强，也使大国之间的竞争更加难以避免。

大国之间在全球的力量对比实际上反映在各个主要地区内的相互制衡上，而亚欧大陆是各大国角逐的"焦点"。已经取得优势的美国自然优先考虑的是继续保持在亚欧大陆的影响力；失去一部分"势力范围"的俄罗斯要东山再起；中国在大陆上要"有所作为"；欧洲的老"冤家"、欧盟的"基座"德国和法国都是雄心勃勃；印度已不甘心只做南亚的大国，

---

① 郧金伏、甘爱兰、方华：《世纪之交国际战略态势》，《现代国际关系》2001年第1期。

急欲显示其实力，扩大影响；至于紧邻大陆的岛国日本、英国从来也不缺乏"参与"大陆事务的野心。中亚位于亚欧大陆的中心，与这些大国有传统的、现实的各种关系，其可以发挥的作用是不言自明的。

中亚国家独立初年，都提出推行"全方位"外交政策，与世界上的主要国家特别是俄罗斯、美国、中国、欧洲大国建立"平衡"关系。当时，除俄罗斯以外，中亚国家也试图与中国、美国、德国、法国、英国、日本等建立同样"友好"的关系。随着时间的推移特别是美国等北约国家的积极推进和地区形势的变化，这种短暂的"平衡"很快在中亚国家外交重点的调整和各国激烈的竞争中被打破了。

西方国家在经济领域利用技术、资金方面的优势逐步在与俄罗斯的竞争中占了上风。美国等北约国家进入中亚地区以后，不仅发展同中亚国家的经济关系，还与这些国家建立密切的政治和军事关系。中亚国家也普遍希望能够借助于北约和美国的"强大力量"维护本国安全和地区稳定，一度纷纷倒向美国，使俄罗斯在中亚的传统影响力有所下降。但俄罗斯不想退出中亚，面对来自西方越来越大的压力，也制定了相应的对策，特别是普京总统上台后，力图重新在中亚确立俄罗斯的大国"威望"。另外，其他一些有一定经济或政治实力的国家也向中亚"进军"，该地区的国际关系因此扑朔迷离，错综复杂。对于全球性和地区性大国来说，国家利益的空间跨度要远远超出本国边境。中亚国家对于世界上的主要国家来说，是有切身利益的地区。这些利益此消彼长，会对大国之间的力量对比产生影响。也就是说，中亚国家在一定程度上可以对格局的变化、对大国的战略利益产生影响。

中亚国家所处的地理位置决定了它们对于俄罗斯、中国、印度、伊朗、巴基斯坦等邻近国家的重要性，对这些邻国的安全有直接或间接的影响。中亚国家位处欧亚的"十字路口"和"诸多力量的聚集点"上，对于21世纪周边一些大国的战略安全影响很大。这里既是俄罗斯南下寻找印度洋入海口的前线地带，也是印度北上加强与欧洲联系的枢纽，还是伊朗东扩影响的前沿，更是中国加强西北防务的关键。同时，还有一些伊斯兰国家——土耳其、巴基斯坦等在这里发挥着重要的影响。在这种背景下，上述各国很难容忍一个"超级"大国长期单独控制这个地区。

俄罗斯尽管希望与美国改善关系，并用在中亚地区的让步作为一种交换条件。但中亚地区是俄罗斯南部安全的重要屏障，俄罗斯只是在作战术上的撤退，不可能在战略上让出后院。中国、巴基斯坦、伊朗也同样不希望中亚地区出现对本国安全利益有损的情况。那么，如何从地缘政治的角度判断中亚地区属于哪个大国的"势力范围",是个比较热门的话题。包括美国在内的西方国家,一直"将这一地区视为俄罗斯的势力范围"①,中亚国家也认为俄罗斯是个特殊的伙伴。如果单纯从政治、经济、社会影响来看,俄罗斯是第一位的。同样拥有地缘上的优势,西方国家在这方面无论如何是不会居于下风的。但是,形势的发展往往会逐步改变过去的格局,而且中亚国家并不是心甘情愿地从属于俄罗斯。中亚国家奉行的"平衡"政策,都是同样目的:减少对俄罗斯的依赖,争取更加广阔的国际活动空间。在这方面中亚国家与美国等西方国家的利益是一致的。

大国在中亚地区的利益,无外乎政治、经济、安全三方面的利益。在安全领域,美国、俄罗斯都要控制这个地区,肯定会发生利益冲突,产生矛盾是不可避免的;在政治领域,美国在中亚推行西方的价值观、民主观,中国反对把自己的政治制度强加于别国,反对大国干涉别国内政,也有明显的分歧和斗争;在经济领域,对中亚资源和市场的争夺在大国之间体现得最为明显。美国、德国、法国、中国、日本、印度都是石油进口大国,为了自身的能源安全,这些大国都争取尽可能多的石油进口来源。油气储藏丰富的中亚理所当然是重要的选择之一。

中亚在大国关系中的重要性,除了地缘政治方面的作用外,还有本身在国际竞争中的特殊地位。大国关系的新发展,使全球范围内的资源共享和相互联系增多。中亚在自然资源和人力资源方面的优势和作为交通运输走廊的新定位,对大国之间的力量对比,对一些大国之间的合作都能产生直接的影响。中亚地区在安全方面存在许多未知数,有可能给亚欧大陆造成不利影响。诸如,跨国犯罪、宗教极端势力、生态危机等,也同样为大国之间相互协调提出了紧迫要求。中国、俄罗斯与中亚国家共创上海合作组织;美国、俄罗斯在打击中亚国际恐怖势力方面达成谅解。一些地区性大国更是如此,土耳其、伊朗、巴基斯坦等国与中亚国家成立了中西亚经济合作组织,印度、巴基斯坦对中亚的一些安全倡议同时表现出了兴趣。这说明中亚国家对缓和国际上的紧张关系同样能够起到积极的作用。

二　大国在中亚的战略利益

(一)俄罗斯在中亚的战略利益

俄罗斯在中亚的利益很复杂,中亚可以直接影响俄罗斯的国内局势。俄罗斯把中亚视为传统的"势力范围",从自身的利益考虑,不会欢迎甚

---

① 〔美〕胡曼·佩马尼:《虎视中亚》(中译本),新华出版社,2002,第55页。

至不可能容忍中亚国家离俄罗斯越来越远或走到俄罗斯的对立面，原因主要有以下几个方面：

首先，是战略需要。中亚五国在独联体当中占有举足轻重的位置，与俄罗斯南部有着漫长的边界线。这是一个幅员辽阔的地区，面积400万平方公里，人口占独联体总人口的近1/5。长期以来，中亚地区在地缘政治和地缘经济方面对俄罗斯的国家利益来说具有战略性的重要意义。可以说，中亚地区出现的任何波动都会影响到俄罗斯，因为两者之间没有任何可依托的屏障。另外，中亚是俄罗斯"南下"的必经之路，是俄罗斯维持大国地位不可缺少的一块基石。

其次，是经济利益。中亚五国出产的一些矿物原料和工农业产品对俄罗斯极有吸引力，在俄罗斯的某些生产和运输部门要靠这些来自中亚的产品"发财致富"。在俄罗斯从独联体国家的进口中，中亚国家占29%的比重。中亚国家是俄罗斯棉花、汞、铜、锌、铅、钨、钼传统而稳定的供应地，这里的天然气、石油、煤和水力资源对俄罗斯同样重要。尽管俄罗斯不直接消费来自中亚的能源产品，但控制这些资源的流向可以使俄罗斯轻而易举地获得政治和经济上的利益。

再次，是安全保障。中亚处于包括独联体南部边界在内的所谓"弧形不稳定地带"的一端，是俄罗斯同动荡的阿富汗、伊斯兰世界、历史上的夙敌土耳其、伊朗以及巴基斯坦、正在迅速发展的中国之间的"隔离带"。同这些可以起"缓冲"作用的国家在军事、政治上的相互协作，有利于防止现实的或潜在的对俄南部边界的威胁。中亚国家独立后不断寻找"新的安全伙伴"，使俄罗斯必须在这里采取相应的防范措施来对付越来越多的竞争对手。北约的加紧东扩也使俄罗斯加强与中亚国家的安全合作与军事存在，以免"后院失火"。另外，中亚可以帮助俄罗斯抵御伊斯兰激进主义和其他极端主义向境内渗透。由于俄罗斯有2000万穆斯林居民，中亚国家的"世俗"政权和对伊斯兰极端势力坚决禁止的态度，对俄的稳定也是相当重要的。

最后，还有血缘相通。俄罗斯对这一地区"倍加关注"的理由之一是，这里生活着数百万俄罗斯人，保护俄罗斯少数民族的"合法权利和利益"，是俄罗斯中亚政策的一个重要组成部分，也可以成为俄罗斯对这一地区表示特殊"关心"的堂而皇之的借口。另外，大量的跨界少数民族不可能在短期内被独立后的国家边界割断彼此间的联系；苏联时期各民族长期交往、通婚，人民之间有难以割舍的亲近感。

对于中亚国家来说，俄罗斯目前在各方面仍然是一个重要的邻国和伙伴。俄是中亚及其邻近地区稳定的重要保障。由于五国在苏联时期，国民经济过分专业化，结构畸形，经济上对俄罗斯的传统依附关系是较难改变的；在民族关系、军事安全、政治稳定等方面，中亚各国也需要俄罗斯的帮助。俄罗斯在叶利钦时期，与中亚国家的关系发展不稳定，尤其是俄对经济合作和独联体的态度引起一些中亚国家的不满，特别是乌兹别克斯坦和土库曼斯坦对俄罗斯的"冷淡"非常明显。普京就任总统后，中亚被确定为俄罗斯近邻外交的优先方向，俄开始重视全面加强与中亚国家的合作关系。俄罗斯全面加强了对中亚地区的影响力。

（二）美国对中亚的战略考虑

中亚五国独立后，美国非常重视这个地区，依靠其雄厚的经济和军事实力，不断加强与中亚国家的政治、经济和军事关系。美国与中亚之间的"沟通"是一种利益的互换，因而美国同中亚国家关系的疏密完全取决于中亚国家在国际政治经济关系中所能发挥的作用。中亚被视为直接关系到21世纪美国国家安全利益的地区，是基于以下几个方面的考虑：

第一，中亚地区地理位置重要，处于亚欧大陆上美国的三个主要竞争"对手"——欧盟、俄罗斯、中国之间，控制了这一"桥梁"，对美国进入亚欧大陆并进一步占据优势至关重要。

第二，中亚属于伊斯兰世界的一部分，美国为了保持在西亚、南亚的传统利益，制约伊朗、伊拉克等美国的"敌人"，必须在中亚有立足之地。

第三，中亚与俄罗斯有特殊关系，控制该地区对遏制俄罗斯东山再起有重要作用。

第四，中亚地区拥有丰富的自然资源，其中有不少战略资源对美国非常有吸引力。

为加强在中亚地区的存在，战胜其他的竞争对手，美国制订了全面的计划，不断增加物质和资金投入，与中亚国家建立"伙伴"关系。美国发展与中亚国家的合作有其战略目的，这就是加强本国对中亚地区的影响，控制这个地缘上具有重要意义的地区：（1）可以遏制俄罗斯，瓦解以俄罗斯为首的独联体集体安全体系；（2）可以对中国直接施加政治和军事压力，防止中国成为强有力的竞争对手；（3）可以对西亚和南亚地区产生威慑，确立在亚欧大陆上的绝对优势；（4）可以有效保护在中亚已取得的经济利益，甚至独享中亚的资源和市场。

美国与中亚国家建立外交关系以后，最初的目标是：支持中亚国家争取独立主权，脱离俄罗斯的控制；鼓励中亚国家接受美国的政治制度和价值观念，推进市场改革；消除中亚国家对西方的威胁，使哈萨克斯坦变成无核国家。1995 年 5 月，哈萨克斯坦拆除最后一枚核弹头以后，美国转而同中亚各国积极接触，全面发展关系，一步步扩大合作领域。美国政府多次向中亚国家提供各种财政援助，如 1994 年向哈萨克斯坦提供 3.11 亿美元援助；2000 年 4 月，美国强调与中亚国家有"共同利益"，要加强双方的安全合作，并向哈、吉两国各提供 300 万美元，向乌兹别克斯坦提供 1000 万美元的补充安全援助。

美国试图全面控制中亚地区战略资源的开发和运输。1997 年 11 月，美国和哈萨克斯坦商定，合作开发里海海底资源，投资总额为 280 亿美元。在中亚各国有数以百计的美国独资或合资企业。中亚国家对美国的政治经济支持寄予很大的期望，非常欢迎美国参与中亚的事务，想利用美国的投资摆脱经济危机，要借助美国来保证地区的稳定和国家的安全。它们几乎都认为，在独联体以外国家当中，美国是最重要的伙伴，同美国的关系是本国外交和对外战略的优先方面。中亚国家同美国关系的发展呈不断加强的趋势，但也出现了一些问题。

中亚在美国对外政策中不占优先位置，中亚国家也不是美国经济和安全援助的优先方向。中亚距离美国很远，不触及美国至关重要的战略利益，在军事上、经济上对美国来说不是非常重要。双边关系中也存在一些问题。从政治方面来看，中亚与美国对"民主"的理解不同。美国政界一些人对中亚国家的政治民主化进程颇多微词，对一些中亚国家的"人权状况"提出过批评；奥尔布赖特访问中亚时，公开指责中亚国家的选举"不符合西方民主标准"。从经济方面来看，美国只关心从中亚得到能源产品，目的是要排挤俄罗斯、中国等竞争对手。对中亚国家面临困境的经济转轨和结构改造缺乏支持，而且双边贸易一直不对等。这些都引起中亚国家的不满。

美国的中亚政策，按照其公开的说法，有四项原则：一是促进经济和政治的自由化（首先是对美国企业的开放和符合美国的政治标准）；二是参与调解地区内的矛盾和冲突（美国作为独一无二的中间人）；三是在安全领域促进地区合作（美国要参与和领导）；四是开发里海资源并保证向西方市场的运输渠道（美国有自己的优先方案）。具体来说，美国在该地区的任务包括三个方面：（1）最大限度地控制里海资源的开发与运输；（2）把中亚纳入美国的全球和地区战略；（3）使中亚国家在军事、政治方面如同经济一样对美国产生依赖，确保美国军事上进入该地区有"通畅的道路"。

（三）其他大国与中亚国家合作的战略基础

其他大国中比较关心中亚地区，认为与本国利益有关的主要是欧洲的英国、法国、德国，以及亚洲的中国、日本、印度等国。这些国家的共同之处，是很早就都与中亚国家建立了政治、经济联系。当然，不同国家对中亚政策的出发点是不同的，有的国家希望参与中亚的资源开发，有的国家对发展中亚的跨国运输有兴趣，有的国家希望与中亚结为政治盟友，有的国家想成为中亚国家的经济伙伴。不同国家，又在发展与中亚国家的合作关系中有不同的优势，有的国家经济上略胜一筹，有的国家则在地理、文化、民族传统上占得先机。不同国家在不同时期对中亚国家又有不同的要求。如德国、日本要成为联合国安理会的常任理事国，每次联合国大会前都要尽可能争取中亚国家的支持。

欧洲大国对中亚非常重视，其主要目标有：（1）发展政治关系；（2）建立经济联系；（3）开展文化交流；（4）密切安全合作。可以说，欧洲的英国、法国、德国与中亚国家的关系是在各个领域全面推进的，尤其是法国和德国。欧洲大国也更注重同经济上有资源、有潜力的哈萨克斯坦、乌兹别克斯坦、土库曼斯坦等国发展关系，双方密切的政治关系和人文合作在相当大的程度上也是推动经济贸易联系不断扩大的重要因素。欧洲的大国已经成为中亚国家主要的经济合作伙伴。独立20年来，中亚国家同德国、法国、英国签署了大量的政府间协议，主要包括：国家间关系的基本原则条约、关于鼓励和相互保护投资的协议、关于避免双重征税的协议、法律互助条约、领事关系条约、文化和人文领域内的合作协议，这说明了经济关系的重要性。

欧盟在“9·11”事件以前，已经在中亚地区站稳了脚跟，如到2001年，欧盟国家在哈萨克斯坦的投资为3.48亿美元，占哈萨克斯坦吸引外资总额的34.2%，仅次于美国[①]。欧洲复兴开发银行2002年向乌兹别克斯坦提供2850万欧元贷款，用于改善乌首都供暖系统。2003年，欧洲复兴开发银行还向乌提供约1亿欧元贷款，主要用于锡尔河水电站改造、区域性电网现代化、电信业私有化等项目。欧盟对中亚和里海地区的能源非常感兴趣。但欧盟一直没能成为举足轻重的力量，在中亚地区的政治竞争中处于下风。其原因主要有：首先，欧盟不具备地缘政治优势，不得不承认它在中亚的“利益有限”，要进入这一非传统利益地区比较困难；其

---

① Zharas Ibrashev, Elmira Ensebaeva: European Union and Kazakhstan: Trends in Trade and Economic Cooperation, CENTRAL ASIA AND THE CAUCASUS (Sweden), №1, 2003.

次，虽然欧盟近几年努力实行共同外交与安全政策，但在涉及各国根本利益问题时，内部往往争论不休；最后，欧盟作为主权国家组成的政治经济集团还缺少统一有效的军事能力，这就使欧盟作为一个整体在军事上难有大的作为。

日本对中亚的市场、低廉的原料和劳动力也非常感兴趣，但日本在进入中亚时比较谨慎，与中亚国家的官方接触也没有很快达到很高的级别。随着对中亚地区经济潜力认识的加深，日本对中亚地区丰富的资源越来越感兴趣。首先，日本与哈萨克斯坦、乌兹别克斯坦、吉尔吉斯斯坦和土库曼斯坦成立政府间混合委员会或经济合作委员会，向这些中亚国家提供大笔贷款。如 1996 年日本决定向哈投资 13.5 亿美元，支持其经济建设。1998 年 6 月，日本再次向哈提供 1.6 亿美元的贷款。1997 年 12 月，日本与能源储藏丰富的土库曼斯坦签署数额为 1.65 亿美元的贷款协议①。1997 年，日本出台新的把能源与经济实力结合在一起推行的欧亚大陆外交政策，这也是日本政府越来越重视中亚地位的体现。

2004 年 8 月，日本外相访问乌兹别克斯坦、哈萨克斯坦、塔吉克斯坦和吉尔吉斯斯坦，并出席了在哈首都阿斯塔纳举行的首次"中亚 + 日本"外长会议。"中亚 + 日本"系列对话标志着日本的中亚外交进入更为全面有序的阶段，即在"丝绸之路"双边外交的基础上展开多边外交。虽然计划于 2005 年在日本召开的"中亚 + 日本"元首会议未能如愿，但日本一直没有放弃把这种多边合作框架继续下去。2006 年 6 月，在东京举行了日本与中亚五国外长参加的第二次"日本 + 中亚"外长会议。2010 年 8 月，在塔什干举行了第三次"中亚 + 日本"外长会议。日本的中亚战略中，最直接的是将中亚地区定位为日本石油多元化进口的一个重要基地。另一个直接考虑，是希望能获得中亚国家在日本要成为联合国安理会的常任理事国问题上的支持。为收买人心，到 2004 年底，日本已向中亚五国提供总额 2800 亿日元（约合 25 亿美元）的官方开发援助资金，并准备进一步加大援助力度，从而提高在该地区的影响力和发言权②。2006 年 8 月，时任首相的小泉纯一郎访问中亚的哈萨克斯坦和乌兹别克斯坦两国。日本首相出访中亚尚属首次，这体现了对该地区的重视。

印度与中亚在历史上有着密切的联系和彼此之间频繁的交流。中亚古代的文明与古老的印度文化也很接近。因此双方在恢复传统关系和建立新

---

① Нейтральный Туркменистан, 25 декабря 1997 г.
② 周永生：《日本的"中亚战略"轮廓毕现》，www.jsgs.gov.cn，2006 年 6 月 2 日。

的合作方面没有大的障碍。除了重视中亚的经济潜力和丰富资源外，印度与中亚国家发展关系有牵制"夙敌"巴基斯坦的目的。印度对在哈萨克斯坦开发石油和天然气非常感兴趣，双方签署了有关协议。印度与乌兹别克斯坦成立了混合委员会，以促进两国经贸关系的发展。

（四）邻近中亚的次地区强国的战略目的

由于地理上和文化上占有优势，土耳其、巴基斯坦、伊朗等国也积极向中亚输出自己的物质和精神产品，借此来扩大自己的国际影响，增强自己的经济实力。这些国家中的某些政治势力甚至梦想建立所谓的"突厥帝国"和"泛伊斯兰国家"。这种"双泛"思潮在中亚地区比较容易找到市场。古代的中亚与土耳其、伊朗等国有数百年的时间处于相互影响和相互渗透的状态。尽管在苏维埃时期中亚五国与伊斯兰世界的关系被割断了，但民间联系很快得以恢复。苏联解体前后，中亚国家则在自己的"文化范畴"之内寻找伙伴，土耳其和伊朗正好可以扮演这样的角色。

随着中亚国家民族意识的上升，早在20世纪80年代后期，中亚国家文化中的"非俄罗斯"倾向就使这些国家对土耳其、伊朗的文化成就颇有好感。而当时苏联领导人对土耳其现代化模式的"兴趣"也推动中亚各共和国的领导人把土耳其视为足以信赖的"样板"。20世纪90年代初，这种对土耳其模式的"充分肯定"使土耳其成为中亚国家最受欢迎的"朋友"，甚至一些中亚国家聘请土耳其专家作为总统的顾问。土耳其、伊朗、巴基斯坦、沙特阿拉伯等国利用参与中亚地区事务来体现本国在地缘政治方面的重要性。尤其是针对西方来说，这些国家与中亚国家发展关系，主要有两个战略目标：一是在地理上向纵深发展，增加一些"盟友"；二是满足资源上的需要，即通过中亚获取经济利益。土耳其是西方大国的追随者、北约的成员国，但在加入欧盟问题上屡屡受阻，为了改变其在欧洲国家心目中的二流国家地位，土耳其试图通过充当突厥语国家"领袖"和控制中亚资源输往地中海来体现其"价值"；伊朗处于西方的封锁当中，经济比较困难，中亚国家的出现使伊朗有了新的经济伙伴，还可以通过与中亚国家发展交通、能源合作与西方"周旋"；巴基斯坦在苏军撤出阿富汗以后，失去了在西方特别是美国地缘政治战略中的重要位置，通过积极向中亚国家提供建设跨国运输线的建议和帮助可以重新巩固地位，还可以得到所需的资源；沙特阿拉伯则试图通过向中亚地区进行"精神"扩张，加强本国在伊斯兰世界的独特位置①。

---

① Л. Бондарец：Афганский узел，《Саясат》（Казахстан），июнь-июль 2000г.

这些次地区强国一般都拥有100亿美元以上的国内生产总值，有一定的经济实力。与中亚发展关系，其地理位置也非常有利。土耳其横跨欧亚，扼黑海通往地中海的门户；伊朗是波斯湾的重要国家，与中亚直接接壤；巴基斯坦与中国毗邻，在印度洋有良好的港口；与美国关系密切的沙特阿拉伯是海湾"富国"，出海方便。另外，这些国家之间的矛盾也促使它们竞相与中亚国家发展合作关系，如伊朗与巴基斯坦、沙特阿拉伯由于宗教上的关系彼此不和；土耳其的世俗体制与沙特阿拉伯也有很大的区别。这些国家与同样在中亚有影响的美国、俄罗斯、欧盟、印度等国或亲近或敌对的关系，也使它们的战略需要各不相同。

独立后的中亚国家领导人对土耳其以及其他伊斯兰大国抱有好感并寄予很大的期望，想借助于这些有着血缘、语言、宗教联系的"穆斯林兄弟"，用文化联系作为先导，使本国早日成为国际大家庭中的一员。同时，希望在经济上特别是交通运输方面能够协助解决中亚国家的现实困难。而巴基斯坦、土耳其、伊朗等国也希望与中亚国家建立密切的关系，打算借助于中亚国家的经济、科技潜力为自己的发展注入新的活力，扩大国际活动空间，为在国际事务和国家争端中处于有利位置而奠定更加良好的基础。中亚五国独立后，伊朗、土耳其、巴基斯坦等伊斯兰国家利用地理、种族、宗教等方面的优势，同中亚国家的关系发展较快。

三 中亚"大国之争"与国际合作

冷战后中亚的"大国之争"成为非常热门的话题。从美国和俄罗斯的激烈竞争，再到中国、印度、土耳其、伊朗、巴基斯坦、德国、法国、日本等大小强国争先恐后进入中亚，好似一幅剑拔弩张的图画即将在中亚展开，大国政治、经济乃至军事争夺仿佛一触即发。事实上，这种夸大其词的论断至少在目前还缺乏根据。首先是概念模糊，中亚包括阿富汗、蒙古、高加索地区，甚至里海也成了中亚的代名词；其次是过高估计了大国在中亚的投入，因为中亚国家投资环境不佳，安全形势复杂，虽然有一些大规模开发资源的"世纪合同"，但真正落实的不多；再次是夸大中亚的军事意义，尽管中亚国家与一些大国确立了军事合作关系，但还达不到大国在军事上对抗的程度；最后是忽视了大国在中亚的合作关系，中国、俄罗斯、美国、日本等国都在中亚进行过合作或愿意加强合作。大国之间确实存在矛盾和利益上的制约，也彼此在不同领域展开了竞争，但这种意义上的"大国之争"远没有发展到你死我活的程度，也还不是中亚地区稳定与发展的最大威胁。

　　所谓的中亚"大国之争"多指美、俄两国的竞争。随着北约特别是美国与中亚国家的军事合作关系日益紧密，俄罗斯在中亚的利益受到前所未有的挑战。这种竞争经历了以下几个时期：1991～1995年，美国与中亚国家的关系比较"正常"，没有危及俄罗斯的地位。1996～1999年，美国加强了在中亚的攻势，俄罗斯由于国内的问题牵制了对中亚的投入，处于守势。乌兹别克斯坦、土库曼斯坦、吉尔吉斯斯坦、哈萨克斯坦全面倒向西方。从北约进入中亚组织演习，到美国扩大与中亚国家的安全合作，这在1999年达到一个巅峰。同年2月3日，乌兹别克斯坦宣布，不再续签1999年5月到期的独联体集体安全条约。乌兹别克斯坦总统在同年3月同来访的土耳其总统德米雷尔会谈后对记者说，乌将继续在北约"和平伙伴关系计划"框架内加强同土耳其的军事合作。乌、土军事合作将借鉴土耳其与格鲁吉亚、阿塞拜疆在军事领域合作的经验。同年4月，乌总统卡里莫夫在美国参加北约50周年活动期间，与"古阿姆"各国领导人达成一致，乌兹别克斯坦决定加入由乌克兰、格鲁吉亚、阿塞拜疆和摩尔多瓦组成的联合体"古阿姆"。虽然"古阿姆"国家多次强调，成立该组织是为了发展运输合作，要实现与欧洲的一体化，实际上其具有明显的政治目的，就是要摆脱俄罗斯的控制。

　　面对美国的攻势，俄罗斯也采取了相应的行动，扭转颓势。一方面，继续与哈萨克斯坦、塔吉克斯坦发展密切的合作关系，同时，寻求与乌兹别克斯坦和土库曼斯坦"恢复"传统的伙伴关系。普京执政后，俄罗斯与中亚国家进一步确立"盟友"关系，把恢复并加强对该地区的传统影响作为"绝对优先选择"。由于面临恐怖主义的共同威胁，俄罗斯与中亚国家加强了军事合作。2000年4月，俄公布《军事学说》，对1月生效的《国家安全构想》进行补充，把美国和北约视为主要外部军事威胁；强调与包括中亚国家在内的独联体国家进行军事合作。塔吉克斯坦与俄罗斯在军事上加强合作。同年4月底，中亚和高加索地区国家经济一体化会议在阿拉木图举行，俄罗斯和中亚国家的领导人都出席了会议，哈萨克斯坦总统纳扎尔巴耶夫在会上警告美不要干涉中亚国家内政，反对美国在民主问题上采用双重标准。

　　俄罗斯在严厉打击车臣恐怖分子的同时，积极加强对中亚地区的外交活动。进入世纪之交，中亚国家基于对地缘政治、国家安全和经济利益的考虑，也有同俄罗斯加强合作的要求。哈萨克斯坦政府领导人强调，哈萨克斯坦整个地缘政治构筑于同俄罗斯在各个领域的合作之上，特别是能源领域的合作。田吉兹—新罗西斯克管道是哈"绝对优先选择"项目。哈俄双方均表示将加快该管道工程的施工，计划在 2001 年投入使用。2000年 1 月，哈萨克斯坦与俄达成互利协议，在电力领域一体化方面迈出重要一步。双方准备在 2001 年夏完成里海石油管道敷设工程，签署加深经济合作议定书和哈石油经俄罗斯出口议定书。在这一背景下，俄罗斯与中亚国家的关系明显改善。哈萨克斯坦、吉尔吉斯斯坦、塔吉克斯坦成为普京倡导的欧亚共同体的成员国。

美国在中亚的声势很大，但实际上比较谨慎，还不准备与俄罗斯正面对抗，要彻底在中亚排斥俄罗斯也很困难。美国从自己的需要出发，对中亚国家有所区别，更重视能源储藏丰富的里海地区。对于多数中亚国家来说，选择亲美国的方针首先出于经济考虑，各国对美国的政策、态度也有一定的差别。中亚国家明显感到对美国的期望过高，实际得到的经济和政治支持都还有限。中亚国家都提出推行"全方位"的外交，实际上是力图在大国和地区力量之间谋求"平衡"，为自己的独立与发展创造最有利的条件。美国加紧进入中亚，显然会增加俄罗斯的疑虑。中亚国家希望美国在该地区同其他国家的竞争给中亚的安全和发展带来益处，但不希望造成冲突，破坏地区的稳定。因此，中亚国家都强调维持地缘政治平衡的重要性，尽可能使同美国的关系不超过一定的限度，以避免引起其他向中亚国家提供援助或投资国家的忧虑和不满。

近些年，中亚地区的外部力量更加活跃，特别是大国关系对地区形势的走向有更加明显的作用。中亚国家在地区安全问题上作出了新的选择，多数国家加强了与美国、俄罗斯的军事和军事技术合作。2002 年，乌兹别克斯坦与美国签署《战略协作伙伴与合作协议》，向美国提供空军基地。但 2005 年"安集延事件"后乌兹别克斯坦与美国关系恶化，转而与俄罗斯进行安全合作，参加了由俄主导的独联体集体安全条约组织，全面恢复和加强与俄的经济联系。而美国通过增加租金，保住了在吉尔吉斯斯坦的军事存在，与哈萨克斯坦、塔吉克斯坦的关系不断加强。随着俄美关系中对抗因素的增多，中亚国家也深陷大国地缘政治争夺的旋涡中难以自拔。但是，中亚并没有出现大国间的激烈角逐和对抗，始终是竞争与合作并存。

实际上，所谓的中亚"大国之争"并没有考虑五个新独立国家的政策取向，由于中亚五国务实的外交方针，使中亚地区短期内不存在大国直接军事对抗的可能性。从中亚国家自身发展的需要出发，对中亚国家最有利的是大国能够多合作、少争斗。因此，中亚五国在发展与大国的关系方面寻求平衡，以此来促进地区经济繁荣和维护地区安全。大国在中亚相互牵制，特别是不仅仅只有俄罗斯和美国在竞争，还有中国、欧盟、日本、印度等许多国际因素。这使中亚国家的选择余地较多，也容易找到平衡，因为在两种主要力量失衡的情况下，可以依靠其他的力量避免倾斜。

另外，进入中亚的大国也有利益上的共同点，有在中亚协调行动和相互合作的可能性。其原因在于：（1）中亚地区政治和经济形势稳定，符合大国的共同利益；（2）经济领域的各种合作，包括资源开发、交通运输问题的解决、区域经济一体化等问题，都需要大国在中亚进行协调；（3）在中亚的安全格局中，大国也有共同利益，都不希望看到中亚出现大的动荡。"大国之争"至少在目前还不是中亚地区安全最直接的威胁。

冷战结束以后，和平与发展成为世界发展的主流，但霸权主义和强权政治依然不断干扰正常国际新秩序的建立。有些大国和强国借"援助"、"维和"、"人权"等名目，干涉别国内政，强迫别国接受自己的价值观念、意识形态和政治模式。另外，虽然世界主要大国加快了裁军步伐，但仍在进行以提高质量为主要目标的军备竞赛。而且，在动荡不安的国际环境中，一些较大的发展中国家把增强军事实力作为扩大本国国际影响的"捷径"，严重威胁地区的稳定。处在国家矛盾、民族矛盾、宗教矛盾多发地带的中亚国家，与军备竞赛十分激烈、大国干预频繁的西亚、南亚为邻，如何在大国竞争中立足和防止被卷入国际争端是一个严峻的挑战。

大国与中亚国家的关系，应该说俄罗斯和美国是第一个层次上的。前者有传统影响，后者则有实力优势，二者在中亚也都有针对对方的战略意图。美国要阻止中亚国家重新被纳入俄罗斯的"战略空间"，使俄罗斯实力增加，有机会再次成为与美国相抗衡的大国；俄罗斯也要阻止中亚国家完全倒向西方，特别是与美国、北约关系过于密切，会威胁到俄罗斯的长远利益。目前，俄罗斯在中亚的影响还是第一位的。

欧洲的德国、法国等，以及东亚的中国、日本等国应该是第二个层次上的。从其对中亚的直接影响上来说比美国、俄罗斯要差一些，但对中亚地区也非常重视。由于这些国家在世界范围和本地区内的作用比较突出，也同样在中亚可以有所作为。如果从潜在的能力来说，欧洲大国支撑的"欧盟"、中亚的邻国中国在很多领域都可以与美国、俄罗斯相竞争。因此，中亚的"大国之争"就有了俄、美、中三足鼎立和俄、美、欧、中四方争霸之说。但总体实力决定了中国、欧洲大国、日本要想实现本国的战略目标，比俄罗斯、美国要面临更多的困难。

　　"南方"的一些地区大国或强国,如印度、土耳其、巴基斯坦、伊朗等只能算是第三个层次上的。尽管这些国家在一些领域对中亚具有不容忽视的影响力,而且文化传统、地理位置与中亚都很接近,但这些国家的综合国力还比较有限,难以在中亚作规模较大的投入。另外,民族、宗教问题的复杂性,这些国家之间的"宿仇"以及与前两个层次大国的恩怨,也很难让中亚国家完全接受这些国家的"援助"。土耳其、巴基斯坦、伊朗与中亚国家的关系都开始由"热"趋"温",印度在中亚想进入大国"游戏",力量还不够充足,而且与巴基斯坦相互牵制。

　　在中亚现有的各种国际合作机制中,基本上都是一些大国在发挥主导作用。大国认真推动,并且能够持续投入的多边合作,更能吸引中亚国家,也更容易取得合作成效。但是,大国出于不同的战略考虑,对多边合作也提出不同的要求,导致一些合作机制相互竞争,彼此干扰。中国、俄罗斯与中亚国家共创上海合作组织,被认为是大国、小国平等合作、开展区域合作的新型模式。欧盟、北约、美国更乐于用双边的方式,使中亚国家参加一些项目或者计划,如"伙伴关系计划",直接从经济或者安全领域向中亚渗透。俄罗斯则是利用独联体框架内的合作机制来巩固自己的地位。其他如日本、巴基斯坦、伊朗、土耳其等也积极筹划自己主导的多边合作,来实现各自的战略利益。

　　在中亚,有多个在安全领域开展合作的国际组织同时发挥影响和作用:一是俄罗斯牵头的"独联体集体安全条约组织";二是利用阿富汗反恐大大加强了影响的北约;三是中国参加的"上海合作组织"。这些组织如何在地区安全问题上采取实际行动,实际上要依靠俄罗斯、美国、中国等大国进行协调。欧盟、日本、印度等国利用阿富汗的重建在该地区也加强了影响。在各大国中,美国的作用更大一些。由于中亚国家希望得到的迫切援助是经济方面的,而不是军事方面的,因此,单纯依靠军事存在,俄罗斯无法巩固其影响。2002 年前 8 个月,俄罗斯在塔吉克斯坦的投资只有 4000 美元,在哈萨克斯坦有 364 万美元,在乌兹别克斯坦有 60 万美元,这与美国每个国家数千万美元的经济援助相比只能算是杯水车薪。但美国在地缘上处于劣势,而且对中亚地区的关注程度远不及俄罗斯和中国等邻近中亚的大国。

　　中亚的安全形势扑朔迷离,外部的压力减弱,各国内部的问题和非传统安全的威胁更加突出。大国主导的跨国合作非常活跃。但是,中亚地区的战略格局并没有发生根本性的变化,力量对比关系仍然比较稳定。在未来的一段时间内,中亚地区格局的变化将呈现更加"多元化"的特点。

俄罗斯与美国和北约在该地区的矛盾难以消除；俄罗斯的影响依旧无法取代，还是占有相对的优势；中国和其他邻近国家还是中亚国家的重要伙伴，地缘优势仍在起作用。同时应该看到，美国因素带来的影响是长期的，使地区内的国际局势更加复杂多变。美国的长远目的是地区的领导权，要在该地区控制战略资源，"普及"本国的价值观，北约和西方的力量还在继续上升。可问题是，美国的利益与该地区各国和其他有影响的大国的利益难以完全吻合，未来产生的矛盾可能会对地区的稳定造成消极的后果。因此，21世纪对于中亚国家来说充满挑战，多极化进程中的波折在这个地区会有充分的体现。

第三节 国际合作对中亚国家发展的利弊分析

当今的世界各国都主张要建立国际新秩序，在发挥联合国和地区合作组织作用，消除地区热点、民族冲突，解决南北发展失衡，生态、环境恶化、人口问题等许多人类共同性问题上，普遍达成共识；但是，由于不同的国家和集团的利益不同，以及政治、经济、历史和地缘等方面的因素，各国的主张又有种种差异和分歧，甚至存在着尖锐的对立。作为新格局形成基础的大国关系因此特别复杂，矛盾重重，建立新秩序的过程是长期的、复杂的、曲折的。这种状况对中亚地区的稳定总的来说是不利的，因为中亚存在许多亟须解决的问题，有些与大国的利益相关联。在这种变动下，中亚国家为了追求经济利益，常常要以失去政治利益为代价。中亚国家如何作出合理的抉择，如何为自己的国家在国际上定位，同样是一个挑战。

一 中亚国家的发展需要良好的外部环境

中亚五国对于周边一些大国自古以来就有特殊的地缘政治意义。中亚地区在并入俄罗斯帝国之前，在漫长的历史长河中，曾扮演过独特的角色。从人类社会产生到20世纪初叶，欧亚大陆一直是经济、文化最为发达的地区，是全球各种重要文明的发祥地。特殊的地理位置，使中亚地区成为独一无二的大陆上各种文明的"接合部"。一方面，周边的文明成果不断帮助和带动中亚地区，加之不同时期各个土著民族的辛勤劳作，使这一块自然条件并不特别优越的土地上经历过让人羡慕的繁荣；另一方面，周边强大的民族及其所建立的国家经常把中亚强行纳入自己的版图，内部的各汗国也彼此争夺对这个地区的控制权，使古代的中亚地区战乱频繁，民族成分复杂。

中亚总是无法摆脱周边地区的影响，因此，尽管中亚各国谋求独立与发展的要求十分强烈，文化上也独具特色，甚至对周围一些地区产生了直接的影响，但是中亚地区始终没有成为独立的文明中心。中亚的独立与发展经常取决于周边大国力量是否"平衡"，如果某个大国占有绝对优势，中亚国家就会失去独立地位。中亚在古代主要是草原游牧地区，多数中亚居民以游牧部落为基本的生存单位，各种游牧部族不计其数。农牧业出现较晚，且不十分发达，定居居民经常要受到游牧部族的侵扰和统治。因此，这里不容易形成稳定的国家组织，很难建立统一、强大的国家。古代中亚的北部地区多是处于氏族社会阶段的游牧人，其生活状态是流动的，较少固定的疆域概念。与此相反，中亚南部绿洲地带的居民以从事农业为主，比较重视土地和地域，但因为许多小块的绿洲难以成为一个整体，只能建立面积很小的城邦国家①。

古代亚洲的几个大帝国，或者在强盛后立即把中亚置于自己的统治之下，使国力得到进一步增强；或者依托中亚对外扩张，建立强大的国家。由此可见中亚战略地位的重要。18 世纪初，沙皇俄国侵入中亚，开始了逐步蚕食的过程。中亚地区并入俄罗斯帝国，是在列强疯狂瓜分世界的18 ~ 19 世纪。当时的国际格局是由军事实力决定的，中心在欧洲。西方资本主义国家一方面不断对外进行殖民扩张，另一方面彼此也争斗不休，甚至兵戎相见。中亚地区由于连年的战乱和长期的封建统治，相当贫困落后，被沙皇俄国通过军事手段逐步征服。俄国十月革命胜利以后，红军进入中亚。1920 ~ 1936 年，中亚地区相继成立了一些自治区域，并几经演变，重新划界，出现了哈萨克、乌兹别克、吉尔吉斯、塔吉克和土库曼五个自治区域，并陆续成为前苏联的加盟共和国。

20 世纪 80 年代后期，在联盟政权"失控"的情况下，尽管不希望看到联盟的迅速解体，但为了维护自身的利益，中亚五国在争取主权的过程中并不甘落于人后。除塔吉克斯坦外，中亚其他国家的独立过程是平稳的。1991 年，中亚五国的独立进程加快，先后决定脱离苏联。获得主权、独立和走向国际社会，对中亚五国来说需克服很大的困难，付出许多努力。殖民时期周边环境的变化使中亚地区失去了独立发展的可能性。20 世纪最后 10 年国际格局的大变动，又帮助这个地区以独立的身份走向世界。

---

① 王治来、丁笃本编著《中亚国际关系史》，湖南出版社，1997，第 2 页。

中亚国家都属于经济上不十分发达的国家，人口不多，长期与外部世界隔绝。虽然中亚五国独立是在国际局势突变下的产物，缺乏制度上、心理上特别是物质上的准备，这对中亚国家独立后的内政外交都产生了明显的影响，从而使中亚国家在新的国际格局中寻找合适的位置、与周边国家建立睦邻关系、为国内的建设创造良好的国际环境时，遇到不小的阻力。跻身国际社会以后，中亚国家深受地区政治经济形势的限制。要在国际舞台上扮演各方都能认可的角色，然后在地区政治经济活动中争得一席之地，并借助于地区的力量在国际政治经济格局中确定自己的位置，并不是一个简单的进程①。独立初期，中亚五国的军队刚刚建立，维护国家安全特别是边境防卫在很大程度上需要俄罗斯的帮助，只好在一定时期内作为北方强邻的"藩属"。1993 年 8 月，俄罗斯总统与中亚五国领导人举行会晤并发表一项声明，强调现独联体各国外部边界即为独联体边界，任何对此边界的侵犯将被视为敌对行动，与会国可以采取相应反击措施②。这种状况维持了近 10 年才结束，中亚国家开始独立守卫自己的边界，但没有能力经营好周边环境，还要依靠国际合作来争取一个好的外部条件。

面对客观存在的种种困难和障碍，中亚各国争相宣布要成为欧亚大陆上的新"纽带"和桥梁，并在此基础上选择国家发展和对外交往的战略方向。但这要求周边国家的支持与合作，需要周边局势的长期稳定。中亚国家的周边环境中存在着一些不利于地区稳定的因素，高加索地区的民族矛盾、印度和巴基斯坦的对抗、土耳其与伊朗的竞争、中东地区的战乱等，对中亚地区都有不利的影响。特别是阿富汗问题的存在，使中亚地区的不稳定因素有了更多的国际背景。概括来说，主要包括以下几方面问题：

第一，周围地区的分裂主义、极端主义、恐怖主义组织与中亚内部的"三股势力"有千丝万缕的联系，相互渗透。对"三股势力"的形成和发展进行深入分析，我们就会看出，它们在中亚地区的滋生和蔓延有其内部的社会基础，但外部力量的干预和渗透也是条件之一。对宗教极端分子来说，中亚有可以经营恐怖基地的崇山峻岭；中亚是非法贩运毒品和武器的肥沃土壤。中亚目前是极端势力、恐怖主义、分裂势力的重要汇集区。"三股势力"对美、中、俄等大国以及中亚国家的安全和社会稳定构成了

① К. К. Токаев：Под стягом независимости：очерки о внешней политике Казахтана，Алматы "БІЛІМ"，1997. Стр. 15 – 16.

② Казахста нскаяправда，10 августа 1993.

严峻挑战。美国和北约在阿富汗联手打击"塔利班",许多极端主义分子逃往中亚地区,并准备开辟新的基地。

第二,中亚地区的周边有发生军事冲突的现实危险。在中亚国家周边,存在着已经发生军事冲突或很不稳定的地区。阿富汗经历了 20 年的战乱,以美国为首的反恐联盟虽然在 2001 年"9·11"事件以后打垮"塔利班"政权,但并没有让阿富汗走上复兴之路,重建的道路非常漫长,且它又成为毒品生产大国。纳卡地区、俄罗斯的车臣、格鲁吉亚的阿布哈兹都发生过流血冲突,至今没有实现和平。印度和巴基斯坦、以色列和巴勒斯坦的对抗由来已久。与中亚紧邻的里海也存在发生军事对抗的危险。2002 年 8 月 1~15 日,俄罗斯在里海举行苏联解体以来规模最大的军事演习。里海的其他沿岸国家也纷纷建立和强化海军,围绕着油田的归属已经产生了一些争议,如土库曼斯坦指责阿塞拜疆开发属于自己的三个油田,伊朗和阿塞拜疆为争夺油田归属差一点动武。

第三,地缘政治形势使中亚的周边环境复杂化。中亚国家和阿富汗的南方,是两个同样在地区试图发挥作用的国家——巴基斯坦和伊朗。与其他周边国家不同,这两个国家拥有人文和地缘优势,又都在中亚下了很大工夫,但进展都不顺利。这两个国家和美国关系非常微妙,其国内存在很强烈的反美情绪。美国与伊朗的关系在 2003 年 5 月因沙特阿拉伯利雅德的爆炸案再度恶化,给地区形势带来新的不确定因素。美国甚至对伊朗国内出现的学生示威以及引发的骚乱公开叫好。

中亚国家的周边环境在 21 世纪相当长的一段时间内,都将是一个比较复杂的局面。其主要问题是:美国要利用该地区牵制俄罗斯和中国;周边的冲突隐患不容易消除,如外高加索的民族矛盾、里海的法律地位之争,都需要时间来解决;文化、宗教等方面的分歧难以弥合;该地区内部的不和以及安全威胁比较突出。中亚国家要改善周边环境的条件是:大国合作的状况特别是中俄战略合作的深度如何;各种多边合作机制真正实现协调,并且能够发挥稳定、有效的作用;中亚内部不出现严重的问题;中国、俄罗斯经济的发展以及国家实力的增强也是一个积极条件。

对于中亚国家来说,能否如愿以偿地得到战略"平衡"或者战略"均势",是地区安全形势朝什么方向发展的重要课题。在国家对外战略理论中,均势战略理论是最古老、最有影响、最有争议的传统理论之一。均势作为国际关系中的一个重要概念,其含义是:在主观上指国家发展对外关系的一种战略、原则、政策、策略,即通过主观能动力促使国际力量对比大致趋于均衡、相对稳定状态；在客观上指国际关系的一种结构、格局、体制，意指国际社会中各种力量维护大体均衡的局面，以防止任何国家过分强大足以控制别的国家建立霸权地位①。21 世纪，全球和地区形势十分复杂、多变，这就更需要一种平衡来主导新的国际秩序，对于中亚地区来说，维持一种均势格局对地区内部的国家和各个大国来说，都是符合自身战略利益的。

二 参与国际合作的方向选择难题

参与国际合作，是中亚国家发展的现实要求，同时也面临一些风险和挑战。在地区内部经济一体化受挫的情况下，中亚国家尝试参与周边的"区域化"进程。早在 1992 年，借助于"文化纽带"，中亚五国参加了土耳其、伊朗和巴基斯坦建立的中西亚经济合作组织。1992 年 2 月，中亚国家的政府代表应邀出席了在伊朗首都德黑兰召开的第一届"中西亚国家经济合作组织"首脑会议。该组织旨在进一步拓宽和发展地区性经济合作，乃至建立起一个伊斯兰共同市场。在这次会议上，中亚五国被接纳为正式成员国。1993 年 2 月，中西亚经济合作组织在巴基斯坦召开部长级会晤，拟订了 2000 年以前加强在运输、贸易、能源、工农业、旅游等领域合作的行动计划。同年 7 月，在土耳其的伊斯坦布尔举行中西亚经济合作组织第二次首脑会晤，决定在资本、劳动力流动方面加强合作，为投资活动提供最优惠的条件。此后，该组织第三次和第四次首脑会晤决定成立贸易和发展银行、保险公司等地区性机构。

2000 年 6 月，中西亚经济合作组织先后在伊朗举行部长理事会第 10 次会议和第六届首脑会议，批准了有关削减成员国之间关税和非关税壁垒的建议，以促进该组织成员国之间贸易的发展。2002 年 10 月 14 日，中亚五国领导人出席在土耳其伊斯坦布尔举行的中西亚经济合作组织第七届首脑会议。会议结束发表的伊斯坦布尔宣言说，10 国领导人表示要进一步加强地区各方面的合作，特别是在贸易和投资、运输和电信、能源、矿业、环境、农业、工业和毒品控制等领域的合作。实际上，中西亚经济合作组织成员国之间的贸易目前只占该组织成员国贸易总额的 7%，彼此间开展贸易的障碍很难消除。土耳其、巴基斯坦、伊朗的经济不景气，难以给中亚国家提供更多的帮助。2009 年 3 月，土库曼斯坦宣布放弃成员国

---

① 张炳清、韩永学编著《大赌局——冷战后地缘政治格局》，中国社会科学出版社，1999，第 43 ~ 44 页。

地位。这个"一体化"方向十多年原地踏步,未来的前景也不明朗。

出于不同的战略考虑和政治原因,不同的中亚国家选择了不同的一体化方向。如哈萨克斯坦、吉尔吉斯斯坦与俄罗斯、白俄罗斯组成了关税联盟。1996年3月,哈、吉与俄罗斯、白俄罗斯签署四国关于加深经济和人文领域一体化条约,提出将建立"一体化国家共同体",决定成立联合管理机构,如跨国委员会、一体化委员会和跨国议会等。塔吉克斯坦后来也加入进来。2000年10月10日,哈、俄、白、吉、塔五国决定成立欧亚经济共同体,五国开始实行统一关税税率、统一的非关税调节措施,还准备建立针对第三国的五国统一贸易制度和统一关税区。但经济发展水平差异过大以及自身经济的不成熟,制约着五国合作的深入。2006年1月,乌兹别克斯坦被接纳为欧亚经济共同体成员。2007年10月6日,欧亚经济共同体六国首脑在杜尚别举行了首脑峰会。会上各国就有效利用中亚地区水资源和建设共同能源市场的计划达成协议。俄罗斯、白俄罗斯和哈萨克斯坦三国领导人签署了在欧亚经济共同体框架下成立关税联盟的协议,该组织其他成员国也有权参加关税联盟。虽然乌兹别克斯坦2008年11月宣布停止参加欧亚经济共同体的活动,俄、白、哈三国关税联盟在2010年进入实质推进阶段。

乌兹别克斯坦则参加了由格鲁吉亚、乌克兰、阿塞拜疆和摩尔多瓦四国成立的"古阿姆"联合体。2001年3月,乌兹别克斯坦总统卡里莫夫参加在乌克兰首都基辅举行的五国首脑会议,此次会议标志着"古阿姆"这一非正式地区联盟正式转化为地区性国际组织。五国大力推进跨高加索运输走廊方案,力图与欧洲建立更加密切的联系。但是,缺乏实效的合作很快使乌兹别克斯坦心灰意冷,于2002年6月宣布"暂停"参与该组织的活动。

近些年来,中亚五国与外部世界的经济联系逐年扩大,与独联体国家的贸易额在外贸总额中所占的比重不断下降。而与西方国家、东亚和东南亚国家的贸易额和合作规模呈上升趋势。中亚地区内部一体化的条件不好,甚至还不完全具备发展一体化所必需的前提条件。在这种情况下,中亚国家更关注地区外的经济合作,但又面临一体化方向的困难选择。与独联体国家、邻近的西亚和南亚国家加强合作,基础设施建设不存在大的问题,但这些邻近国家经济都不发达,资金也不雄厚;与欧盟、美国、日本、印度和东南亚国家扩大联系,这些国家经济有实力或增长很快,但距离过远,交通不便。因此,有地缘上的便利、经济又充满活力的中国,便是它们最现实的选择。目前,提出在中亚地区建立"自由贸易区"、"关税同盟"、"共同市场"的区域合作组织不少，但均是虚多实少，进展缓慢。关键问题是中亚及周边多数国家经济实力都有限，缺少"拉动"力量。

在广泛参与国际合作的过程中，中亚国家遇到了"选择难题"。主要是难以兼顾各个方向，难以作出合理的取舍，反而使自身的利益不容易得到实现。这突出表现在能源和安全领域。在能源领域，一方面，俄罗斯力图继续掌控中亚能源的流向。由于历史原因，该地区油气出口要"租用"俄罗斯的管道，俄罗斯在中亚能源外运方面长期居于垄断地位。哈萨克斯坦、土库曼斯坦等国独立后，能源产量和出口量迅速增加，原有的管道满足不了需要。中亚各国开始与其他国家合作，建设新的油气管道，这无疑影响到俄罗斯的"收益"。普京 2007 年 5 月出访中亚，先是同意在利用核能发电方面帮助哈萨克斯坦，然后又表示在里海划分问题上支持土库曼斯坦。在经济有了起色之后，俄罗斯准备利用经济和政治投入，保住在中亚能源领域的特殊权利。另一方面，欧美等西方国家力主扩建"运输走廊"，摆脱俄罗斯的控制。在海湾地区局势不稳的情况下，欧盟希望增加从中亚的能源进口，但又不希望受制于俄罗斯，因而主张建设新的管线，帮助中亚成为俄罗斯的"竞争者"。在欧美的力促下，2005 年 5 月，一条绕开俄罗斯通往西方的巴库—第比利斯—杰伊汉管道建成，打破了俄罗斯的垄断格局。欧盟和美国还倡议铺设穿过里海海底的跨里海管道。在俄罗斯不断强化能源"武器"以与西方竞争的背景下，中亚国家往往成为被动的"旁观者"甚至是"受害者"。

从目前的态势看，俄罗斯在与西方的竞争中取得了主动权。这是因为欧盟需要俄罗斯的能源，不可能与之彻底反目；而美国还陷在伊拉克的泥沼之中，无法在中亚作更大的投入。更主要的是，中亚国家的经济发展已经进入一个新阶段，开始把油气以外的领域作为投资重点。俄罗斯积极调整战略，成为受欢迎的外部力量。但是，中亚国家能源输出多元化的政策并未改变，俄罗斯要完全掌控中亚的能源输出，显然不符合中亚国家的长期利益。因此，多数中亚国家对俄罗斯采取了一种非常实用的态度，一方面，答应俄罗斯的要求；另一方面，继续和西方合作，而且准备建设向东通往太平洋、向南通往印度洋的多条管道。可以预见，俄罗斯与中亚国家在能源领域的合作未来不会一帆风顺。西方掌握了里海地区多数油田的开发权，资金比俄罗斯要雄厚得多，双方在中亚能源领域的明争暗斗还将继续下去。

在军事安全领域，中亚国家也面临类似的难题，需要在俄罗斯和西方之间进行取舍。美国的战略是把中亚国家作为一个个棋子，在地缘政治的棋盘上放在合适的位置，帮助美国取得地区乃至全球博弈的主导权。因此，美国的考虑与中亚国家的愿望常常是有距离的：中亚国家希望和美国成为平等的"战略伙伴"，得到全面、互利的支持；而美国并不认为中亚国家是"头等的"盟友。美国在中亚行动的目的更多地针对丰富的能源和潜在的对手，里海、俄罗斯、中国等才是美国的最终目标。美国对俄罗斯牵头的独联体集体安全条约组织没有表现出兴趣，而是绕开它，直接与中亚国家开展双边军事安全协作。这反映美国并没有真正认为俄罗斯是"伙伴"。借在中亚强化合作、长期驻军，美国在里海能源开发问题上争取到了更多的发言权。这也在一定程度上触及俄罗斯的传统利益。

美国还利用外交和经济手段鼓励独联体国家对俄罗斯的离心倾向。美国的长期目标是，使中亚国家脱离俄罗斯的阵营，追随美国为首的西方国家。为了加大反恐力度、巩固反恐成果、扩大美国对独联体国家的军事影响，美国政府 2003 年 2 月 3 日向国会提交的 2004 年联邦预算草案，计划增加对独联体国家军事援助资金。白宫预算委员会宣布，美国政府 2004 年将向独联体国家提供 3640 万美元。这批款项将主要用于支持独联体国家（除俄罗斯、白俄罗斯和哈萨克斯坦外）购买美国武器装备和增加各国现役军人工资，以及加快各国军队职业化改革进程等。美国相继增加对塔吉克斯坦、吉尔吉斯斯坦等国的援助。

俄罗斯在独联体集体安全条约组织框架内，也不断加强在中亚地区的军事存在。2002 年 10 月底，俄罗斯国防部宣布将在距吉尔吉斯斯坦首都比什凯克 20 公里的坎特军用机场建立俄罗斯空军基地，并开始向该基地调派战机。为维护这一空军基地，俄罗斯每年至少拨款 5000 万美元①。同年 12 月，俄罗斯总统普京对吉尔吉斯斯坦进行了为期一天的工作访问。普京表示，独联体集体安全条约组织在中亚的快速反应部队已基本建成，其 1000 名官兵来自哈萨克斯坦、吉尔吉斯斯坦、俄罗斯和塔吉克斯坦四国。根据达成的协议，从每个国家抽调的官兵目前都驻扎在各自国家境内，而快速反应部队的空军力量则将部署在吉境内的坎特机场。尽管俄方强调，选中坎特机场作为基地，目的是为独联体集体安全条约组织成立中亚快速反应部队布置空军力量，对维护中亚稳定具有十分重要的作用。但

---

① Виктория Панфилова：Иванов приготовил для Путина сюрприз, Независимая газета, 5 декабря 2002г.

无论是俄罗斯的分析家还是北约的军事专家，都认为俄罗斯在坎特机场建立空军基地是为了牵制部署在吉尔吉斯斯坦玛纳斯空军基地的美国军队①。

2003 年 5 月，俄罗斯又与塔吉克斯坦政府正式签署了俄在塔境内建立军事基地的协议。该基地将在原有俄 201 摩托化旅的基础上加以扩建，其最终目标是建立包括航空部队在内的多军种部队。俄在塔建立军事基地将进一步加强两国间的关系，而塔吉克斯坦也将成为俄罗斯在独联体南部地区的地缘政治利益中心。俄罗斯希望通过这种手段继续保持自己在中亚地区的影响②。从目前形势看，俄罗斯的西南两翼正面临着来自美国和北约的夹击。西面：波罗的海三国加入北约；南面：美国的军事力量已经顺利进入中亚和外高加索腹地，但俄罗斯在这里还有很大的回旋空间。从地缘政治、国家安全和经济利益诸方面考虑，俄迫切需要保住中亚和外高加索这片"缓冲带"。由此可以预见，俄将继续采取各种措施，努力巩固俄在中亚和外高加索的传统优势，防止美国在这一地区坐大③。

总之，21 世纪的俄美之争，不再是从前的一城一地，而是新格局中大国关系的具体体现，竞争中要合作，合作中难免竞争。大国关系的这种趋势，对中亚地区的发展是有利的。但是，由于美国遏制俄罗斯的战略也不会改变，两者的矛盾还会出现甚至激化，这对中亚国家的稳定是不利的。在俄、美分别主导的国际合作中，中亚国家希望能够同时参加，这增加了选择的余地，应该是比较有利的；但如果这两种国际合作相互针对时，中亚国家就难以取舍，甚至不得不接受利益上的损失，这对中亚国家又是不利的。

三　中亚国家地缘战略的得与失

中亚国家的地缘战略是有自身特点的，如长期担任哈萨克斯坦外交部长的托卡耶夫在著作中强调的那样，"欧亚两洲交界处的地缘政治位置、经济和政治—军事利益，以及现有的潜力决定了哈萨克斯坦在当今国际关系体系中的位置，作为欧亚两洲夹缝中的大国，哈萨克斯坦希望在相互保

---

① Виктория Панфилова：Иванов приготовил для Путинасюрприз, Независи маягазета, 5 декабря 2002г.

② Врадимир Мухин：Россия создает крупнуюво еннуюбазув Централь нойАзии, Незав исимая газета, 21 мая 2003г.

③ 友娣：《在大国争夺的背景下，"中亚热"会持续升温》，2002 年 10 月 11 日《人民日报（海外版）》第 8 版。

证安全、尊重主权和领土完整的原则下把自己的周围地区建成睦邻友好的区域"①。追求睦邻友好，维系大国平衡，是中亚国家地缘政治战略的基本出发点。

中亚各国的地缘经济战略妨碍了地区的团结和一体化进程的推进。中亚各国把地理因素转变为追求经济优势甚至地区霸权的砝码，因而出现了一系列矛盾：（1）贸易战，利用高关税限制从其他中亚邻国进口商品，如哈萨克斯坦向从乌兹别克斯坦、吉尔吉斯斯坦进口的商品征收过200％的关税②；（2）运输战，在转运其他中亚邻国的商品时层层设卡；（3）资源战，因为支付和补偿问题，中亚国家在天然气、水资源的供应方面矛盾颇为尖锐。中亚地区的地理环境比较差，又同属内陆国家，对外交通不便，相互之间有着传统的密切联系。但是，中亚国家为了保护眼前的自身经济利益，不愿意作出一些让步，因此难以在一体化问题上取得实质性进展。经济利益的冲突决定了地区内各国在地缘政治利益上也难以完全吻合。

美国在这一地区保持军事存在，不能不引起中亚地区邻近大国的担心，这对美国来说也是弊大于利的。尽管控制了"心脏地带"，美国将其防卫前线推到了中亚一线，从而在未来可能的战争中大大改善北约的战略态势。但必须看到，中亚地区复杂的地理状况和民族构成、社会经济状况和极端主义的残余，再加上长期以来形成的反美情绪，美国要确保其优势，继续奉行单边主义，不考虑其他国家和国际组织的态度，注定需要付出许多代价。因此，美国中亚战略的核心还是"间接控制"，或者说是"软控制"。目标是用比较小的代价获得比较充分的影响力，前提是不与俄罗斯、中国发生正面冲突。实际上，也正是地理上的原因导致美国在斥资数十亿美元打下阿富汗以后却不得不权衡多方利益，让出部分胜利果实。因为中亚国家在美国对欧亚大陆的地缘战略中处于从属地位。与其说美国要把中亚国家从俄罗斯的影响下"拉开"，不如说美国要"鼓动"中亚国家主动脱离俄罗斯。美国采取这样的政策，也是基于对中亚地区地缘政治形势的判断。这也构成21世纪前期美国中亚政策的主线。

有一种观点认为，到2001年中期，中亚的地缘政治形势是俄、美、

① 〔哈〕卡·托卡耶夫：《哈萨克斯坦：从中亚到世界》（中译本），塞力克纳雷索夫译，新华出版社，2001，第225页。
② Boris Rumer, Armonk, Central Asia and the New Global Economy, New York-London, M. E. Sharpe, 2000, C. 11.

中三个大国基本上达到一种平衡：俄罗斯依靠军事政治存在，首先是独联体集体安全条约和驻塔201摩步师；美国依靠经济影响，特别是强化在一些战略部门的合作，首先是石油、天然气领域；中国依靠出口商品和进口原料资源。"9·11"事件以后，这种平衡被破坏了，美国不仅在经济上占有优势，而且在军事政治领域也占据了俄罗斯的"阵地"①。实际上这不能一概而论，中亚的地缘政治形势是复杂的、多元的，而不是单一的、平稳的，各国的情况都有不同。在美国驻军中亚以前，在乌兹别克斯坦、土库曼斯坦并没有俄罗斯的军事政治存在，中国的贸易影响在乌、土、塔比较弱；反恐战争中，哈、土境内也没有美军进驻，战争结束后美国并没有保留很强的军事力量，俄罗斯在塔、吉的军事力量要超过美国。基本上前后的格局没有明显的、根本的变化。

应该承认，由于经济实力减弱，俄罗斯的政治影响也大打折扣。如吉尔吉斯斯坦与俄罗斯2001年的贸易额仅为1.496亿美元，比2000年减少16%，排到了中国的后边。地缘政治要受地缘经济的制约，1993~2001年，美国在哈萨克斯坦的投资占哈外资总额的35%，在吉尔吉斯斯坦的投资占17.5%；英国在哈投资占13.1%，在吉投资占10.8%；土耳其在哈投资占3.5%，在吉投资占11.1%；而俄罗斯在哈投资仅占1.9%，在吉投资占0.4%②。实际上，中亚地区地缘政治格局的变化是早已注定的，俄罗斯之所以还有巨大影响，依靠的是地理上和传统上的优势。经济实力不足导致其在该地缘政治竞争中也力不从心。阿富汗"塔利班"政权被推翻后，中亚、南亚地缘政治格局发生一系列变化。印度、土耳其在美国的支持下，在地区的力量天平上占据了相对有利的位置。但这种变化未打破过去的大格局。俄罗斯、中国依靠地缘优势，继续在该地区保持强有力的影响。

当前欧亚大陆的国际政治格局，有美、俄、中和美、欧、俄两大战略关系，中亚不仅是大陆上欧、亚两大地理板块的结合部，而且也是大国地缘战略板块的结合部。"9·11"事件，"将原本内乱不断的阿富汗及中亚一起推到了地缘政治风云变幻的前台"，主要国家为此"作出了相应的战略和策略变动"。欧亚大陆"在很大程度上已经形成紧密联系的地缘整

①　Ашимбаев М., Лаумулин М.: Трудный путь к региональной безопасности, КонтиненТ（Алматы），15–28 мая 2002, №10, С. 22–23.

②　О. Резникова：Экономическое развитие государств Центральной Азии и Кавказа: роль внешних ресурсов, Мировая экономика и междунар одныеотн ошения, 2003. №4.

体"，地缘角色需要"在彼此之间的战略互动和各种利益的碰撞中，去实现自己的战略目标"①。反恐战争的结果，不仅仅是美国的简单获胜，而且激活了整个大陆的地缘政治神经，中亚地区在大国地缘战略中的作用增强了。21世纪是多极化和全球化潮流更加迅猛的时期，中亚地区在欧亚大陆上的特殊位置，可以帮助该地区各国参与更多的国际合作，但也不可避免地受到各种伴生的不利因素的干扰。

国际形势的变化还体现在，一些区域性的集团力量得到加强，彼此形成了竞争关系。2001年，由中国、俄罗斯、中亚国家建立的"上海五国"机制正式成为上海合作组织，其积极推动政治、经济、安全和人文合作，迅速完成了机制化建设，影响日益扩大；北约利用参与阿富汗的反恐机会而在中亚站稳脚跟，欧盟也扩大了影响；俄罗斯推动独联体框架内的一体化，成立独联体集体安全条约组织，深化欧亚经济共同体的合作。中亚的哈萨克斯坦一方面参加了关税联盟，同时利用2010年成为欧安组织轮值主席国的机会调整外交战略；另一方面也未放弃成立"没有大国参加的"中亚联盟的计划。中亚国家还参加了由土耳其、巴基斯坦、伊朗策划的中西亚经济合作组织。吉尔吉斯斯坦是世界贸易组织成员，中国也加入了世贸组织，而其他成员国还未能加入。不认同一些国际经济交往的惯例，这给多边经贸合作水平和质量的提高带来了难题。由于在不同的国际组织中各自承担了不同的义务，在合作领域上相互交叉，孰先孰后，孰重孰轻，都是成员国要考虑的问题。

另外，维护地区安全的任务更加艰巨，亟须联合更多国家的力量，应对非传统安全的挑战，主要是恐怖主义、分裂主义和极端主义、有组织犯罪、非法贩运毒品和武器、大规模杀伤性武器及其运载工具扩散、环境恶化、自然资源枯竭、非法移民、贫困、落后和艾滋病等。中亚地区是重灾区，中国和俄罗斯也受到困扰。而要消除这些威胁，又不是几个国家就能够做到的，要联合其他国家和国际组织的力量，这就需要国际社会共同努力。但某个或某些大国为了一己之利，动辄以武力解决问题，使地区安全形势更加严峻。中亚国家对此认识并不一致，也缺乏有效的合作。

从中亚国家的地缘战略来看，经济和安全利益居于核心地位。要充分利用自身的地缘优势，更倾向于依靠独联体集体安全条约组织、欧亚经济共同体、上海合作组织发挥重要作用，同时也不反对西方提出的合作计划。比如"颜色革命"以后，多数中亚国家对美国等西方国家的渗透存

---

① 唐永胜：《欧亚大陆地缘战略关系的变化》，《世界经济与政治》2002年第10期。

有疑虑，对西方的渗透采取了一系列反制措施，但同时还寄希望于西方能继续提供援助。在美国调整策略、出台"大中亚计划"以后，多数中亚国家并不反对，连曾受到制裁的乌兹别克斯坦也对西方继续抱有幻想。由于中亚国家地缘经济和地缘政治目标不明确，或者被迫从属于强有力的外部力量，这实际上是得不偿失的。在参与地区合作的过程中，一些中亚国家考虑的单纯是经济上的收益，有的只希望借此提高自己的国际地位，缺乏足够的政治互信，导致最终也难以开展真正互利的经济合作。

第四节 中亚国际合作机制与中国

中国与中亚地理上唇齿相依，历史上中国和中亚一度通过"丝绸之路"共享过繁荣，也曾经被彼此隔绝，虽相望却无法相通。与中国接壤的有哈萨克斯坦、吉尔吉斯斯坦和塔吉克斯坦三个中亚国家，它们对华奉行友好的政策，赞同与中国建立长期稳定的睦邻合作关系。乌兹别克斯坦和土库曼斯坦也重视对华关系，希望不断扩大与中国的政治、经济联系。这些中亚国家独立20年来，与中国在各个领域、各个层次经常互访，实现了广泛的政治互信，顺利解决了边界问题，不断推进经贸合作的发展，在地区和国际事务中的合作也不断深化。中亚地区国际合作的开展，对中国的战略利益也构成了直接的影响。一方面，中国与中亚国家开展地区合作，共建上海合作组织，借以促进双边关系的进一步发展；另一方面，中亚国家广泛参与多边机制，不仅使中亚的地缘政治形势越来越复杂，而且也使中国西北地区的外部环境变数增多。

一 中亚国家对华政策的基础与基本内容

中国是世界上最古老的文明中心之一，中亚也是文明发育很早的地区。作为中国的近邻，中亚国家同中国有着源远流长的历史文化联系，曾经给中亚地区带来过繁荣的"丝绸之路"的起点就在中国。古代"丝绸之路"使中亚的很多城市作为当时的商贸中心而繁荣起来。"它不仅是商旅之路、文明之路，也是友谊之路、合作之路。这条千年古道，把中国人民同中亚各国人民紧密地联系在一起"①。中亚国家同中国的联系在历史上虽几度中断，但彼此之间开展经济文化交流是双方的共同需要，加之地

---

① 摘自江泽民主席在哈萨克斯坦议会的演讲——《共创中国和中亚友好合作的美好未来》，1996年7月6日《人民日报》。

理上的毗邻，可以说双方的友好往来是有良好基础的。

1991 年哈萨克斯坦、吉尔吉斯斯坦、塔吉克斯坦等中亚国家独立以后，都非常重视同中国发展友好关系。这些国家的领导人多次强调指出，中国是它们的近邻，是一个"伟大的国家"，在发展经济方面取得了"少有的成功"，有很多值得学习的经验。中亚国家认为，同中国建立良好关系，这是一个具有战略意义的问题，也是一条通向外部世界的捷径。对中国的政策可以说是中亚国家亚洲政策的关键，发展同中国的关系可以为中亚国家内部改革创造有利的外部环境，而且是哈、吉、塔跻身亚洲和亚太地区的需要。

在中亚国家制定对外政策时，中国占有非常重要的位置，这是由以下客观现实所决定的：

第一，从地理位置上看，中国是紧邻中亚地区的大国，双方有着约 3300 公里的共同边界。其中哈萨克斯坦与中国的边界为 1700 多公里；吉尔吉斯斯坦与中国的边界大约 1000 公里；塔吉克斯坦与中国的边界大约有 500 公里。

第二，在交通方面，中亚国家都是内陆国家，没有自己的出海口，中国是哈、吉、塔等中亚国家到达太平洋最便捷、最可靠的交通"走廊"，也是目前相对于其他方向更稳定、更安全的出海通道。第二条欧亚大陆桥开通以后，中亚国家对此抱以极大的期望。1995 年 9 月，哈萨克斯坦总统纳扎尔巴耶夫访华时，签署两国政府关于利用连云港装卸和运输哈萨克斯坦过境货物的协定。根据该协议，货物从哈萨克斯坦运输到太平洋沿岸的距离缩短了 3000 公里，哈领导人高度评价了协议的战略意义。中国与吉尔吉斯斯坦也准备修筑一条通往乌兹别克斯坦的国际铁路。2004 年 5 月，哈萨克斯坦总统纳扎尔巴耶夫访华时，中哈签署了修建从阿塔苏到独山子输油管道的协议，这是第一条从境外向中国输送石油的陆路管道。土库曼斯坦至中国的天然气运输管道也已修通，被中亚国家称为"21 世纪最具远景的管道线路"。

第三，从经济上看，中国与中亚国家之间存在着地缘上的优势和一定的互补性，发展经贸合作对彼此都有利。双方的互补性与互利合作不仅仅体现在商品贸易领域，中亚国家还希望得到中国在投资、技术等方面的帮助，并借助中国进入亚太"经济圈"。中国与中亚国家国情相似，中国在改革开放的过程中经济上取得了突出的成就。哈、吉、塔等国对中国经济改革的成功经验非常重视，特别是中国进行结构改革、对外开放以及发展农业、轻纺工业、外贸方面的经验，希望加强与中国这些部门的联系。

第四，从民族宗教来看，中国西部生活着维吾尔族、哈萨克族、乌孜别克族、塔吉克族、柯尔克孜族等与中亚邻国跨界而居的少数民族，他们与中亚国家的居民有着血缘、文化上的亲密关系。另外，哈、吉、塔三国的居民大都信奉伊斯兰教，而在中国西北的新疆等地也生活着不少穆斯林。

第五，在国际事务中，中国是亚洲最大的国家、联合国安理会常任理事国，拥有13亿人口和高速增长的经济。在亚洲乃至世界事务中，中国的作用举足轻重。中亚国家是新独立国家，与中国发展关系会加强它们在国际生活中的地位，扩大影响，巩固本国的政治经济独立。中亚国家的领导人认为，中国对"第三世界"和整个国际社会都有巨大的影响。

第六，在安全方面，中国是核大国，是维护亚洲和世界和平与安全的重要力量。中亚国家独立后要保护国家安全，实现国内和地区的稳定，离不开中国的帮助和支持。在中国与中亚国家高层会晤时，共同维护地区的安全，打击民族分裂主义、宗教极端主义、国际恐怖主义和毒品走私等各种跨国犯罪，维护地区的和平与稳定都是重要内容。

这些客观现实决定了中亚国家在发展同中国关系时的基本思路，即保持睦邻友好，扩大经济合作，利用中国的影响和地位争取更加有力的国际支持，平衡俄罗斯、西方和伊斯兰世界的影响，保障国家和地区的和平与安全。另外，中亚国家奉行对中国友好的政策，和中国政府十分重视与中亚国家的合作也有直接的关系。1994年4月，中国首次明确了发展同中亚国家关系的基本政策：第一，坚持睦邻友好，和平相处；第二，开展互利合作，促进共同繁荣；第三，尊重各国人民的选择，不干涉别国内政；第四，尊重独立主权，促进地区稳定。1996年7月，中国领导人在哈萨克斯坦强调，中国希望同中亚国家彼此真诚相待，友好相处，永远做好邻居、好朋友、好伙伴。2003年6月，国家主席胡锦涛首次出访国外，中亚的哈萨克斯坦就是其中的一站。中国领导人积极务实的态度以及与中亚国家领导人建立的个人友谊，对中亚国家制定对华政策产生了良好的作用。

建交20年来，哈萨克斯坦、吉尔吉斯斯坦、塔吉克斯坦的对华政策相对简单，比较稳定，没有出现大起大落。中国始终在中亚各国的外交中处于比较优先的地位，其主要方针可以概括为以下几个方面：

（1）赞成在和平共处五项原则特别是在平等互惠的条件下，积极发展与中国的睦邻友好关系，在其对外交往中把中国视为"优先方面"之一。中亚国家的领导人赞赏中国对国家关系、国际问题的原则性看法，认为在发展与中国的关系时保持和发展长期稳定的睦邻友好、互利合作关系，符合双方人民的根本利益，也有利于亚洲的和平、稳定与发展。希望加强在各领域与中国的战略协作，认为双边互利合作有着地缘优势，前景非常广阔。

（2）积极推动双边经贸合作，中亚国家尤其重视在开发资源、结构调整以及欧亚大陆桥的合理利用上得到中国的支持和帮助。中亚国家领导人访华期间，多次强调，双方经济互补性强，中亚各国人民对中国人民怀着十分友好的感情，对中国在经济、科技和文化方面所取得的成绩感到欣慰，表示愿意加强与中国在经贸、能源、科技、农业等领域的合作，希望双方企业、企业家之间的交往与合作不断扩大。经过共同努力，中国与中亚国家的贸易额增长迅速，中国已经成为中亚国家最重要的贸易伙伴之一。

（3）明确表示支持中国维护国家统一和反对分裂活动的立场，同时也希望中国对中亚国家巩固主权和独立给予相应的支持。中亚国家的领导人表示，尊重中国的主权和领土完整，赞赏中国的民族政策，反对民族分裂主义。他们多次重申，中华人民共和国是中国唯一的合法政府，台湾是中国领土不可分割的一部分，本国政府不会与中国台湾建立任何形式的官方关系和进行任何形式的官方往来。

（4）努力谋求中国对其安全的保证，积极地开展与中国在军事领域的合作关系。中国政府于1995年2月8日发表正式声明，对哈萨克斯坦提出的希望得到安全保证的要求作出明确的回答，保证不对哈使用或威胁使用核武器。这一立场得到哈各界的好评，哈萨克斯坦认为这是具有重要历史意义的文件。

（5）在国际事务中谋求中国的理解和支持，强调与中国发展伙伴关系的基础是双方在国家发展的一系列问题上立场相似或接近，在和平、合作与发展等所有重要问题上观点一致。中亚国家的领导人多次表示，赞赏中国采取独立自主和"大小国家一律平等"的外交政策，感谢中国的无私援助和在国际事务中的支持。在关于人权问题上，中亚国家也基本上支持中国。它们强调，在国际和地区问题上与中国有着完全一致或近似的立场，愿意在国际问题上继续加强与中国的磋商与合作。

在21世纪，中亚国家明确表示出从战略高度发展对华关系的愿望和要求。哈萨克斯坦总统纳扎尔巴耶夫多次强调，加强与中国的关系是哈对外政策的关键和优先方面，将哈中关系提高到建设性伙伴关系的高度，是哈实现经济稳定和发展的重要条件。他说，在21世纪，世界经济和政治的发展在相当程度上将取决于中国的影响。对哈萨克斯坦来说，同中国这样一个有前途、经济正在高速发展的国家建立合作关系尤为重要①。1999年哈萨克斯坦将其对外关系的优先方向进行了部分调整，并首次将中哈关系提升到对外关系的第二位，仅次于哈俄关系。其他中亚国家的领导人也有类似的看法，认为中国和美国、俄罗斯一样，是21世纪对中亚最重要的国家②。其他中亚国家也越来越重视对华关系。

二 从双边到多边：21世纪中国与中亚国家的战略合作

21世纪伊始，中国与中亚国家从长期睦邻友好的战略高度，为进一步巩固和深化双边关系，开展更加广泛的地区合作，作出了许多新的努力。上海合作组织就是这种互信、互利合作的成果，中国和中亚国家对在该组织框架内开展多边协作都寄予厚望。

（一）双边关系已经奠定了良好的基础

中国与中亚五国之间的双边关系已经达到了较高的水平。（1）政治上，领导人的互访很频繁，签署了一系列声明、协议及其他合作文件，为睦邻友好关系的发展奠定了法律基础。（2）经济上，双方的具体合作也初见成效，贸易额不断攀升。1992年，中国与中亚五国的进出口额为4.59亿美元；1997年达到8.72亿美元；2000年，进出口总额达到18.198亿美元；2003年，中国和中亚五国的贸易额大幅攀升，达到40.6亿美元；2006年已超过100亿美元，2008年达到252亿美元，其中哈萨克斯坦、吉尔吉斯斯坦和乌兹别克斯坦是中国在中亚的主要经贸合作伙伴。（3）安全上，中国与中亚国家在军事安全领域有经常性的互访，中国向中亚国家提供了安全保障和物资援助。（4）文化上，双方的交流很多，并且有逐步扩大的趋势。

中国同中亚国家有比较长的陆地边界，本着互谅互让的原则，中国与哈萨克斯坦、吉尔吉斯斯坦、塔吉克斯坦顺利解决了历史遗留的边界问题。1994年4月26日，中哈签署《中哈国界协定》，1997年9月24日，中哈双方又签署了《国界补充协定》，到1998年7月4日签署第二个《中哈国界补充协定》，中哈边界问题得到了全面彻底的解决。1999年11月23日，中哈两国元首在北京发表了《中哈关于两国边界问题获得全面

---

① 〔哈〕努·纳扎尔巴耶夫：《站在21世纪门槛上》（中译本），时事出版社，1997，第155、160页。

② 〔吉〕阿斯卡尔·阿卡耶夫：《难忘的十年》，世界知识出版社，2002，第220页。

解决的联合公报》。通过 1996 年 7 月 4 日签署的《中吉国界协定》以及 1999 年 8 月 26 日签署的《中吉国界补充协定》，最终使中吉两国边界问题得到全面解决。2003 年 9 月，中吉勘界工作宣告结束。中塔两国边界谈判的过程相对长一些。1999 年 8 月 13 日，中塔两国就协商一致的地段签署了《中塔国界协定》。2000 年 7 月，中、塔、吉三国在杜尚别第五次"上海五国"元首会晤期间签署了《中塔吉关于三国国界交界点的协定》，为解决中塔边界剩余问题打下了基础。2002 年 5 月 17 日，中塔双方签署了国界补充协定，彻底解决了边界问题。这些都是历史性的成就，对中国与中亚国家睦邻友好合作关系的发展产生了深远影响，也为开展国际合作奠定了必要的和坚实的基础。

进入 21 世纪以后，中国与中亚国家领导人在会晤时反复强调，要从战略高度发展面向未来的新型合作关系。面对各种挑战，中国与中亚国家开始为相互合作作长期的规划，逐步建立起立足于"世代友好"的战略伙伴关系。2002 年 6 月 24 日，中吉两国签署了《睦邻友好合作条约》，指出要"长期全面地发展两国睦邻友好与互利合作关系"。吉 2005 年 3 月发生政局突变，导致阿卡耶夫辞职，新领导人巴基耶夫表示，吉不会改变对上海合作组织的态度，更不会改变坚持全面发展吉中友好合作的方针。

2002 年 12 月 23 日，中国与哈萨克斯坦签署了《睦邻友好合作条约》。2005 年 7 月 4 日，在中国国家主席胡锦涛访哈期间，两国领导人又签署了《中哈关于建立和发展战略伙伴关系的联合声明》。文件中特别提到，"在上合组织框架下的相互协作是加强成员国互利合作、促进本地区稳定与发展的重要因素。双方商定与上合组织其他成员国共同采取切实措施，不断深化上海合作组织安全、经济、文化、教育、环境保护及其他领域的合作，扩大对外交往，使其在地区和国际事务中发挥更加积极的作用"①。

2004 年 6 月，在胡锦涛主席访问乌兹别克斯坦并出席上合组织塔什干峰会期间，中乌两国决定建立"长期稳定的友好合作伙伴关系"。2005 年 5 月 25 日，中、乌签署《友好合作伙伴条约》，有效期 20 年。条约签署前，胡锦涛强调，这体现了两国人民世代友好的共同意愿和决心，为中乌关系的长远发展奠定了坚实的政治、法律基础。乌总统卡里莫夫说，乌方赞赏中方在国际事务中发挥日益重要的作用，愿继续加强与中方在双边

---

① http：//news. xinhuanet. com/world/2005 - 07/04/content_ 3173394. htm

和上合组织等多边框架内的合作①。

2007年1月15日，胡锦涛主席和来访的塔吉克斯坦总统拉赫蒙签署了中塔《睦邻友好合作条约》。强调加强两国有关部门的协调与合作，并在上海合作组织框架内继续采取有力措施，共同打击包括"东突"恐怖势力在内的一切形式的恐怖主义、分裂主义和极端主义，以及有组织犯罪、非法移民、非法贩运毒品和武器及其他各种跨国犯罪活动。双边睦邻友好合作条约的签署，为中国与中亚国家关系的进一步稳定发展奠定了牢固的法律基础，也为在多边层次上进一步加深合作创造了条件。

（二）从战略高度规划未来

在21世纪最初几年，中国与中亚国家的领导人在一系列双边和多边会晤中，已经就双方友好关系的未来发展进行了磋商、筹划，明确了双方长期友好、密切合作的原则，决定建立战略合作关系。这反映了中国政府对发展中亚国家睦邻友好关系的长远考虑。中亚国家领导人也一再表示，将在以下领域进一步加强与中国的友好合作：

1. 政治合作问题

中亚国家领导人认为，与中国的传统友谊得到不断巩固和发展，为今后在相互信任和平等的基础上继续加强和扩大合作奠定了基础；愿与中方共同努力，为密切双方合作奠定更加坚实的基础，开辟双边关系更加美好的未来。

2. 打击"三股势力"问题

在打击包括"东突"在内的"三股势力"问题上，中亚国家与中国立场相同，利益一致，合作良好。中亚国家愿意继续加强与中国在该领域的合作，哈、吉两国分别与中国签署了《关于打击恐怖主义、分裂主义和极端主义的合作协定》。

3. 地区的稳定与发展问题

双方都认为，中亚地区的安全最终还得依靠本地区国家来维护。作为近邻，中国愿与中亚国家共同维护地区的长期和平与稳定，希望中亚各国获得更大发展，强调这符合各国及本地区的利益。中国与中亚国家在阿富汗问题上有着相似的立场。中亚国家愿继续与包括中国在内的国际社会一道，为推动阿富汗问题的全面政治解决作出建设性努力。中国和中亚国家强调，不允许任何组织和势力在本国境内从事针对另一方的分裂活动和极端行为。双方反对煽动国家间、民族间和教派间的矛盾。双方决定在打击

---

① http：//aixin. njmu. edu. cn/News/gnxw/WJ/200505/4056. html。

有组织犯罪、偷运武器等跨国犯罪行为，以及打击毒品非法种植、生产和贩运活动方面加强合作。

4. 中国支持中亚国家的安全倡议

中国对中亚国家提出的"亚信会议"、中亚无核区等倡议给予了积极的支持。中国领导人参加了"亚信会议"的元首级会晤，对此，这一区域性安全对话论坛的倡议者哈萨克斯坦总统纳扎尔巴耶夫非常感谢，认为中国领导人出席会议使"亚信会议"的威望得到提高，今后"亚信会议"的发展将主要依靠中、俄、印等大国。

5. 中亚国家支持中国政府在台湾问题上的立场，反对任何形式的分裂主义，愿与中方在上述领域继续开展合作

6. 积极挖掘经济合作的巨大潜力

经济合作是中国与中亚国家加强双边关系的重点领域，中亚国家十分重视中国的发展经验。双方领导人都强调，通过平等、互利的合作，不断充实双边友好关系的物质基础。

（三）在多边领域进一步推进全面合作

中国和中亚国家领导人高度重视在多边框架内的合作，强调这会使战略关系提高到一个新的层次。双方一致认为，进一步推动上海合作组织的发展，充分发挥其在维护地区安全与稳定、促进成员国经济领域合作等方面的作用，符合该组织所有成员国的根本利益。在上海合作组织框架内，中国和中亚国家积极寻找新的合作方式，开辟新的合作领域。2001 年 6 月上海合作组织的建立，为中国和中亚国家关系向更高层次的发展提供了新的机遇，其主要表现在如下几个方面：

首先，在政治上进一步明确了互信和平等的原则，共同参与国际事务，可以巩固双边合作关系，使双边合作的利益基础更加坚实，上海合作组织框架内签署的各项条约、协定，对中国与中亚国家的双边合作是个补充和延伸。

其次，在经济上争取实现贸易和投资便利化，并开展更深层次的区域合作，对加深中国与中亚国家的双边经济合作关系能够起到推动作用。而且，多边层次上的合作更有利于启动一些投资额较大的经济合作项目。目前，中国与中亚国家在能源、交通运输等领域的合作已经有了相当好的基础，可以用多边合作的方式加以丰富。

在能源合作领域，中亚地区石油、天然气等资源储藏丰富，而中国的能源比较缺乏。2010 年，中国原油进口量为 2.363 亿吨，石油净进口量占国内油品消费总量的比例已经上升到约 60%。中国的石油进口来源相对集中，主要来自几大块：47.1%来自中东地区；29.6%来自非洲；中亚占的份额非常有限。中国一直努力尝试实现石油的海外来源多元化，避免进口过度依赖中东地区，积极到海外投资油气田。为了使中国的石油供应进一步多元化，保障中国的能源安全，中亚地区是非常好的选择之一。在交通运输领域，第二条欧亚大陆桥的建设，提高了中国和中亚国家在国际经济中的地位。中国与中亚国家还签署了多边汽车运输协定，在跨国公路建设、口岸公路建设方面开展合作。

再次，在安全上的互信与协作，不仅可以使中国与中亚国家的边界成为和平友好的新边界，而且对维护整个地区的稳定、欧亚大陆的和平有直接的贡献。中国与中亚国家在打击"三股势力"和跨国犯罪方面的合作，成为上海合作组织安全合作的重要内容。

从20世纪90年代开始，中亚的极端势力、"东突"恐怖势力在国际恐怖组织的支持下相互呼应，在中亚南部和中国新疆制造了一系列恐怖事件，造成了大量的人员伤亡。"9·11"事件后，形势有了新的变化，恐怖势力从阿富汗向中亚地区转移，打击"三股势力"的任务更重了，这需要进行跨国合作，需要地区各国的共同努力。上海合作组织的成立促使启动相关合作，联合打击破坏地区稳定的恐怖势力，国防部长会晤落实了具体行动措施。在上海合作组织框架之内，中国与中亚国家按照签订的各项协议，进行了实质性的合作。2002年5月，在上海合作组织成员国国防部长莫斯科会晤时，国防部长们决定，各成员国应建立举行联合演习和保障安全问题的新形式。在这种背景下，中吉两国决定首先举行联合反恐演习。这是上海合作组织内部首次举行的双边反恐军事演习。随后各方在上海合作组织框架内又多次进行了联合反恐军事演习。

最后，在国际事务中相互支持。中国与中亚国家同属发展中国家，同是新秩序、新格局的拥护者和推动者，在许多国际问题上的看法是相同的或相似的。中国支持在平等参与、协商一致、求同存异、循序渐进的基础上开展多形式、多层次、多渠道的地区安全对话与合作。中国和中亚国家都主张增进各国间的相互了解与信任，促进地区和平与稳定。上海合作组织为中国和中亚国家在国际舞台上的合作创造了更多的可能性。中国领导人强调，中方愿与中亚国家一道共同努力，推动上海合作组织不断向前发展。在维护中亚地区安全、促进中亚地区发展方面，在更加广泛的国际舞台上，中国与中亚国家立场相近，有诸多共同利益。中亚国家领导人强调，上海合作组织是捍卫本地区和平与安全的最有效的机制。中亚国家重视与中国加强在该组织框架内的合作，以捍卫和维护本地区的和平、稳定与安全，使之成为维护本地区安全稳定的源泉。

对于中国来说，中亚是值得重视的地区。中国为了保证稳定和持续发展，非常需要一个稳定的周边环境。中亚地区是中国的近邻，是这个环境中非常重要的一环；中亚国家对于中国经济特别是中国西北部地区经济的发展也提供了新的机遇；中国与中亚在国际上有许多共同语言，中国要成为多极世界中的一极，而中亚国家寻求再次成为东西方的"桥梁"，许多客观因素决定了双方必须加强合作。胡锦涛主席明确指出，中国将始终不渝地奉行独立自主的和平外交政策。坚持与邻为善、以邻为伴的方针，加强同周边国家的睦邻友好，促进区域合作，是中国对外政策的重要基石。中国对中亚国家的政策也是以这一方针为出发点、立足点的。

中国与中亚国家在上海合作组织框架内开展多边合作，主要受以下几种因素影响：

第一是地缘因素。中国与中亚在地理上唇齿相依，中亚是中国连接欧洲、西亚陆上走廊的门户和中转站，中国是中亚地区走向太平洋的依托和捷径。

第二是双边因素。双边关系发展得如何会直接影响到多边合作的开展。

第三是国际因素。国际形势的变化，特别是中亚地区国际力量的分化组合，对中国和中亚国家在多边基础上的合作会有直接的影响。2003年5月，中国国家主席胡锦涛访问俄罗斯和出席上海合作组织峰会时，就建立国际新秩序问题阐述了五项主张，得到了中亚国家的共鸣。

第四是政策因素。上海合作组织的建立和发展是一项前无古人的开创性事业，中国和中亚国家的重视程度或者说把它放在什么样的位置上，这对该组织的发展同样很重要。

第五是大国因素。中国和中亚国家国力不同，与世界上各个大国在交往中所处的地位也有差异。各大国对上海合作组织有自己的看法，甚至为了自身的利益干扰该组织的合作。中亚国家非常重视与一些有经济实力的大国发展优先合作关系，一些认为本国在中亚有特殊利益的大国也排斥中国的影响。

总之，中国与中亚国家不断提升战略合作的水平，开展多边合作，推动上海合作组织的建设，是基于双方共同的安全合作发展利益，基于睦邻友好的良好愿望，基于在纷乱复杂的国际环境中维护地区稳定与繁荣的需要，基于经济区域化、全球化的潮流。尽管有一些干扰因素，但这种合作的基础是坚实的，潜力巨大，前景广阔。

三　影响中亚国家对华政策的负面因素

中亚国家对华政策也有其复杂的一面，双方关系的发展承载了过多冷战时期中苏对抗的历史负担。长期的相互隔绝甚至直接对立，不仅使双方难以深入沟通，而且存在一些误解甚至是敌意。在中亚国家的外交政策中，中国目前还不是最重要、最值得信任的邻国。十多年过去了，这种状况还是没有多少改变，其中主要有以下几个方面的原因：

（一）"中国威胁论"问题

冷战时期中苏对峙的阴影，各种反华宣传以及俄罗斯舆论的一些影响，在哈萨克斯坦、吉尔吉斯斯坦等国不同程度地存在着"中国威胁论"的论调。比如，哈、吉一些政治势力和新闻媒体对中国抱有很深的敌意，肆意丑化中国以及中国商品的形象，从而助长了这些国家内部对中国的不友好情绪。

这些反华言论包括如下几个方面：

1. 认为中国在处理边界问题上"以大欺小"

该言论先是鼓吹中国对中亚有领土要求，在历史课本中有关于沙皇俄国利用不平等条约攫取大片中国领土的内容。在边界问题解决后，又有政治势力挑起事端，认为本国政府"让步过多"，损害国家利益，2002年春天在吉尔吉斯斯坦甚至酿成全国性的抗议活动，造成内阁辞职。

2. 认为中国对向中亚地区非法移民"放任自流"

在地广人稀的哈萨克斯坦，对中国移民问题极为敏感。针对中国居民来哈经商和留学人数的增多，哈有关中国有大规模移民倾向的说法甚为流行。哈一些学者认为，中国目前正面临"人口爆炸"的威胁。中国无法养活那么多人口，因此只能通过输出人口来解决问题。哈就是中国输出人口的重点地区之一。有文章明确表示，中国正在通过非法移民对哈实施"静悄悄的殖民化"。经商的华人在哈、吉等国也经常受到刁难，人身安全和财产安全很难得到保障。

3. 认为经济和军事实力迅速增长的中国会"对外扩张"

20世纪90年代初期，哈萨克斯坦、吉尔吉斯斯坦曾不断对中国的核试验表示"担忧"，在中国彻底停止核试验并向哈萨克斯坦提供安全保障以后，一些中亚邻国对中国的"西部开发"和"走出去"战略一知半解，某些反华人士借此提出中亚可能成为中国经济上或者军事上的"附庸"。个别中亚国家的学者批评中国与中亚国家的贸易结构，并且上升到政治高度，认为中国要用低成本的商品换取中亚国家的战略资源。

（二）资源利用问题

中国对资源的大量需求引起一些中亚国家的担心，其中最为敏感的是"水资源利用"问题。目前主要是中、哈之间对跨境的额尔齐斯河和伊犁河的利用还没有达成分配协议。哈方一再要求中国重视这一问题，并且在国内和国外大造舆论，不仅影响到哈民众对中国的态度，而且也对中哈关系产生了一定的负面影响。哈萨克斯坦某些新闻媒体和学者声称，中国修建水渠引额尔齐斯河和伊犁河河水开发新疆经济，已给哈经济造成"灾难性的影响"。他们指责说，中国大规模开发额尔齐斯河和伊犁河水资源，导致哈的下游地区水源短缺，而且严重污染了上述两个河流。哈国内某些势力认为中国不重视哈方对水资源利用的意见，有意拖延问题的解决，甚至预测双方可能因此发生冲突。这种鼓动对哈萨克斯坦政府在制定对华政策时产生了一定的干扰。

（三）经贸合作问题

虽然中国和中亚国家的贸易额增长迅速，但一些中亚国家对贸易结构不满意，对中国缺少大的投资项目也有看法。由于中国从中亚国家进口的主要是原材料、矿产品和石油，而且投资的规模比较有限，有的大项目迟迟不能落实。因此，哈萨克斯坦、吉尔吉斯斯坦等国有人认为中国没有对促进中亚国家的经济发展作出什么"贡献"。中亚国家对中国把新疆作为与其开展经贸活动的重点地区也有怨言，觉得新疆经济比较落后，只能向中亚输送伪劣产品。这方面中国确实有一些责任，目前中国在中亚国家注册的合资企业数目不少，企业的类型以餐饮、相片冲洗、贸易日用品生产为主，一般规模不大，投资有限，而且实际运作的很少，真正有影响的较大规模的中国企业在中亚是凤毛麟角。另外，中国与中亚国家的贸易还存在产品结构不合理、实际操作不规范、进出口不平衡等问题。中亚国家内部经济环境差，居民收入比较低，由不同渠道来自中国的劣质商品泛滥，这也影响到中国的形象。双方经贸合作滞后，影响了双方关系的进一步发展和深化。近年来，一些中亚国家对中国的态度较之独立之初有所冷淡，原因是西方国家依靠资金和技术优势已经在经贸领域争得主动。对此，西方的学者认识得更深刻一些："在中亚，中国一直是一个不容忽视的经济角色，但中国的存在只是在吉尔吉斯斯坦和哈萨克斯坦才值得注意"，"尽管取得了相对的成功，但中国在近期不大可能成为起主导作用的角色"①。

---

① 〔美〕胡曼·佩马尼：《虎视中亚》（中译本），新华出版社，2002，第200页。

（四）总体外交战略的制约

中亚国家的外交有几个基本层次：第一个层次是俄罗斯和"独联体"，俄是哈、吉、塔等国最重要的政治、经济和安全伙伴。哈、吉、塔、乌四国都参加了俄牵头的"独联体集体安全条约组织"和"欧亚经济共同体"，这些集团有较强的机制约束力和排他性；第二个层次是美国及欧盟，中亚国家需要来自美国等西方大国的经济援助和安全保障，中亚国家都参加了北约"和平伙伴关系计划"；第三个层次才是中国和其他"东方"国家；第四个层次是有宗教、文化亲缘关系的伊斯兰国家。这些层次构成了中亚国家对外交往的优先方面，中国居于相对次要和比较被动的位置。

在考量中亚国家的对华政策时，不能不重视俄罗斯因素和美国因素的作用。如果俄罗斯和美国重视对中亚国家的关系，中国与中亚国家的关系就难以超越它们与俄罗斯和美国的关系。如"9·11"事件之前，美国没有在中亚地区投入很多力量，甚至批评中亚国家在"民主"方面没有进展，美国与中亚国家的关系处于低潮，此时中国的位置有所上升。在哈萨克斯坦、吉尔吉斯斯坦等国的对外政策中，中国成为仅次于俄罗斯的重要伙伴。"9·11"事件后，美国因为阿富汗反恐战争的需要，对中亚加大援助力度，影响增强，中国的排位就下降了。2004年3月，在哈萨克斯坦总统纳扎尔巴耶夫的国情咨文中，中国又被排在俄罗斯、美国之后。这是由中亚国家的自身利益所决定的，很难改变。这也决定了中亚国家对华关系的发展是有一定限度的。

在中亚的多种国际合作机制中，中国参与得很少，而且是较晚进入多边合作的大国，这有一些不利因素。首先，有些起步早、基础好、中亚国家又很重视的国际合作机制，而中国并不是正式成员，甚至不是观察员，因此经常被一些区域合作排斥在外，比如，独联体集体安全条约组织、欧亚经济共同体属于独联体框架内的次区域合作，基础是苏联时期形成的经济和人文联系；其次，一些周边国家和大国很重视利用多边组织来扩大影响，很早就吸纳中亚国家加入，并且作了一些投入，中国当时只是在双边层次上与中亚国家进行合作，比如欧安组织和中西亚经济合作组织，很快就使中亚国家成为其成员，并且使一些合作机制化；再次，有的国际机构和国际金融组织在中亚启动了一系列合作项目，中国参与得也比较晚。中国依靠的主要是上海合作组织，虽然成立时间不长，目前合作进行得比较顺利，也体现出了强大的生命力和号召力，但同时也受到西方国家的封阻，加上除中国以外，其他成员国不愿意在经济上多投入，政治互信也有待加强，中国的作用也受到一些制约。因此，在中亚的国际合作进程中，中国还难以发挥主导作用。

四 中国推动中亚区域合作的前景

中国推动中亚的区域合作，主要是通过上海合作组织来实现的。上海合作组织迅速成形，组织的凝聚力不断增强，并且得到了国际社会的广泛承认，其首要原因是它倡导一种新型的国际政治思维。"上海精神"和"新安全观"的提出，甚至要早于组织宪章的制定和常设机构的设立。这种先创造一种新的思路，用来指导多边合作的实践，本身就是一个创举。"上海精神"强调平等、互利、合作、共赢，突破了传统的国际政治理念，是推动国际关系走向"民主化"、创建国际新秩序的基石。而中国领导人对这种新型思维的形成作出了巨大的贡献。

在上海合作组织中，中国有着重要的国家利益：（1）为国家的发展创造有利的条件，特别是为西北地区的长治久安提供一个稳定的保障。在这个方面的利益之下，可以保证边境地区的安宁，打击企图分裂中国新疆的"东突厥斯坦"恐怖势力，促进新疆等西北省区的对外开放。（2）保证与其他成员国睦邻友好关系的发展，打造"世代友好"的坚实基础。在这个方面的利益之下，有效促进中国与其他成员国的政治、经济、安全、人文交往，鼓励和保护中国企业在这个地区的投资，使中国和俄罗斯、中亚国家的友好关系保持长期稳定，并且以法律形式固定下来。（3）增强中国的国际影响力，与其他成员国共同促进国际新秩序的建立。在这个方面的利益之下，利用上海合作组织这个平台，形成一个"集体"力量，把中国对国际问题的立场和看法传递出去，有效保护中国的国际权益，包括对其他国际机制和国际合作施加影响，增加发言权和发言的分量。中国在上海合作组织中的作用，对中国在东盟"10＋1"机制、朝鲜半岛六方会谈、亚太经合组织以及其他一些国际组织和国际金融机构中的地位，对中国多边外交思想的丰富，都有直接的贡献和帮助。

中国在上海合作组织中的特殊地位和作用，从这个组织诞生的第一天起就已经注定。中国在该组织中的国家利益，不是狭隘的打击分裂势力、保证能源安全、扩大文化影响，这些都是相对次要的利益。主要的利益是中国借助上海合作组织，可以把国家发展的步伐走得更稳，使周边环境得到最大限度的改善，加强与俄罗斯、中亚国家甚至巴基斯坦、印度的睦邻伙伴关系，突破外部力量的所谓"遏制"和"围堵"，真正成为一个在国际上负责任的大国。上海合作组织的发展是一个长期的事业，中国的各种战略利益也会有所调整，这些利益彼此都有联系，其而且在不同的时期，其重要性也是不一样的。

中国的利益与其他成员国的利益在许多方面是相同的，因此，上海合作组织就有了发展的利益基础。中国是上海合作组织各个领域务实合作的主要推动者。中国在上海合作组织中不追求特殊的国家利益，正如上海合作组织首任秘书长张德广所说，"中国对上海合作组织的成立作出了巨大贡献，对于组织宗旨、原则的形成起了重要的作用；在推动地区安全、经济、贸易、文化合作方面，中国也发挥了积极而重要的作用。但这并不是说中国要在组织内谋求某种特殊地位或特殊利益。中国一贯奉行平等互利的政策，尊重其他国家的发展道路，尊重他们的文化传统，寻求共同发展、平等协商、平等待人。中国在组织内是作为平等成员，不寻求指导别人，不寻求特殊地位。中国的贡献得到了各成员国一致的肯定和好评"①。

中国的利益并不突出"利己"的原则，而是为了长远的利益可以牺牲短期的利益，为了整体的利益可以牺牲局部的利益。特别有说服力的例证是中国在经济领域的投入。中国是上海合作组织中经济实力和规模最强和最大的，与国际经济接轨的紧密程度也最深。中亚国家希望在上海合作组织的框架内得到中国更多的帮助，来发展本国经济。中国积极提出倡议，不断推动多边经贸合作取得进展。中方率先提出的"先推进贸易投资便利化改善合作环境，再加强经济技术合作使各方从中受益，最后在组织成立 10～15 年内实现区域内货物、资本、技术和服务的自由流动"的"三步走"设想，被各方接受，作为近、中、长期的发展目标。中方通过在上海合作组织框架内的资金投入，来逐步促进这些目标的实现。在初期所选择的项目，实际上对中国的经济发展并没有带来益处，却对一些经济落后的成员国有很大的帮助。这种有利于上海合作组织凝聚力和影响力的做法，表面上看中国承受了损失和风险，实质上同样有助于实现中国的国家利益。

中方主动在经济方面承担了更多的责任和义务，也是根据长远的国家利益作出的决断，因为中国在地区的核心利益是保持长期的睦邻友好。此外，从上海合作组织的具体实践来看，这对逐步保障和实现国家的重要利益确实起到了直接的作用。第一步是和长期对立的邻国建立了正常的国家

---

① 摘自《瞭望东方周刊》2006 年 6 月 9 日，转引自上海合作组织秘书处编《成就与经验——张德广秘书长谈上海合作组织》，2006，第 49～50 页。

关系，有效维护了中国北方和西北的边界安全；第二步是把安全合作提高到共同维护地区稳定的层面，找到了各方利益的切合点，真正改善了周边的环境；第三步是推动密切的经济合作，与这些邻近国家实现了互惠互利；第四步是扩大政治和人文合作，增信释疑，确定长期友好的基本原则；第五步是在国际上相互支持，营造一种新的合作理念与交往模式，促进国际新秩序的形成，中国的国际地位借此也稳步提高。

中国和中亚国家在经济、政治、安全等许多方面都存在着共同的利益，双边关系的发展总的来说态势不错，都有在 21 世纪从战略高度发展友好合作关系的愿望。在世界新的战略格局当中，飞速发展的中国由于综合国力大大增强，已成为国际事务中举足轻重的力量。而中亚国家恰恰在大国角逐中处于"前沿"，能直接对世界上主要国家和国家集团的利益产生影响。因此，现实世界为中国与中亚国家在国际政治经济关系中加强合作、共同发挥积极作用创造了有利的条件。中国实力的增长以及中国政府把加强与包括中亚国家在内的周边国家睦邻友好作为基本国策，直接决定着未来中亚国家对中国政策的走向。

中国和中亚国家的双边关系经过 20 年的发展，已经达到较高的水平：在政治上，领导人的互访很频繁，签署了一系列声明、协议及其他合作文件，为睦邻友好关系的发展奠定了法律基础；在经济上，双方的具体合作也初见成效，贸易额不断攀升，中国已经是哈萨克斯坦、吉尔吉斯斯坦和塔吉克斯坦最重要的经贸合作伙伴之一；在安全上，中国与中亚国家在军事安全领域有经常性的互访，中国向中亚国家提供了安全保障和物资援助；在文化上，双方的交流很多，并且有逐步扩大的趋势。中国同中亚国家在互谅、互让的原则基础上顺利解决了边界问题，对中亚国家对华政策产生了深远影响。

中亚国家为寻求经济发展，提高国际地位，再次成为东西方的"桥梁"、复兴的"丝绸之路"，诸多客观因素决定了其必须与中国加强合作。哈萨克斯坦上院议长托卡耶夫的看法很有代表性，他在著述中说，中国是亚洲大陆地缘政治中最具影响力的国家，"哈萨克斯坦对外政策的中国方向属于优先发展之列，并且即使在遥远的将来也仍然如此"①。

因此，中亚国家未来仍然会一如既往地重视对华关系，一些困扰双方的问题有望得到解决或者改善。主要包括：双方的合作已经具备牢固的法

---

① 〔哈〕卡·托卡耶夫：《哈萨克斯坦：从中亚到世界》（中译本），塞内克纳雷索夫译，新华出版社，2001，第 186 页。

律和利益基础，而且还将进一步得到充实；经贸合作将达到一个更高的水平，一些重大的合作项目已经落实，比如，中—吉—乌公路和中哈石油管道、中国—中亚天然气管道、连接中亚的跨国公路等；上海合作组织的成立和发展为中亚国家在地区内得到中国更多的支持和帮助创造了条件。在今后中亚国家的对华政策中，经济因素将越来越重要。由于中亚国家发展经济的任务很艰巨，更希望中国在经济方面提供帮助，包括在上海合作组织框架内开展多边经济合作。

　　另外，国际和地区局势的变化也会影响对华政策，比如，中美关系、中俄关系的未来发展如果比较稳定，中亚国家的对华政策也会保持稳定。反之，如果中美关系、中俄关系因为一些突发事件出现波折，中亚国家就要有所取舍，调整对华政策。可以预见，在相当长的一段时期内，中亚国家对中国的政策应该是比较稳定的，以睦邻友好、增信释疑为基调，各个领域的合作有望继续发展。经济方面的潜力可以逐步体现出来，中国的直接投资已经达到数十亿美元，合作的领域不断扩大，双边贸易额未来10年内将达到很高水平。中国在中亚地区的影响力也会不断扩大。由于中亚的地区合作将进一步整合，中国能否取得一个有利的位置就十分重要了。关键要看上海合作组织的发展情况，从上海合作组织成立之日起，中国外交的全新理念和思维就贯入其中。推动上海合作组织的发展，也反映了中国开始重视多边层面的外交，开始真正发挥一个地区性甚至世界性大国的作用，开始为国际政治经济新秩序的建立和多极化进程作出自己的实际贡献。上海合作组织会有一个良好的发展态势，一些合作的优势将随着时间的推移得到越来越充分的体现，比如，经济和人文领域交流符合各成员国利益，政治和安全领域的合作是非常现实的需求。

参 考 文 献

〔俄〕Б. Н. 库济克、М. Л. 季塔连科:《2050 年中国—俄罗斯共同发展战略》,社会科学文献出版社,2007。

〔俄〕尼·伊·雷日科夫著《大国悲剧》,徐昌翰等译,新华出版社,2008。

〔哈〕卡·托卡耶夫著《哈萨克斯坦:从中亚到世界》,塞力克纳雷索夫译,新华出版社,2001。

〔哈〕卡托卡耶夫著《中亚之鹰的外交战略》,塞力克纳雷索夫译,新华出版社,2002。

〔哈〕努·纳扎尔巴耶夫:《哈萨克斯坦2030》,中国地质工程公司赞助出版,1999。

〔哈〕努·纳扎尔巴耶夫:《哈萨克斯坦——2030》,哈萨克斯坦总统1998 年国情咨文。

〔哈〕努·纳扎尔巴耶夫:《前进中的哈萨克斯坦》,民族出版社,2000。

〔哈〕努·纳扎尔巴耶夫:《探索之路》,新疆人民出版社,1995。

〔哈〕努尔苏丹·纳扎尔巴耶夫:《哈萨克斯坦之路》,民族出版社,2007。

〔吉〕阿斯卡尔·阿卡耶夫:《难忘的十年》,世界知识出版社,2002。

〔美〕胡曼·佩马尼:《虎视中亚》,王振西主译,新华出版社,2002。

〔美〕玛莎·布瑞尔·奥卡特著《中亚的第二次机会》,李维建译,时事出版社,2007。

〔苏〕Б. Г. 加富罗夫:《中亚塔吉克史》,肖之兴译,中国社会科学出版社,1985。

〔苏〕苏联科学院历史所编《苏联民族——国家建设史》(上、下),商务印书馆,1997。

〔土〕М. А. 阿塔耶夫编著《土库曼斯坦的今天与明天》,中国驻土库曼斯坦大使馆集体译，石油工业出版社，2000。

〔土〕萨·尼亚佐夫：《永久中立 世代安宁》，东方出版社，1996。

〔乌〕伊·卡里莫夫：《乌兹别克斯坦人民从来不依赖任何人》，时事出版社，2006。

〔乌〕伊·卡里莫夫：《乌兹别克斯坦沿着深化经济改革的道路前进》，国际文化出版公司，1996。

〔乌〕伊斯拉姆·卡里莫夫：《临近21世纪的乌兹别克斯坦——安全的威胁、进步的条件和保障》，国际文化出版公司，1997。

《哈萨克族简史》编写组：《哈萨克族简史》，新疆人民出版社，1987。

北京外国问题研究会：《亚洲区域合作路线图》，时事出版社，2006。

陈江生：《世界经济格局变化趋势及其全球影响》，《现代国际关系》2007年第9期。

陈联璧、刘庚岑、吴宏伟：《中亚民族与宗教问题》，中央民族大学出版社，2002。

陈之骅、吴恩远、马龙闪主编《苏联兴亡史纲》，中国社会科学出版社，2004。

丁宏：《中亚五国民族文化综论》，民族出版社，2003。

冯绍雷、相兰欣主编《普京外交》，上海人民出版社，2004。

郝文明主编《中国周边国家民族状况与政策》，民族出版社，2000。

李淑云：《地缘政治与中亚五国民族问题》，辽宁人民出版社，2007。

刘庚岑、徐小云编著《吉尔吉斯斯坦》，社会科学文献出版社，2005。

刘启芸编著《塔吉克斯坦》，社会科学文献出版社，2006。

陆南泉主编《独联体国家向市场经济过渡研究》，中共中央党校出版社，1995。

马大正、冯锡时主编《中亚五国史纲》，新疆人民出版社，2000。

潘德礼主编《俄罗斯十年：政治·经济·外交》（上、下卷），世界知识出版社，2003。

潘志平主编《中南亚的民族宗教冲突》，新疆人民出版社，2003。

潘志平主编《中亚的地缘政治文化》，新疆人民出版社，2003。

秦放鸣等著《中亚市场新视角》，中国社会科学出版社，2006。

丘远尧主编《走向新世纪的独联体国家》，中国统计出版社，2000。

施玉宇编著《土库曼斯坦》，社会科学文献出版社，2005。

施玉宇编著《亚美尼亚》，社会科学文献出版社，2005。

孙壮志：《中亚五国对外关系》，当代世界出版社，1999。

孙壮志：《中亚新格局与地区安全》，中国社会科学出版社，2001。

孙壮志、苏畅、吴宏伟编著《乌兹别克斯坦》，社会科学文献出版社，2004。

孙壮志《中亚安全与阿富汗问题》，世界知识出版社，2003。

王桂芳：《中亚战略格局与中国安全》，军事科学出版社，2004。

王海燕主编《经济合作与发展——中亚五国与中国新疆》，新疆人民出版社，2003。

王杰、张海滨、张志洲主编《全球治理中的非政府组织》，北京大学出版社，2004。

王治来、丁笃本编著《中亚国际关系史》，湖南出版社，1997。

吴殿延主编《区域经济学》，科学出版社，2003。

吴福环、郭正礼主编《中国新疆与中亚问题研究论集》，新疆大学出版社，2002。

吴宏伟：《中亚人口问题研究》，中央民族大学出版社，2004。

吴宏伟主编《俄美新较量——俄罗斯与格鲁吉亚的冲突》，长春出版社，2009。

吴思远、吴宏伟主编《上海合作组织发展报告（2010）》，社会科学文献出版社，2010。

新疆统计局、新疆社会科学院：《哈萨克斯坦》，《新疆周边国家系列丛书》，中国统计出版社，2000。

邢广程：《苏联高层决策70年》，世界知识出版社，1998。

邢广程、孙壮志主编《上海合作组织研究》，长春出版社，2007。

邢广程主编《2005年：应对挑战》，社会科学文献出版社，2006。

邢广程主编《2006年：俄罗斯东欧中亚国家发展报告》，社会科学文献出版社，2007。

邢广程主编《上海合作组织发展报告（2009）》，社会科学文献出版社，2009。

许勤华著《新地缘政治：中亚能源与中国》，当代世界出版社，2007。

许涛、季志业：《上海合作组织——新安全观与新机制》，时事出版社，2002。

薛君度、邢广程主编《中国与中亚》，社会科学文献出版社，1999。

闫坤、于树一：《经济增长方式转变过程及影响因素的国际经验分析》，《地方财政研究》2008 年第 1 期。

杨雷：《俄哈关系论析》，世界知识出版社，2007。

杨培雷：《世界经济格局论：理论架构与现实意义——重读〈当代世界经济格局与中国〉的若干体会》，《武汉大学学报（哲学社会科学版）》2007 年第 5 期。

杨恕：《转型中的中亚和中国》，北京大学出版社，2005。

张宁：《上海合作组织的经济职能》，吉林文史出版社，2006。

张森主编《俄罗斯和东欧中亚国家年鉴》（2001~2002），当代世界出版社，2002~2003。

张新平：《地缘政治视野下的中亚民族关系》，民族出版社，2006。

赵常庆（分卷主编）：《十年巨变——中亚与外高加索卷》，东方出版社，2003。

赵常庆、吴宏伟、包毅：《"十一五"期间中国参与中亚区域经济合作构想研究》，《新世纪、新战略》，中国计划出版社，2007。

赵常庆编著《哈萨克斯坦》，社会科学文献出版社，2004。

赵常庆等著《中亚五国与中国西部大开发》，昆仑出版社，2004。

赵常庆主编《中亚五国概论》，经济日报出版社，1999。

赵会荣：《大国博弈——乌兹别克斯坦外交战略设计》，光大出版社，2007。

赵乃斌、姜士林主编《东欧中亚国家私有化问题》，当代世界出版社，1995。

郑羽、李建民主编《独联体十年——现状·问题·前景》，世界知识出版社，2002。

周敏凯主编《当代世界政治经济与国际关系》，高等教育出版社，2006。

КазаксТан Тарихы. Алматы. 《Дəуїр》 баспасы. 1994 г.

Ислам Каримов. Узбекистан на пороге XXI века. Москва . Изда-тельский дом 《Дрофа》. 1997.

В. А. Ермаков. Казахстан в современном мире. Алматы. 1998 г.

Государственное статистическое агенство при правительстве рес-публики Таджикистан. Статистический ежегодник республики Таджикистан. Душанбе. 2000.

Х. Бобобеков, Ш. Каримов . т. д. ўзбекистон тарихи. Тошкент. 2000 г.

Асанканов. А, Бедельбаев. А. Кыргыз Республикасынын тары-хы. Бишкек. Кыргызстан басма YйY. 2000 г.

Агенство Республики Казахстан по статистике. Социально - эко-номическое положение Республики Казахстан. Астана. 2000.

Государственное статистическое агентство при правительстве Респ-ублики Таджикистан. Статистический ежегодник Республики Таджикистан. Душанбе. 2000.

Национальный институт государственной статики и информации Туркменистана. Статистический ежегодник Туркменистана 2000. Ашхабад. 2000.

Агенство Республики Казахстан по статистике. Социально - эко-номическое положение Республики Казахстан . Алматы. 2000.

Доклад о человеческом развитии —— Узбекистан 2000. Ташкент. 2001.

Национальная комиссия по государственному языку при президенте Кыргызской Республики. Кыргызстан：Энциклопедия . Бишкек. 2001.

Национальный статистический комитет Кыргызской Республики.
Кыргызстан цифраларда. Бишкек. 2003.

Абдижапар Абдакимов. История Казахстана. Алматы. 2003.

А. Джуманалиев. Политическая история Кыргызстана. Бишкек. 2005.

Международный институт Стратегических Исследований при През-иденте Кыргызской Республики. Кыргызстан Политика и Экономика. . Бишкек . 2006 г.

Межгосударственный статистический комитет СНГ, Содружество незав-исимых государств в 2005 году, Структура промышленности по основным отраслям ОКОНХ, Москва. 2006.

Агентство РК по статистике, Казахстан и страны СНГ, Алма-ты 2006.

Темирбек С. Бобушев. Кыргызстан в системе стран мира. Ауца. 2007.

О. Дж. Осмонов. История Кыргызстана. Бишкек. 2008.

European Bank for Reconstruction and Development "Transition report 2006". http: //www. ebrd. com/country/sector/econo/stats/tic. xls.

World Bank, World Development Report 2006 Equity and Developmet.

Economist Intelligence Uni, Country Report, March 2007.

http: //www. mid. ru

http: //www. ifes - ras. ru

http: //www. gov. uz

http: //www. academy. uz

http: //www. turkmenistan. gov. tm

http: //www. mid. tj

http: //asiaplus. tj

http: //www. eurasianet. org/eurasianet/russian

http: //ru. government. kz

http: //www. izvestia. kz

http: //www. ferghana. ru

http: //www. turkmenistan. ru

http: //rusnews. cn

http: //www. sectsco. org

http: //www. sco - ec. gov. cn/crweb/scoc/index. jsp

http: //www. tianshannet. com. cn

http: //www. silkroad. org. cn/shehui/Index. asp

图书在版编目（CIP）数据

中亚地区发展与国际合作机制/吴宏伟主编.—北京：社会科学文献出版社，2011.9（2017.9 重印）

（国家社科基金后期资助项目）

ISBN 978 - 7 - 5097 - 1910 - 7

Ⅰ.①中…　Ⅱ.①吴…　Ⅲ.①地缘政治学 - 研究 - 中亚 ②区域经济合作：国际合作 - 研究 - 中亚　Ⅳ.①D736 ②F136

中国版本图书馆 CIP 数据核字（2011）第 184076 号

· 国家社科基金后期资助项目 ·

中亚地区发展与国际合作机制

主　　编 / 吴宏伟

出 版 人 / 谢寿光
项目统筹 / 祝得彬
责任编辑 / 王玉敏　邓纯仁

出　　版 / 社会科学文献出版社·当代世界出版分社　（010）59367004
　　　　　　地址：北京市北三环中路甲 29 号院华龙大厦　邮编：100029
　　　　　　网址：www. ssap. com. cn
发　　行 / 市场营销中心（010）59367081　59367018
印　　装 / 北京京华虎彩印刷有限公司

规　　格 / 开 本：787mm × 1092mm　1/16
　　　　　　印 张：22.5　字 数：398 千字
版　　次 / 2011 年 9 月第 1 版　2017 年 9 月第 2 次印刷
书　　号 / ISBN 978 - 7 - 5097 - 1910 - 7
定　　价 / 69.00 元